Unklare Öffentlichkeit

Jakob Jünger

Unklare Öffentlichkeit

Individuen in Situationen zwischen öffentlicher und nichtöffentlicher Kommunikation

Jakob Jünger
Greifswald, Deutschland

Inauguraldissertation zur Erlangung des akademischen Grades eines Doktors der Philosophie der Philosophischen Fakultät der Universität Greifswald u.d.T.: Jakob Jünger: „Unklare Öffentlichkeit. Individuen im Grenzbereich zwischen öffentlicher und nichtöffentlicher Kommunikation." Datum der Disputation: 27. März 2017.

Erstgutachter: Prof. Dr. Patrick Donges.
Zweitgutachter: Prof. Dr. Klaus Beck.
Dekan: Prof. Dr. Stamm-Kuhlmann.

OnlinePlus Material zu diesem Buch finden Sie auf
http://www.springer.com/978-3-658-18888-7

ISBN 978-3-658-18887-0   ISBN 978-3-658-18888-7 (eBook)
DOI 10.1007/978-3-658-18888-7

Die Deutsche Nationalbibliothek verzeichnet diese Publikation in der Deutschen Nationalbibliografie; detaillierte bibliografische Daten sind im Internet über http://dnb.d-nb.de abrufbar.

Springer VS
© Springer Fachmedien Wiesbaden GmbH 2018
Das Werk einschließlich aller seiner Teile ist urheberrechtlich geschützt. Jede Verwertung, die nicht ausdrücklich vom Urheberrechtsgesetz zugelassen ist, bedarf der vorherigen Zustimmung des Verlags. Das gilt insbesondere für Vervielfältigungen, Bearbeitungen, Übersetzungen, Mikroverfilmungen und die Einspeicherung und Verarbeitung in elektronischen Systemen.
Die Wiedergabe von Gebrauchsnamen, Handelsnamen, Warenbezeichnungen usw. in diesem Werk berechtigt auch ohne besondere Kennzeichnung nicht zu der Annahme, dass solche Namen im Sinne der Warenzeichen- und Markenschutz-Gesetzgebung als frei zu betrachten wären und daher von jedermann benutzt werden dürften.
Der Verlag, die Autoren und die Herausgeber gehen davon aus, dass die Angaben und Informationen in diesem Werk zum Zeitpunkt der Veröffentlichung vollständig und korrekt sind. Weder der Verlag noch die Autoren oder die Herausgeber übernehmen, ausdrücklich oder implizit, Gewähr für den Inhalt des Werkes, etwaige Fehler oder Äußerungen. Der Verlag bleibt im Hinblick auf geografische Zuordnungen und Gebietsbezeichnungen in veröffentlichten Karten und Institutionsadressen neutral.

Gedruckt auf säurefreiem und chlorfrei gebleichtem Papier

Springer VS ist Teil von Springer Nature
Die eingetragene Gesellschaft ist Springer Fachmedien Wiesbaden GmbH
Die Anschrift der Gesellschaft ist: Abraham-Lincoln-Str. 46, 65189 Wiesbaden, Germany

„Die **Öffentlichkeit**, *plur. inus.*
die Eigenschaft einer Sache,
da sie öffentlich ist, oder geschiehet,
in allen Bedeutungen dieses Wortes"
(Adelung 1811: Band 3, Spalte 586).

Präambel

Sozialwissenschaften unterliegen einer doppelten Hermeneutik: sie rekonstruieren mit interpretativen Verfahren sozial angeeignete Interpretationsschemata von Individuen (Giddens 1984: 95). Dies gilt nicht nur für kommunikatives Handeln oder soziales Handeln, auch die Erklärung von natürlichen Phänomenen durch Naturgesetze ist aus dieser Sicht ein Prozess der Sinnzuschreibung, der sozialwissenschaftlich rekonstruiert werden kann (Giddens 1984: 94). Dieser Prozess ist nicht auf die so genannten interpretativen Verfahren begrenzt. Selbst die standardisierte Sozialforschung betreibt nichts anderes als eine Sinnrekonstruktion, nur dass diese Rekonstruktion mit Zahlen und statistischen Modellen begründet wird. Sozialwissenschaft ist damit eine Rekonstruktion von Rekonstruktionen. Und nicht nur das: da in wissenschaftlichen Studien zu einigen Teilen wohl immer auch auf die Rekonstruktionen der Rekonstruktionen anderer Wissenschaftler Bezug genommen wird, sind sozialwissenschaftliche Studien in Teilen auch Rekonstruktionen dritter Ordnung. Dabei ergibt sich eine Herausforderung: Da der Zweck von Handlungen „reflexiv begriffen" (Giddens 1984: 99) wird, sind immer wieder neue Rekonstruktionen möglich. Eine absolute Wahrheit oder Falschheit von Annahmen über die Welt kann deshalb weder im Alltag noch in der Wissenschaft ein erreichbares Ziel von Erklärungen sein.

Dennoch ist es nützlich, an diesem Ziel festzuhalten, wenn man für die Funktionsweise eines Teilbereichs der Welt eine wissenschaftliche Beschreibung und Erklärung entwickeln will. Denn eine solche Zielorientierung ist durchaus instruktiv für den Verlauf einer Untersuchung. Vorläufig plausible Annahmen werden beibehalten, andere verworfen. Zwangsläufig müssen dazu im Verlauf einer Studie Entscheidungen getroffen werden. Ohne die Konsequenzen von diesen Entscheidungen vollständig überschauen zu können, muss dann mit den Konsequenzen gearbeitet werden. Ob die Entscheidungen tatsächlich gute Entscheidungen waren, erweist sich erst an der diskursiven Qualität des Ergebnisses. Das Ergebnis kann aber vorher nicht gewusst werden. Wissenschaft ist damit – trotz aller Bemühungen zur regelgeleiteten Begründung von Aussagen – ein intuitives Geschäft.

Die vorliegende Studie hat zum Ziel, mit theoretischen und empirischen Mitteln einen Teilbereich der Welt zu beschreiben und zu erklären. Im Fokus steht dabei Kommunikation von Individuen in unklar-öffentlichen Situationen. Auch hierbei wurden frühzeitig Entscheidungen getroffen, deren Wert sich erst am Ende zeigt. Eine wesentliche Entscheidung ist bereits im Titel der Arbeit angedeutet: es wird angenommen, dass zwischen eindeutig öffentlichen und eindeutig nichtöffentlichen Situationen ein weiterer Bereich analysiert werden kann. Dazu wird zwischen öffentlicher Adressierung, Zugänglichkeit und Aufmerksamkeit differenziert. Die Entscheidung für diese Dreiteilung ist sehr früh gefallen. Jetzt muss sich erweisen, welche Erkenntnis aus der Differenzierung und Synthese des Begriffs gezogen werden kann.

Die Zielrhetorik kann allerdings nicht darüber hinwegtäuschen, dass Zielerreichung nicht immer das Ziel ist. Der Weg dieser Untersuchung war nicht nur verzweigt und lehrreich, zum Verzweifeln und Freuen, sondern hat mich vor allem mit vielen Menschen in Kontakt gebracht, denen allen hiermit mein herzlicher Dank für die letzten Jahre ausgesprochen sei – jedem für sich, ohne dass ich mir an dieser Stelle eine unterscheidende Auflistung von Einzelnen erlaube, vielleicht da sie durch das Markieren sozialer Distanz und Nähe unklare Öffentlichkeit hervorbringen würde.

Inhaltsverzeichnis

1 Einleitung 1
1.1 Ausgangspunkt: Die Entgrenzung von Öffentlichkeit 1
1.2 Gegenstandsbereich: Nicht alles, was öffentlich ist, ist öffentlich 4
1.3 Fragestellung und Vorgehensweise: Eingrenzung von Öffentlichkeit ... 6

2 Semantische Dimensionen des Öffentlichkeitsbegriffs 11
2.1 Historische Dimensionen: Allgemeinheit, Kollektivität, Legitimation 11
2.2 Soziale Dimensionen: Privatheit vs. Zugänglichkeit 14
2.3 Kommunikative Dimensionen: Personalisierung vs. Zugänglichkeit 18
2.4 Zwischenfazit 22

3 Forschungslinien: von der Gesellschaft zum Individuum 25
3.1 Öffentlichkeitsforschung 30
    3.1.1 Öffentlichkeit als rationaler Diskurs 30
    3.1.2 Öffentlichkeit als Aufmerksamkeit 35
    3.1.3 Öffentlichkeit als Vergesellschaftung 38
    3.1.4 Öffentlichkeit als Abgrenzung 41
    3.1.5 Konsequenzen 44
3.2 Privatheitsforschung 48
    3.2.1 Privatheit als Rückzug aus der Gesellschaft 51
    3.2.2 Privatheit als bedrohte Autonomie 54
    3.2.3 Privatheit als privatrechtliche Angelegenheit 59
    3.2.4 Privatheit als Bedrohung der Gemeinschaft 62
    3.2.5 Privatheit als kontingente Illusion 64
    3.2.6 Konsequenzen 65

3.3 Selbstoffenbarungsforschung 68

    3.3.1 Selbstoffenbarung als Interaktionsbedürfnis 70

    3.3.2 Selbstoffenbarung als Regulierungsprozess 73

    3.3.3 Selbstoffenbarung als Selbstdarstellung 77

    3.3.4 Selbstoffenbarung als sprachliche Varietäten 83

    3.3.5 Selbstoffenbarung als Meinungsäußerung 85

    3.3.6 Konsequenzen 87

3.4 Zwischenfazit 90

4 Theorie unklarer Öffentlichkeit I – Begriffsklärung 95

4.1 Kommunikationsstrukturelle Reformulierung des Öffentlichkeitsbegriffs 95

    4.1.1 Öffentliche und nichtöffentliche Kommunikationssituationen 96

    4.1.2 Öffentliche und nichtöffentliche Kommunikationsbeziehungen 101

    4.1.3 Adressierung, Zugänglichkeit und Aufmerksamkeit 113

    4.1.4 Zwischenfazit 125

4.2 Unklare Öffentlichkeit 128

    4.2.1 Uneindeutigkeit 130

    4.2.2 Inkongruenz 141

    4.2.3 Unsicherheit 148

    4.2.4 Komplexität 153

4.3 Zwischenfazit 155

5	**Theorie unklarer Öffentlichkeit II – Öffentlichkeitsverhalten**	**159**
5.1	Situationen	162
	5.1.1 Basale Situationen	162
	5.1.2 Soziale Situationen	163
	5.1.3 Kommunikative Situationen	165
5.2	Verhalten	168
	5.2.1 Markierungsverhalten	172
	5.2.2 Erwartungsverhalten	178
	5.2.3 Kommunikationsverhalten	184
5.3	Regulierung von Öffentlichkeit: zur Begründung der Vermeidungsthese	187
	5.3.1 Dynamiken öffentlicher Kommunikation	187
	5.3.2 Vermeidung als Komplexitätsreduktion	191
	5.3.3 Vermeidung als Auflösung von Inkongruenzen	195
5.4	Zwischenfazit	201

6 Empirie unklarer Öffentlichkeit I – Die Theorie unklarer Öffentlichkeit als Forschungsheuristik 203

6.1 Methodische Umsetzung: Gesprächsrunden als Quelle von Situationsbeschreibungen und Öffentlichkeitsverhalten 207

    6.1.1 Erhebungsmethode Gruppendiskussion 207

    6.1.2 Auswahl der Teilnehmer 208

    6.1.3 Leitfaden und Transkription 211

6.2 Rekonstruktion typischer Situationen 213

    6.2.1 Analyseverfahren 213

    6.2.2 Ergebnisse 225

6.3 Eingrenzung des Geltungsbereichs der Vermeidungsthese 234

    6.3.1 Analyseverfahren 234

    6.3.2 Markierungsverhalten 239

    6.3.3 Erwartungsverhalten 243

    6.3.4 Kommunikationsverhalten 248

6.4 Zwischenfazit 255

    6.4.1 Typische Situationen unklarer Öffentlichkeit 256

    6.4.2 Rahmenbedingungen der Vermeidungsthese 258

7	**Empirie unklarer Öffentlichkeit II –**		
	Die Überprüfung der Vermeidungsthese		**263**
7.1	Theoretische Ausgangslage		267
	7.1.1	Vermeidungserwartungen	267
	7.1.2	Kommunikationsvermeidung	271
7.2	Methodische Umsetzung		273
	7.2.1	Untersuchungsanlage	273
	7.2.2	Treatment	281
	7.2.3	Messinstrumente	288
	7.2.4	Stichprobenplanung	301
	7.2.5	Effektive Stichprobe	307
	7.2.6	Zusammenfassung	312
7.3	Ergebnisse		313
	7.3.1	Markierungen des Öffentlichkeitsstatus	313
	7.3.2	Vermeidungserwartungen	320
	7.3.3	Kommunikationsvermeidung	332
7.4	Zwischenfazit		341
8	**Zusammenfassung, Fazit und Ausblick**		**347**
Literatur			**355**

Anhänge

Die Anhänge sind online auf der Seite des Verlags abrufbar oder können direkt beim Autor per E-Mail angefordert werden.

Anhang A – Durchführung der Gesprächsrunden
- A.1 Kurzfragebogen zur Zusammenstellung der Gesprächsrunden
- A.2 Leitfaden für die Gesprächsrunden
- A.3 Transkription der Gesprächsrunden

Anhang B – Auswertung der Gesprächsrunden
- B.1 Vignetten
- B.2 Kategorisierung der Vignetten
- B.3 Kategorisierung von Verhalten

Anhang C – Durchführung des Fragebogenexperiments
- C.1 Fragebogen
- C.2 Ergebnisse des Pretests
- C.3 Poweranalyse zur Stichprobenplanung
- C.4 Zusammensetzung der Stichprobe

Anhang D – Auswertung des Fragebogenexperiments
- D.1 Kodierung offener Antworten
- D.2 Itemanalyse Vermeidungserwartungen
- D.3 Itemanalyse Kommunikationsvermeidung
- D.4 Itemanalyse Selbstoffenbarung
- D.5 Itemanalyse Unerwünschtheit
- D.6 Itemanalyse Unsicherheit
- D.7 Itemanalyse Trivialität
- D.8 Regression Vermeidungserwartungen
- D.9 Regression Kommunikationsvermeidung

Abbildungsverzeichnis

Abbildung 1: Kommunikation differenziert nach Zugänglichkeit und Kollektivität ... 15

Abbildung 2: Beispiele für die Überschneidung privater und öffentlicher Kommunikation ... 17

Abbildung 3: Massenpersonale Kommunikation ... 20

Abbildung 4: Perspektiven auf das Verhältnis zwischen Individuum und Öffentlichkeit ... 29

Abbildung 5: Uneindeutige Öffentlichkeit als Kombination von (nicht)öffentlicher Adressierung, Zugänglichkeit und Aufmerksamkeit ... 132

Abbildung 6: Beispiele für inkongruente Situationen ... 142

Abbildung 7: Verhaltensweisen in Kommunikationssituationen ... 170

Abbildung 8: Regulierung von Öffentlichkeit ... 187

Abbildung 9: Visualisierung des Eigenschaftsnetzwerks ... 230

Abbildung 10: Messung von Unsicherheit ... 291

Abbildung 11: Veränderung des Öffentlichkeitsstatus ... 316

Abbildung 12: Einschätzung von Unsicherheit im Vergleich ... 318

Abbildung 13: Trivialität der Kommunikationsinhalte im Vergleich ... 319

Abbildung 14: Vermeidungserwartungen innerhalb der Experimentalgruppen ... 322

Abbildung 15: Vermeidungserwartungen: Die Koeffizienten der Regressionsmodelle in den Teilexperimenten ... 328

Abbildung 16: Vermeidungserwartungen: die Koeffizienten der Regressionsmodelle in den Subgruppen ... 329

Abbildung 17: Kommunikationsvermeidung: die Koeffizienten der
Regressionsmodelle in den Teilexperimenten 339

Abbildung 18: Kommunikationsvermeidung: die Koeffizienten der
Regressionsmodelle in den Subgruppen 340

Tabellenverzeichnis

Tabelle 1:	Konsequenzen aus der Öffentlichkeitsforschung	47
Tabelle 2:	Konsequenzen aus der Privatheitsforschung	67
Tabelle 3:	Konsequenzen aus der Selbstoffenbarungsforschung	89
Tabelle 4:	Das Leitmotiv Konstitution vs. Einfluss in Öffentlichkeits-, Privatheits- und Selbstoffenbarungsforschung	93
Tabelle 5:	Merkmale sozialer Nähe bzw. Distanz als Bedingung von öffentlichen Kommunikationsbeziehungen	103
Tabelle 6:	Merkmale der Kommunikationsbeziehungen Adressierung, Zugänglichkeit und Aufmerksamkeit	115
Tabelle 7:	Formen unklarer Öffentlichkeit	129
Tabelle 8:	Beispiele für eindeutige und uneindeutige (Nicht)öffentlichkeit	131
Tabelle 9:	Ausprägungen von Unsicherheit	149
Tabelle 10:	Beispiele für explizite und implizite Markierungen des Öffentlichkeitsstatus	174
Tabelle 11:	Einteilung der Gruppengespräche	210
Tabelle 12:	Entwicklung des Kategoriensystems zur Erfassung von Situationsmerkmalen	218
Tabelle 13:	Anzahl der aus den Gesprächsrunden gewonnenen Vignetten	226
Tabelle 14:	Überblick über die Situationsmerkmale	229
Tabelle 15:	Vignetten vom Typ triadische Präsenzsituation	231
Tabelle 16:	Vignetten vom Typ monadische Internetkommunikation	232
Tabelle 17:	Das Kategoriensystem zur Exploration von Öffentlichkeitsverhalten	236

Tabelle 18:	Übersicht über die kodierten Textstellen zum Öffentlichkeitsverhalten	239
Tabelle 19:	Zusammenfassung des aus den Gesprächsrunden rekonstruierten Markierungsverhaltens	243
Tabelle 20:	Zusammenfassung des aus den Gesprächsrunden rekonstruierten Erwartungsverhaltens	248
Tabelle 21:	Zusammenfassung des aus den Gesprächsrunden rekonstruierten Kommunikationsverhaltens	255
Tabelle 22:	Untersuchungsanlage: zwei Experimente in einem jeweils vollständigen 2x2x2faktoriellen, randomisierten Between-Subject Design	278
Tabelle 23:	Aufbau des Fragebogens	279
Tabelle 24:	Verbale Kontextualisierung der Situation bei Variation des Öffentlichkeitsstatus	282
Tabelle 25:	Bildliche Kontextualisierung der Situation bei Variation des Öffentlichkeitsstatus	283
Tabelle 26:	Operationalisierung von Trivialität	283
Tabelle 27:	Messung von Unerwünschtheit	290
Tabelle 28:	Gegensatzpaare zur Operationalisierung von Trivialität	294
Tabelle 29:	Operationalisierung deontischer Vermeidungserwartungen	295
Tabelle 30:	Operationalisierung desiderativer Vermeidungserwartungen	295
Tabelle 31:	Operationalisierung faktischer Vermeidungserwartungen	296
Tabelle 32:	Operationalisierung von Kommunikationsvermeidung	298
Tabelle 33:	Self Disclosure Inventory	300
Tabelle 34:	Einteilung der Subgruppen	309
Tabelle 35:	Nutzung von Öffentlichen Verkehrsmitteln und Sozialen Netzwerkseiten	310

Tabellenverzeichnis

Tabelle 36:	Übersicht über die Größe der Experimentalgruppen	314
Tabelle 37:	Kennwerte des Regressionsmodells für Vermeidungserwartungen	324
Tabelle 38:	Beispiele für geringe und hohe Kommunikationsvermeidung	335
Tabelle 39:	Kennwerte des Regressionsmodells für Kommunikationsvermeidung	337
Tabelle 40:	Überblick über die Befunde der Hypothesentests in der Experimentalstudie	345
Tabelle 41:	Überblick über die Kapitel der Arbeit	348

1 Einleitung

1.1 Ausgangspunkt: Die Entgrenzung von Öffentlichkeit

In der alltäglichen wie der wissenschaftlichen Auseinandersetzung mit Öffentlichkeit ist die Abgrenzung öffentlicher und privater Bereiche ein Dauerthema. Dies betrifft sowohl die akademische Klassifikation sozialer Situationen als auch die Erwartungen an das Handeln in entsprechend deklarierten Situationen. Anlass zu dieser Diskussion gibt nicht zuletzt die Medienentwicklung.

Mit dem Aufkommen internetvermittelter Kommunikation stellt sich die Frage, inwiefern Kommunikation auf Social Network Sites, in Foren, Weblogs und anderen internetvermittelten Anwendungen angesichts privater Inhalte, personenbezogener Daten oder begrenzter Reichweite als öffentlich gelten kann. Auf der einen Seite argumentieren Vertreter der Post Privacy-Idee, dass es im Internet keine Privatsphäre geben kann und man sich darauf einstellen müsse, dass alles öffentlich sei (Heller 2013: 91). Auf der anderen Seite werden Zwischenbereiche konstatiert, das heißt Teilöffentlichkeiten (Dürscheid 2007: 6) oder persönliche Öffentlichkeiten (Schmidt 2013a: 25ff.; Schmidt 2011: 107ff.). Denn tatsächlich adressiert auch Gruppenkommunikation im Internet oft nur begrenzte Publika, definiert zum Beispiel durch Kontaktlisten, Interessensgebiete oder Sprachgemeinschaften (z. B. Lange 2007: 369). Dennoch sind diese Publika für den Einzelnen nicht unbedingt überschaubar. Wenn zum Beispiel auf Facebook Mitteilungen an mehrere hundert Kontakte verschickt werden, dann erreichen diese nicht nur Freunde, sondern auch flüchtige Bekannte.[1] In Frage steht aber, ob solche Öffentlichkeiten in der Tradition deliberativer Ideen überhaupt als Öffentlichkeit gelten können: „While the internet and surrounding digital technologies provide a public space, they do not necessarily provide a public sphere" (Papacharissi 2009:

---

[1] Die Anzahl von Kontakten („Freunde") auf Social Network Sites betrug zum Beispiel 2012 in Deutschland in der Altersgruppe der 12- bis 19-jährigen im Durchschnitt 272, wovon nur ca. ein Drittel durch regelmäßige Treffen besonders vertraut waren und nur ein sehr kleiner Teil zum Anvertrauen von Geheimnissen in Frage kam (mpfs 2012: 44), siehe auch Hasebrink/Rohde/Brüssel (2011: 111).

234). Der Hoffnung auf mehr Zugang zur öffentlichen Arena für ressourcenschwache Akteure sowie auf Deliberation stehen Aufmerksamkeitsmonopole bei gleichzeitiger Fragmentierung von Diskursen und die Befürchtung geringerer Rationalität zugunsten „narzisstischer" Selbstdarstellung entgegen (Dahlgren 2005; Papacharissi 2009).

Die Entgrenzungsdebatte ist auch in Bezug auf den Rundfunk geführt worden. Gerade Reality-Formate im Fernsehen sind als Entgrenzung von Öffentlichkeit gesehen worden, da dabei vermeintlich private Situationen gefilmt und öffentlich gesendet werden (siehe die Beiträge in Imhof/Schulz 1998). Umgedreht wird öffentliche Kommunikation dank technischer Medien nicht nur im öffentlichen Raum, sondern auch im privaten Zuhause rezipiert. Pointiert hat etwa Vilém Flusser die Auflösung von Öffentlichkeit allein schon deshalb behauptet, weil öffentliche Kommunikation über technische Medien im privaten Raum rezipiert wird: „Das heile Haus wurde zur Ruine, durch deren Risse der Wind der Kommunikation bläst" (Flusser 1998; siehe auch Flusser 1991; Höflich 2005: 80ff.). Auch hier wird eine theoretische Dualität von Öffentlichkeit und Privatheit vorausgesetzt und angesichts empirischer Entwicklungen in Frage gestellt. Hinzu kommt die Befürchtung, eine Vervielfachung der Kanäle im Rundfunk und Medienangebote im Internet würden zu stärkerer Individualisierung und Fragmentierung von Publika führen, womit Medien ihre gesellschaftliche Integrationsfunktion verlieren würden (Becker 1998).

Ebenfalls ist die Entwicklung der Presse begleitet von einer Auseinandersetzung mit den Grenzen von Öffentlichkeit. So hat mit dem Aufkommen der Fotografie im 19. Jahrhundert ein kommunikationsethischer Diskurs eingesetzt, an dessen Beginn vor über einhundert Jahren die prominente Definition von „privacy" als „right to be let alone" geprägt wurde (Warren/Brandeis 1890). Hier ging es um die praktisch-normative Begrenzung von medialer Öffentlichkeit im Hinblick auf die bildliche Darstellung von Personen. Auch die Auseinandersetzung mit der Pressefreiheit – beispielsweise durch Karl Marx im Jahr 1842 in der „Rheinischen Zeitung" (Marx 2001) – ist eine Auseinandersetzung mit den normativen Grenzen von Öffentlichkeit. Und schon in der Aufklärung steht die Dualität von Öffentlichkeit und Privatheit im Zusammenhang mit Druckerzeugnissen, wenn Immanuel Kant in Abgrenzung zum privaten Vernunftgebrauch definiert: „Ich verstehe aber unter dem öffentlichen Gebrauche seiner eigenen Vernunft denjenigen, den jemand *als Gelehrter* von ihr vor dem ganzen Publikum der *Leserwelt* macht" (Kant 1992: 11, Hervorhebung im Original).[2] Die von Kant angesprochene ‚Gelehrtenrepublik' konstituiert sich wesentlich durch Geschriebenes und Gedrucktes (Bosse 1997: 60f.), das „18. Jahrhundert ist durch eine quantitative Explosion der periodischen Presse zu charakterisieren" (Böning 1997: 152). So ist auch der zitierte Text von Kant in einer Zeitschrift, der „Berlinischen Monatsschrift", erschienen.

Vor diesem historischen Hintergrund ist fraglich, ob die aktuell insbesondere für die Online-Kommunikation diskutierten Abgrenzungsprobleme tatsächlich neu sind. Denn der Diskurs ist im Zusammenhang mit dem Wandel von Medien immer wieder neu entflammt. Die momentane Prominenz der Entgrenzungsproblematik ließe sich mindestens durch zwei Alternativen erklären. Erstens ist denkbar, dass Online-Kommunikation einfach zu einer erhöhten Sichtbarkeit von Individual- und Gruppenkommunikation führt. Dementsprechend würden auch damit verbundene Abgrenzungsproblematiken sichtbarer werden. Zweitens bilden sich regelmäßige Verhaltensweisen und soziale Normen erst im Zeitverlauf aus, so dass die fortlaufende Entwicklung der Kommunikationsmittel mit einem ständigen Regelungsbedarf einhergeht (Höflich 1996). Die damit verbundene Kontingenz in der internetvermittelten Kommunikation wird dann möglicherweise als persönliche und gesellschaftliche Unsicherheit empfunden sowie medial thematisiert. Gerade die Thematisierung von Öffentlichkeit als Zerfallsprozess (z. B. Habermas 1996; Imhof 2011; Sennett 1995) verklärt aber vermutlich den Blick auf soziale Differenzierungen, wenn an Kategorien festgehalten wird, die sich augenscheinlich nicht zur Beschreibung von Wirklichkeit eignen (siehe auch Averbeck 2005: 49ff.). Stattdessen scheint es angemessener zu sein, die Dichotomie der Begriffe öffentlich und privat als eine vereinfachende Modellierung sozialer Wirklichkeit zu begreifen und nach Differenzierungsmöglichkeiten zu suchen. In

---

2   Der Begriff Publikum ist in diesem Zusammenhang weniger als kommunikationsstrukturelle Beschreibung einer Menge von Rezipienten, sondern als ein „soziologischer Schichtenbegriff" zu begreifen (Hölscher 1997: 26).

diesem Sinn wird im Folgenden davon ausgegangen, dass unabhängig von sozialem Wandel unklare Öffentlichkeit existiert.[3]

1.2 Gegenstandsbereich: Nicht alles, was öffentlich ist, ist öffentlich

Die Suche nach Differenzierungsmöglichkeiten führt zu einer paradoxen Behauptung: Nicht alles, was öffentlich ist, ist öffentlich. In folgendem Beispiel aus einer Mailingliste zeigt sich, dass nicht nur der Gegensatz von Öffentlichem und Privatem, sondern schon die Differenzierung zwischen Öffentlichem und Nichtöffentlichem keineswegs trivial ist:

> „Betreff: NUR FÜR INTERNE DISKUSSION INNERHALB VON ATTAC
>
> Hallo Leute,
> bevor ich mein Anliegen hier ausbreite, möchte ich deutlich machen, dass ich mit dieser Email einen Beitrag zur internen Diskussion und damit zur *Demokratisierung der Strukturen von Attac* leisten möchte.
> Also: Diese Email ist auf keinen Fall für einen Gebrauch außerhalb von Attac und schon gar nicht für irgendwelche Medien gedacht. Wenn also jemand diese Email oder auch nur Informationen daraus über unseren internen Kreis hinaus weiter leitet, dann fällt das auf die jeweilige Person zurück, die das tut. Auf gar keinen Fall wäre das meine Intention [...]"
>
> (E-Mail vom 28.04.2009 von V. U. an gruppen-diskussion@listen.attac.de).

Obwohl die Mailingliste öffentlich zugänglich ist, markiert die Autorin die Adressierung der Mitteilung sehr deutlich als nichtöffentlich. In diese Mailingliste kann sich jeder mit entsprechender Geräteausstattung und den notwendigen prozeduralen Kenntnissen einschreiben, sogar das gesamte Archiv kann anschließend

---

3 Hiermit wird gleichzeitig eine Argumentation fortgesetzt, die Öffentlichkeit aus begriffshistorischer Perspektive als ein Phänomen auszeichnet, welches auch unabhängig von dem Aufkommen der Bezeichnung – in Deutschland im 18. Jahrhundert (Hölscher 1997: 26) – Wirklichkeit ist. Das bedeutet allerdings nicht, dass Phänomen und Begriff keinem Wandel unterliegen (Hölscher 1997: 13). Darüber hinaus ist davon auszugehen, dass „Öffentlichkeit auch eine Bewußtseinskategorie ist, die vergangene gesellschaftliche Strukturen überhaupt erst unter bestimmten sprachlichen Vorgaben konstruiert" (Hölscher 1997: 14).

heruntergeladen werden. Eine Mitgliedschaft in der Organisation ist genauso wenig notwendig wie die persönliche Bekanntschaft zu den Listenbetreibern. Als Hilfestellung gibt es eine Webseite mit Fragen und Antworten, aus der die einfache Zugänglichkeit hervorgeht: „Zum Eintragen klicken Sie einfach auf die Schaltfläche vor der Liste, in die Sie sich eintragen möchten und geben im unteren Textfeld Ihre eMail- Adresse an. Jetzt einfach auf ‚Eintragen' klicken und schon sind Sie als Mitglied der Liste registriert" (Attac 2014). In Bezug auf die Archivfunktion wird auf eine gestufte Zugänglichkeit hingewiesen. Einige der von der Organisation betriebenen Mailinglisten verfügen über kein Archiv, andere Archive sind sogar Suchmaschinen zugänglich. In Bezug auf letztere wird darauf hingewiesen, dass Beiträge als öffentlich zugänglich angesehen werden sollten und damit gerechnet werden müsse, „daß sie an einen unbestimmten Empfängerkreis gehen, den Sie nicht kontrollieren können" (Attac 2014).[4] Das Archiv der oben zitierten Mailingliste ist zwar erst nach dem Eintragen in die Liste erreichbar. Dennoch ist wohl aufgrund der fehlenden Zugangskontrolle von öffentlicher Zugänglichkeit auszugehen.

Im Gegensatz dazu geht die Autorin anscheinend davon aus, dass es sich um einen in Bezug auf das saliente[5] Kommunikationssystem internen, nichtöffentlichen Rahmen handelt, der erst mit einer Weiterleitung der E-Mail verlassen werden kann: „Wenn also jemand diese Email oder auch nur Informationen daraus über unseren internen Kreis hinaus weiter leitet, dann fällt das auf die jeweilige Person zurück, die das tut." Hierin zeigt sich ein Versuch normativer Regulierung, wenn auch die drohenden Sanktionen undeutlich sind.[6] Dieser Rahmen wird nun schon dadurch verlassen, dass die Mitteilung in der vorliegenden Arbeit zitiert

---

4 Bei Zitaten wird in dieser Arbeit die originale Schreibung beibehalten und aus Gründen besserer Lesbarkeit auf eine Kennzeichnung alter Rechtschreibung durch „sic" verzichtet.
5 Der Begriff Salienz meint hier und im Folgenden entsprechend der psychologischen Terminologie die Hervorhebung eines Gegenstands, das heißt die Gegenwärtigkeit im Bewusstsein.
6 Tatsächlich wurden damit die psychologischen Kosten erhöht, die zum Zitieren der E-Mail in dieser Arbeit aufgewendet werden mussten. Denn durch diese deutliche Markierung musste entschieden werden, ob sich der Autor dieser Arbeit gegen den Willen der Autorin der E-Mail stellt und inwiefern diese Entscheidung Konsequenzen hat.

wird. Damit entsteht eine unklare Situation: einerseits ist allgemeine Zugänglichkeit (und Aufmerksamkeit) als grundlegendes Merkmal von Öffentlichkeit gegeben, andererseits fällt die Adressierung deutlich nichtöffentlich aus.

1.3 Fragestellung und Vorgehensweise: Eingrenzung von Öffentlichkeit

Der erste Teil der vorliegenden Arbeit beschäftigt sich im Wesentlichen mit der Auflösung der angesprochenen Paradoxie, indem in der einschlägigen Literatur vorgefundene Dimensionen des Öffentlichkeitsbegriffs diskutiert werden (Kapitel 2). Auf dieser Grundlage wird später eine Theorie unklarer Öffentlichkeit entwickelt und anhand von Beispielen illustriert (Kapitel 4). Ziel dieses Arbeitsschritts ist die Beantwortung der Forschungsfrage:

> **FF1: Wie lassen sich unklar-öffentliche Situationen theoretisch beschreiben?**

Gleichzeitig wird damit ein Definitionsvorschlag für den Öffentlichkeitsbegriff unterbreitet, der im Kontext individuellen Verhaltens eingesetzt werden kann. Die Fokussierung auf die Individualebene scheint zum einen angezeigt, weil die oben angesprochenen Abgrenzungsprobleme auf dieser Ebene auftreten. Es stellt sich die Frage, ob eine Mitteilungshandlung auf Facebook, intime Äußerungen im Fernsehen, kaum gelesene Artikel in Zeitschriften oder Gespräche auf der Straße öffentlich sind. Mit Bezug auf die vorgeschlagenen Definitionen lässt sich dann auch die oben aufgestellte Paradoxie leicht auflösen, indem sie umformuliert wird: Nicht alles, was öffentlich zugänglich ist, ist öffentlich.

Zum anderen ist der makrotheoretisch verortete Öffentlichkeitsbegriff ein fiktionales Konstrukt (Merten 1999: 213ff.), wenn nicht sogar ein unerklärbares Mysterium, weil es sich dabei um eine abstrakte soziologische Kategorie handelt, deren Verbindung zum Handeln weitgehend unklar ist. Für den Begriff der öffentlichen Meinung hat etwa Niklas Luhmann das Fehlen einer empirischen Referenz im Handlungsbereich behauptet (Luhmann 2005: 166; siehe auch Luhmann 1994b: 12). Dies dürfte aber schon für den Öffentlichkeitsbegriff allein gelten. Erst im Rahmen makrosoziologischer Theorien wie der Systemtheorie oder aus sozialkonstruktivistischer bzw. symbolisch-interaktionistischer Perspektive als Zuschreibungsgegenstand wird Öffentlichkeit zu Wirklichkeit und ist in diesem Zusammenhang vielfältig reflektiert worden. Es soll somit versucht werden, eine solche empirische Referenz zumindest für die adjektivische Verwendung des Begriffs („öffentlich") herzustellen und die substantivische Verwendung („Öffentlichkeit") als Eigenschaft von Situationen statt als soziale Entität zu begreifen.

Ein solcher Theorievorschlag kann nur eingeschränkt Innovativität beanspruchen, konsolidiert er doch Unterscheidungen, die bereits im Diskurs eingeführt sind. Doch auch wenn Öffentlichkeitsforscher sehr genau wissen, was unter Öffentlichkeit zu verstehen ist, verbleibt die Aufgabe, dieses intuitive Verständnis in eine explizite Form zu überführen – „das Bekannte zum Erkannten zu machen" (Coseriu 1980: 106). Dabei kann der Vorschlag nicht allen Intuitionen gerecht werden, dazu sind Alltagsverständnis wie auch wissenschaftliche Konzepte im Bereich Öffentlichkeit zu heterogen. Es wird immer auch Konzepte geben, die inkompatibel mit den hier vorgetragenen Ideen sind. Insofern steht jede Theorie in Konkurrenz zu alternativen Theorieangeboten.

Inwiefern die theoretischen Beschreibungen eine brauchbare Heuristik für eine kommunikationssoziologische Analyse darstellen, soll deshalb mit einer zweiten Forschungsfrage erkundet werden:

FF2: Wie verhalten sich Individuen in Bezug auf unklare Öffentlichkeit?

Diese Forschungsfrage wird in drei Schritten bearbeitet. Erstens wird in den wissenschaftlichen Diskursen zu Öffentlichkeit, Privatheit und Selbstoffenbarung eine Antwort zu finden versucht, die das Verhältnis zwischen Individuen und Öffentlichkeit erhellen kann (Kapitel 3). Hierzu werden auch die makrotheoretischen Ansätze mikrotheoretisch gedeutet. Auf dieser Grundlage wird zweitens ein kommunikationssoziologischer Ansatz entwickelt, der als Heuristik für die empirische Untersuchung unklarer Öffentlichkeit dient (Kapitel 4 und 5). Aus der Definition des Begriffs der Kommunikationssituation ergeben sich Kategorien, die eine Beschreibung sozialer Situationen ermöglichen; der analytische Blick auf unklare Öffentlichkeit wird somit in die Perspektive von Interaktionsteilnehmern eingebaut. Hierfür wird diskutiert, welche Markierungen ein Erkennen von Öffentlichkeit erlauben, inwiefern davon Erwartungen der an einer Situation beteiligten Akteure abhängen und welches kommunikative Verhalten daraus folgt.

Diese Heuristik wird sogleich eingesetzt, um Erwartungen bzw. Regeln oder Normen in Bezug auf unerwünschte Öffentlichkeit qualitativ zu explorieren (Kapitel 6). Schließlich und drittens wird die Prämisse gesetzt, dass unklar-öffentliche Situationen ein Spannungsverhältnis bergen und diese Spannung Einfluss auf tatsächliches Verhalten nimmt. Konkret wird davon ausgegangen, dass unklare Öffentlichkeit als dissonant erlebt wird und Vermeidungserwartungen sowie Kommunikationsvermeidung nach sich zieht. Diese zentrale Annahme der Theorie wird experimentell zu prüfen versucht (Kapitel 7).

Insofern ist die theoretische Beschreibung unklarer Öffentlichkeit (Forschungsfrage 1) als Hilfsmittel zur empirischen Erkundung sozialer Wirklichkeit (Forschungsfrage 2) zu verstehen. In diesem Zuge wird allerdings einiges nicht geleistet werden. Der historische Wandel von Öffentlichkeit oder Privatheit wird nur am Rande eine Rolle spielen. Selbst wenn die Mehrzahl an Illustrationen aus dem Online-Bereich stammt, wird damit keine Sonderstellung von Online-Kommunikation behauptet, sondern lediglich an den aktuellen Diskurs angeschlossen. Vielmehr besteht das Ziel in einer universellen, das heißt medienunabhängigen, Beschreibung des Verhältnisses von Individuen und Öffentlichkeit. Dieses Verhältnis wird trotz eines universellen Anspruchs nur auszugsweise näher beleuchtet. Insbesondere fehlt eine tiefergehende Auseinandersetzung mit Aufmerksamkeits- und Repressionsstrategien, der Fokus liegt allein aus pragmatischen Gründen auf unerwünschter Öffentlichkeit (siehe Kapitel 4.2). Ebenfalls wird ein Rückbezug der handlungstheoretischen Überlegungen auf die Ebene der Gesellschaft höchstens angedeutet werden. Dass auf Grundlage der begrifflichen Überlegungen einige Bereiche weitgehend ausgeblendet werden, wird hier allerdings positiv als Generierung von Forschungsdesideraten gedeutet. Denn die Begriffs- und Modellierungsarbeit ermöglicht es erst, bestimmte Bereiche als nicht berücksichtigt zu begreifen.

Ausgearbeitet wird damit ein Öffentlichkeitskonzept, das auf kommunikationsstrukturellen Bedingungen aufbaut und zur medien-, themen- und funktionsunabhängigen Beschreibung des Öffentlichkeitsstatus von Situationen verwendet werden kann. Unklare Öffentlichkeit erweist sich in diesem Zusammenhang einerseits als theoretischer Normalfall. Denn die Möglichkeiten zur Realisierung unklarer Öffentlichkeit übersteigen wesentlich die Möglichkeiten für eindeutig öffentliche oder nichtöffentliche Situationen. Andererseits wird davon ausgegangen, dass diese Komplexität im praktischen Handlungsvollzug durch eine Orientierung an den Idealtypen öffentlicher und nichtöffentlicher Kommunikation wieder eingefangen wird. Öffentlichkeit erscheint damit gleichzeitig als eine Folge individuellen Handelns und als ein Einflussfaktor auf individuelles Handeln.

2 Semantische Dimensionen des Öffentlichkeitsbegriffs

2.1 Historische Dimensionen: Allgemeinheit, Kollektivität, Legitimation

Was unter einem Begriff im Alltag und in der Wissenschaft verstanden wird, ist unweigerlich mit der historischen Entwicklung des Begriffs verbunden (Koselleck 2006: 100). Dies gilt insbesondere für den Öffentlichkeitsbegriff, da selbst aktuelle kommunikationswissenschaftliche Beiträge zum Thema stets auf Konzepte rekurrieren, die aus der historischen Analyse vergangener Jahrhunderte hervorgingen, beispielsweise auf die Werke von Jürgen Habermas und Richard Sennett. Somit lebt in den aktuellen Begriffen eine reichhaltige Geschichte, die im Zuge definitorischer Anstrengungen der vorliegenden Arbeit nicht ignoriert werden kann.

Laut Lucian Hölscher lassen sich in der Geschichte des Begriffs[7] Öffentlichkeit zwei Bedeutungsschwellen ausmachen. Während in lateinischen und mittelhochdeutschen Quellen die Begriffe ‚publicus' oder ‚offentlich' vorrangig das Sichtbare oder Offensichtliche bezeichnen, nimmt das Wort ‚öffentlich' im 17. Jahrhundert langsam die Bedeutung von ‚staatlich' an (Hölscher 2004: 413, 422). Am Ende des 18. Jahrhunderts geht der Begriff dann wiederum eine Verbindung mit dem Vernunftanspruch der Aufklärung ein, die Kennzeichnung von Gegenständen als öffentlich schreibt diesen eine objektive Autorität zu (Hölscher 2004: 444f.). Diese drei historisch entwickelten, semantischen Dimensionen sind nicht nur von historischer Relevanz, sondern nach wie vor in der wissenschaftlichen Sprachverwendung zu finden und eng miteinander verflochten.

Die erste Dimension ist durch **Allgemeinheit** gekennzeichnet. Öffentliche Kommunikation, öffentliche Plätze aber auch öffentliche Meinungen sind allgemein zugänglich oder sogar allgemein bekannt. Öffentliches in diesem Sinne ist

---

7   Eine begriffsgeschichtliche Auseinandersetzung verbindet die Sach- oder Sozialgeschichte mit der Wortgeschichte: „Die Begriffsgeschichte [...] fragt sowohl danach, welche Erfahrungen und Sachverhalte auf ihren Begriff gebracht werden, als auch danach, wie diese Erfahrungen oder Sachverhalte begriffen werden" (Koselleck 2006: 99). Im Zuge der Begriffsgeschichte können sich somit Wortformen als auch soziale Gegenstände wandeln und einen Begriff somit zunehmend anreichern.

im Gegensatz zum Geheimen für alle sichtbar oder wenigstens erreichbar (Arendt 2010: 62). Dies ist in der Konzeption von Habermas eine Voraussetzung von Öffentlichkeit, wenn er von der „Unabgeschlossenheit des Publikums" spricht (Habermas 1996: 98). Auch eine Definition von Niklas Luhmann fällt in dieses Bedeutungsfeld: Öffentlichkeit gilt bei ihm als die Unterstellbarkeit der Akzeptierbarkeit von Themen, also als allgemeine Anschlussfähigkeit und dementsprechend öffentliche Meinung als allgemein anschlussfähige Themen im politischen Bereich (Luhmann 1994b: 22). Ebenso rekurriert die ökonomische Definition öffentlicher Güter mit den Kriterien Nichtausschließbarkeit und Nichtrivalität des Konsums auf die Dimension der Allgemeinheit (Kiefer/Steininger 2014: 135).

Darüber hinaus kann mit der Kennzeichnung als ‚öffentlich' ein **kollektiver Bezug** hergestellt werden. Diese kollektive und damit meso- oder makrotheoretische Bedeutung zeigt sich in Theorien der Öffentlichkeit deutlich bei der substantivischen Verwendung des Öffentlichkeitsbegriffs. So definieren Gerhards und Neidhardt *die* Öffentlichkeit als System, das aus einer Vielzahl von Foren besteht (Gerhards/Neidhardt 1991: 44, 49), und beschränken dieses sogar auf die Vermittlung zwischen Politik einerseits und anderen Systemen bzw. der Zivilgesellschaft andererseits (Gerhards/Neidhardt 1991: 41). Hannah Arendt grenzt ebenfalls das allgemein Zugängliche von dem Gemeinsamen ab (Arendt 2010: 65). Diese Bedeutung geht über Allgemeinheit hinaus, da beispielsweise der Zugriff auf öffentliche Gelder eben nicht allen ermöglicht ist, sondern die Verfügungsgewalt bei kollektiven Akteuren wie Staaten oder vergleichbaren politisch-administrativen Institutionen liegt. Daneben stellen auch Gesellschaften kollektive Bezugspunkte dar, wenn zum Beispiel vom öffentlichen Interesse die Rede ist. Öffentliches Interesse wäre in diesem Sinne im Gegensatz zum privaten Interesse gegeben, wenn ein Einfluss auf gesamtgesellschaftliche Problemstellungen vorliegt. Bernhard Peters spricht hierbei von institutionalisierten Handlungssphären, in denen Entscheidungen getroffen werden: „Die in diesem Rahmen getroffenen Entscheidungen sind nun nicht bloß in dem Sinn öffentlich, daß sie für alle verbindlich sind. Die öffentlichen Angelegenheiten sollen auch im gemeinsamen oder allgemeinen Interesse des Kollektivs entschieden werden (‚public interest') sowie unter Kontrolle oder Beteiligung der Mitglieder" (Peters 2007: 56).

Aus dem Kriterium der Kontrolle und Beteiligung ergibt sich noch ein weiterer Bedeutungsaspekt, der bei Peters nicht klar von der kollektiven Bedeutung getrennt wird und in Peters Beschreibung von „Öffentlichkeit im emphatischen Sinn" impliziert ist (Peters 2007: 59-65). Diese dritte Bedeutung soll hier als **legitimierende Begriffsdimension** bezeichnet werden. Dementsprechend stellt Öffentlichkeit einen Raum dar, in dem der Staat oder andere Institutionen beobachtet, gesteuert, kontrolliert und legitimiert werden (Hölscher 2004: 438). Gerade diese Prozesse sind es, mit denen sich einige der prominentesten Öffentlichkeitstheorien beschäftigen. So wird eine legitimierende Leistung im Anschluss an Habermas dadurch erbracht, dass mittels rationaler Argumentation Wahrheitsfindungsprozesse ablaufen bzw. Geltungsansprüche auf ihre Berechtigung hin überprüft werden (Habermas 2009: 438; Habermas 1973: 214). Ein solcher normativer, legitimierender Sinn von Öffentlichkeit lässt sich bis in das mittelalterliche Kirchenrecht zurückverfolgen, wo beispielsweise Gelübde und Ehen durch kirchliche Rituale legitimiert werden: „Im kirchlichen Bereich unterschied das kanonische Recht z. B. zwischen einem allein oder nur vor Privatleuten abgelegten Gelübde: ‚votum privatum' und einem ‚votum publicum', das vor dem Kreuz oder vor Reliquien und im Beisein kirchlicher Amtsträger abgelegt wurde" (Hölscher 2004: 422; siehe auch Hölscher 2004: 413, 438, 444ff.). Eine solche Aufwertung von Handlungen durch Öffentlichkeit bezeichnet Jessica Heesen in Bezug auf mediale Öffentlichkeit als Öffentlichkeitseffekt (Heesen 2008: 66). Ebenso stellt Georg Kohler bei einer Untersuchung der Begriffsverwendung fest, dass das Konzept sowohl im publizistischen als auch im juristischen Feld der Legitimation dient: „Die Bezugnahme auf Öffentlichkeit vermag der Begründung von Akten und Vorhaben publizistischer Akteure zu dienen, selbst wenn diese um willen durchaus anderer Interessen und Intentionen (beispielsweise rein kommerzieller Natur) vorgenommen werden" (Kohler 1999: 200).

An diese historisch begründbare, semantische Mehrdeutigkeit des Öffentlichkeitsbegriffs schließen verschiedene Typologien an, mit denen das Feld öffentlicher Kommunikation hinsichtlich aktueller Kommunikationsphänomene kartiert werden kann. Eine Kartierung von Öffentlichkeit meint in diesem Zusammenhang die Differenzierung sozialer Phänomene entlang von Dimensionen in einem Koordinatensystem. Zur Aufspannung eines solchen Koordinatensystems wird im Folgenden auf drei Vorschläge eingegangen. Auf die Dimensionen Allgemeinheit und Kollektivität greifen sowohl Mária Heller (2006) als auch

Christa Dürscheid (2007) zurück, wobei Allgemeinheit durch das Konzept allgemeine Zugänglichkeit repräsentiert ist (Kapitel 2.2). Dagegen verzichtet Patrick O'Sullivan (2005a; 2005b) vollständig auf die Dimensionen Kollektivität und Legitimität und nimmt dafür eine kommunikationsstrukturelle Differenzierung von Allgemeinheit vor (Abschnitt 2.3).

2.2 Soziale Dimensionen: Privatheit vs. Zugänglichkeit

Die Dimensionen Allgemeinheit und Kollektivität bieten sich dafür an, das Konfliktpotenzial von Veröffentlichungen zu beschreiben. So differenziert Heller (2006) vier Kommunikationsbereiche, die sich erstens in dem Grad der allgemeinen Zugänglichkeit (*public* vs. *non-public*) und zweitens in der Kollektivität des Kommunikationsinhalts (*public* vs. *private*) unterscheiden (siehe Abbildung 1).[8] Die öffentliche Thematisierung von privaten oder intimen Angelegenheiten im Boulevard ist dabei ebenso wie die Verheimlichung von kollektiv relevanten Sachverhalten durch Politiker von fragwürdiger Legitimität (Heller 2006: 320). Dieses Spannungsfeld hängt gemäß Heller mit den Normen von Öffentlichkeit zusammen: „Modern secular societies have a rather clear-cut awareness of norms assuming that public issues should be spoken of in public and private ones in privacy, the latter being exempt of public access or public scrutiny" (Heller 2006: 320).

Unter Umständen ändert sich der Öffentlichkeitsstatus von Phänomenen im Zeitverlauf. Als Beispiel führt Heller die Diskussion des Ehelebens der englischen Königsfamilie an, wenn diese zunächst vom nichtöffentlichen Privatbereich durch Boulevardmedien in die mediale Öffentlichkeit wandert und anschließend über die Politisierung des Themas auch öffentliche Interessen berührt (Heller 2006: 321). Die Unterscheidung von verschiedenen Feldern erlaubt nicht nur eine Einordnung von Kommunikationssituationen, sondern hilft dabei, die Positionen und Strategien von Akteuren in öffentlichen Diskursen zu verstehen. Um sich in öffentlichen Diskursen Gewicht zu verschaffen, bestünde eine Strategie darin, ein

---

8 Zusätzlich wird die Dimension Medialität (vermittelte vs. direkte Kommunikation) thematisiert (Heller 2006: 323). Diese ist zwar mit Öffentlichkeit insofern verbunden, als dass mit unterschiedlicher Vermittlung unterschiedliche Zugangsbedingungen realisiert werden, für eine Diskussion der Bedeutungen des Öffentlichkeitsbegriffs ist dies allerdings von untergeordneter Relevanz.

Thema als kollektiv relevant zu markieren (Heller 2006: 320). Aus diesen Zusammenhängen lässt sich möglicherweise sogar wissenssoziologisch erklären, warum Selbstoffenbarung im Internet oder Reality Shows im Fernsehen die Aufmerksamkeit von Wissenschaftlern und Journalisten auf sich ziehen: hier werden teilweise nichtkollektive Inhalte öffentlich zugänglich verhandelt, ganz ohne einen Anspruch auf kollektive Relevanz.

Abbildung 1: Kommunikation differenziert nach Zugänglichkeit und Kollektivität.

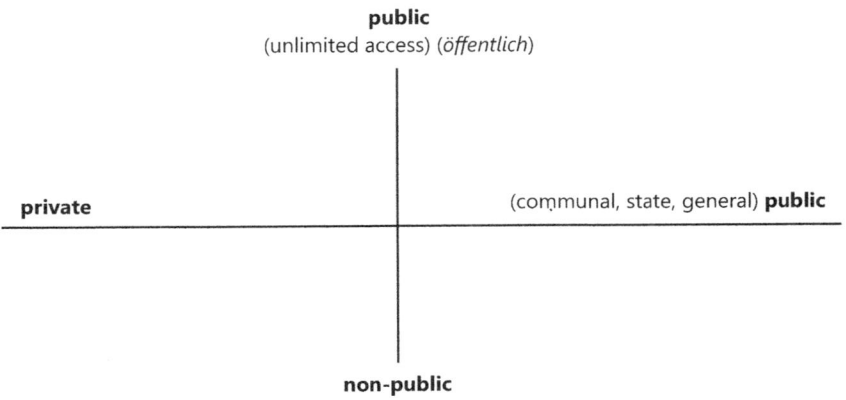

Quelle: Heller (2006: 319).

Ausgehend von der Gegenüberstellung von Massenkommunikation und interpersonaler Kommunikation[9] legt Dürscheid (2007) eine ähnliche Differenzierung vor.

---

9 Dass interpersonale Kommunikation abseits massenmedialer Kommunikation durchaus öffentliche Kommunikation sein kann, betont auch Marian Adolf (2015: 55). Demnach wäre öffentliche Kommunikation neu zu bestimmen, insbesondere müsste die Intention bestehen, zur öffentlichen Kommunikation beizutragen, und eine öffentliche, sprich kollektive, Relevanz des Inhalts gegeben sein (Adolf 2015: 57f.). Die Trennung der hier als Allgemeinheit und Kollektivität bezeichneten Dimensionen bezeichnet er als „Auflösung der engen Kopplung von Form und Inhalt" (Adolf 2015: 55), um dann aber den Öffentlichkeitsbegriff für die inhaltliche Dimension zu reservieren und somit die Differenzierung wieder aufzugeben.

Ihr geht es dabei um die Beantwortung der Frage, welche Internetdienste öffentlich sind und welche nicht (Dürscheid 2007: 5). In Bezug auf allgemeine Zugänglichkeit ergänzt sie die Pole nichtöffentlicher (Beispiel E-Mail) und öffentlicher (Beispiel Chat) Kommunikation um den Zwischenbereich teilöffentlicher Kommunikation (z. B. Soziale Netzwerkseiten): „Darunter fasse ich einen Kommunikationsraum, der nicht für alle zugänglich ist. Hat man diesen Raum aber – um im Bild zu bleiben – einmal betreten, dann kann man das gesamte Kommunikationsgeschehen wahrnehmen" (Dürscheid 2007: 6f.). Im Unterschied zum Ansatz von Heller wird damit also öffentliche Zugänglichkeit nicht graduell modelliert, sondern von klar abgrenzbaren Bereichen ausgegangen.

Als zweites Kriterium benennt Dürscheid die Privatheit von Kommunikation, die sich aus den Kommunikationsinhalten ergibt.[10] Im Anschluss an Udo Branahl (1998) zählt sie Beispiele für private Inhalte auf, die allesamt personenbezogene Aussagen betreffen, etwa die persönliche Weltanschauung oder das Sexualleben. Allgemein handelt es sich um Inhalte, die „die ‚Öffentlichkeit' nichts angehen" (Branahl 1998: 181), wobei die konkrete Zuordnung zeitlich und kulturell variabel sei (Dürscheid 2007: 8). Dies entspricht insofern der kollektiven Dimension des Öffentlichkeitsbegriffs, als dass dem Privaten Themen zugeordnet werden, die nicht von kollektivem Interesse sind bzw. die Aussagen zu individuellen, nicht aber kollektiven Sachverhalten beinhalten.

Auch hier wird besonders auf Phänomene hingewiesen, die einerseits privat und andererseits öffentlich sind (siehe Abbildung 2). Im Anschluss an Habermas spricht Dürscheid dabei von sekundärer Intimität: „Damit ist gemeint, dass Themen, die in unserem Kulturkreis als privat gelten, in die Öffentlichkeit getragen werden, dass also das Private den Raum der nicht-öffentlichen Kommunikation verlässt" (Dürscheid 2007: 8). Aus sprachwissenschaftlicher Sicht stellt sie anschließend die Frage, ob damit auch eine Informalisierung öffentlicher Kommunikation einhergeht, ob es zu einer konzeptionell-mündlichen, näheorientierten, informellen Sprachverwendung in der Öffentlichkeit kommt. Dafür lassen sich sowohl historische (Zeitungsinserate) als auch aktuelle (Weblogs) Beispiele finden

---

10 Dürscheid schreibt zwar, dass sich Privatheit einerseits aus Kommunikationsinhalt und andererseits aus der sozialen Beziehung zwischen den Kommunikationspartnern ergibt – inwiefern die Beziehung eine Rolle spielt, wird aber nicht ausgeführt (Dürscheid 2007: 8).

(Dürscheid 2007: 12, 14) sowie „die Tendenz, auch solche Personen, mit denen man nicht gut bekannt ist, zu duzen" (Dürscheid 2007: 14).

Abbildung 2: Beispiele für die Überschneidung privater und öffentlicher Kommunikation

	Öffentliche Kommunikation	Nicht-öffentliche Kommunikation
Nicht-private Kommunikation	Nachrichtensendung im Fernsehen Firmen-Website	Geschäftskorrespondenz Werbeschreiben über E-Mail (Spam)
Private Kommunikation	Höreranruf in Beratungssendung Freizeit-Chat	Gespräch unter Freunden Urlaubsgruß über E-Mail

Quelle: Dürscheid (2007: 9).

Beiden Kartierungen liegen damit unterschiedliche Erkenntnisinteressen zu Grunde, die mit ähnlichen Unterscheidungen bearbeitet werden. Die beiden dafür verwendeten Dimensionen sind anschlussfähig an die historische Bedeutungsentwicklung. Für eine Klassifizierung von Kommunikationssituationen werfen beide Ansätze aber Schwierigkeiten auf. Unterstellt man in Bezug auf die Kollektivität von Inhalten, dass die Wahrnehmung als kollektiv relevant eine individuelle Zuschreibung von Akteuren ist, dann ist die Einordnung ein und der gleichen Situation je nach Perspektive des Akteurs hochvariabel. Diese Zuschreibungen sind, darauf weisen beide Autoren hin, zudem historisch und kulturell kontingent. Das zeigt sich auch daran, dass Privates durchaus als politisch und damit als kollektiv relevant gelten kann. Nicht nur auf den Bereich der Familie oder Kindererziehung, selbst auf wirtschaftliche Vertragsbeziehungen wie den Brötchenkauf beim Bäcker nimmt der Staat als kollektiver Akteur Einfluss.[11] Immerhin macht die Unterscheidung von Zugänglichkeit und Privatheit bzw. Kollektivität dieses Spannungsfeld sichtbar.

Zudem wird nicht weiter analysiert, was unter Zugänglichkeit zu verstehen ist. Zwar benennt Dürscheid teilöffentliche Kommunikation als einen Zwischenbereich, der durch technische Zugangsbarrieren abgrenzbar ist, allerdings bleiben andere Barrieren wie sprachliche oder kognitive Zugänglichkeit unberücksichtigt. Zudem scheint ein einheitlicher gesellschaftlicher Referenzrahmen unterstellt zu werden, Öffentlichkeiten etwa innerhalb von Organisationen bleiben unberücksichtigt. So ist auch die Einordnung von „Werbeschreiben über E-Mail (Spam)" als nichtöffentlich im Sinne nichtöffentlicher Zugänglichkeit nicht vollständig überzeugend, weil sich derlei Schreiben gerade dadurch auszeichnen, dass sie unspezifisch an so viele Adressaten wie möglich verschickt werden, allgemeine Zugänglichkeit somit zumindest angestrebt wird.

Auch das eingangs dargestellte Beispiel aus einer Mailingliste (siehe Kapitel 1.2) lässt sich mit diesen Unterscheidungen nicht auf eine Weise analysieren, die den Status als öffentlich oder nichtöffentlich klärt. Die fehlenden technischen Zugangsbarrieren würden im ersten Moment auf eine öffentliche Situation hindeuten. Inwiefern hier kollektiv relevante oder persönliche Inhalte betroffen sind, ist aber für das Beispiel kaum relevant. Die Unklarheit besteht vielmehr in einer Differenz aus Adressierung und Zugänglichkeit, die mit der Differenzierung im folgenden Abschnitt aufgegriffen wird.

2.3 Kommunikative Dimensionen: Personalisierung vs. Zugänglichkeit

Vor allem im Fall von Werbeschreiben bietet sich eine Differenzierung von Zugänglichkeit und Personalisierung an, wie sie von Patrick O'Sullivan (2005a;

---

11 Zur Privatisierung des Öffentlichen Rechts und der Publizierung des Privatrechts siehe auch Habermas 1996: 225ff.

2005b) vorgenommen wurde.[12] Auch O'Sullivan versucht sich an einer Typologisierung, die Phänomene an der Schnittstelle zwischen interpersonaler Kommunikation und Massenkommunikation berücksichtigt, wofür er den Terminus „masspersonal communication" verwendet: „Masspersonal communication is defined as instances when (a) individuals use traditionally mass communication channels for interpersonal communication, (b) individuals use traditionally interpersonal communication channels for mass communication, and (c) individuals engage in mass communication and interpersonal communication simultaneously" (O'Sullivan 2005b: 5f.). Interpersonale Kommunikation in massenmedialen Kanälen findet beispielsweise in Call-In-Shows statt, in denen ein Moderator interpersonal mit einem Anrufer kommuniziert und dabei von einem unspezifischen Publikum beobachtet wird. Als Beispiel für massenmediale Kommunikation in Kanälen interpersonaler Kommunikation führt er Werbung über Brief, Telefon, E-Mail oder SMS an. Damit hinterfragt O'Sullivan die Annahme, dass Massenkommunikation und interpersonale Kommunikation[13] an bestimmte Medien bzw. Kanäle gebunden seien und nimmt stattdessen den Kommunikationsprozess in den Blick (O'Sullivan 2005b: 6). Zur Unterscheidung dieser Fälle schlägt er die Dimensionen Zugangsexklusivität und Personalisierung vor (siehe Abbildung 3).

Personalisierung ist dabei ein Kontinuum zwischen konkreter und unspezifischer Adressierung: „Personalization involves the degree to which a message recognizes a recipient as an individual with distinctive interests, history, relationship network, etc." (O'Sullivan 2005b: 29). Im Fall von Direktwerbung seien Telefon oder ähnliche Kanäle traditionell durch eine hohe Zugangsexklusivität gekennzeichnet, die Inhalte aber dennoch an ein möglichst breites Publikum adressiert. Auch wenn dabei aus Datenbanken individuelle Anreden generiert oder auf Grundlage demografischer Daten spezifische Zielgruppen anvisiert wer-

---

12 Für den von O'Sullivan verwendeten Begriff Personalisierung wird in Kapitel 4.1.3 mit ähnlicher Bedeutung der Begriff der Adressierung eingeführt.
13 Massenkommunikation umfasse Situationen, in denen eine große Anzahl unbekannter Empfänger ohne Möglichkeit zum Antworten angesprochen werde (O'Sullivan 2005b: 7, 13). In der interpersonalen Kommunikation ist dagegen eine kleine Menge von Individuen beteiligt, die sich wechselseitig kennen und potentiell Mitteilungen auch beantworten können (O'Sullivan 2005b: 7, 11).

den, handelt es sich um eine geringe Personalisierung bzw. Pseudo-Personalisierung, weil die Rezipienten nicht als einzelne Individuen adressiert werden (O'Sullivan 2005b: 14, 19).

Abbildung 3: Massenpersonale Kommunikation

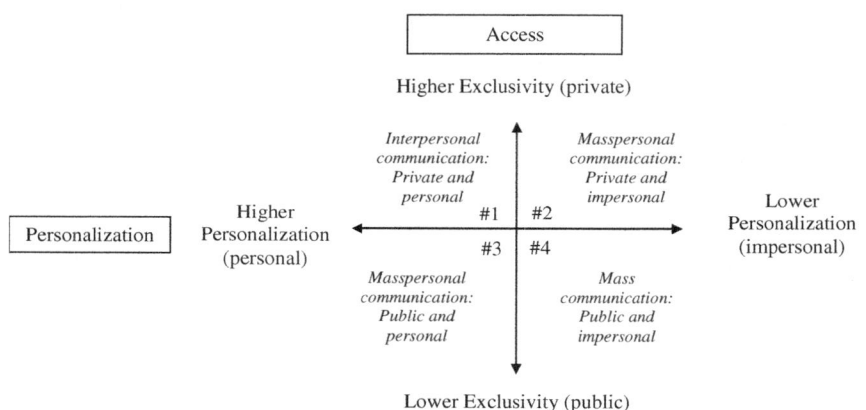

Quelle: O'Sullivan (2005a: 11). Für eine alternative Darstellung siehe O'Sullivan (2005b: 37).

Zugangsexklusivität ist dagegen an die Anzahl potenzieller Rezipienten einer Mitteilung zu einem bestimmten Zeitpunkt gebunden (O'Sullivan 2005a: 9). Inwiefern bestimmte Medien wie Zeitung oder Telefon an eine bestimmte Ausprägung von Zugänglichkeit gebunden sind, ergibt sich nicht aus den Charakteristika der Medien, sondern aus deren Nutzung (O'Sullivan 2005a: 7). Allerdings scheint die Argumentation in Bezug auf Zugänglichkeit nicht ganz konsistent zu sein – O'Sullivan versäumt es, Kanalexklusivität von Mitteilungsexklusivität zu unterscheiden. Einerseits wird Direktwerbung (Spam) als massenpersonal eingeordnet, weil dabei Medien mit hoher Kanalexklusivität eingesetzt werden, das heißt einzelne Mitteilungen lassen sich an einzelne Personen verschicken. Andererseits ist die Mitteilungsexklusivität gering, weil durch die massenweise Verbreitung Zugänglichkeit kumuliert wird, womit entsprechend den Definitionen nicht massenpersonale, sondern massenmediale Kommunikation vorliegen würde.

Diese Kumulation von Zugänglichkeit thematisiert O'Sullivan in Bezug auf das Weiterleiten von E-Mails (O'Sullivan 2005a: 14). Ähnlich wie Heller (2006) geht er davon aus, dass eine Mitteilung ‚durch die Quadranten wandern' kann, indem eine persönlich adressierte E-Mail zunächst individuell zugestellt wird und durch mehrfache Weiterleitung bis in die traditionellen Massenmedien gelangen kann. Im Gegensatz zu Heller postuliert er aber kein normatives Spannungsfeld, sondern etabliert die Unterscheidungen allein als analytisch-deskriptive Kategorien zur Einordnung von Fallbeispielen. Die Kategorisierung sieht zudem von einer Referenz auf die kollektive Bedeutungsdimension ab und konzentriert sich auf die Beziehungen zwischen den Mitteilenden und den Rezipienten. Deutet man Personalisierung als Adressierung, dann wird auch das eingangs dargestellte Beispiel aus der Mailingliste aufgeklärt.

Dass Adressierung ein wichtiges Kriterium zur Einschätzung von Öffentlichkeit aus kommunikationstheoretischer Sicht darstellt, darauf weist auch Jan Schmidt mit einer Unterscheidung von intendiertem, adressiertem, potenziellem und empirischem Publikum hin, wobei intendiertes und adressiertes Publikum im Kopf der Mitteilenden entstehen (Schmidt 2011: 118).[14] Auch eine Differenzierung unterschiedlicher Öffentlichkeitskonzepte von Klaus Plake, Daniel Jansen und Birgit Schuhmacher (2001: 18f.) greift dieses Kriterium auf, indem neben Geschehen von kollektiver Bedeutung und unbeschränkt zugänglichen Räumen zusätzlich unbeschränkt adressierte Kommunikation bzw. „Kommunikation, die sich an alle richtet" (Plake/Jansen/Schuhmacher 2001: 20) als eine Kategorie genannt wird. Es erscheint damit aussichtsreich, einen Öffentlichkeitsbegriff auf Grundlage kommunikationsstruktureller Unterscheidungen zu bilden. Das würde bedeuten, sich weniger auf die Inhalte von Kommunikation, sondern mehr auf die Beziehung zwischen den Beteiligten zu konzentrieren. Eben ein solcher Öffentlich-

---

14 Als intendiertes Publikum begreift Schmidt einen allgemeinen vorgestellten Empfängerkreis bei der Kommunikation auf Online-Plattformen. Das adressierte Publikum umfasst diejenigen Personen, die in einer konkreten Situation erreicht werden sollen. Potenzielles Publikum sind die technisch erreichbaren und empirisches Publikum die tatsächlich erreichten Personen (Schmidt 2011: 118).

keitsbegriff wird unten entwickelt, wobei zusätzlich zu Adressierung und Zugänglichkeit auch Aufmerksamkeit als eine weitere kommunikationsstrukturelle Eigenschaft von Kommunikation einbezogen wird (siehe Kapitel 4.1).

2.4 Zwischenfazit

Im Anschluss an Autoren, die sich einerseits historisch und andererseits im Hinblick auf aktuelle Phänomene mit den Bedeutungsdimensionen des Öffentlichkeitsbegriffs beschäftigt haben, lassen sich idealisiert drei Perspektiven unterscheiden. Erstens referiert der Begriff auf **Allgemeinheit**. Öffentliche Mitteilungen sind in diesem Sinne allen Mitgliedern einer Gemeinschaft potentiell zugänglich oder sogar bekannt und vom Mitteilenden unspezifisch adressiert. Zweitens bezieht er sich auf **kollektive Phänomene**, das heißt nicht nur auf eine Menge von Akteuren, sondern auf soziale Gebilde, vorrangig Gesellschaften oder Staaten. Öffentliche Mitteilungen sind dann vor allem durch politisch relevante Inhalte charakterisiert, öffentliche Meinungen gelten in diesem Sinn als herrschende Meinungen innerhalb einer Gesellschaft und öffentliche Gelder als staatliche Gelder. Im emphatischen Sinn ist Öffentlichkeit drittens an eine bestimmte Rationalität gebunden, die Handlungen oder Mitteilungen **legitimiert**. Dieser letzte Aspekt blieb in den dargestellten Kartierungen von Öffentlichkeit unberücksichtigt, berücksichtigt wurden allgemeine Zugänglichkeit, allgemeine Adressierung und kollektiv relevante Mitteilungsinhalte.

Die verschiedenen Dimensionen sind stark miteinander verflochten. Dies zeigt sich zum einen in der normativen Feststellung, öffentlich Relevantes sei auch öffentlich auszusprechen und Privates im privaten Kreis zu halten (Heller 2006: 320). Zum anderen wird dies in der singulären substantivischen Verwendung des Begriffs offenbar. *Die* Öffentlichkeit bezeichnet je nach Theorie ein bestimmtes kollektives Phänomen, etwa ein System, in dem durch potenziell unbeschränkte Partizipation auf verschiedene Weise legitimierende Prozesse ablaufen. Sichtbar wird dies zum Beispiel, wenn Habermas bei der Beschreibung früher Formen deliberativer Öffentlichkeit in nur einem einzigen Satz nicht nur Privates und Geheimes, sondern auch zwei Varianten von Öffentlichkeit anspricht: „Der Zusammenschluß der Privatleute zum Publikum wird deshalb im geheimen, Öffentlichkeit noch weitgehend unter Ausschluß der Öffentlichkeit antizipiert" (Habermas 1996: 95). Beide Verwendungsweisen des Öffentlichkeitsbegriffs beziehen sich in diesem

Satz vermutlich auf unterschiedliche kollektive Gebilde – erstens auf konkrete Logen, Bünde und Tischgesellschaften sowie zweitens auf eine übergeordnete Welt von Gelehrten. Insofern handelt es sich trotz der verschiedenen Bedeutungsdimensionen beim Öffentlichkeitsbegriff sicher nicht um ein lexikalisches Homonym im engeren Sinn[15], vielmehr kommen verschiedene Konnotationen in einem Begriff zusammen, wobei je nach Verwendungszusammenhang bestimmte Dimensionen betont werden. Beim Öffentlichkeitsbegriff ist die Hervorhebung bestimmter Dimensionen noch deutlicher in der adjektivischen Verwendung zu finden. Als Bezugsobjekt kommen hierbei ganz unterschiedliche Gegenstände in Frage, beispielsweise Haltungen (öffentliche Meinung), Handlungen (öffentliche Mitteilungen), Ressourcen (öffentliche Gelder) oder Organisationen (öffentliche Bildungseinrichtungen). Je nach Bezugsobjekt liegt der Fokus bei der adjektivischen Verwendung sogar ausschließlich auf einzelnen Dimensionen des Begriffs.

In der unten folgenden Definition (siehe Kapitel 4.1) wird eine Konzentration auf die Dimension Allgemeinheit vorgenommen, zudem vorrangig auf die adjektivische Begriffsverwendung mit einem Bezug auf Kommunikation. Dies bietet sich deshalb an, weil der Ausgangspunkt der vorliegenden Arbeit individuelles Verhalten in sozialen Situationen, insbesondere kommunikatives Handeln, darstellt. Sowohl die kollektive als auch die legitimierende Begriffsdimension beziehen sich dagegen stärker auf meso- oder makrotheoretisch zu fassende soziale Gebilde. Zudem soll ein kommunikationsstruktureller Definitionsvorschlag unterbreitet werden, der ohne eine individuelle Interpretation von Kommunikationsinhalten auskommt. Bevor aber das Ergebnis der Definitionsbemühungen präsentiert wird, soll die bisherige Literatur hinsichtlich der zweiten Forschungsfrage danach ‚abgeklopft' werden, welche Bedeutung Öffentlichkeit für individuelles Verhalten hat.

---

15 Unter Homonymen versteht man Wörter, die unterschiedliche Begriffe denotieren. Sind die Bedeutungen beispielsweise etymologisch miteinander verknüpft oder stellen lediglich Konnotationen dar, dann handelt es sich um Polyseme.

3 Forschungslinien: von der Gesellschaft zum Individuum

Die Beschäftigung mit Öffentlichkeit ist – das zeigt nicht zuletzt die Unterscheidung historischer Bedeutungsschwellen – vor allem eine kritische Beschäftigung mit gesellschaftlichem Wandel. Insbesondere in deliberativen und repräsentativliberalen Theorieansätzen werden die Bedingungen und Funktionen von Öffentlichkeit für die Gesellschaft thematisiert (z. B. Peters 2007: 59ff,). Auch wenn etwa von Jürgen Gerhards und Friedhelm Neidhardt eine Ebene spontaner Treffen von anderen, stärker strukturierten Öffentlichkeitsebenen unterschieden wird (Gerhards/Neidhardt 1991: 49ff.), so bleibt das Handeln von Individuen im Gegensatz zu gesellschaftlichen Funktionen unterbelichtet. Zudem zeigt sich ein sehr starker Fokus auf Themen politischer Kommunikation (z. B. Gerhards 1994). Obwohl etwa Habermas die Ursprünge moderner Öffentlichkeit in der Kommunikation über Literatur sieht, wird Kultur und Unterhaltung marginalisiert bzw. von Habermas in der Form kommerzialisierter Medienkommunikation sogar abgewertet (Habermas 1996: 248ff.). Hier offenbart sich eine Forschungslücke: was Öffentlichkeit auf der Ebene individuellen Handelns bedeutet und wie daraus ein gesellschaftliches Phänomen emergiert, ist weitgehend aus dem Blick geraten. Die Verbindung verschiedener Ebenen wird lediglich darüber hergestellt, dass mehrstufige Selektion und Aggregation zu einer Konzentration auf bestimmte Themen in der massenmedialen Öffentlichkeit führen sollen.

Ebenso konzentriert sich die Privatheitsforschung stark auf eine Rechtfertigung allgemeiner gesellschaftlicher Normen. Privatheit kann man mit Warren/Brandeis (1890) als „right to be let alone" oder im Anschluss an Beate Rössler (2002) als Möglichkeit der Zugangskontrolle verstehen. Hierbei geht es um den Zugriff auf ganz verschiedene Bereiche. Informationelle Privatheit meint die Kontrolle des Wissens über sich selbst, dezisionale Privatheit die Möglichkeit eigener Entscheidungen und lokale Privatheit etwa den Schutz der eigenen Wohnung (Rössler 2002). In der Forschung wird nun versucht, Privatheit normativ als wichtiges gesellschaftliches Gut zu rechtfertigen. Beate Rössler greift dazu auf den Begriff der Autonomie zurück und begründet: „Wir wollen den Schutz des Privaten deshalb, weil wir anders nicht unser Leben so frei und selbstbestimmt wie möglich leben können" (Rössler 2002: 18). In eine ähnliche Richtung argumentieren auch Alan Westin (1967) oder Michael Nagenborg (2005), wobei aktuell vor allem gegen Überwachungsmaßnahmen des Staates bzw. Eingriffe starker wirtschaftlicher Akteure Position bezogen wird. Überwachungsmaßnahmen werden ebenfalls von Helen Nissenbaum als eine Verletzung von Privatsphäre durch Öffentlichkeit eingeordnet, da dabei die kontextuelle Integrität verletzt würde (Nissenbaum 2004). Damit deutet sich in diesem Diskurs in der Forderung nach Autonomie, der gemäß starke kollektive Akteure nicht uneingeschränkt Einfluss auf individuelles Verhalten nehmen sollen, eine Verbindung zwischen gesellschaftlicher und individueller Ebene an. Privatheit wird also aktuell nicht nur auf gesellschaftlicher, sondern auch auf individueller Ebene und auf Ebene von Organisationen diskutiert (z. B. Aeschlimann et al. 2015; Grimm/Krah 2014).

Dagegen ist die Selbstoffenbarungsforschung vorrangig mit Individuen beschäftigt, gleichzeitig ergeben sich Verbindungen zu Öffentlichkeitskonzepten. Hier wird vor allem empirisch danach gefragt, wer unter welchen Umständen welche Mitteilungen vollzieht. Ein zentraler Befund ist die Reziprozität von Selbstoffenbarung: demnach ist die Mitteilungsbereitschaft davon abhängig, wie stark sich das Gegenüber offenbart (Altman 1973; Berg/Derlega 1987: 4; Buss 2001: 219; Jourard 1971) und dass die Entwicklung persönlicher Beziehungen mit dem Umfang von Selbstoffenbarung zusammenhängt (Greene/Derlega/Mathews 2006). Während Sidney Jourard (1971) die Selbstoffenbarungsneigung anfangs in diesem Sinne untersucht hat, stehen mittlerweile die Regulierung von Interaktion und Information stärker im Vordergrund (Altman 1975; Altman 1976; Altman 1977; Derlega/Chaikin 1977). Davon ausgehend gibt es mehrere Verbindungen zur Öffentlichkeitstheorie. So hat sich Erving Goffman (2009b) mit den Regeln der Selbstdarstellung und der Interaktion im öffentlichen Raum beschäftigt. Kommunikationswissenschaftlich prominent sind aber insbesondere die Versuche Elisabeth Noelle-Neumanns (1991) geworden. Die Theorie der Schweigespirale stellt explizit die Verbindung zwischen individuellem Handeln und gesellschaftlicher Wirkung her, indem individuelle Mitteilungsbereitschaft in anonymer Öffentlichkeit als Einflussfaktor auf das Meinungsklima und letztendlich auf politische Wahlentscheidungen konzipiert wird. Empirisch ist diese Theorie nicht uneingeschränkt haltbar (Gerhards 1996). Dennoch ist sie als theoretischer und empirischer Versuch zur Verbindung von Individuum und Gesellschaft zu würdigen.

Diese drei Diskurse zur Öffentlichkeits-, Privatheits- und Selbstoffenbarungsforschung bilden das Feld, in dem sich die vorliegende Arbeit verortet. In den folgenden Kapiteln soll es darum gehen, die Bedeutung von Öffentlichkeit für das Individuum zu erkunden, indem nicht nur die schon auf der Individualebene argumentierende Selbstoffenbarungsforschung, sondern vor allem auch die Perspektiven von Öffentlichkeitstheorie und Privatheitsdiskurs auf der Mikroebene individuellen Verhaltens diskutiert werden. Die drei Diskurse sind für dieses Ziel aus zwei Gründen besonders einschlägig. Einerseits weisen alle drei eine terminologische und konzeptionelle Verbindung zum Erkenntnisinteresse auf. Nicht nur die Öffentlichkeitsforschung beschäftigt sich mit Öffentlichkeit, sondern die Privatheits- und die Selbstoffenbarungsforschung nehmen ebenso Bezug auf diesen Begriff, etwa wenn ein Schutz vor Veröffentlichung personenbezogener Sachverhalte begründet wird (siehe Kapitel 3.2.2) oder ein privates und ein öffentliches Selbst voneinander abgegrenzt werden (siehe Kapitel 3.3.1). Zweitens gibt es zwischen den Texten, die hier aufgrund gemeinsamer inhaltlicher Schwerpunkte, methodischer Herangehensweisen und historischer Verwobenheit jeweils einem der drei Forschungsbereiche zugerechnet werden, durchaus Querverbindungen. Vor allem die Forschung zu Sozialen Netzwerkseiten hat unter dem Blickwinkel von Öffentlichkeit und Privatheit die Selbstoffenbarungsforschung für sich entdeckt, etwa bei der Diskussion des *privacy paradox* (siehe Kapitel 3.3.2 und 3.3.3).

Im Verlauf der Darstellung wird von der Makroebene auf die Mikroebene abgestiegen (siehe Abbildung 4). Diese Struktur wiederholt sich innerhalb der einzelnen Abschnitte, die jeweils mit einer Darstellung der Kernideen und gegebenenfalls der gesellschaftstheoretischen Konzepte beginnen, um am Ende die Konsequenzen auf der individuellen Handlungsebene herauszustellen. Die folgenden Zusammenfassungen sind dabei weniger an der detaillierten Nachzeichnung von Standpunkten einzelner Autoren orientiert, obwohl doch nur einzelne Autoren aufgrund ihrer Prominenz in den jeweiligen Diskursen ausgewählt wurden. Auch ist die vollständige Berücksichtigung der Literatur nicht das Ziel. Vielmehr wird eine Typologie von Perspektiven auf Öffentlichkeit vorgeschlagen, der einzelne Autoren und Texte idealtypisch zugerechnet werden. Mittels einer Idealisierung von Perspektiven wird die Unschärfe der Argumentation zu Gunsten stärkerer Abstraktion und einer Herausarbeitung von Forschungslinien in Kauf genommen.

Das Ziel dieser Abstraktion besteht in der Inspiration theoretischer Aussagen zum Verhältnis von Individuum und Öffentlichkeit.

Im Ergebnis dieser Abstraktionsleistung wird sich ein zentrales Leitmotiv zeigen, das sich durch alle drei Diskurse zieht: es geht stets um die Frage der Konstitution und Gestaltung von Öffentlichkeit durch Individuen auf der einen Seite und um den Einfluss von Öffentlichkeit auf individuelles Handeln auf der anderen Seite. Dieses Spannungsverhältnis drückt sich in den drei Diskursen jeweils unterschiedlich aus. In Bezug auf die Öffentlichkeitsforschung wird sich zeigen, dass Handeln Öffentlichkeit sowohl konstituiert als auch normativ reguliert. Aus Perspektive der Privatheitsforschung unterliegt Öffentlichkeit aufgrund gesellschaftlich zugestandener Rechte individueller Kontrolle, viel mehr aber noch wird sie als Bedrohung individueller Autonomie angesehen. Aus einer Selbstoffenbarungsperspektive ist Öffentlichkeit – verstanden als Überschreitung der Grenze zwischen dem Selbst und anderen – ein Bedürfnis mit Funktionen für die persönliche Entwicklung, entsprechend kommen Selbstdarstellungsstrategien zum Einsatz. Öffentlichkeit wirkt gleichzeitig aber hemmend auf Mitteilungs- und Rezeptionsverhalten. Öffentlichkeit nimmt damit Einfluss auf das Handeln von Individuen und ist gleichzeitig durch das Handeln von Individuen konstituiert, sie ist Ursache und Wirkung zugleich.

Forschungslinien: von der Gesellschaft zum Individuum

Abbildung 4: Perspektiven auf das Verhältnis zwischen Individuum und Öffentlichkeit

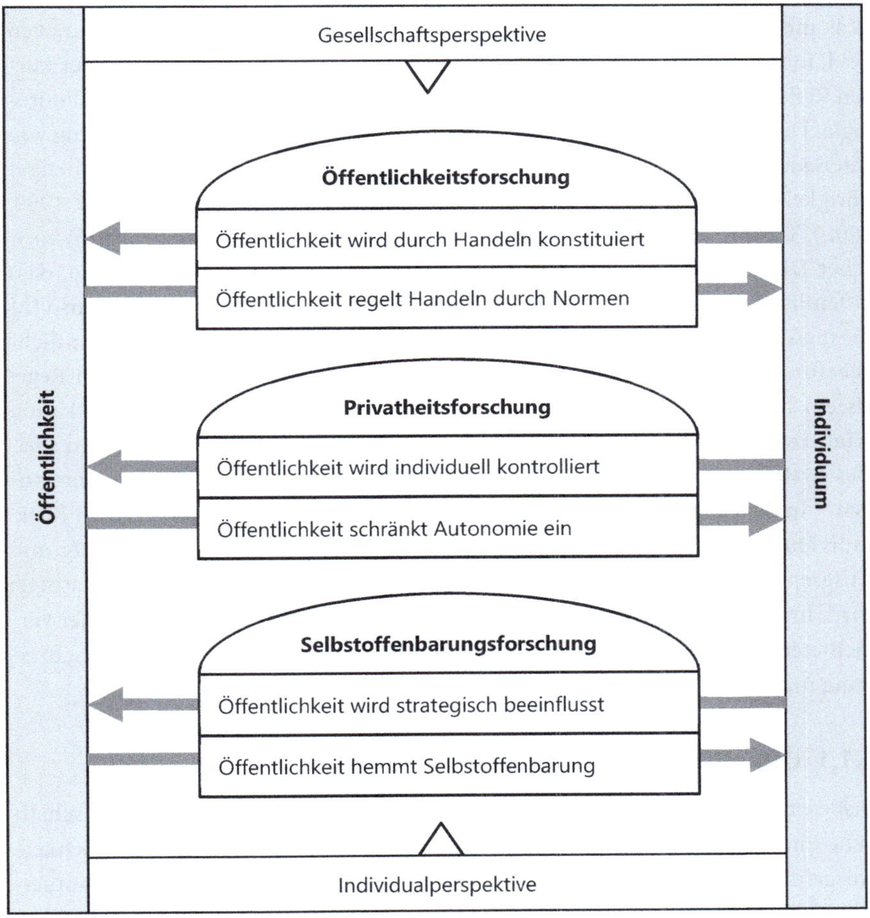

```
┌─────────────────────────────────────────────────────┐
│                 Gesellschaftsperspektive            │
│                          ▽                          │
│              ┌───────────────────────────┐          │
│              │    Öffentlichkeitsforschung │         │
│   ◄──────────│ Öffentlichkeit wird durch Handeln konstituiert │
│              │ Öffentlichkeit regelt Handeln durch Normen │──────►
│              └───────────────────────────┘          │
│                                                     │
│              ┌───────────────────────────┐          │
│              │    Privatheitsforschung    │         │
│   ◄──────────│ Öffentlichkeit wird individuell kontrolliert │
│              │ Öffentlichkeit schränkt Autonomie ein │──────►
│              └───────────────────────────┘          │
│                                                     │
│              ┌───────────────────────────┐          │
│              │  Selbstoffenbarungsforschung │       │
│   ◄──────────│ Öffentlichkeit wird strategisch beeinflusst │
│              │ Öffentlichkeit hemmt Selbstoffenbarung │──────►
│              └───────────────────────────┘          │
│                          △                          │
│                   Individualperspektive             │
└─────────────────────────────────────────────────────┘
  Öffentlichkeit                                Individuum
```

Die horizontalen Pfeile symbolisieren das Leitmotiv Konstitution (Individuen gestalten Öffentlichkeit) vs. Einfluss (Öffentlichkeit beeinflusst Individuen), siehe Tabelle 4 auf Seite 93. Der Öffentlichkeitsbegriff wird hier in Vorgriff auf die folgenden Definitionen teilweise bereits im Sinne einer Eigenschaft von Situationen und nicht im Sinne einer sozialen Entität verwendet.

3.1 Öffentlichkeitsforschung

Was mit dem Wort „Öffentlichkeit" gemeint ist, „hängt primär am diskursiven Feld, in dem es auftaucht" (Kohler 1999: 199). Kohler unterscheidet in einer kurzen Reflexion des Begriffs die vier Felder Publizistik, Recht, Soziologie und Politologie. Der Bezug auf Öffentlichkeit diene dabei zum Beispiel der Begründung von Interessen, als Legitimationsinstanz, als Beschreibung kollektiver Zusammengehörigkeit oder als Referenz auf einen demokratischen Souverän (Kohler 1999: 200f.). Trotz unterschiedlicher Verwendungsweisen im Detail und begriffshistorischer Differenzierungen (siehe Kapitel 2), gleichen sich diese Felder darin, dass Öffentlichkeit als ein kollektives Phänomen verstanden wird. Dies gilt ebenso für die meisten in der Kommunikationswissenschaft zitierten Ansätze der Öffentlichkeitsforschung. Öffentlichkeit wird dabei im Anschluss an Habermas in der Regel als ein Netzwerk (Habermas 2009: 436) oder eine Sphäre der Kommunikation (Habermas 1996: 86) bzw. im Anschluss an Gerhards und Neidhardt als ein soziales System (Gerhards/Neidhardt 1991: 44) mit politischer Bedeutung verstanden.[16] In der Folge geraten Handlungen individueller Akteure eher aus dem Blick. Individuen spielen in diesem Diskurs nur dann eine Rolle, wenn Einbezug und Ausgrenzung von Akteuren oder Kommunikation aus Öffentlichkeit thematisiert wird. Im Folgenden wird dennoch der Versuch unternommen, anhand einer verdichteten Darstellung verschiedener Perspektiven Konsequenzen für die Beschreibung und Erklärung individuellen Verhaltens zu ziehen.

3.1.1 Öffentlichkeit als rationaler Diskurs

Insbesondere Habermas beschreibt in seiner Habilitationsschrift die gesellschaftliche Entwicklung der letzten Jahrhunderte als eine Wandlung von Öffentlichkeit. Ausgehend von einer repräsentativen Öffentlichkeit über literarische und bürgerliche Öffentlichkeit beschreibt er einen Prozess, der in einer Konsumöffentlichkeit

---

16 Durch die Beschränkung von Öffentlichkeit auf politische Kommunikation wird häufig auch die Form von Öffentlichkeit mit der politischen Funktion gleichgesetzt. Beispielsweise unterscheiden Ferree et al. (2002) die vier Modelle repräsentativ-liberaler, partizipatorisch-liberaler, diskursiver und konstruktivistischer Öffentlichkeit, die sich allesamt auf demokratietheoretische Modelle und entsprechende Normen beziehen.

gipfelt (Habermas 1996: 86ff., 248ff.). Im Zuge dieser Entwicklung hätten sich nicht einfach die Themen öffentlicher Kommunikation geändert, sondern vielmehr die sozialen Strukturen der Kommunikation. Während die repräsentative Öffentlichkeit durch die Organisationen Staat und Kirche dominiert wird, entwickelt sich gemäß dieser Darstellung im 17. Jahrhundert eine soziale Sphäre, in der – ermöglicht durch die privatwirtschaftliche Organisation der Produktion kultureller Güter – über Literatur, Musik und Kunst geurteilt wird (Habermas 1996: 90ff.). Die Rezeption und das Räsonnement finden in Räumen wie Cafés oder Konzerthäusern statt, zu denen der Zutritt im Gegensatz zu kirchlichen und staatlichen Räumen nicht über Statusmerkmale reguliert sei (Habermas 1996: 90ff.). Als Fortsetzung dieser literarischen Öffentlichkeit konstatiert Habermas das Entstehen einer bürgerlichen Öffentlichkeit, deren normative Implikationen noch heute die Diskussion demokratietheoretischer Ideale beherrscht. Vor allem wird die argumentative Wahrheitsfindung bzw. Deliberation als normatives Ideal öffentlicher Kommunikation eingeführt, womit erstens eine Absehung vom Status der Beteiligten, zweitens die Möglichkeit der Thematisierung beliebiger Themen und drittens ein prinzipiell unabgeschlossenes Publikum einhergehen. Insbesondere wird in diesem Zusammenhang auch die Kritik an staatlichen Akteuren legitimiert (Habermas 1996: 97ff.; Peters 2007: 64).

Hiermit schließt Habermas an die Gedanken der Aufklärung an. Programmatisch hatte Kant gegen Ende des 18. Jahrhunderts Aufklärung als „Ausgang des Menschen aus seiner selbstverschuldeten Unmündigkeit" deklariert, der durch den öffentlichen Gebrauch der Vernunft vollzogen werden sollte (Kant 1992). Öffentlichkeit wird hier unter anderem in den verstärkt aufkommenden Zeitschriften hergestellt, auch Kant versteht unter dem öffentlichen Vernunftgebrauch die argumentative Kommunikation, die „jemand als *Gelehrter* [...] vor dem ganzen Publikum der *Leserwelt* macht" (Kant 1992: 11, Hervorhebung im Original). Obwohl der Warencharakter von Medien als Voraussetzung der Entstehung bürgerlicher Öffentlichkeit gesehen wird, führte laut Habermas gerade die Kommerzialisierung der Medien zu deren Niedergang, da nun ein Kampf um Aufmerksamkeit zu Lasten von Deliberation geführt wird und Öffentlichkeit seine kritische Funktion verliert (Habermas 1996: 248f., 326ff.; siehe auch unten Kapitel 3.1.2).

Der Vernunftanspruch im Sinne rationaler Argumentationen wird von Habermas theoretisch unter dem Schlagwort Diskursethik formuliert (Habermas

1991: 53ff.). Rationale Äußerungen sind hier nicht nur auf propositionale Formulierungen von Wahrheiten bezogen (Habermas 2001: 26). Als rationale Äußerungen versteht Habermas „alle symbolischen Äußerungen [...], die mindestens implizit mit Geltungsansprüchen verbunden sind" (Habermas 2001: 44) und explizit begründet werden können (Habermas 2001: 37, 43). Zu diesen Geltungsansprüchen zählen neben der Wahrheit von Propositionen sowie der Wirksamkeit teleologischer Handlungen ebenfalls die Richtigkeit von Handlungsnormen, die Angemessenheit von Wertstandards, die Wahrhaftigkeit von Expressionen und die Verständlichkeit sprachlicher Äußerungen (Habermas 2001: 45; Habermas 1995: 138; Habermas 1991: 68).

Das Besondere an dieser Sichtweise ist, dass rationale Äußerungen nicht ausschließlich auf die Begründung von Wahrheiten abzielen, sondern Habermas auch weitere Gegenstände von Kommunikation, beispielsweise Gefühlsäußerungen, als begründungsfähig ausweist. Rational verhält sich gemäß Habermas mit seinen Äußerungen, wer bereit ist, „sich der Kritik auszusetzen und erforderlichenfalls an Argumentationen regelrecht teilzunehmen" (Habermas 2001: 38).[17] Rationale Kommunikation beinhaltet somit eine Verpflichtung zum Diskurs, es treten „interaktionsfolgenrelevante Verbindlichkeiten" (Habermas 1991: 69) in Kraft. Denn ein Diskurs ist laut Habermas eben diese Thematisierung von Geltungsansprüchen (Habermas 2009: 138; Habermas 1995: 130, 176).[18]

---

17 Umgekehrt gilt beispielsweise bei ästhetischer Kritik: „Wer sich in seinen Einstellungen und Bewertungen so privatistisch verhält, daß sie durch Appelle an Wertstandards nicht erklärt und plausibel gemacht werden können, der verhält sich nicht rational" (Habermas 2001: 37).
18 Allerdings erfüllt die argumentative Begründung von Selbstdarstellungen und von evaluativen bzw. an (ästhetischen) Wertstandards ausgerichteten Äußerungen nicht die Ansprüche an Diskurse, weil dabei kein Anspruch auf universale Zustimmung und kooperative Wahrheitssuche erhoben wird (Habermas 2001: 41, 43). Habermas unterscheidet die entsprechenden Begründungen terminologisch mit den Ausdrücken Diskurs vs. Kritik. Bei Kritik muss „eine von externen und internen Zwängen freie Sprechsituation" nicht vorausgesetzt werden (Habermas 2001: 70). Insofern sind nur die Geltungsansprüche propositionale Wahrheit und normative Richtigkeit diskursiv begründbar (Habermas 1995: 139; Habermas 1991: 69). Nicht nur das, außerdem „[entbehren] sie einer *unmittelbaren* Erfahrungsgrundlage" und *müssen* somit argumentativ begründet werden (Habermas 1995: 140).

Nun sind Diskurs und Öffentlichkeit zwei ganz verschiedene Begriffe, tatsächlich kommt eine Begründung von Diskursethik nahezu ohne den Öffentlichkeitsbegriff aus. Und dennoch scheint es angemessen zu sein, die Ausführungen von Habermas zu diesen Konzepten im Zusammenhang zu sehen. Denn die implizierten und explizierten Anforderungen an Öffentlichkeit decken sich mit den Prinzipien, die für Diskurse behauptet werden. Die rationale Verarbeitung von Themen und Beiträgen und damit eine Bereitschaft zu diskursiver Kommunikation ist die Grundlage für das Gelingen öffentlicher Kommunikation, wie Habermas selbst feststellt (Habermas 2009: 438).

Damit dieser rationale Charakter öffentlicher Kommunikation auch eingelöst werden kann, muss eine ideale Sprechsituation gegeben sein, ähnlich wie sie bereits im Zusammenhang mit der bürgerlichen Öffentlichkeit thematisiert wurde. Nur so wird ein Diskurs nicht durch Handlungszwänge behindert (Habermas 1995: 131), insbesondere müssten alle die gleiche Chance zur Verwendung konstativer, expressiver und regulativer Sprechakte haben. Die Unterstellung einer idealen Sprechsituation schließt auch ein, dass jeder potentielle Teilnehmer eines Diskurses die gleiche Chance haben muss, mittels Sprechakten Diskurse zu eröffnen und fortzusetzen (Habermas 1995: 177). Es geht Habermas dabei nicht nur darum, dass die Geltung von Äußerungen innerhalb einer sozialen Gemeinschaft begründet wird, sondern dass mit Argumentationen unabhängig vom spezifischen sozialen Feld „kooperative Wahrheitssuche" betrieben wird (Habermas 2001: 62). Nicht rhetorische Überzeugungskraft, sondern universale Geltung wird rational verhandelt.

Insofern vertritt Habermas ein normativ durchaus anspruchsvolles Konzept von Öffentlichkeit. Auch wenn faktische Kommunikationsprozesse gegen diese Geltungsansprüche verstoßen, wird kontrafaktische Geltung unterstellt. Das meint nicht nur ein Bemühen um Umsetzung und ein Bewerten anhand dieser Ansprüche, sondern die unausweichliche wechselseitige Unterstellung, ohne welche man sich in performative Widersprüche verstrickt (Habermas 1995: 180; Habermas 1991: 100). Damit sind ideale Sprechsituation wie auch Geltungsansprüche weder rein empirische noch rein fiktive Gegebenheiten: „Das normative Fundament sprachlicher Verständigung ist mithin beides: antizipiert, aber als antizipierte Grundlage auch wirksam" (Habermas 1995: 181).

Öffentliche Kommunikation weist in der Folge zwei wesentliche Eigenschaften auf: Erstens müssen Äußerungen allgemeinverständlich sein (Laienorientierung), zweitens ist öffentliche Kommunikation von praktischen Handlungskonsequenzen (Intellektualisierung) losgelöst (Habermas 2009: 436f.). Gerade in diesem letzten Punkt wird eine Parallele zu Habermas' Definition kommunikativen Handelns deutlich. Nur verständigungsorientiertes Handeln bezeichnet Habermas auch als kommunikatives Handeln, davon abzugrenzen seien Formen strategischen Handelns (Habermas 2001: 385). Verständigungsorientiertes Handeln zeichnet sich dadurch aus, dass von (verdeckten oder nicht verdeckten) Erfolgsabsichten abgesehen wird (Habermas 2001: 385, 439, 446). In Analogie zu dieser Kennzeichnung kommunikativen Handelns meint Intellektualisierung bei der Kennzeichnung öffentlichen Kommunizierens nicht einen konkreten Sprachgebrauch oder bestimmte Themen, sondern die Loslösung von Handlungsverpflichtungen außerhalb der Kommunikation. Durch diese Intellektualisierung wird in der Konsequenz auch eine Veränderung der Diskursregeln durch Diskurs verhindert – dieser theoretische Schachzug erlaubt es, Universalien gegen Vernunftansprüche zu immunisieren.[19]

Auch wenn das Ergebnis von öffentlicher Kommunikation in Form öffentlicher Meinung überindividuell sein mag, lassen sich die bislang angeführten normativen Aspekte direkt auf individuelles Handeln beziehen: a) Nimmt man an, dass in der öffentlichen Kommunikation Diskursnormen gelten, dann sollten Individuen öffentlich stets rational kommunizieren, das heißt, sie gehen eine Begründungspflicht ein und beteiligen sich dadurch an kollektiver Wahrheitssuche. b) Nimmt man an, dass öffentliche Kommunikation durch kommunikatives Handeln geprägt ist, dann sollten dabei nicht persönliche Zwecke im Vordergrund stehen, sondern allein die Verständigung mit den Kommunikationspartnern. Grundvoraussetzung dafür ist, dass Äußerungen allgemeinverständlich sind. c) Nimmt

---

19 Weiterhin wird das ethische Universalitätsprinzip argumentativ immunisiert: Auch wenn man gegen Universalität argumentiert, akzeptiert man universale Regeln (Habermas 1991: 91). Damit versucht Habermas, das Universalitätsprinzip als Argumentationsregel und nicht als Argumentationsinhalt zu positionieren (Habermas 1991: 103). Diese Immunität wird damit erkauft, dass der Letztbegründungsanspruch aufgegeben wird (Habermas 1991: 107).

man an, dass in der öffentlichen Kommunikation eine ideale Sprechsituation hergestellt werden sollte, so dürfen Individuen sich jederzeit an Diskursen beteiligen, zum Beispiel dürfen Diskurse nicht einfach aufgrund des Status einzelner Personen beendet werden.

Offen bleibt bei dieser Sichtweise zunächst, inwiefern Öffentlichkeit eine Voraussetzung oder eine Folge dieser Ansprüche darstellt, inwiefern es sich um normativ zu fordernde Maßstäbe oder um theoretisch konstitutive Definitionsmerkmale handelt. Habermas selbst scheint diese Ansprüche als konstitutive Merkmale zu sehen, ohne die keine Öffentlichkeit im eigentlichen Sinne (was auch immer darunter zu verstehen ist, siehe Habermas 1996: 90) möglich ist, wenn er die Entwicklung der letzten Jahrhunderte als Zerfallsprozess beschreibt.[20] Das Individuum wird durch diese Ansprüche an öffentliche Kommunikation in ein Spannungsverhältnis zwischen kontrafaktischer Regelgeltung und tatsächlichem Regelverstoß gestellt.[21]

3.1.2 Öffentlichkeit als Aufmerksamkeit

Im Zentrum liberaler Öffentlichkeitstheorien steht dagegen die Vermittlungsleistung von Öffentlichkeit zwischen verschiedenen Systemen, Teilsystemen oder Akteuren. Insbesondere Gerhards bzw. Neidhardt modellieren Öffentlichkeit als Vermittlungssystem zwischen Politik und Zivilgesellschaft, dementsprechend wird Öffentlichkeit eine Orientierungsfunktion für die Politik zugeschrieben (Gerhards/Neidhardt 1991: 41; Gerhards 2002; Gerhards 1994). In diesem System findet eine Sammlung und Synthese von Standpunkten statt, die dann in Form einer öffentlichen Meinung als Grundlage für politische Entscheidungen dienen

---

20 Eine Aktualisierung dieses Zerfallsszenarios hat Kurt Imhof vorgelegt, indem er als Folge eines „Neue[n] Strukturwandel[s] der Öffentlichkeit" (Imhof 2011: 108) im Rahmen des Übergangs vom sozialmarktwirtschaftlichen zum neoliberalen Gesellschaftsmodell einen Verlust der Deliberations-, Legitimations- und Integrationsfunktion bedauert (Imhof 2011: 115ff., 142ff.).
21 Jedenfalls ist die Konzeption von Habermas kaum als ausschließlich idealtypische Fiktion zu lesen, auch wenn die Geltungsansprüche als kontrafaktisch angesehen werden: „Die Konfundierung normativer und empirischer Aussagen führt bei Habermas allerdings dazu, daß sich nicht der ganze Gehalt seiner Theorie als 'methodische Fiktion' immunisieren läßt" (Gerhards/Neidhardt/Rucht 1998: 37).

sollen, auch wenn Öffentlichkeit selbst nicht zu Entscheidungen führt (Gerhards/Neidhardt 1991: 42ff., 80). Insbesondere hinsichtlich des Outputs kann somit danach gefragt werden, inwiefern er Anschluss im politischen System findet. Die Frage nach der Rationalität des Diskurses tritt hierbei in den Hintergrund.

Dieser Gedankengang muss nicht auf politische Kommunikation beschränkt bleiben. Aus der Sicht Niklas Luhmanns leistet Öffentlichkeit eine Selbstbeobachtung von Systemen (Luhmann 1994a: 83).[22] Luhmann wendet sich mit den wenigen systemtheoretischen Ausführungen über Öffentlichkeit ebenfalls gegen einen Vernunftanspruch und thematisiert stattdessen Aufmerksamkeitsregeln (Luhmann 1994b: 16f., 25). Öffentlichkeit versteht er als „Unterstellbarkeit der Akzeptierbarkeit von Themen" und damit als allgemeine Anschlussfähigkeit von Themen zum Beispiel auch bei der Partnersuche (Luhmann 1994b: 22). Die Anschlussfähigkeit von Themen stellt eine allgemeine Bedingung des Fortgangs jeglicher Kommunikation und damit eine Bedingung der Existenz von sozialen Systemen dar. Öffentlichkeit selbst wird aber im Gegensatz zur Konzeption von Gerhards und Neidhardt weder als eigenes Kommunikationssystem verstanden noch auf eine Funktion für das politische System beschränkt (ausführlicher siehe Marcinkowski 2002).

Im Gegensatz zur deliberativen Idee unterliegt Öffentlichkeit in liberalen Konzepten also nicht in erster Linie einem Vernunftanspruch. In der öffentlichen Kommunikation geht es dann eben nicht um Wahrheitsfindung, sondern um das Einfangen und Fokussieren von allgemeiner Aufmerksamkeit oder Anschlussfähigkeit (Gerhards/Neidhardt 1991: 47). Da Aufmerksamkeit begrenzt ist, ist auch Öffentlichkeit begrenzt und es kommt zu einer Konkurrenz von Themen und Meinungen. Bernhard Peters hat besonders deutlich darauf hingewiesen, dass es niemals darum gehen kann, tatsächlich alle Akteure in öffentlicher Kommunikation zu Wort kommen zu lassen, da die Menge an Kommunikation zu umfangreich für eine sinnvolle gesellschaftliche Verarbeitung wäre (Peters 2007: 69). Gerade die Bündelung von Themen, Meinungen und Aufmerksamkeit lässt es für Akteure im

---

22 Zumindest behauptet Luhmann solche Selbstbeobachtungsmechanismen für verschiedene Systeme wie Wirtschaft, Wissenschaft, Recht, Erziehung und Kunst (Luhmann 1994a: 81ff.). Im politischen System wird dieser Selbstbeobachtungsmechanismus als öffentliche Meinung bezeichnet (Luhmann 1994a: 84).

politischen System (als Wähler und als zu Wählende) rational erscheinen, an öffentlicher Kommunikation zu partizipieren (Gerhards 1994: 97ff.).

Normative Ansprüche können auf Grundlage der Funktionszuschreibung dennoch geltend gemacht werden (Jünger/Donges 2013: 155, 158). Die Funktionen Informationssammlung, -verarbeitung und -anwendung (Gerhards/Neidhardt 1991: 42) geben einen Maßstab zur Untersuchung und Bewertung von Öffentlichkeit ab. Wenn Öffentlichkeit eine Selektion von Mitteilungen leistet, dann kann gefordert werden, dass diese Selektion alle Interessen berücksichtigt. Zudem wird argumentiert, dass öffentliche Meinung (als Ergebnis des Selektions- und Verarbeitunsprozesses) durch die Festlegung des Sagbaren eine gesellschaftliche Integration bewirkt (Gerhards 1994: 88; Gerhards/Neidhardt 1991: 60f.). Öffentliche Meinung ist öffentlich, weil sie „mit breiter Zustimmung rechnen kann […]. Weicht man von ihr ab, muß man mit besonderen Widerständen rechnen" (Gerhards/Neidhardt 1991: 42). Diese Furcht vor Widerständen würde laut Noelle-Neumann eine Schweigespirale in Gang setzen, so dass bestimmte Einstellungen immer weniger und andere immer stärker sichtbar würden (Noelle-Neumann 1991: 59ff.; Noelle-Neumann 1979: 174ff.; siehe auch Kapitel 3.3.5). Gehemmt durch Isolationsfurcht würden hier laut Noelle-Neumann insbesondere bei moralischen Themen von der öffentlichen Meinung abweichende Stellungnahmen vermieden werden. Dementsprechend ist öffentliche Meinung nicht Mehrheitsmeinung, sondern anschlussfähige Meinung. Selbst wenn sich empirisch nur eine Minderheit tatsächlich als Anpasser im Sinne der Schweigespirale verhalten sollte (Gerhards 1996), bleibt es theoretisch durchaus plausibel, dass bestimmte Äußerungen in Abhängigkeit vom öffentlichen Meinungsklima mit stärkeren Widerständen rechnen müssen als andere. Die vollkommene Gleichförmigkeit von Reaktionen wäre dagegen verwunderlich.

Begreift man Öffentlichkeit als einen Mechanismus zur Bündelung von Aufmerksamkeit, dann stellt sich in Bezug auf die Rolle von Individuen die Frage, unter welchen Bedingungen Aussagen von Individuen öffentlich wahrgenommen, anschlussfähig oder überhaupt sagbar sind. Es geht dann darum, „ob es die Akteure verstehen, mit der spezifischen Sinnrationalität von Öffentlichkeit zu arbeiten, Resonanzen zu erzeugen und damit öffentliche Meinung zu bilden" (Gerhards/Neidhardt 1991: 69). Je nach Theorierichtung fällt die Benennung von derlei Aufmerksamkeitsfaktoren anders aus. Aus Sicht einer Aufmerksamkeitsökonomie scheint Aufmerksamkeit zunächst von vorangegangener Aufmerksamkeit eines Akteurs im Sinne zugeschriebener Prominenz abzuhängen – Aufmerksamkeit wirft Zinsen in Form von Aufmerksamkeit ab (Franck 1998: 114; Goldhaber 1997). Das dürfte nicht nur für Akteure, sondern insbesondere aus systemtheoretischer Sicht auch für die Anschlussfähigkeit von Themen gelten, wobei Öffentlichkeit „ein Problem der Institutionalisierung von Themen" darstellt (Luhmann 1994b: 22). Dass bereits Thematisiertes leichter fortgesetzt wird als anderes, dafür spricht auch die Nachrichtenwerttheorie (Uhlemann 2012: 114ff., 142, 144). Darüber hinaus sind bestimmte Aufmerksamkeitsstrategien wie Fokussierung bzw. Vereinfachung eines Themas, Problematisierung sowie Zuschreibung von Verantwortlichkeit und Selbstlegitimierung denkbar (Gerhards/Neidhardt 1991: 70ff.). Auch die Darstellung persönlicher Inhalte im Sinne der Privatisierungsthese (siehe Kapitel 3.2.1) kann als Strategie zur Erlangung von Aufmerksamkeit eingesetzt werden (Holtz-Bacha 2001: 24; Rohowski 2009: 26ff.). Insbesondere aber scheint eine allgemeinverständliche Formulierung aufgrund der Laienorientierung von Öffentlichkeit wichtig zu sein: „Unter Öffentlichkeit wird ein Kommunikationssystem verstanden, das prinzipiell für alle Mitglieder einer Gesellschaft offen und auf Laienorientierung festgelegt ist." (Gerhards/Neidhardt 1991: 47). Nicht zuletzt scheinen kollektive Akteure durch ihre bessere Ressourcenausstattung eine höhere Wahrscheinlichkeit auf Wahrnehmung zu haben als Individuen (Peters 2007: 73).

Ohne dass damit eine vollständige und systematische Liste von aufmerksamkeitsfördernden Faktoren vorliegt, kann zusammenfassend als Konsequenz für das Verhältnis von Individuum und Öffentlichkeit gezogen werden: Individuen stehen in einem Spannungsverhältnis von individuellen Meinungen und Interessen einerseits und begrenzter allgemeiner Aufmerksamkeit andererseits. Das Erreichen von öffentlicher Aufmerksamkeit ist nicht selbstverständlich. Aus dem Konzept der öffentlichen Meinung ergibt sich die Konsequenz, dass nicht alles öffentlich sagbar ist, ohne auf deutliche Widerstände zu stoßen.

3.1.3 Öffentlichkeit als Vergesellschaftung

Vor Habermas hat sich schon Ernst Manheim dem Entstehen von Öffentlichkeit im 18. Jahrhundert angenommen, er unterscheidet dabei verschiedene Formen publizistischer Vergesellschaftung. Damit sind soziale Gebilde gemeint, aus denen „gesellschaftliches Einverständnis- oder Repulsivhandeln hervorgeht" (Manheim 1979: 24), im Grunde geht es also auch hierbei um Wahrheits-, Konsens- bzw. Willensfindung durch Mitteilungshandlungen. Die verschiedenen Typen von Öffentlichkeit unterscheiden sich unter anderem darin, wie diese Koordinationsleistung erbracht wird. Zum Beispiel verfolgen esoterische Bünde ausschließlich nach innen gerichtete Ziele, dagegen entstehen qualitative Öffentlichkeiten mit der Durchsetzung einer universalen politischen Ordnung (Manheim 1979: 35, 60). Diese Öffentlichkeiten sind bei Manheim an die spezifischen Bedingungen des 18. Jahrhunderts, insbesondere an konkrete Räume des „Miteinandererlebens", gebunden (Manheim 1979: 25). Der Öffentlichkeitsbegriff bezeichnet hiermit nicht nur eine bestimmte Art der Kommunikation, sondern verschiedene Arten gesellschaftlicher Organisation und deren Legitimierung. Öffentlichkeiten sind nicht einfach nur Mengen öffentlicher Mitteilungen, sondern selbst soziale Gebilde.[23]

Die Betonung des Vergesellschaftungsaspektes von Öffentlichkeit legt im Gegensatz zur Konzeption von Habermas nicht bestimmte Diskursnormen fest, denen Individuen unterworfen sind. Der Zusammenhang von Individuen und Öffentlichkeit wird stattdessen darüber hergestellt, dass sich individuelle Handlungen an kollektiven Gebilden orientieren und damit Gruppenidentität herstellen. Öffentlichkeiten entstehen durch die Koordination individueller Handlungen.[24] Je nach Öffentlichkeitstyp sind dann bestimmte Handlungen für die Teilhabe am Kollektiv zulässig bzw. nicht zulässig – oder sie konstituieren eine

---

23 Wesentlich für die Betrachtung einer gesamtgesellschaftlichen Ordnung sind die zwei Typen der qualitativen Öffentlichkeit und der pluralistischen Öffentlichkeit (Manheim 1979: 54ff.). Während in ersterer eine einzelne gesellschaftliche Schicht die politische und gesellschaftliche Ordnung bestimmt und einen einheitlichen Konsens herstellt, sind in letzterer verschiedene „Willensgehalte" nebeneinander möglich. Diese Gegenüberstellung spiegelt nicht zuletzt auch die Umstände wider, unter denen Manheim seine Ideen entwickelt hat, genauer die Machtergreifung durch die Nationalsozialisten im Deutschland des angehenden 20. Jahrhunderts. So ist der Begriff pluralistische Öffentlichkeit an der Aufklärung orientiert, qualitative Öffentlichkeit ist dagegen durch weltanschauliche Fixierung und zentrale Autoritäten gekennzeichnet (Averbeck 2005: 58).

24 Diese Koordination ist auch ökonomisch relevant, wenn dadurch öffentliche Güter entstehen, siehe Bimber/Flanagin/Stohl (2005).

eigene Öffentlichkeit. In Bezug auf Öffentlichkeit sind allerdings nur Formen publizistischer Vergesellschaftung relevant, das heißt hier politische bzw. gesamtgesellschaftlich orientierte Mitteilungsakte (Manheim 1979: 29). In diese Richtung zielt auch der Begriff der Öffentlichen Meinung bei Ferdinand Tönnies, wenn damit der „Ausdruck des Willens einer Gesamtheit" (Tönnies 2001: 355) bezeichnet wird.[25]

Einer monistischen Vorstellung von Öffentlichkeit treten auch die unter dem Begriff Gegenöffentlichkeit versammelten Öffentlichkeitskonzepte entgegen (Wimmer 2007: 153ff.). Schon die Begrifflichkeit legt nahe, dass hierbei eine Mainstream-Öffentlichkeit unterstellt und bekämpft wird, womit mindestens zwei soziale Räume öffentlicher Kommunikation zu unterscheiden sind. Die politische Dimension spielt eine wichtige Rolle – gesellschaftliche Wirklichkeit wird nicht nur zu beschreiben, sondern auch zu verändern versucht. In ihrer Kritik am Öffentlichkeitskonzept von Habermas weist Nancy Fraser beispielsweise auf den systematischen Ausschluss von Frauen aus dieser sozialen Sphäre hin und prägt den Begriff subalterne Öffentlichkeit für verschiedene soziale Bereiche, die unter dem Radar einer allgemeinen bürgerlichen Öffentlichkeit agieren (Fraser 1996; zu dieser Kritik an Habermas siehe auch Dahlgren 2014). In eine ähnliche Richtung argumentieren Oskar Negt und Alexander Kluge, wenn sie die Etablierung einer proletarischen Öffentlichkeit fordern (Negt/Kluge 1972). Die Kommunikation dieser und anderer sozialer Bewegungen fasst Karl-Heinz Stamm unter den Begriff alternative Öffentlichkeit zusammen (Stamm 1988). Das Besondere alternativer Öffentlichkeit sieht er unter anderem in der Art der Bindung an lebensweltliche Erfahrung (Stamm 1988: 268).

Gemeinsam ist den angesprochenen Perspektiven von Manheim und von Autoren, die sich mit Gegenöffentlichkeit beschäftigen, dass Öffentlichkeiten aus der „Thematisierung, Verallgemeinerung und Bewertung von Erfahrungen" hervorgehen, in deren Folge eine Kollektivierung entsteht oder gefestigt wird (Klaus 2001: 20). Dieses gemeinsame Moment von Vergesellschaftung ist auch im deliberativen Konzept von Öffentlichkeit bereits impliziert (Peters 2007: 56), wenn auch

---

25 Tönnies unterscheidet a) eine einzelne öffentlich geäußerte Meinung, b) die Gesamtheit öffentlich geäußerter Meinungen und c) öffentliche Meinung als kollektiver Wille. Die Großschreibung des Buchstaben „Ö" reserviert er für die letzte Bedeutung (Tönnies 2001: 354).

stark durch die Vorstellung einer einzigen gesellschaftsweiten Öffentlichkeit geprägt. Schon wenn Habermas die Ursprünge bürgerlicher Öffentlichkeit in einer literarischen Öffentlichkeit verortet, sind gemeinsame kulturelle Erfahrungen von zentraler Bedeutung. Dies ist nicht auf vergangene Jahrhunderte beschränkt. Als treibendes Moment der Konstitution einer kulturellen Öffentlichkeit („cultural public sphere") sehen beispielsweise auch John Hartley und Joshua Green die „irruption of cultural (identity) into the political", dass also kulturelle Gemeinsamkeiten oder Gemeinschaften eine gesellschaftspolitische Dimension bekommen, die sich etwa in Form von Protestveranstaltungen äußert (Hartley/Green 2006: 343). Aus Interessen*gemeinschaften* werden so Diskursöffentlichkeiten, die wiederum wesentlich für V*ergesellschaftung* sind – oder wie Tönnies bei der Abgrenzung zwischen Gemeinschaft und Gesellschaft formuliert: „Gesellschaft ist die Öffentlichkeit, ist die Welt" (Tönnies 1991: 3).

Fragt man nun nach der Bedeutung von Öffentlichkeit für individuelles Handeln, so wird deutlich: individuelle Erfahrungen, die mit anderen kommunikativ geteilt werden, sind Grundlage für das Entstehen von Öffentlichkeiten. Öffentlichkeit ist damit eine Form der Vergesellschaftung, sie ermöglicht die Artikulation und Verfolgung individueller Interessen im Lichte kollektiver Interessen. Den als Gegenöffentlichkeit markierten oder ähnlichen Ideen scheint dabei gemeinsam zu sein, dass sie sich gegen eine Betonung gesellschaftlicher Einheit wehren und individuelle oder gruppenspezifische Vielfalt in den Vordergrund rücken. Abstrahierend von einzelnen Positionen und Theorien wird damit das Spannungsverhältnis von Individuum und Gesellschaft(en) verhandelt.

3.1.4 Öffentlichkeit als Abgrenzung

Schon wenn man Öffentlichkeit unter dem Blickwinkel der Vergesellschaftung sieht, stellt sich die Frage nach der Abgrenzung verschiedener Öffentlichkeiten. Die Abgrenzung kann aber auch unabhängig von der Ausbildung gesellschaftlicher Strukturen, allein in Hinsicht auf die Zugänglichkeit von Aussagen diskutiert werden. Zugänglichkeit ist etwa durch Sprachen oder nationale Gebiete begrenzt (Tönnies 2001: 358). Dieser Punkt wird besonders deutlich, wenn man nach der Existenz transnationaler Öffentlichkeiten fragt (Peters 1999). Bernhard Peters und

Hartmut Weßler sprechen in diesem Zusammenhang von nationalen Öffentlichkeiten als „kommunikative[n] Verdichtungszonen", die sich nach innen und außen abgrenzen (Peters/Weßler 2006: 127).

Die Verwendung des Öffentlichkeitsbegriffs im Plural lässt dabei sowohl eine hierarchische als auch eine heterarchische Interpretation zu. Erstere wird insbesondere bei der Verwendung des Begriffs Teilöffentlichkeit nahegelegt, der nicht nur als Bezeichnung teilweise öffentlicher Kommunikation (Dürscheid 2007), sondern auch als Bezeichnung abgegrenzter Teilbereiche innerhalb einer übergeordneten Öffentlichkeit gesehen werden kann. Susan Gal charakterisiert Öffentlichkeit deshalb als einen fraktalen Begriff, weil sich die Abgrenzungsverhältnisse auf verschiedenen Ebenen stets wiederholen (Gal 2002): eine Weltöffentlichkeit kann nationale Öffentlichkeiten umfassen, innerhalb nationaler Grenzen bilden beispielsweise Organisationen eigene Organisationsöffentlichkeiten aus, Abteilungen wiederum Abteilungsöffentlichkeiten und so weiter. Hier zeigt sich schon, dass eine Hierarchisierung nicht strikt durchzuhalten ist. Prinzipiell müssten Aussagen auf höherer Ebene auch in den unteren Ebenen zugänglich sein.[26] Allerdings liegen zwischen Weltöffentlichkeit und nationalen Öffentlichkeiten mindestens Sprachbarrieren. Zudem stößt diese Idee an ihre Grenzen, wenn Organisationen transnational aufgebaut sind. Insofern scheint ein Vorschlag von John Keane, Öffentlichkeiten zusätzlich zur Unterscheidung von Mikro-, Meso- und Makroebenen als sich überlappende Netzwerke zu begreifen, ein angemesseneres, wenn auch komplexeres Bild der sozialen Wirklichkeit zu zeichnen (Keane 1995: 19).

Grundsätzlich erscheint es also sinnvoller zu sein, eine heterarchische Interpretation anzulegen. Verschiedene Öffentlichkeiten können dann durch jeweils eigene Abgrenzungskriterien charakterisiert werden und sich auch überschneiden. Hierbei lassen sich eine Innen- und eine Außenperspektive einnehmen. Die Öffentlichkeit innerhalb einer Familie wäre etwa durch Familienmitgliedschaft gekennzeichnet. Aus der Außenperspektive umfasst Öffentlichkeit in Bezug auf eine Familie dagegen alle Mitteilungen, die *nicht* innerhalb der Familie getätigt werden.

---

26 Alternativ kann man argumentieren, dass die gesellschaftlichen Organisationen in hierarchischem Verhältnis stehen, wobei dann Organisationen oberer Ebene die Organisationen unterer Ebene enthalten. Diese Argumentation impliziert dann aber Öffentlichkeit als Form der Vergesellschaftung, nicht als Form der Abgrenzung von Mitteilungsräumen.

Zur Klärung von derlei Abgrenzungskriterien scheint ein systemtheoretisches Verständnis hilfreich zu sein. Während Öffentlichkeit von Niklas Luhmann über die Ausführungen zur öffentlichen Meinung hinaus kaum thematisiert wird, hat vor allem Dirk Baecker eine systemtheoretische Einordnung vorgenommen (Baecker 1996). Öffentlichkeit wird hier als eine Operation sozialer Systeme – und damit als Kommunikation – begriffen, die Grenzen sozialer Systeme beobachtet und markiert (Baecker 1996: 95). Damit werden die angesprochenen Innen- und die Außenperspektive verbunden. Insbesondere wird durch diese Operation die Kontingenz von Grenzsetzungen sichtbar gemacht und grundsätzlich auch angezweifelt, sowohl für ein System selbst als auch für andere Systeme. Das bedeutet: die Abgrenzung eines Systems von der Umwelt und Öffentlichkeit muss immer wieder neu hervorgebracht werden (Baecker 1996: 96).

In der Folge oszilliert die Operation Öffentlichkeit zwischen Selbst- und Fremdreferenz sowie zwischen Grenzbeobachtung und Grenzdiskreditierung (Baecker 1996: 100). Öffentlichkeit ist damit ein Spiegel der Selbst- und Fremdbeobachtung, in dem zudem Beobachtern beim Beobachten zugesehen werden kann (Baecker 1996: 94). Gleichzeitig liegt damit eine Erklärung für die vermeintliche Einflussnahme zwischen Systemen vor. Denn durch Beobachtung gewinnen Systeme fremde Anschlusskriterien, die sie experimentell in die eigenen Operationen übernehmen können, beispielsweise wenn im Wissenschaftssystem wirtschaftliche Rationalisierung ausprobiert wird, ohne dass die Grundlage Wahrheit aufgegeben wird (Baecker 1996: 98). Gegen aus Öffentlichkeit erwachsene Ansprüche immunisieren sich Systeme dadurch, dass öffentliche Meinung selbst als kontingent dargestellt wird (Baecker 1996: 97f.). Letztendlich stellt diese Sichtweise den Versuch dar, Öffentlichkeit als allgemeine Operation aller Systeme aufzufassen, ohne den Gedanken einer operationalen Schließung von Sozialsystemen aufgeben zu müssen. Öffentlichkeit ist dabei nichts anderes als Kommunikation, die Grenzen von sozialen Systemen voraussetzt, markiert oder thematisiert.

Während das Konzept der Teilöffentlichkeiten ebenso wie das Verständnis von Öffentlichkeit als Grenzbeobachtung auf makrotheoretischer Ebene zu verorten ist, lässt sich der Grundgedanke von Abgrenzung auch auf die mikrotheoretische Ebene individuellen Handelns beziehen. Der Nichtzugehörigkeit zu Systemen entspricht dabei die Fremdheit der Interaktionspartner. Kommunikation unter Fremden ist etwa für Richard Sennett ein entscheidendes Kriterium von

Öffentlichkeit (Sennett 1995: 16). Sennett beschäftigt sich davon ausgehend vor allem mit den Normen, die beim Zusammentreffen von Fremden gelten. Die als Idealtyp herangezogene Öffentlichkeit vor der Mitte des 18. Jahrhunderts (ancien régime) sei etwa dadurch gekennzeichnet, dass mit dem Eintritt in den öffentlichen Raum bestimmte Kleidernormen einhergingen (Sennett 1995: 92ff.). Dies wird als eine wesentliche Errungenschaft der Zivilisation betrachtet: „Die Grenzlinie zwischen dem Öffentlichen und dem Privaten war vor allem dadurch bestimmt, daß mit ihrer Hilfe das Gleichgewicht zwischen den Ansprüchen der Zivilisation – verkörpert im kosmopolitischen, öffentlichen Verhalten – und den Ansprüchen der Natur – verkörpert in der Familie – hergestellt wurde" (Sennett 1995: 34f.). Folgt man der Argumentation von Sennett weiter, so zerfällt Öffentlichkeit in den folgenden Jahrhunderten zunehmend, weil die Abgrenzung zwischen Privatheit und Öffentlichkeit fällt (Sennett 1995: 19ff.) – intime bzw. private Themen werden in den Medien öffentlicher Kommunikation sogar zu einem programmatischem Tabubruch (Schneider 2001: 37, 42).

Ob also aus makrotheoretischer Perspektive oder aus Interaktionsperspektive – einige Ansätze der Öffentlichkeitstheorie beziehen den Öffentlichkeitsbegriff auf Fremdheit entweder hinsichtlich der Interaktionspartner oder hinsichtlich anderer sozialer Systeme. Zum einen wird dabei die Grenzziehung selbst thematisiert. Zum anderen werden spezifische Verhaltensweisen und Normen für die Lebensbereiche auf jeweils einer Seite der Grenze herausgestellt. Individuen werden damit in ein Spannungsverhältnis von wechselseitiger Fremdheit und Bekanntheit sowie Zugehörigkeit und Nichtzugehörigkeit gestellt. Dass sich gerade Fremdheit (unabhängig von den vermeintlichen Zerfallsprozessen) als wesentliches Kriterium für eine kommunikationsstrukturelle Fassung des Öffentlichkeitsbegriffs eignet, wird weiter unten noch einmal thematisiert werden (siehe Kapitel 4.1.2).

3.1.5 Konsequenzen

Aus dem Diskurs zu Öffentlichkeitstheorien lassen sich in zwei verschiedene Richtungen Aussagen zur Beziehung zwischen Individuen und Öffentlichkeit gewinnen. Zum einen betrifft dies die **Konstitution von Öffentlichkeit** – es lässt sich danach fragen, unter welchen Umständen individuelles Handeln Öffentlichkeit entstehen lässt. Unter dem Aspekt *Öffentlichkeit als Abgrenzung* entsteht Öffentlichkeit immer dann, wenn Individuen einem System gegenübertreten, dem sie nicht angehören. Öffentlichkeit ist die Beobachtung eines fremden Systems sowie seiner Grenzen.[27] Öffentlichkeit entsteht analog auch dann, wenn Individuen fremden Individuen gegenübertreten. Auf Grundlage des Kriteriums der Fremdheit ließe sich in verschiedenen Abstufungen definieren, wann Äußerungen öffentlich sind und wann nicht: entweder wenn sich die Kommunikationspartner fremd sind oder wenn die Kommunikationspartner in der Interaktion nicht dem gleichen System zuzurechnen sind oder wenn die Äußerungen fremde Individuen oder fremde Systeme thematisieren. Nimmt man dagegen die *Vergesellschaftungsformen* in den Blick, führt individuelles Handeln immer dann zu Öffentlichkeit, wenn dieses Handeln auf einen überindividuellen, kollektiven Gesamtzusammenhang ausgerichtet ist. Inhaltlich würde damit jede politische, eine gesamtgesellschaftliche Ebene betreffende Aussage öffentlich sein. Ähnlich kann die *Diskursperspektive* ausgelegt werden. Idealtypisch würde jede argumentative Aussage eine öffentliche Aussage sein, sofern tatsächlich die diskursive Auseinandersetzung mit der Aussage angestrebt wird. Solche diskursiven Aussagen implizieren damit immer ein potenzielles Publikum, das zur Diskussion bereit ist. Erst die Absehung von Vernunftansprüchen und die stärkere Berücksichtigung von *Aufmerksamkeitsselektion* löst die Konstitution öffentlicher Kommunikationsakte von deren Inhalten. Öffentlichkeit ist dann stattdessen an allgemeine Anschlussfähigkeit oder an allgemeine Aufmerksamkeit gebunden. Wenn es Individuen mit ihren Äußerungen gelingt, reichweitenbegrenzende Selektionsmechanismen zu überwinden, entsteht öffentliche Kommunikation. Offen bleibt, wie groß ein Publikum sein muss, damit von Öffentlichkeit die Rede sein kann. Unabhängig davon können aber verschiedene Aussagen in ihrer Öffentlichkeit verglichen werden. Sowohl allgemeine Anschlussfähigkeit als auch allgemeine Reichweite sind dann nicht

---

27 Unweigerlich muss mit der systemtheoretischen Perspektive gebrochen werden, wenn individuelles Handeln und damit Akteure betrachtet werden. Dieser Bruch ist vor allem terminologischer Art, inhaltlich lassen sich durchaus systemtheoretische Ideen auch aus handlungstheoretischer Perspektive aufgreifen, indem Systemoperationen als Handlungen und psychische Systeme als Individuen gedeutet werden. Damit mag man sich dem Vorwurf aussetzen, in eklektizistischer Weise auf Metaphern aufzubauen, nicht aber auf der Theorie selbst. Dieser Vorwurf ist an die Systemtheorie zurückzugeben, wo beispielsweise Systemoperationen in Analogie zu einem logischen Kalkül (Spencer Brown) gedeutet werden.

mehr absolut, sondern im Vergleich zu anderen Kommunikationsakten zu verstehen. Hier bietet es sich also an, den Öffentlichkeitsbegriff komparativ zu begreifen. Zusammengenommen lassen sich aus dem Öffentlichkeitsdiskurs Definitionskriterien gewinnen, die mitunter nicht vollständig kompatibel zu einander sind. Das ist nicht verwunderlich, denn erstens überspannt der Diskurs insgesamt mehrere Jahrhunderte und etliche Autoren. Zweitens hängt eine Definition immer auch von den spezifischen Zielen einer theoretischen Argumentation ab. Und drittens ist eine solche Definition nicht nur beschreibende Theorie, sondern selbst Teil eines gesellschaftlichen Aushandlungsprozesses.

Sieht man allerdings von der Konstitution von Öffentlichkeit ab, so lassen sich zum Verhältnis zwischen Individuen und Öffentlichkeit noch in eine andere Richtung Erkenntnisse gewinnen. Steht einmal fest, wo die Grenze zwischen Öffentlichkeit und Nichtöffentlichkeit verläuft, so lässt sich feststellen, welche **charakteristischen Verhaltensweisen** auf der jeweiligen Seite empirisch vorherrschen oder sogar normativ vorherrschen sollten. In einer normativ überspitzten *Diskursperspektive* kann angenommen werden, dass in öffentlicher Kommunikation bestimmte Diskursnormen eingehalten werden sollten. Dies sind einerseits allgemeine Kommunikationsnormen, nach denen Mitteilungen allgemein verständlich formuliert, wahrheitsgemäß, aufrichtig und sozial angemessen sein sollten. Steht einer der Geltungsansprüche in Frage, wird dieser diskursiv thematisiert und geklärt. Für diese diskursive Klärung kann andererseits Chancengleichheit der Akteure in Bezug auf die Verwendung von Sprechakten gefordert werden. Demgemäß wird wechselseitig unterstellt, dass jeder unter Absehung von Status oder Macht Äußerungen tätigen und damit den Diskurs beeinflussen kann. Aus Perspektive *liberaler Öffentlichkeitstheorien* wird diese Unterstellung insofern in Frage gestellt, als dass öffentliche Aufmerksamkeit erst errungen werden muss. Doch auch hier wird angenommen, dass Individuen mit ihren Mitteilungen Anschlussfähigkeit zu erreichen versuchen, wenn sie Öffentlichkeit anstreben. Die Mittel sind im Gegensatz zur überspitzten deliberativen Perspektive nicht auf reine Argumentation begrenzt und das Ziel besteht nicht in der Wahrheitsfindung, sondern in der Generierung von Aufmerksamkeit und Anschlussfähigkeit. Auch unter dem Blickwinkel der *Vergesellschaftung* versuchen Individuen in der Öffentlichkeit Einfluss zu nehmen und Positionen durchzusetzen. Daneben bedeutet individuelles Handeln mit Bezugnahme auf kollektive Zusammenhänge gleichzeitig Bestätigung des kollektiven Zusammenhangs. Unter dem Blickwinkel der *Abgrenzung* ist individuelles Handeln dagegen in gewisser Weise paradox. Einerseits ist Fremdheit anderer Individuen oder Systeme konstitutive Voraussetzung von Öffentlichkeit, andererseits wird diese Fremdheit durch Kommunikation möglicherweise verringert. Individuelles Handeln unter der Voraussetzung von Öffentlichkeit ist dann dadurch charakterisiert, dass die Grenze zwischen Öffentlichkeit und Nichtöffentlichkeit fortlaufend definiert werden muss.

Die wesentlichen Konsequenzen aus der Abstraktion verschiedener Perspektiven auf Öffentlichkeit sind in Tabelle 1 noch einmal zusammengefasst.

Tabelle 1: Konsequenzen aus der Öffentlichkeitsforschung

Konstitutive und/oder charakteristische Merkmale von Öffentlichkeit	Konsequenzen für individuelles Verhalten
Rationaler Diskurs	
Öffentlichkeit besteht aus argumentativen Äußerungen mit dem Ziel allgemeiner Wahrheitsfindung. Geltungsansprüche und Chancengleichheit werden kontrafaktisch unterstellt.	- Rationale Kommunikation - Verständigungsorientierung und Verständlichkeit - Sicherung von Chancengleichheit - Spannungsverhältnis: kontrafaktische Regelgeltung vs. tatsächlicher Regelverstoß
Aufmerksamkeit	
Öffentlichkeit entsteht durch Streben nach Aufmerksamkeit und Anschlussfähigkeit. Öffentliche Aufmerksamkeit ist nicht selbstverständlich, sondern abhängig von der Überwindung von Selektionsmechanismen.	- Beachtung von Aufmerksamkeitsstrategien - Laienorientierung - Spannungsverhältnis: individuelle Meinung vs. allgemeine Aufmerksamkeit
Vergesellschaftung	
Vergesellschaftung ist Grundlage und Ergebnis öffentlicher Kommunikation. Soziale Gebilde bilden Normen für öffentliche Kommunikation aus.	- Individuelle Interessen in kollektive Zusammenhänge stellen - Spannungsverhältnis: Individuum vs. Kollektiv

Konstitutive und/oder charakteristische Merkmale von Öffentlichkeit	Konsequenzen für individuelles Verhalten
Abgrenzung	
Öffentliche Kommunikation ist Kommunikation unter Fremden bzw. durch Nichtzugehörigkeit zu einem sozialen Referenzsystem konstituiert. Die Grenzen von Öffentlichkeit werden systemspezifisch ausgehandelt.	- Beachtung von Normen öffentlicher Kommunikation - Spannungsverhältnis: Fremdheit vs. Bekanntheit und Zugehörigkeit vs. Nichtzugehörigkeit

3.2 Privatheitsforschung

Privatheit wird intuitiv oft als komplementärer Begriff zum Öffentlichkeitsbegriff gedacht. Dies zeigt sich insbesondere dann, wenn von einer Dichotomie des Öffentlichen und des Privaten gesprochen wird. Auch wenn diese Dichotomie immer wieder in Frage gestellt wird, so bleibt sie Ausgangspunkt für eine Infragestellung (z. B. Gal 2002; Livingstone 2005; Weintraub 1997). Allerdings fällt auf, dass Definitionen des Privatheitsbegriffs oft auch ohne Referenz auf Öffentlichkeit auskommen und umgekehrt (siehe unter anderem die Beispiele in Newell 1995: 88). Geht man von einer Dichotomie aus, dann müsste genau genommen nur einer der beiden Begriffe inhaltlich definiert und alles Nichtöffentliche könnte als privat bzw. alles Nichtprivate als öffentlich fixiert werden. Tatsächlich ist dies jedoch nicht immer der Fall. Dies mag daran liegen, dass hier getrennte Diskurse geführt werden, wobei jeweils nur entweder Privatheit oder Öffentlichkeit den zentralen Bezugspunkt darstellen. Dies kann aber auch darauf hindeuten, dass es sich eben in der Regel nicht um eine einfache Dichotomie handelt und sinnvollerweise zumindest Zwischenbereiche differenziert werden können. Die Komplexität des Begriffs wird auch daran deutlich, dass beispielsweise Habermas davon spricht, bürgerliche Öffentlichkeit sei im privaten Bereich inbegriffen (Habermas 1996: 90) und als „Sphäre der zum Publikum versammelten Privatleute" (Habermas 1996:

86) zu verstehen.[28] Zudem ist eine solche Begriffsarbeit, wie schon beim Öffentlichkeitsbegriff, nicht nur eine akademische Definitionsangelegenheit – die Beschäftigung mit Privatheit ist gleichzeitig eine Intervention in die Gesellschaft, wie es im Zuge der Frauenbewegung besonders mit der Formel „Das Private ist politisch" verdeutlicht wurde (Klaus 2001: 30).

Nimmt man Privatheit als eigenständig zu definierenden Begriff, so lassen sich verschiedene Schwerpunkte ausmachen (ausführlicher Burgoon 2012: 207; Margulis 2011; Nagenborg 2005: 17ff.; Newell 1995: 88; Tavani 1999a: 266ff.).[29] Auf der einen Seite wird Privatheit als **Rückzug aus der Gesellschaft** gedacht. Hier sind insbesondere die Formulierungen „the right to be let alone" (Warren/Brandeis 1890) sowie „withdrawal of a person from the general society" (Westin 1967: 7) einschlägig. Diese Sichtweise ist durch eine Gegenüberstellung von Individuen und Kollektiven derart gekennzeichnet, dass entweder bestimmte Handlungsbereiche, Orte oder Informationen einem Bereich des Privaten absolut zugeordnet werden oder dem Individuum ein umfassendes Recht auf Rückzug in einen Privatbereich zugestanden wird.[30] Dieses Konzept drückt sich auch im Begriff der Privat*sphäre* aus, die in mehreren Schichten – zum Beispiel von der Intimsphäre über eine persönliche bis zur familiären Sphäre – um das Individuum liegend gedacht

---

28 Habermas (1996) verwendet den Privatheitsbegriff hier anscheinend als Bezeichnung für einen nichtstaatlichen, wirtschaftlichen Bereich. Genau anders herum verwendet Kant (1992) den Begriff. In diesen Zusammenhängen bietet es sich für den Privatheitsbegriff analog zum Öffentlichkeitsbegriff an, die paradoxe Verwendung durch Verweis auf unterschiedliche semantische Dimensionen der Begriffe aufzulösen (siehe Kapitel 2).

29 Die im Folgenden verwendete Unterscheidung von Privatheitskonzepten hinsichtlich ihrer Orientierung an Rückzug oder Kontrolle bezeichnet Judee Burgoon als *reactive* bzw. *proactive*, dort finden sich außerdem noch weitere Unterscheidungsmerkmale, die hier nicht weiter thematisiert werden (Burgoon 2012: 209). Einen Überblick über Sichtweisen in verschiedenen Disziplinen gibt auch Newell (1995), die nach einem Literaturüberblick in personenzentrierte und ortszentrierte Perspektiven sowie verschiedene Perspektiven der Interaktion mit der Umwelt unterscheidet.

30 Westin unterscheidet hier noch genauer zwischen *solitude* (Rückzug eines Individuums aus einer Gruppe), *intimacy* (Rückzug einer Gruppe aus einer Gruppe), *anonymity* (keine Identifikation oder Überwachung in öffentlichen Räumen) und *reserve* (mentaler Rückzug), wobei er auf den Freiheitsbegriff referiert und somit Privatheit mit Freiheit assoziiert (Westin 1967: 31f.).

wird.³¹ Außerhalb dieser Sphären liegt das gesellschaftliche Leben. Diese klassische Auffassung ist noch am ehesten komplementär zu den verschiedenen Konzepten von Öffentlichkeit interpretierbar, da hier Bezug auf eine gesellschaftliche Dimension genommen wird.

Dagegen stehen Privatheitsauffassungen, die stärker auf den Begriff der **Kontrolle** aufbauen und dabei Kontrolle nicht ausschließlich in Bezug auf Kollektive oder Gesellschaft einräumen. Ganz in diesem Sinne definiert Beate Rössler: „Privat ist etwas dann, wenn ich dazu in der Lage und berechtigt bin, den Zugang – zu Daten, zu Wohnungen, zu Entscheidungen oder Handlungsweisen – zu kontrollieren." (Rössler 2003: 16; siehe auch Rössler 2002: 23). Diese Formulierung impliziert zwei Unterscheidungen, die im Privatheitsdiskurs zirkulieren. Erstens wird hier eine Unterscheidung von Möglichkeit und Berechtigung vorgenommen, die in ähnlicher Weise auch von anderen Autoren betont wird. So bezeichnet James Moor Privatheit, die durch natürliche oder physikalische Mittel hergestellt wird, als natürliche Privatheit und grenzt davon normative Privatheit ab, die erst durch Ethik, Recht oder Konvention entsteht (Moor 2004: 413). Bedacht werden muss jedoch, dass diese Normen im Prinzip durch natürliche Mittel umgesetzt werden – wenn man etwa Gespräche zwischen Dritten aus ethischen Erwägungen oder per Konvention nicht belauscht, bedeutet das eine physikalische Nichtwahrnehmung. Zweitens werden in der Definition mehrere Objekte unterschieden, die einem Schutz bzw. einer Kontrolle unterliegen können. Lokale Privatheit betrifft dabei den Zugang zu Räumen, die als privat angesehen werden, etwa die eigene Wohnung. In der neueren Debatte um den Datenschutz wird dagegen die Privatheit von Informationen in den Vordergrund gerückt. Von lokaler und informationeller Privatheit lässt sich weiterhin dezisionale Privatheit abgrenzen, die auf die Autonomie bei Entscheidungen und Handlungen abzielt (Rössler 2003: 17; weitere Objekte werden zum Beispiel in Burgoon 2012: 210ff. aufgeführt).

Beiden Perspektiven (Rückzug vs. Kontrolle) ist gemeinsam, dass die Festlegung privater Bereiche als normativ ausgehandelt und fortlaufend auszuhandeln angesehen wird. Anlass zu einer Aushandlung neuer Rahmenbedingungen geben

---

31 Zum Sphärenkonzept siehe Frohman (2013), der den Übergang vom Sphärenkonzept zur Idee informationeller Selbstbestimmung im rechtlichen Diskurs der 1970er und 1980er Jahre rekonstruiert.

in letzter Zeit vor allem Informations- und Kommunikationstechnologien, wobei informationelle Selbstbestimmung bzw. Datenschutz im Zentrum stehen. Während Privatheit in der Literatur meistens vor dem Hintergrund liberaler Theorie als schützenswertes Gut verteidigt wird, kommen auch Stimmen auf, die Privatheit als ein überholtes Konzept darstellen und die Frage nach einer Gesellschaft ohne Privatheit stellen (z. B. Heller 2013).

Im Folgenden werden die angesprochenen Positionen im Privatheitsdiskurs zusammenfassend vorgestellt. Ausgehend von der klassischen Dichotomie wird auf Argumentationsmuster zur Verteidigung von Privatheit und schließlich auf deren Infragestellung eingegangen. Zur Infragestellung der Legitimität von Privatheit werden zwei unterschiedliche Argumentationen angesprochen, einmal eine privatrechtliche und einmal eine gesellschaftspolitische Perspektive. Die Infragestellung der Möglichkeit von Privatheit schließt das Kapitel ab. Dabei wird weiterhin die Frage nach den Konsequenzen von Öffentlichkeit für das Handeln von Individuen verfolgt – nun aber aus Perspektive einer stark kommunikationsethisch geprägten Privatheitsforschung.

3.2.1 Privatheit als Rückzug aus der Gesellschaft

Die Dichotomie von Privatheit und Öffentlichkeit lässt sich konzeptionell bis in die Antike zurückverfolgen.[32] Hannah Arendt bezeichnet die Unterscheidung zwischen „öffentlich und privat, zwischen dem Raum der Polis und dem Bereich des Haushalts und der Familie, schließlich zwischen den Tätigkeiten, die der Erhaltung des Lebens dienen, und denjenigen, die sich auf eine allen gemeinsame Welt richten" als „selbstverständliche und axiomatische Grundlage des gesamten politischen Denkens der Antike" (Arendt 2010: 39). Demnach waren das Private durch elementare Überlebensnotwendigkeiten und das Öffentliche durch eine politische Beschäftigung zum Wohle aller gekennzeichnet.

---

32 Die Wortgeschichte dagegen ist verzweigt, die Termini bezeichnen historisch nicht immer das gleiche Konzept. Zur Wortgeschichte von „öffentlich" siehe Hölscher (2004). In Bezug auf das Wort „privat" weist beispielsweise Richard Sennett darauf hin, dass es vor dem Ende des 17. Jahrhunderts eher im Sinne von privilegiert verwendet worden sei (Sennett 1995: 31). Etymologisch lässt sich „privat" unter anderem auf das lateinische Wort „privatus" mit der Bedeutung von „nicht staatlich" zurückführen (Pfeifer 2016).

Privatheit ist damit eine soziale Kategorie, die das Individuelle vom Gesellschaftlichen trennt. Diese Trennung ist nicht zwangsläufig mit Geheimnissen (Nagenborg 2005: 34ff.) oder Intimität (Arendt 2010: 48) verbunden. Eine solche Verbindung wird allerdings von Richard Sennett als besonders bedeutsam hervorgehoben, wenn er von der „Tyrannei der Intimität" in der Öffentlichkeit redet und damit einen Verfall von Öffentlichkeit behauptet, da zum Beispiel Politiker nicht mehr anhand politischer Handlungen, sondern anhand persönlichen Eigenschaften beurteilt würden (Sennett 1995: 43). Dahinter steht eine Vorstellung, die öffentliche Kommunikation normativ an politische bzw. gesellschaftsrelevante Kommunikation bindet und alles andere zur Privatsache erklärt. Dieser Diskurs zur Privatisierung oder Personalisierung des Öffentlichen in der medialen Kommunikation ist vielfältig fortgesetzt worden, etwa hinsichtlich einer Amerikanisierung deutscher Berichterstattung. Während in Deutschland die Persönlichkeitsrechte traditionell eine solche Privatisierung eher zurück gehalten hätten, würde vor allem in den angelsächsischen Medien das Privatleben von Politikern eine größere Rolle spielen: „Weil in den USA gilt, dass das Privatleben eines Kandidaten durchaus Aufschluss über seine Befähigung zum politischen Amt gibt, findet seine Privatsphäre ganz selbstverständlich das Interesse der Medien" (Holtz-Bacha 2001: 21). In diesem Sinne sind dann auch in Bezug auf die deutsche Berichterstattung Studien durchgeführt worden, die den Anteil privater bzw. persönlicher Darstellungen in der politischen Kommunikation im Zeitverlauf zu erheben versuchen (z. B. Rohowski 2009).

In ähnlicher Weise argumentiert auch Kurt Imhof bei dem Versuch, das Entstehen moderner Gesellschaft zu erklären.[33] So seien die mit dem Austritt aus dem mythischen „Zaubergarten" einhergehenden Besonderheiten der Moderne – eine Differenzierung und Rationalisierung ethischer, kognitiver und expressiver Weltbezüge – vorrangig in der öffentlichen Kommunikation zu finden, die angesichts der Relativität von Wissen und der Entwicklung entlang von Krisen eine Integrationsleistung für die Gesellschaft erbringe. Im Privatbereich dagegen seien nach wie vor religiöse oder mythische Deutungen möglich, da rationale Erklärungen

---

33 Hier ist allerdings nicht klar, ob es wie behauptet tatsächlich um eine Erklärung geht, da der Begriff der Moderne erst im Zuge dieser Erklärung fixiert wird, somit das zu Erklärende gar nicht ohne die Erklärung existiert und eben auch nicht erklärungsbedürftig sein kann.

kaum transzendente Erfahrungen[34] befriedigend erklären können. Damit findet in der Moderne eine „Individualisierung und Privatisierung des Transzendenten" (Imhof 2006: 83) statt, das Gottprinzip wird seit der Aufklärung aus der öffentlichen Kommunikation verdrängt und durch wechselnde Weltanschauungen auf Zeit ersetzt (Imhof 2006: 80ff.).

Diese idealtypische Gegenüberstellung des Privaten und des Öffentlichen wird durchbrochen, wenn man zu konkretisieren versucht, welche individuellen Handlungsbereiche oder Kommunikationsinhalte genau dem Privatbereich zuzurechnen sind. Günter Burkart unterscheidet hierzu in einem Stufenmodell verschiedene Sphären von Privatheit: a) die Innenwelt einer Person, b) eine persönliche Sphäre, c) eine in Beziehungen geteilte Intimsphäre, d) eine häusliche Sphäre und schließlich e) eine berufliche Sphäre, in denen Menschen „marktförmige Beziehungen" eingehen (Burkart 2002a: 402). Er weist darauf hin, dass zwischen diesen Sphären eine „Ausbalancierung zwischen Entprivatisierung und Aufrechterhaltung der Privatsphäre; zwischen dem Schutz des Privaten und seiner gesellschaftlichen Regelung" (Burkart 2002a: 404) stattfinde – Privatheit müsse legitimiert werden.[35] Ausgehend von einer Dichotomie wird mit derartigen Zwiebelmodellen also innerhalb des Privatbereichs differenziert (siehe auch Frohman 2013; Zolotas 2010: 26). Mit einer solchen Differenzierung wird erneut deutlich, dass sich die Grenze zwischen Öffentlichem und Privatem sozusagen im Privaten wiederholen kann, nicht nur im Öffentlichen (siehe Kapitel 3.1.4).

Was gewinnt man nun aus diesen Betrachtungen für die Analyse individuellen Handelns in Bezug auf Öffentlichkeit? Hier sind ähnliche Konsequenzen zu ziehen wie aus der Betrachtung des Öffentlichkeitsbegriffs in der deliberativen Tradition (siehe Kapitel 3.1.1). Irrationales und Persönliches wird idealtypisch dem privaten Bereich zugewiesen, in der öffentlichen Kommunikation werden dagegen rationale Deutungsmuster und bevorzugt politisch bzw. kollektiv relevante

---

34 Mit transzendenten Erfahrungen ist gemeint, dass sich der Sinn individuellen Leidens oder von Ungerechtigkeit oder auch allgemein der Sinn menschlicher Existenz nicht rational erschließt (Imhof 2006: 81f.).
35 Diese Ausführungen sind eine kritische Reaktion auf die Forderung Werner Schneiders (2002), die Familiensoziologie müsse sich stärker als eine Soziologie des Privaten verstehen und dabei den Fokus auf Ehebeziehungen aufgeben.

Aussagen erwartet. Damit werden in Anlehnung an antike oder aufklärerische Ideale öffentlichen Äußerungen Regeln des Nichtthematisierbaren auferlegt, wogegen im Privatbereich zumindest in Bezug auf nichtpolitische Themen und transzendente Sinnsetzungen mehr Freiheiten zugestanden werden.[36] Diese Zuordnung ist allerdings kontingent – wann Persönliches öffentlich thematisierbar ist, muss im konkreten Kontext ausgehandelt werden.

3.2.2 Privatheit als bedrohte Autonomie

Die klassische Dichotomie wird vor allem im Zusammenhang mit der historischen Herausbildung eines öffentlichen Bereichs angebracht und aus der Perspektive der Aufklärung erscheint dann Öffentlichkeit als das erstrebenswerte oder zu sichernde Gut. Im Zuge der Medienentwicklung wird später jedoch auch Privatheit als potenziell bedroht angesehen. Ein erster Referenzpunkt dieser Perspektive ist immer noch ein Aufsatz der Juristen Samuel D. Warren und Louis Brandeis, die am Ende des 19. Jahrhunderts Privatsphäre als „the right to be let alone" definiert hatten (Warren/Brandeis 1890). Mit dem Aufkommen von Fotografie in der Presse stellte sich aus rechtlicher Sicht die Frage, ob Fotos von Privatpersonen in journalistischen Medien veröffentlicht werden dürfen. Besonders diskutiert wird dabei die Frage, auf welcher Grundlage für einen Schutz von Privatsphäre plädiert werden kann. Warren/Brandeis argumentieren dafür, den Schutz der Privatsphäre nicht als Eigentumsrecht, sondern als Persönlichkeitsrecht aufzufassen und legten damit eine Grundlage für die rechtliche Beurteilung von Privatsphäre in den USA (Etzioni 1999: 189; Zolotas 2010: 33ff.): „The principle which protects personal writings and all other personal productions, not against theft and physical appropriation, but against publication in any form, is in reality not the principle of private property, but that of an inviolate personality" (Warren/Brandeis 1890).

Mit dem Aufkommen des Computers und des Internets hat diese medienethische Betrachtung unter den Stichworten Datenschutz und informationelle Selbstbestimmung wieder Auftrieb erhalten (z. B. Kuhlen 2004: 175ff.). Dabei geht

---

36 Damit ist diese Perspektive durch eine gewisse Paradoxie gekennzeichnet: während gesellschaftstheoretisch Privatheit mit Zwängen (Lebenserhaltung, Amtsausübung) assoziiert ist, wird individualtheoretisch das Private mit Freiheit (Thematisierbarkeit persönlicher Belange) verbunden.

die Idee eines Rechts auf informationelle Selbstbestimmung in Deutschland auf ein Urteil des Bundesverfassungsgerichts im Jahr 1983 zurück (BVerfGE 65, 1). Im Zuge der Proteste gegen eine staatliche Volkszählung wurde gegen das kurz zuvor verabschiedete Volkszählungsgesetz Klage erhoben (Berlinghoff 2013: 18). Tatsächlich wurden Teile des Gesetzes für verfassungswidrig erklärt, was zwar eine Volkszählung vier Jahre später nicht aufhalten konnte, aber eine Begründung des Datenschutzes auf Grundlage des im Grundgesetz verankerten Rechts auf freie Entfaltung der Persönlichkeit (GG, Art. 2, Abs.1) und der Unantastbarkeit der Menschenwürde (GG, Art.1, Abs.1) hervorbrachte (Berlinghoff 2013: 19). Insbesondere wird in der Urteilsbegründung darauf hingewiesen, dass staatliche Datensammlungen zu präventiven Verhaltensanpassungen bzw. einem Konformitätsdruck führen könnten, der die individuelle Autonomie untergräbt:

> „Wer unsicher ist, ob abweichende Verhaltensweisen jederzeit notiert und als Information dauerhaft gespeichert, verwendet oder weitergegeben werden, wird versuchen, nicht durch solche Verhaltensweisen aufzufallen. […] Dies würde nicht nur die individuellen Entfaltungschancen des Einzelnen beeinträchtigen, sondern auch das Gemeinwohl, weil Selbstbestimmung eine elementare Funktionsbedingung eines auf Handlungsfähigkeit und Mitwirkungsfähigkeit seiner Bürger begründeten freiheitlichen demokratischen Gemeinwesens ist" (BVerfGE 65, 1, C.II.1, Absatz 154).

Eine ähnliche funktionale Rechtfertigung von individueller Privatsphäre wurde auch von Alan Westin vorgenommen (Westin 1967: 32ff.), indem er vier Funktionsbereiche unterscheidet. Erstens sichere Privatheit die persönliche Autonomie und damit eine Ausbildung von Individualität: „This development of individuality is particularly important in democratic societies, since qualities of independent thought, diversity of views, and non-conformity are considered desirable traits for individuals" (Westin 1967: 34). Zweitens erlaube Privatheit einen emotionalen Ausgleich für den Druck sozialer Rollen. Beispielsweise könnte Ärger über den Chef im Kreis der Familie ausgedrückt werden, ohne dass man sich dafür verantworten müsste (Westin 1967: 35). Drittens diene Privatheit der Reflexion von Gedanken, der Inkubation von Ideen und der individuellen Sinnfindung. Diese Prozesse seien einer öffentlichen Äußerung stets vorgelagert (Westin 1967: 36f.). Schließlich und viertens würde ohne die Beschränkung kommunikativer Reichweite immer vollständige Aufrichtigkeit notwendig sein, was soziale Beziehungen erschweren würde: „The greatest threat to civilized social life would be a situation in which each individual was utterly candid in his communications with others, saying exactly what he knew or felt at all times" (Westin 1967: 37). Höflichkeit wäre damit nicht mehr möglich und auch der Respekt gegenüber Lebenspartnern oder Autoritäten würde verloren gehen (Westin 1967: 38).

Ausgehend von individuellen Bedürfnissen stellen diese Funktionsbereiche eine Verbindung zum gesellschaftlichen Leben her.[37] Aus dieser Perspektive stellt Privatheit unter anderem sicher, dass Geheimnisse möglich sind. Geheimnisse werden dabei als funktional für die Gesellschaft angesehen: „Das Geheimnis in diesem Sinne, das durch negative oder positive Mittel getragene Verbergen von Wirklichkeiten, ist eine der größten Errungenschaften der Menschheit; gegenüber dem kindischen Zustand, in dem jede Vorstellung sofort ausgesprochen wird, jedes Unternehmen allen Blicken zugänglich ist, wird durch das Geheimnis eine ungeheure Erweiterung des Lebens erreicht, weil vielerlei Inhalte desselben bei völliger Publizität überhaupt nicht auftauchen können" (Simmel 1908: 272).

Derlei funktionale Erklärungen unterstellen Alternativlosigkeit. Dass bestimmte gesellschaftliche Werte aber auch ohne Privatheit sichergestellt werden könnten, darauf weist zum Beispiel James Moor hin: „One can easily imagine sustainable and flourishing human cultures that place no value on privacy" (Moor 2004: 411). Moor versucht sich dennoch an einer Begründung der Notwendigkeit von Privatheit, indem er Privatheit als Realisation eines grundlegenden Bedürfnisses (*core value*) nach Sicherheit einordnet (Moor 2004: 410). Nicht in allen Kulturen sei Privatheit als Realisation von Sicherheit notwendig – allerdings jedoch in großen, wenig intimen und hoch interaktiven Gesellschaften durchaus (Moor 2004: 411), mithin in allen modernen Gesellschaften. Diese Relativierung auf kulturelle Unterschiede weist darauf hin, dass allgemeine ethische oder rationale Begründungen nicht ohne axiomatische Setzungen auskommen, wenn von individuellen Bedürfnissen auf gesellschaftliche Notwendigkeiten geschlossen wird.

Als axiomatische Setzung wird beim Versuch einer Rechtfertigung der Wichtigkeit von Privatheit in der Regel auf einen liberal-demokratischen Rahmen Bezug genommen. Dieses Gesellschaftsmodell weist Individuen eine hohe Autonomie zu, das heißt ein Recht auf ein selbstbestimmtes Leben. Insbesondere Beate

---

37 Die gleichen Funktionsbereiche diskutiert Westin auch für organisationale Privatheit (Westin 1967: 42ff.)

Rössler versucht ein Recht auf Privatheit mit der konstitutiven Notwendigkeit von Autonomie[38] für demokratische Gesellschaften zu begründen (Rössler 2002: 27ff.). Dass diese Autonomie ohne Privatheit nicht gegeben sei, wird indirekt über mögliche Alternativszenarien zu beweisen versucht (Rössler 2002: 128ff.). Vorausgesetzt wird in der Regel die Annahme, dass sich Individuen unter Beobachtung bzw. in Situationen in denen Beobachtung nicht ausgeschlossen werden kann, anders verhalten als sonst, sie somit in ihrer Autonomie eingeschränkt wären: „Wir müssen also generell, um uns selbstbestimmt verhalten zu können, daran glauben und davon ausgehen können, dass wir nicht beobachtet werden, belauscht, getäuscht über die Weitergabe und die Erfassung von Daten, über die Anwesenheit von Personen zum einen und zum anderen darüber, was anwesende Personen von uns wissen und »wer« sie deshalb »für uns« sind." (Rössler 2003: 24). Für eine normative Begründung aus liberalen Gesichtspunkten muss also erstens der status quo als wünschenswert angenommen und zweitens Alternativlosigkeit unterstellt werden.[39]

Auch wenn man diese Voraussetzungen akzeptiert, stellt die Verbreitung von Informations- und Kommunikationstechnologien eine solche Begründungsstrategie vor Probleme.[40] Das Neue in den Entwicklungen der letzten Jahre wird vor allem in der leichten Entkontextualisierung von Daten gesehen: "Once information is captured electronically for whatever purpose, it is greased and ready to go for *any* purpose" (Moor 2004: 409). Diesem Phänomen sei die bisherige Definition von Privatheit laut Helen Nissenbaum (2004) nicht gewachsen. Denn der bisherige Diskurs sei vor allem durch drei Prinzipien gekennzeichnet, die allesamt zum Beispiel keine Beurteilung von Überwachungskameras an öffentlichen Plätzen oder

---

38 Rössler unterscheidet Autonomie von Freiheit: erstere ist gegeben, wenn man ein selbstbestimmtes Leben führen kann, letzteres ist als Freiheit von Handlungsbeschränkungen eine Voraussetzung von Autonomie (Rössler 2002: 85ff.)
39 Hiermit wird der Schutz der Privatsphäre als ein substanzieller Wert verstanden. Lawrence Lessig unterscheidet davon erstens die Perspektive, dass Privatsphäre eine Frage der Menschenwürde ist und zweitens dass der Schutz als Schutz vor individueller Belastung angesehen werden kann (Lessig 2001: 260ff.).
40 Medientechniken sind allerdings nicht grundsätzlich als Bedrohung von Privatheit anzusehen, es lassen sich darüber ebenso geschützte oder zumindest begrenzte Kommunikationsräume konstituieren (Grimm/Krah 2014: 4; Krah 2012:137).

von Veröffentlichungen bislang gedruckter Informationen im Internet ermöglichen würden. Erstens beschäftige sich der Diskurs mit dem Schutz von Individuen gegenüber dem Staat, zweitens mit dem Schutz intimer, sensibler oder geheimer Informationen und drittens mit dem Schutz als privat bzw. persönlich angesehener Bereiche (Nissenbaum 2004: 125ff.). Nissenbaum bezweifelt die hinter diesen Prinzipien vermutete Absolutheit von Dichotomien und schlägt stattdessen eine Fokussierung auf kontextsensitive Regeln vor. Sie definiert Privatheit dazu als kontextuelle Integrität und stellt auf zwei Regeltypen ab: „I posit two types of informational norms: norms of appropriateness, and norms of flow or distribution. Contextual integrity is maintained when both types of norms are upheld, and it is violated when either of the norms is violated" (Nissenbaum 2004: 138). Welche Angemessenheits- und Distributionsregeln in einem konkreten Kontext gelten würden, ließe sich dann vor allem aus den Gewohnheiten ableiten. Dementsprechend würde ein solches Prinzip stets konservativ sein, da Regeländerungen nur über Regelverletzungen von statten gehen könnten, die sich im Laufe der Zeit normalisieren (Nissenbaum 2004: 143f.). Zwar wird hier genau genommen nicht unbedingt ein liberales Gesellschaftsmodell vorausgesetzt, allerdings bezieht sich Nissenbaum dann auch wieder auf demokratische Werte, gegen die ein Recht auf Privatheit in bestimmten Situationen abgewägt werden müsse (Nissenbaum 2004: 146ff.).

Die Überlegungen zu Privatheit als Verwirklichung von Autonomie zeichnen Privatheit insgesamt als ein schützenswertes Gut aus. Sie weisen allesamt darauf hin, dass der Zugriff auf Informationen, der Zugang zu Orten und der Einfluss auf Entscheidungen normativ reguliert werden müsse – hier liegt also eine Bedrohungsidee zu Grunde. Privatsphärebedenken (*privacy concerns*) sind aber nicht nur in der wissenschaftlichen Literatur, sondern auch unter Internetnutzern verbreitet (Cho/Rivera-Sánchez/Lim 2009: 410). Diese Bedenken sind zwischen verschiedenen Personen unterschiedlich ausgeprägt (siehe auch Kapitel 3.3.1). Neben kulturellen Unterschieden scheint es schwache Zusammenhänge mit soziodemografischen Merkmalen (Alter, Geschlecht), vor allem aber mit der bisherigen Interneterfahrung zu geben. Eine längere Interneterfahrung geht mit stärkeren Datenschutzbedenken einher (Cho/Rivera-Sánchez/Lim 2009: 406). Vor allem den so genannten *digital natives* wird ein geringeres Kontrollbedürfnis zugeschrieben, während andere Nutzergruppen durchaus starke Bedenken haben, nur nicht immer kompetent damit umgehen können (Ochs/Löw 2012: 51).

Ausgehend von individuellen Gefühlen und Bedürfnissen wird Privatheit als Voraussetzung für eine Gesellschaft nach liberalen Maßstäben angesehen. Privatheit erfüllt damit durch Verwirklichung auf der individuellen Ebene Funktionen für die Gesellschaft. Folgt man dieser Argumentation, so ist hinsichtlich des Verhältnisses von Individuum und Öffentlichkeit ein Schutz vor Einmischung und Wahrnehmung, mithin vor Öffentlichkeit legitim. Insofern kann davon ausgegangen werden, dass für individuelles wie auch kollektives Handeln soziale Regeln zum Schutz vor Öffentlichkeit gelten. Diese kontextuell gebundenen Regeln begrenzen, was wem gegenüber auf welche Weise mitgeteilt werden kann.

3.2.3 Privatheit als privatrechtliche Angelegenheit

Gegen die Idee, dass Privatsphäre ein aus gesellschaftlicher Sicht schützenswertes Gut sei, werden gelegentlich Einwände hervorgebracht. Diese Einwände stellen das Konzept von Privatheit auf drei Arten in Frage, erstens als privatrechtliche Angelegenheit von Individuen, zweitens als Bedrohung für die Ausbildung von Gemeinschaften und drittens als ohnehin nicht aufzuhaltenden Zerfall von Privatheit. Zunächst soll die Argumentationsgrundlage des ersten Einwandes im Anschluss an eine Darstellung von Michael Nagenborg (2005) kurz skizziert werden, die weiteren Einwände werden in den darauffolgenden Kapiteln thematisiert.

Die Sicht auf Privatheit als privatrechtliche Angelegenheit nimmt ihren Ausgangspunkt darin, dass bei Nutzung von Informations- und Kommunikationstechnologien personenbezogene Daten anfallen. Während sich besonders die Datenschutzdebatte anfänglich auf den Staat als Datensammler konzentriert (Nagenborg 2005: 121), geraten angesichts der Möglichkeiten zur Monetarisierung personenbezogener Daten auch wirtschaftliche Organisationen in den Blickpunkt (Nagenborg 2005: 125, 194). Die Beziehung zwischen Unternehmen und Individuen steht jedoch hinsichtlich personenbezogener Daten auf einer ganz anderen Grundlage als die Beziehung zwischen Staaten und Individuen. Denn die Beziehung zwischen Individuen und Wirtschaftsorganisationen basiert auf privatrechtlichen Verträgen, die erstens prinzipiell freiwillig geschlossen werden und die zweitens unter marktliberalen Gesichtspunkten selbst ein Schutzgut darstellen.

Aus dieser Sicht unterliegt die Verwendung personenbezogener Daten deshalb einem Konsens zwischen Datenverwendern und Datenlieferanten (Nagenborg 2005: 163ff.).[41]

Auf dieser Grundlage schlägt Lawrence Lessig ausgehend von der Situation in den USA vor, den Datenschutz und damit den Schutz der Privatsphäre durch ein Marktsystem zu regulieren. In einem solchen System würden personenbezogene Daten als Eigentum gelten, über welches individuell zwischen Anbieter und Käufer verhandelt werden sollte (Lessig 2001: 284). Grundsätzlich wird dies etwa mit Datenschutzbestimmungen von Webseiten vertraglich geregelt. Mit der Zustimmung zu einer solchen Datenschutzbestimmung wird der Zugang zu einem Angebot gegen Daten getauscht. Da aber das Verbreiten und Lesen von solchen Bestimmungen unnötige Kosten verursachen würde, sollte die Aushandlung der Verträge aufgrund individueller Präferenzen architektonisch[42] in ein technisches Systemen implementiert werden (Lessig 2001: 282f.).

Aus einer solchen Sicht wird der Schutz der Privatsphäre zu einer privaten Angelegenheit. Will man trotzdem Individuen vor sich selbst schützen oder zu einem verantwortungsvollen Umgang zwingen, verkompliziert sich die Diskussion. Denn eine Forderung nach Einschränkungen der Datenverwendung stellt das Konsensprinzip und damit auch das Autonomieprinzip (siehe Kapitel 3.2.2) in Frage. Legitimiert werden kann ein solch paternalistischer Eingriff aber möglicherweise damit, dass individuelle Handlungen mitunter nicht nur die Vertragspartner selbst, sondern darüber hinaus Dritte betreffen. So erstellen beispielsweise Versicherungen Risikoprofile auf Grundlage personenbezogener Informationen bisheriger Kunden und bewerten daraufhin auch neue Kunden. Besonders unangenehme Konsequenzen ergeben sich vor allem dann, wenn mit solchen Data Mining-Verfahren Fehlkategorisierungen einhergehen. Dies ist zum Beispiel auch in Zusammenhang mit der Rasterfandung diskutiert worden (Nagenborg 2005: 163ff.). Der sogenannte Konsensansatz des Privaten birgt somit die Gefahr, dass

---

41 Michael Nagenborg nennt Ansätze, denen eine solche Argumentation zu Grunde liegt, Konsensansätze bzw. Konsensmodelle des Privaten (Nagenborg 2005: 167).
42 Regulierung über Architektur ist in der Konzeption von Lessig ein Regulierungsmechanismus neben Markt, Recht und Normen, siehe Kapitel 4.1.3.

über das eigene Verhalten indirekt die Handlungsmöglichkeiten Dritter eingeschränkt werden. Aus dieser Sicht erscheint es nachvollziehbar, dass privatsphärerelevante Entscheidungen nicht allein der Übereinkunft unmittelbar beteiligter Vertragspartner überlassen werden sollten (Nagenborg 2005: 26).

Darüber hinaus ist fraglich, ob es sich hierbei tatsächlich um gleichberechtigte Vertragspartner handelt, vielmehr scheinen die Betreiber am längeren Hebel zu sitzen. Während Nutzer erstens kaum die Praktiken der Betreiber durchschauen können, wissen Betreiber von technischen Systemen in der Regel wesentlich mehr über ihre Nutzer (Ochs/Löw 2012: 53). Zweitens stehen die Nutzungsbedingungen in der Regel nicht zur Verhandlung – Nutzer sind durch die Allgemeinen Geschäftsbedingungen mit einem „take it or leave it"-Ansatz konfrontiert (Ochs/Löw 2012: 44, 54).

Deutet man in diesen Zusammenhängen die Weitergabe und Verwendung persönlicher Informationen als eine Form öffentlicher Kommunikation[43], so lassen sich aus diesem Diskurs Hinweise in Bezug auf das Verhältnis von Individuum und Öffentlichkeit gewinnen. Auch hier wird Öffentlichkeit, hergestellt durch privatwirtschaftliche Organisationen, zunächst als Bedrohung angesehen. Die Bedrohung relativiert sich auf den ersten Blick, wenn persönliche Daten als Währung angesehen werden, die freiwillig gegen Leistungen von Organisationen getauscht werden. Steht jemand außerdem auf dem Standpunkt, dass er nichts zu verbergen hat, wird die Bedrohung noch weiter entproblematisiert. Dann ist die Weitergabe persönlicher Informationen eine Möglichkeit, für die Befriedigung individueller Bedürfnisse durch Angebote von Organisationen zu bezahlen. Auf den zweiten Blick zeigt sich jedoch, dass individuelles Öffentlichkeitsverhalten Konsequenzen für Dritte haben kann. Insofern ist der Wunsch nach Regulierung der Nutzung entsprechender Daten durchaus nachvollziehbar. Unterstellt wird dabei, dass Individuen die Konsequenzen ihres Verhaltens nicht absehen können, die Konsequenzen aus gesellschaftlicher Perspektive nicht angemessen bewerten oder aber

---

43 Vor dem Hintergrund der in Kapitel 4.1 vorgeschlagenen Definition handelt es sich unter anderem dann um öffentliche (oder zumindest unklar-öffentliche) Kommunikation, wenn zwischen Individuum und Organisation eine unspezifische Beziehung vorliegt. Dies dürfte immer dann gegeben sein, wenn nicht eindeutig klar ist, wer konkret zur Organisation gehört oder welchen weiteren Akteuren die Daten zur Verfügung gestellt werden.

gedrängt durch Anreize negative Konsequenzen billigend in Kauf nehmen. Wie man es auch wendet – Individuen[44] verhalten sich aus dieser Sicht in Bezug auf Öffentlichkeit dysfunktional, wenn die Verwendung personenbezogener Daten nicht reguliert wird, sei es durch ökonomische, technische oder normative bzw. rechtliche Mechanismen.

3.2.4 Privatheit als Bedrohung der Gemeinschaft

Noch schärfer gegen das liberale Autonomieprinzip, mit welchem Privatheit als schützenswertes Gut begründet wird, argumentieren Vertreter des Kommunitarismus.[45] Insbesondere Amitai Etzioni wendet sich gegen die Vorstellung, dass Privatheit ein Wert sei, der prioritär behandelt werden müsse. Einschränkungen der Privatsphäre würden zur Sicherung anderer gesellschaftlicher Werte wie Sicherheit notwendig sein: „Although we cherish privacy in a free society, we also value other goods. Hence, we must address the moral, legal, and social issues that arise when serving the common good entails violating privacy" (Etzioni 1999: 2). Dabei verweist er unter anderem auf Beispiele wie drogenabhängige Schulbusfahrer, bei denen es aus Gründen der Sicherheit ein legitimes Interesse daran gäbe, über den Drogenkonsum informiert zu sein (Etzioni 1999: 3).

Anzustreben sei eine Balance zwischen individuellen Rechten und gesellschaftlichen Verpflichtungen (Etzioni 1999: 198). Diese Balance sei in den USA aus dem Gleichgewicht geraten – oft zu Gunsten von individueller Privatheit und zu Lasten gemeinschaftlicher Güter (Etzioni 1999: 5f.). Auffallend sei darüber hinaus, dass Bedrohungen der Privatsphäre durch Unternehmen viel eher toleriert werden, als Einschränkungen durch den Staat (Etzioni 1999: 10). Zur Überprüfung, wann welche staatlichen Eingriffe (nicht nur in die Privatsphäre, siehe Etzioni 1995: 209ff.) gerechtfertigt sind, schlägt Etzioni vier Kriterien vor. Erstens

---

44 Diese Behauptung könnte auch für Organisationen aufgestellt werden. Organisationen stehen hier jedoch nicht im Fokus des Interesses.
45 Zum Programm des Kommunitarismus siehe Etzioni (1995). Grundlegendes Kennzeichen dieser Haltung sei, dass gemeinschaftliche Verpflichtungen bzw. Verantwortung und individuelle Rechte ausbalanciert werden müssten (Etzioni 1999: 3). In diesem Sinne wird für mehr Regulierung durch soziale Normen anstelle staatlicher Eingriffe oder marktwirtschaftlicher Prinzipien argumentiert (Etzioni 1995: 35ff., 209ff.).

müsse eine unmittelbare und nachgewiesene Gefahr vorliegen, diffuse Bedrohungsszenarien reichten nicht aus. Zweitens dürfe es keine Alternativen zu einem staatlichen Eingriff geben. Drittens müsse ein Eingriff behutsam sein, das heißt ausschließlich auf das konkrete Problem bezogen. Viertens müssten Maßnahmen zur Vermeidung und Kontrolle von Nebenwirkungen ergriffen werden (Etzioni 1999: 12f.).

Insofern spricht sich Etzioni zwar gegen eine Überbewertung von Privatheit aus, nicht aber in erster Linie für stärkere staatliche Eingriffe. Vielmehr geht es darum, dass Öffentlichkeit die Notwendigkeit staatlicher Kontrolle verringere, weil so nichtstaatlicher sozialer Druck auf Grundlage kommunaler moralischer Standards entstehen könne (Etzioni 1999: 214). Umgekehrt würde die Überbewertung von Privatheit die Ausbildung gemeinschaftlicher Werte einschränken. Der Bereich Privatheit ist nur ein Anwendungsfeld dieser kommunitaristischen Argumentation. Grundsätzlich geht es darum, gemeinschaftliche Werte zu stärken und ein stärkeres Verantwortungsgefühl gegenüber der Gemeinschaft zu entwickeln. Die moderne Form der Gesellschaft – hier nimmt Etzioni Bezug auf eine Unterscheidung von Tönnies (1991) – sei aufgrund ihrer rationalen Orientierung (siehe Kapitel 3.1.1) eben keine Gemeinschaft mehr: „In der *Gesellschaft*, hieß es, basieren Beziehungen nicht mehr auf traditionellen, »zugeschriebenen« Sozialbanden, wie denen zwischen Vettern oder Kusinen, sondern auf Verträgen, die autonome Individuen frei miteinander aushandeln" (Etzioni 1995: 137). Gerade aber die Gemeinschaft könne moralische Standards durchsetzen, zu einem besseren Leben führen und damit staatliche Eingriffe überflüssig machen (Etzioni 1995: 35ff.; 1997: 41)

Damit dreht sich auch die Perspektive auf Privatheit im Vergleich zur liberalen Tradition um. Nicht Privatheit im Sinne individueller Autonomie ist Ausgangspunkt gesellschaftlichen Lebens. Vielmehr ist das gesellschaftliche Leben Ausgangspunkt für die Entfaltung individueller Autonomie: „Privacy thus is a societal license that exempts a category of acts (including thoughts and emotions) from communal, public, and governmental scrutiny" (Etzioni 1999: 196). Für individuelles Verhalten bedeutet dies, dass öffentliche Beobachtbarkeit als Normalfall gelten würde, um soziale Kontrolle zu ermöglichen. Ausnahmen müssten demnach besonders legitimiert werden. Grundsätzlich wird Öffentlichkeit eine kontrollierende Bedeutung für individuelles Verhalten zugesprochen, sodass sich

Individuen öffentlich entsprechend moralischer Standards der unmittelbaren Gemeinschaft verhalten würden.[46]

3.2.5 Privatheit als kontingente Illusion

Angesichts der informationstechnischen Entwicklungen ist darüber hinaus konstatiert worden, dass eine Privatsphäre überhaupt nicht mehr zu schützen sei und nun ein Zeitalter der *post privacy* anbreche (Heller 2013; siehe auch Wewer 2013).[47] Diese Perspektive ist in der wissenschaftlichen Literatur allerdings noch jung und bezieht sich dort stark auf Medienberichte, Äußerungen in Weblogs oder massenmediale Diskurse. Während bei einer Charakterisierung von Privatheit als Schutzgut durchaus die historische Relativität und Normabhängigkeit thematisiert wird, verweist das Stichwort *post privacy* noch stärker auf die grundsätzliche Kontingenz von Privatheit. Eine Gesellschaft ohne Privatheit oder Datenschutz sei vorstellbar, und zwar nicht nur als Schreckensszenario, sondern als durchaus positive durch Innovation, Kreativität und Demokratisierung geprägte Gesellschaft (Heller 2013: 94). Dass sich Privatheit als eine soziale Norm angesichts medientechnischer Veränderungen wandelt, scheint beispielsweise auch im Selbstverständnis des Facebook-Gründers Mark Zuckerberg verankert zu sein (Schmidt 2013b).[48] Dementsprechend ist immer wieder nicht nur ein Zerfall von Öffentlichkeit, sondern auch das „Ende der Privatheit" ausgerufen worden (für eine Reflexion dieses Szenarios siehe Grimm/Krah 2014).

Gerade die Idee einer informationellen Selbstbestimmung stoße im Internet an ihre Grenzen, denn es sei überhaupt nicht feststellbar, welche Informationen wem zugeordnet werden könnten: „Als Hebel meiner Entblößung dienen nicht nur Daten, die ausdrücklich auf mich abzielen – sondern auch die meines Umfelds: sei es, weil das Sozialleben meiner Freunde mich einschließt und umreißt; sei es, weil statistisches Wissen über mein Milieu informierte Vermutungen über

---

46 Eine solche Kontrollfunktion wird auch in der Theorie der Schweigespirale unterstellt, siehe Kapitel 3.3.5.
47 Heller beruft sich dabei auf den klassischen Topos des Internet als anarchischem Raum, welcher sich einer Kontrolle entziehe.
48 Mark Zuckerberg wird die Aussage zugeschrieben, das Zeitalter der Privatsphäre sei tot. Inwiefern er dies tatsächlich in dieser Eindeutigkeit geäußert hat, ist allerdings strittig (Grimmelmann 2010).

mich als dessen Angehörigen ermöglicht" (Heller 2013: 95). Statt auf Datenschutz zu beharren, müsste sich das soziale Leben auf diese Transparenz einstellen. Es geht dennoch weniger um eine Forderung nach Transparenz, als vielmehr um eine Forderung, sich auf einen Kulturwandel einzulassen (Seemann 2011). Dazu gehöre dann etwa auch eine größere Toleranz gegenüber den „privaten Eigenheiten" der Mitmenschen (Seemann 2010), auch um möglicherweise diskriminierenden Informationen ihr Diskriminierungspotenzial zu nehmen (Heller 2013: 97).

In diesem Zuge müsste auch über die Asymmetrie von Transparenz nachgedacht werden und Überwachung nicht nur durch staatliche Organisationen, sondern ebenso durch Individuen ermöglicht werden. Da ein Ende der Privatheit nicht aufzuhalten sei, gehe es beispielsweise bei der Überwachung des öffentlichen Raums durch Kameras um die Frage: „Who will ultimately control the cameras?" (Brin 1998: 6). David Brin argumentiert pointiert dafür, den Zugriff auf Überwachungskameras jedem Einzelnen und nicht nur staatlichen oder nichtstaatlichen Organisationen zu überlassen. Zur Überwindung der Asymmetrie wären insbesondere staatliche Einrichtungen wie die Polizei durch Kameras zu überwachen, um so die Zurechenbarkeit potenziell illegitimer Handlungen der Polizeiangestellten zu sichern (Brin 1998: 158ff.; Brin 1996).

Für individuelles Handeln in Bezug auf Öffentlichkeit verdeutlicht diese Idee eines Zerfalls von Privatheit, dass die Kontrollierbarkeit öffentlicher Zugänglichkeit und Aufmerksamkeit nicht selbstverständlich ist. Gleichzeitig wird die Änderung von entsprechenden sozialen Normen als positiver, natürlicher Prozess verstanden. Eine politische Verantwortung zum Schutz von Privatheit wird ganz im Sinne einer liberalen Grundposition abgelehnt. Zudem verdeutlicht diese Position, dass möglicherweise nicht alle Menschen ein gleichermaßen ausgeprägtes Bedürfnis nach Privatsphäre – im Sinne einer Kontrolle von Informationen – haben oder zumindest bereit sind, dieses gegen andere Bedürfnisse aufzuwiegen.

3.2.6 Konsequenzen

Die Konsequenzen, die sich aus dem Privatheitsdiskurs für das Verhältnis von Individuum und Öffentlichkeit ergeben, hängen im Detail vom jeweiligen Begriffsverständnis und der gesellschaftspolitischen Grundposition ab. Abstrahiert man aber von der inhaltlichen Ausrichtung dieser Grundpositionen, dann geht es in diesem Diskurs erstens um die **Möglichkeit selbstbestimmten Handelns**, die durch Anforderungen der Gesellschaft und medialen Wandel eingeschränkt wird. Zweitens geht es um die **Rechtfertigung selbstbestimmten Handelns**, das heißt um die Legitimität individueller Entscheidungen, wann öffentliches oder nichtöffentliches Handeln vollzogen wird, mithin um die individuelle Kontrolle von Öffentlichkeit.

Ausgehend von der klassischen, an das antike Verständnis anschließenden Dichotomie von Öffentlichkeit und Privatheit grenzt sich Öffentlichkeit als eine Errungenschaft der Zivilisation vom Privatbereich ab. Während das Private sachlichen Selbsterhaltungszwängen unterliegt, kann in der Öffentlichkeit frei von diesen Zwängen gedacht werden. Dieser Freiheitsgedanke bedeutet jedoch nicht Beliebigkeit, für den öffentlichen Bereich wird in der Moderne ein rationaler Vernunftgebrauch normativ angesetzt, der vor allem bestimmte Themen und nichtrationale Argumentationsmuster ausgrenzt. Zudem ist stets eine Orientierung am Gemeinwohl normativ mitgedacht. Dies gilt umso mehr, wenn Privatheit aus kommunitaristischer Sicht als Bedrohung von Gemeinschaft gesehen wird.

Dagegen wird aus liberaler Perspektive Privatheit als ein durch den Staat oder durch Unternehmen bedrohtes, aber schützenswertes Gut angesehen. In diesem Begründungszusammenhang wird erstens auf ein individuelles Bedürfnis nach Privatheit und zweitens auf die positiv bewerteten, funktionalen Auswirkungen auf gesellschaftlicher Ebene abgestellt. Eine liberale Gesellschaft sei auf die Autonomie ihrer Mitglieder angewiesen. Für Individuen ergebe sich daraus ein Recht, den Zugang zu bestimmten Informationen, Entscheidungen oder Orten für andere zu verweigern. Komplementär zu diesem Recht würde ebenfalls das Recht bestehen, den Zugang auf Grundlage privatrechtlicher Verträge zu gewähren. Regulierungsprobleme und damit Einschränkungen dieser Rechte werden allerdings augenscheinlich, wenn durch individuelle Entscheidungen Dritte betroffen sind. Weiterhin ist die Möglichkeit der Kontrolle angesichts der aktuellen sozialen Praxis eingeschränkt.

Für eine Betrachtung von individuellem Verhalten im Lichte von Öffentlichkeit ergibt sich damit der Bedarf, immer auch Zielkonflikte und die tatsächlichen Kontrollmöglichkeiten zu berücksichtigen. Denn die individuelle Autonomie wird durch eine kollektive Kontrolle und kontextsensitive soziale Normen eingeschränkt. Die wesentlichen Konsequenzen aus der Abstraktion verschiedener Perspektiven auf Privatheit sind in Tabelle 2 zusammengefasst.

Tabelle 2: Konsequenzen aus der Privatheitsforschung

Konstitutive und/oder charakteristische Merkmale von Privatheit	Konsequenzen für individuelles Verhalten
Rückzug aus der Gesellschaft	
Privat ist individuelles, personenbezogenes Handeln im Gegensatz zu Handeln mit kollektiver bzw. gesellschaftlicher Relevanz. Privatheit ist mit Selbsterhaltungszwängen verbunden, Öffentlichkeit ist dagegen eine Errungenschaft der Gesellschaft, die mit Freiheit assoziiert ist.	- Idealtypisch ist Irrationales und Persönliches nicht öffentlich thematisierbar. - Öffentliche Kommunikation ist politische Kommunikation, das heißt sie referiert auf kollektive Zusammenhänge.
Bedrohte Autonomie	
Privatheit ist ein Recht auf und ein Bedürfnis nach individuellem autonomem Handeln, das aus Sicht eines liberalen Gesellschaftsmodells positive gesellschaftliche Funktionen erfüllt. Privatheit ist durch staatliche und wirtschaftliche Organisationen sowie medientechnische Entwicklungen bedroht. Normativ gefordert werden eine Einschränkung der Autonomie, wo Handlungen Dritte beeinflussen, sowie ein Verbot von Rekontextualisierung.	- Handlungen sind kontextabhängig normativ reguliert, so dass die Verletzung der Autonomie Dritter normalerweise nicht toleriert wird. - Individuen sollten die Kontrolle über den Zugang zu den eigenen Daten, Entscheidungen und Handlungsweisen haben.
Privatrechtliche Angelegenheit	
Privatheit basiert auf dem Eigentum an personenbezogenen Daten. Über dieses Eigentum können Verträge mit anderen geschlossen werden, die mitunter negative Konsequenzen für Dritte haben.	Je nach Position: - Die Verantwortung für die Verwendung personenbezogener Daten liegt beim Urheber dieser Daten, dementsprechend kann frei darüber verhandelt werden. - Bestimmte individuelle Handlungen sollten im Interesse Dritter und zum Selbstschutz gesellschaftlich eingeschränkt werden.

Konstitutive und/oder charakteristische Merkmale von Privatheit	Konsequenzen für individuelles Verhalten
Bedrohung der Gemeinschaft	
Privatheit ist ein Zugeständnis der Gesellschaft an Individuen. Sie gefährdet mitunter die Sicherheit. Das grundsätzliche Einfordern von Privatheit ist aus kommunitaristischer Perspektive gesellschaftlich nicht wünschenswert, da sie zu Individualisierung führt, stattdessen wird eine Orientierung am Gemeinwohl und eine Ausbildung von Gemeinschaft gefordert.	- Individuelles Handeln sollte normalerweise öffentlich sichtbar sein. - Öffentlichkeit stellt eine nichtstaatliche Kontrolle individuellen Verhaltens sicher.
Kontingente Illusion	
Die medientechnischen Entwicklungen machen eine Abgrenzung von privaten Bereichen obsolet. Deshalb sind neue Umgangsformen notwendig, etwa eine größere Toleranz gegenüber Mitmenschen.	- Individuen müssen davon ausgehen, dass ihre Handlungen öffentlich beobachtbar sind. - Eine Kontrolle von Privatheit ist nicht möglich.

3.3 Selbstoffenbarungsforschung

Im Gegensatz zu den bislang unterschiedenen Bereichen Öffentlichkeit und Privatheit ist die Selbstoffenbarungsforschung stärker sozialpsychologisch geprägt. Damit einhergehend steht weniger die gesellschaftliche Ebene als die Erklärung individuellen Verhaltens im Mittelpunkt. Dennoch ist eine eindeutige Abgrenzung kaum zu leisten, da entsprechende sozialpsychologische Studien durchaus Bezug auf Privatheits- und Öffentlichkeitskonzepte nehmen und umgekehrt. Zum Teil wird Privatheitsverhalten und Selbstoffenbarungsverhalten sogar begrifflich gleichgesetzt (z. B. Dienlin 2013: 8). In der Folge lassen sich auch in der Selbstoffenbarungsforschung Hinweise finden, die das Verhältnis von Individuum und Öffentlichkeit tangieren.

Selbstoffenbarungsforschung mit Bezug auf Privatheit wird in letzter Zeit vor allem hinsichtlich der Nutzung von Internetdiensten durchgeführt. Gerade Soziale

Netzwerkseiten setzen selbstbezogene Mitteilungen voraus und damit stellt sich die Frage, welche Rolle Privatsphäre oder Datenschutz für die Nutzer spielen (z. B. Debatin et al. 2009; Joinson 2001; Lewis/Kaufman/Christakis 2008; Millham/Atkin 2016; Reinecke/Trepte 2008; Ruddigkeit/Penzel/Schneider 2013; Taddicken 2011; Tufekci 2008; Utz/Kramer 2009; Yao/Rice/Wallis 2007; Yao/Zhang 2008). Den Bezug zu Öffentlichkeit stellt dagegen eine der prominentesten kommunikationswissenschaftlichen Theorien her: mit der Theorie der Schweigespirale wird das Entstehen öffentlicher Meinung bzw. gesellschaftlicher Meinungsklimata unter anderem in Abhängigkeit von der individuellen Selbstoffenbarungsbereitschaft zu erklären versucht (Noelle-Neumann 1991).

Ob in Bezug auf Privatheit oder in Bezug auf Öffentlichkeit, gemeinsam ist sozialpsychologischen Studien im Forschungsfeld Selbstoffenbarungsforschung die Zielstellung. Es geht dabei meist um die Frage, welche persönlichen Informationen Individuen unter welchen Umständen auf welche Weise offenbaren. Unter Selbstoffenbarung wird dementsprechend ein Prozess verstanden, in dem eine Person einer anderen etwas über sich mitteilt, dies kann persönliche Informationen, Gefühle oder Gedanken umfassen (Archer 1980: 183; Derlega/Chaikin 1977: 103; Derlega/Grzelak 1979: 152; Greene/Derlega/Mathews 2006: 411). In der Regel wird hierbei intentionales und verbales Verhalten unterstellt (Derlega/Chaikin 1977: 103).[49]

Eine solche Sicht setzt voraus, dass die fraglichen Informationen bereits vorhanden sind bzw. dass es ein Selbst gibt, das von anderen abgegrenzt wird. Aus einer stärker soziologischen Perspektive stehen im Anschluss an Schriften von Erving Goffman (2010a; 2010b) unter dem Stichwort Impression Management (Kim 2008) bzw. Selbstdarstellung (Smith/Yoo/Walther 2008) dagegen nicht so sehr das einzelne Individuum, sondern soziale Situationen im Vordergrund. Dem Individuum wird darin eine konstruierende Rolle zugeschrieben. Es stellt sich hier die Frage, mit welchen Praktiken bei anderen ein bestimmter Eindruck erzeugt wird

---

49 Die betroffenen Informationen lassen sich vor allem in zwei Dimensionen analysieren. In der Tiefendimension werden Mitteilungen danach unterschieden, wie intim oder persönlich wichtig die Inhalte sind. In der Breitendimension ist zu unterscheiden, wie viele Lebensbereiche die mitgeteilten Informationen umfassen (Derlega/Chaikin 1977: 104). Zu weiteren Dimensionen von Selbstoffenbarung siehe zum Beispiel Greene/Derlega/Mathews (2006: 412).

(Goffman 2010b: 10). Über derlei sozial eingebettete Praktiken wird das soziale Selbst erst konstruiert (Goffman 2010a: 230f.).[50] Selbstdarstellung findet damit im Spannungsfeld von Selbst- und Fremdwahrnehmung – von selbst gegebenem Ausdruck und durch andere zugeschriebenem Eindruck – als beständige Auseinandersetzung mit dem eigenen und fremden Image statt.

Ob Selbstoffenbarung als aktiver Konstruktionsprozess oder als Reaktion auf Bedürfnisse und situative Umstände verstanden wird, die verschiedenen Perspektiven stellen zumindest implizit häufig einen Bezug zu Öffentlichkeit her und thematisieren konkretes individuelles Verhalten. Sichtbar wird dies etwa an der Unterscheidung von öffentlichem und privatem Selbst oder Vorder- und Hinterbühne. Die Implikationen für das Verhalten im Hinblick auf Öffentlichkeit werden im Folgenden zusammengefasst.

3.3.1 Selbstoffenbarung als Interaktionsbedürfnis

Aus sozialpsychologischer Sicht kann Selbstoffenbarung als ein grundlegendes Bedürfnis von Menschen angesehen werden (Jourard 1971: 32).[51] Selbstoffenbarungsverhalten erfüllt Funktionen für das Individuum, indem es zum Beispiel sozialen Vergleich oder den Abbau von emotionalem Stress ermöglicht (Buss 2001: 216ff.; Derlega/Grzelak 1979: 154). Dennoch stellt sich die Frage nach den Grenzen von Offenbarung, denn nicht alles wird unter allen Umständen von jedem preisgegeben. Um diese Grenze wissenschaftlich auszuloten, wurden Erhebungsinstrumente entwickelt, die mehr oder weniger von dem von Sidney Jourard eingesetzten Self-Disclosure Questionnaire abgeleitet sind (Jourard 1971: 211).[52]

---

50 Damit wird eine Unterscheidung von *I* und *Me* unterstellt, wie sie im symbolischen Interaktionismus bzw. im Anschluss an George Herbert Mead ausgearbeitet wurde (Mead 2008: 216ff.). Ersteres ist der persönliche Teil der Identität, letzteres der soziale Teil.

51 Sidney Jourard sieht ein ausgewogenes Selbstoffenbarungsverhalten als Voraussetzung für eine gesunde Persönlichkeit an (Jourard 1971: 28ff.). Dementsprechend spielt Selbstoffenbarungsforschung auch im therapeutischen Kontext eine Rolle (Berg/Derlega 1987: 5f.).

52 Weitere verbreitete Instrumente zur Messung von Selbstoffenbarung als Persönlichkeitseigenschaft finden sich zum Beispiel bei Miller/Berg/Archer (1983: 1236) oder Buss (2001: 230). Im Vergleich zu früheren Messinstrumenten wird insbesondere durch das Self-Disclosure Inventory (Miller/Berg/Archer 1983) die Vorhersagekraft für tatsächliches Offenbarungsverhalten verbessert, indem die individuellen Ziele von Individuen berücksichtigt werden (Miller/Read 1987).

Hierbei werden Probanden danach gefragt, in welchem Umfang mit bestimmten Zielpersonen wie Mutter, Vater, männliche oder weibliche Freunde, aber auch Fremden über Gefühle und Einstellungen zu Themen wie Religion, Geschmack oder dem eigenen Körper kommuniziert wird (Jourard 1971: 213). Daraus abgeleitet ergibt sich ein Self-Disclosure Index, der die Neigung zur Selbstoffenbarung misst. In empirischen Studien wurde eine Vielzahl von Einflussfaktoren auf das Selbstoffenbarungsverhalten untersucht.[53] Dazu zählen Persönlichkeitseigenschaften wie Geschlecht, Schüchternheit oder Selbstkontrolle (siehe zum Beispiel die Beiträge in Derlega/Berg 1987).

Eine wesentliche Rolle spielt Selbstoffenbarung gemäß der Social Penetration Theory (Taylor 1968) für die Entwicklung von Beziehungen: „There is a generally linear association between self-disclosure and the development of a personal relationship" (Greene/Derlega/Mathews 2006: 413; siehe auch Derlega et al. 1993: 11ff.). Es wird davon ausgegangen, dass Beziehungen in der Regel im Zeitverlauf immer intimer werden – auch wenn Abweichungen von diesem Muster oder Beziehungsbrüche nicht ausgeschlossen sind. Im Zuge wechselseitigen Kennenlernens dringen die Interaktionspartner zunehmend vom *public self* zum *private self* vor. Damit werden immer mehr im Vergleich zu anderen Personen einzigartige Aspekte des Selbst sichtbar. Die Partner gehen ein zunehmendes Risiko ein, emotional verletzbar zu sein (siehe auch Archer 1980: 188f.). Diese psychologischen Risiken werden aus Sicht der Social Penetration Theory durch einen Nutzen aus der Beziehung ausgeglichen. Unterstellt wird damit ein rationales Kosten-Nutzen-Kalkül (Altman/Taylor 1973: 6ff., 30ff.).

Ein Grundmechanismus für diese Entwicklung stellt Reziprozität dar, die empirisch gut bestätigt ist: die Bereitschaft zur Selbstoffenbarung hängt von der Selbstoffenbarung der Interaktionspartner ab, so dass nach und nach wechselseitig mehr Informationen mitgeteilt werden. Wer mehr über sich erzählt, erfährt in der Regel auch mehr über andere; dies gilt insbesondere für die Interaktion zwischen

---

53 Eine umfassende Darstellung von Einflussfaktoren ist an dieser Stelle nicht zu leisten, die Selbstoffenbarungsforschung umfasst eine unglaubliche Menge an empirischen Studien. Schon in einer Bibliographie aus dem Jahr 1979 werden über 1000 Studien sortiert nach inhaltlichen Bereichen wie Alter, Empathie, Religion, Risiko usw. verzeichnet (Rosenfeld 1979). Stattdessen wird im Folgenden auf einige zentrale theoretische Unterscheidungen und Befunde referiert.

Fremden (Altman 1973: 251f.; Berg/Derlega 1987: 4; Buss 2001: 219; Derlega/Wilson/Chaikin 1976; Jourard 1971: 231; Derlega et al. 1993: 33).[54] Während mit Reziprozität pauschal Wechselseitigkeit bezeichnet wird, gerät unter dem Stichwort Responsivität die konkrete Realisierung in den Blick. Dabei wird zwischen konversationaler und relationaler Responsivität unterschieden. Erstere meint eine Fortsetzung von Kommunikation, mit der Interesse und Verstehen signalisiert wird.[55] Voraussetzung ist, dass mit einer Antwort in angemessener Ausführlichkeit auf den vorangegangenen Inhalt eingegangen wird. Letztere bezieht sich auf Investitionen in die Beziehung, wenn wechselseitig auf Bedürfnisse eingegangen wird, somit Vorteile aus der Interaktion entstehen (Berg 1987; Miller/Berg 1984: 191ff.).

Arnold Buss (2001) weist darauf hin, dass Selbstoffenbarung zwar einerseits davon abhängt, wem gegenüber etwas kommuniziert wird, aber dass auch der Inhalt eine Rolle spielt. Insbesondere führt er Beispiele für unmoralisches Handeln wie sexuelle Belästigung oder Straftaten an, deren Offenbarung zu Scham führen würde und die deshalb zurückgehalten werden. Aber auch positive Selbstoffenbarung würde zu potenziell hemmenden emotionalen Reaktionen führen, vor allem zu Verlegenheit (Buss 2001: 214f.). Die verschiedenen selbstbezogenen Inhalte ordnet Buss einem *private self* und einem *public self* derart zu, dass ersteres innere Regungen und letzteres vergangene Handlungen umfasst. Die Informationen des *public self* sind per Definition bereits anderen zum Beispiel durch eine Recherche zugänglich, werden aber dennoch zu verbergen versucht, wenn es sich um möglicherweise schädigende Inhalte handelt (Buss 2001: 212ff.). In diesem Sinne sind öffentliche Beziehungen durch oberflächliche Interaktion und wechselseitige Fremdheit gekennzeichnet, während private Beziehungen tiefer gehende Interaktion und persönliche Bekanntheit implizieren.

Selbstoffenbarungsverhalten hängt damit von mindestens drei Bereichen ab: der Persönlichkeit, dem Inhalt und der Situation. Alle drei Bereiche interagieren

---

54 Zur theoretischen Erklärung dieses Mechanismus gibt es ganz unterschiedliche Ansätze, insbesondere die Unterstellung einer allgemeinen sozialen Reziprozitätsnorm oder Theorien des sozialen Austauschs (Altman 1973: 254)
55 Eine konventionalisierte Antwort (etwa das Wünschen von Gesundheit nach dem Niesen) wird zwar als *response*, nicht aber als *responsive* angesehen (Miller/Berg 1984: 192).

miteinander und sind für das Verhältnis von Individuum und Öffentlichkeit relevant, wenn man die wechselseitige Fremdheit der Kommunikationspartner als Anzeichen für Öffentlichkeit berücksichtigt (siehe Kapitel 4.1.2). Erstens ist davon auszugehen, dass Menschen unabhängig von Öffentlichkeit unterschiedlich starke Selbstoffenbarungsneigungen haben. Zweitens ist der Austausch über persönliche, intime Themen bei der Kommunikation unter Fremden unwahrscheinlicher als der Austausch über oberflächliche, wenig intime Themen (Altman 1973: 256). Und drittens greift die Reziprozitätsnorm in einer konkreten Situation anscheinend bei oberflächlichen Themen stärker, sofern eine Beziehung am Anfang steht, die Beteiligten sich also eher fremd sind. Unter Bekannten kann eher darauf gesetzt werden, dass die Kommunikation auch später noch fortgeführt wird (Altman 1973: 257; Derlega/Wilson/Chaikin 1976). Neben diesen speziellen Erkenntnissen zur Selbstoffenbarung lässt sich allgemein festhalten: Dem Bedürfnis nach Selbstoffenbarung und damit in der Konsequenz auch individueller öffentlicher Kommunikation steht eine Vielzahl hemmender und fördernder Faktoren gegenüber.

3.3.2 Selbstoffenbarung als Regulierungsprozess

Richtet man den Blick nicht ausschließlich auf Selbstoffenbarungsverhalten als Mitteilungsverhalten, sondern bezieht auch Rezeptionsverhalten ein, so lässt sich der Zugang zum Selbst als ein Prozess der Regulierung von Privatheit beschreiben (Altman 1975; Dienlin 2013). Der Zugang zum Selbst lässt sich hierbei in verschiedene Regulierungsbereiche strukturieren (siehe auch Kapitel 3.2): Informationelle Privatheit betrifft die Kontrolle der Vermittlung selbstbezogener Informationen, psychologische Privatheit die Kontrolle affektiver sowie kognitiver Wahrnehmungen, physikalische Privatheit die Kontrolle räumlicher Isolation und schließlich soziale Privatheit die Kontrolle darüber, zu wem Nähe oder Distanz gesucht wird (Burgoon 2012: 210ff.). Darüber hinaus kann unterschieden werden, ob die Grenze zwischen dem eigenen Selbst und anderen (*self boundary*) oder die Grenze zwischen aktuellen Interaktionsteilnehmern und Dritten (*dyadic boundary*) betroffen ist (Derlega/Chaikin 1977: 104). Zu Grunde liegt einer solchen Sicht die Metapher einer Grenze, die zwischen privaten (innere Gefühle und Gedanken) und öffentlichen (äußeres Verhalten) Informationen verläuft.

Insbesondere Irving Altman hat ein theoretisches Modell entwickelt, in dem er Privatheit als einen *boundary control process* begreift (Altman 1977; 1976; 1975). In diesem Prozess würden ein Bedürfnis nach Interaktion und ein Bedürfnis nach Ruhe in Hinblick auf einen optimalen Zustand der Bedürfnisbefriedigung fortwährend ausbalanciert. Dieser Zustand wird durch die Regulierung der Grenzen des Zugangs zum Selbst und zu anderen angestrebt (Altman 1976: 13). Für diese Regulierung der Privatsphäre benennt Altman vier Mechanismen (Altman 1976: 17; siehe auch Burgoon 2012: 223ff.).[56] Erstens können verbale Mittel eingesetzt werden, etwa wenn zwei Interaktionspartner eine Fremdsprache benutzen, die weiteren Anwesenden nicht geläufig ist (Altman 1976: 18). Zweitens werden nonverbale Mittel eingesetzt, um das aktuelle Bedürfnis nach Privatheit zu markieren. Ein Abwenden markiert dann Abgrenzung, Blickkontakt und körperliche Nähe Offenheit (Altman 1976: 19). Ebenso kann drittens der Raum auf eine Weise gestaltet werden, der Beobachtung und Kommunikation erschwert oder ermöglicht. Zu dieser Kategorie der *environmental privacy mechanisms* zählt Altman ebenfalls die verschiedenen Distanzzonen zwischen Menschen (Altman 1976: 19). Schließlich weist Altman viertens darauf hin, dass diese Mittel in verschiedenen Kulturen unterschiedlich eingesetzt werden, also verschiedene Normen bestehen (Altman 1976: 21). Durch den Interaktionsbegriff wird dabei nicht nur Mitteilungsverhalten, sondern ebenso Rezeptionsverhalten mitgedacht. So kann eben nicht nur der Mund verschlossen bleiben, sondern auch Ohren und Augen können bewusst abgewendet werden.[57]

Auch wenn durchaus der Frage nachgegangen wird, wovon die Bereitschaft zur Offenbarung bzw. Wahrnehmung von Offenbarung gegenüber Fremden oder in der Öffentlichkeit abhängt, wird Privatheit in diesem Zusammenhang auch als Privatheit gegenüber eng vertrauten Interaktionspartnern analysiert. Denn selbst

---

56 Diese Einteilung hat Judee Burgoon erweitert und um Beispiele ergänzt. Sie unterscheidet dabei die Kategorien „(1) environmental and artifactual, (2) spatial and haptic, (3) temporal, (4) kinesic and vocalic, (5) physical appearance, and (6) verbal" (Burgoon 2012: 232).
57 Ein ähnliches Modell findet sich bei Dienlin (2013) unter der Bezeichnung Privacy Process Model (PPM), der zudem die Unterscheidungen von Burgoon (2012) aufgreift.

in partnerschaftlichen Beziehungen lassen sich bestimmte Tabuthemen ausmachen, über die nicht kommuniziert wird (Greene/Derlega/Mathews 2006: 413).[58] Im Rahmen der Communication Privacy Management Theory (CPM) ist Sandra Petronio diesem Punkt besonders nachgegangen (Petronio 2002; 1991). Unterstellt wird dabei, dass einerseits die Offenbarung privater Informationen riskant ist, weil damit ein Gesichtsverlust einhergehen kann.[59] Andererseits kann auch das Erfahren privater Informationen verletzend sein und damit Risiken für das Selbst bergen (Petronio 1991: 311, 314). Daraus leitet Petronio ab, dass selbst Ehepaare eine Grenze des Kommunizierbaren untereinander koordinieren und dabei strategisch auf Regeln zurückgreifen (Petronio 1991: 313, 316). Diese Regeln berücksichtigen beispielsweise das individuelle Bedürfnis, über Gefühle zu sprechen oder auch antizipierte negative oder positive Konsequenzen (Petronio 1991: 319f.). So würde bei drohenden negativen Konsequenzen ein eher impliziter Mitteilungsstil vorgezogen werden, anstatt beispielsweise den eigenen Ärger über den Partner oder die Partnerin explizit auszusprechen (Petronio 1991: 320). Der Kommunikationspartner wägt daraufhin unter Berücksichtigung der vermuteten Erwartungen verschiedene Möglichkeiten ab, mit denen auf eine unaufgeforderte Gefühlsäußerung reagiert werden kann. Auch hierbei lassen sich direkte und indirekte Mitteilungsstrategien anwenden. Statt einer eindeutigen Antwort kann etwa das Thema gewechselt und damit potenziellen Verletzungen ausgewichen werden (Petronio 1991: 325). Wie passend dieser wechselseitige Regulierungsprozess aufeinander eingestellt ist, bringt gemäß der Communication Privacy Management Theory entsprechende positive oder negative Folgen für den Bestand der Beziehung mit sich (Petronio 1991: 325).[60]

---

58 Georg Simmel hat bereits früh aus soziologischer Sicht darauf hingewiesen, dass soziale Beziehungen und Vergesellschaftung immer auch auf Nichtwissen und gezieltem Nichtoffenbaren beruhen (Simmel 1908: 256ff.)

59 Darüber hinaus argumentieren Valerian Derlega und Alan Chaikin, dass Verletzbarkeit aus unausgeglichenem Wissen übereinander resultiert: „Generally speaking, situations in which one person knows more about another person represents unequal power relationships" (Derlega/Chaikin 1977: 109).

60 Die Communication Privacy Management Theory ist nicht auf den Bereich von Ehen beschränkt, sie hat hier aber ihren Ursprung. Eine wesentliche Grundannahme der Theorie besteht darin, dass

Selbstoffenbarung im Zusammenhang mit einer Regulierung von Privatheit ist in den letzten Jahren verstärkt auch im Bereich von Online-Kommunikation untersucht worden (Bazarova 2015; siehe auch die Beiträge in Trepte/Reinecke 2011a). Vielfach wurde dabei die Frage aufgeworfen, welches Selbstoffenbarungsverhalten Nutzer von Social Network Sites wie Facebook aufweisen. Denn einerseits ist Selbstoffenbarung im Social Web Voraussetzung zur Partizipation, andererseits werden hierbei Datenschutzbedenken[61] hervorgerufen (Taddicken 2011: 282). Zunächst wurde davon ausgegangen, dass eine umfangreiche Offenbarung persönlicher Inhalte im Web mit einem mangelnden Datenschutzbewusstsein einhergeht. Empirische Studien haben jedoch gezeigt, dass trotz Privatsphärebedenken und trotz der Möglichkeit zur technischen Einschränkung der Reichweite ausgiebig persönliche Vorlieben, persönliche Gespräche oder andere personenbezogene Daten weitgehend öffentlich zugänglich kommuniziert werden. Diese Diskrepanz zwischen Datenschutzbedenken bzw. dem Bewusstsein von der Möglichkeit unerwünschter Publika einerseits und Mitteilungsbereitschaft andererseits wurde als *privacy paradox* bezeichnet (Barnes 2006; Debatin et al. 2009; Taddicken 2014; Taddicken 2011). Für die Selbstoffenbarungsforschung stellt sich in der Folge die Herausforderung, den fehlenden Zusammenhang zwischen Bewusstsein und Handeln plausibel zu erklären.

Eine eindeutige und vollständige Aufklärung dieses Befundes ist trotz einer Vielzahl an Studien noch nicht geleistet worden. Grundsätzlich ist vermutet worden, dass ein mangelndes Problembewusstsein, mangelnde Nutzungskompetenz oder routinierte Nutzung zu dieser Diskrepanz führen könnten oder die eher abstrakten Risiken angesichts positiver Partizipationseffekte in Kauf genommen werden (z. B. Boyd/Hargittai 2010; Debatin et al. 2009). Stärker als von Datenschutzbedenken oder -kompetenz scheint wohl das Selbstoffenbarungsverhalten auch im

---

Informationen einem (gemeinsamen) Eigentumsanspruch unterliegen. In der Folge entstehen Regeln zur Kontrolle von Kommunikation. Siehe Petronio (2002) und Petronio/Reierson (2009).

61 Die Diskussion der Datenschutzproblematik von Facebook haben Harvey Jones und José Hiram Soltren mit einer Studie nicht lange nach der Gründung von Facebook mit angestoßen. In dieser Studie wurden umfangreiche Daten heruntergeladen und analysiert sowie verschiedene Bedrohungsszenarien durchgespielt (Jones/Soltren 2005).

Social Web von einer allgemeinen individuellen Selbstoffenbarungsbereitschaft abzuhängen (Taddicken 2014: 264, 267).

Zudem kann selbst eine umfangreiche Selbstoffenbarung stark selektiv sein – es stellt sich dann weniger die Frage nach dem ob von Selbstoffenbarung, sondern vielmehr die Frage, welche konkreten Vorstellungen Individuen von ihren Publika haben und mit welchen Mitteln diese Publika reguliert werden (Lange 2007; Reinecke/Trepte 2008; Taddicken/Schenk 2011; Tufekci 2008). Denn die Kommunikation auf Sozialen Netzwerkseiten wird nicht uneingeschränkt als öffentlich wahrgenommen, sondern ist mitunter auf einen bestimmten Bekanntenkreis und auch auf bestimmte Inhalte beschränkt (Taddicken 2014: 251, 263, 265; siehe auch Acquisti/Gross 2006: 12f.). Möglicherweise ist das vermeintliche Problem also erst durch eine pauschalisierende Perspektive konstruiert worden und löst sich auf, wenn statt von Selbstoffenbarung von Selbstdarstellung gesprochen wird (siehe das folgende Kapitel 3.3.3).

In Bezug auf das Verhältnis von Individuum und Öffentlichkeit unterstellen all diese Perspektiven, dass die Grenzen von Mitteilungs- und Rezeptionsverhalten individuell kontrolliert werden. Diese Kontrollprozesse beginnen nicht erst bei einer allgemeinen öffentlichen Zugänglichkeit, sondern immer wenn Interaktion stattfindet, das heißt in jeder Kommunikationssituation. Die Regulierung von Privatsphäre findet selbst gegenüber Ehepartnern statt. Will man dabei Privatheit als Gegenbegriff zu Öffentlichkeit verstehen, so ist Öffentlichkeit nicht abhängig von einem abstrakten Publikum, sondern liegt mindestens schon bei der Kommunikation mit Unbekannten vor. Vielleicht muss aus dieser Sicht sogar jede Form von Selbstoffenbarung als eine Form öffentlicher Kommunikation verstanden werden – denn es wird dabei eine Grenze zwischen dem eigenen Selbst und Anderen überschritten, was sich in der psychologischen Unterscheidung von *private self* (nur einer Person selbst zugänglich) und *public self* (anderen Personen zugänglich) widerspiegelt (Buss 2001: 10; Mummendey 1995: 44; siehe auch Kapitel 3.3.1).

3.3.3 Selbstoffenbarung als Selbstdarstellung

Sieht man Selbstoffenbarung aus sozialpsychologischer Sicht als Mittel der Bedürfnisbefriedigung, dann werden individuelle Beweggründe in den Vordergrund gestellt, selbst wenn sie sich an sozialen Erfordernissen ausrichten oder einem Kontrollprozess unterliegen. Zudem wird dabei unterstellt, dass bestimmte Informationen über das Selbst immer schon vorliegen und nur sichtbar oder unsichtbar gemacht werden. Aus einer stärker soziologischen Perspektive sind das Selbst und der damit zusammenhängende Offenbarungsprozess dagegen als bewusst oder unbewusst hergestellte Konstruktion analysierbar:

> „Das Selbst als dargestellte Rolle ist also kein organisches Ding, das einen spezifischen Ort hat und dessen Schicksal es ist, geboren zu werden, zu reifen und zu sterben; es ist eine dramatische Wirkung, die sich aus einer dargestellten Szene entfaltet [...]" (Goffman 2010a: 231).

Erving Goffman geht insbesondere in seinem Werk „Wir alle spielen Theater" bzw. „The Presentation of Self in Everyday Life" davon aus, dass jeder Einzelne in Interaktionssituationen Impression Management betreibt, somit darauf bedacht ist, den Eindruck zu kontrollieren, den die anderen Teilnehmer von einem erhalten (Goffman 2010a: 17; Mummendey 1995: 117; Smith/Yoo/Walther 2008). Goffman vergleicht soziale Situationen mit einem Theater: während man auf der Hinterbühne aus der Rolle fallen kann, findet auf der Vorderbühne beständig eine kontrollierte Darstellung des Selbst vor Publikum statt (Goffman 2010a: 100, 105).
[62] Hier liegt eine Analogie zwischen Hinterbühne als nichtöffentlichem Kontext und Vorderbühne als öffentlichem Kontext nahe. Eine vollständige Eindruckskontrolle ist allerdings kaum möglich. Denn die Interaktionspartner sind in der Regel im Vorteil, da sie neben dem absichtlichen, kontrollierten Kommunikationsverhalten einen zweiten, kaum kontrollierbaren, insbesondere nonverbalen „Kommunikationsstrom" (Goffman 2010a: 10) zur Überprüfung des Eindrucks berücksichtigen können. Doch auch die Interaktionspartner spielen in der Regel das Spiel mit und versuchen eine gemeinsame Situationsdefinition aufrecht zu erhalten, indem sie Imageverletzungen vorbeugen (Goffman 2010a: 16).

---

62 Die Metapher weist einige Grenzen auf, die auch Goffman selbst einräumt (Goffman 2010a: 232). Dazu gehört, dass Publikum und Darsteller sowie Vorder- und Hinterbühne von Situation zu Situation wechseln. In vielen alltäglichen Interaktionssituationen ist ein Publikum kaum als eigenständige Kategorie abgrenzbar, die Darsteller sind sich wechselseitig selbst das Publikum. Weiterhin ist in der alltäglichen Praxis weniger von einer gespielten als von einer möglichst authentischen Darstellung mit ernsten Konsequenzen auszugehen.

Im Gegensatz zur oben besprochenen Regulierungsperspektive steht damit die unvermeidbare Selbst*darstellung* im Vordergrund.[63] Im Rahmen einer solchen Selbstdarstellung geht es dann nicht nur um wahre und echte Offenbarung, sondern um eine angemessene Darbietung, die durchaus auch Idealisierungen einschließen kann (Goffman 2010a: 35ff.). Dieser Punkt findet sich ähnlich bereits in den Schriften von Georg Simmel und führt zur Unterscheidung von Selbstbild und Fremdbild:

> „Jede Beziehung zwischen Menschen läßt ein Bild des einen im andren entstehen und dieses steht ersichtlich in Wechselwirkung mit jener realen Beziehung, während sie die Voraussetzungen schafft, auf die hin die Vorstellung des einen vom andern so und so ausfällt und ihre für diesen Fall legitimierte Wahrheit besitzt, gründet sich andrerseits die reale Wechselwirkung der Individuen auf dem Bilde, das sie voneinander erwerben" (Simmel 1908: 257).

Selbst wenn man davon ausgeht, dass es ein echtes und ein dargestelltes Selbst (Simmel 1908: 259) oder echte und dargestellte Tätigkeiten (Goffman 2010a: 61) geben würde, so wird doch vor allem die Darstellung kommunikativ relevant. In der Folge geraten in Bezug auf Selbstoffenbarung weniger Einflussfaktoren oder Regulierungsmechanismen in den Blick, sondern vielmehr Strategien der Selbstdarstellung. Edward Jones und Thane Pittman (1982) haben hierzu eine viel beachtete Taxonomie von Selbstdarstellungsstrategien vorgelegt:[64]

---

63 Für einen Überblick über verschiedene Theorien der Selbstdarstellung siehe Mummendey (1995: 111ff.). Neben Theorien der Selbstdarstellung im engeren Sinne finden sich in der Psychologie weitere Ansätze, die den Umgang mit dem eigenen Selbst zum Gegenstand haben und als Variable die Beobachtbarkeit von Verhalten einbeziehen. Insbesondere lassen sich kognitive (z. B. mit den Konzepten *self-consciousness* und *self-monitoring*) und motivationale (z. B. mit den Konzepten *self-esteem, self-evaluation, self-beliefs, self-completion, self-regulation*) Theorien unterscheiden (Mummendey 1995: 82ff.).

64 Noch ausführlicher ist eine Besprechung von Selbstdarstellungstechniken bei Mummendey (1995: 140ff.), der elf positive und acht negative Techniken unterscheidet. Etwas systematischer unterscheiden Tedeschi/Norman (1985) in einer Vierfeldermatrix zwischen a) defensiven (als Reaktion auf tatsächlichen oder potenziellen Gesichtsverlust) und assertiven (als gezielt offensive Darstellung positiver Persönlichkeitseigenschaften) sowie b) taktischen (kurzfristigen) und strategischen (langfristigen) Selbstdarstellungsstrategien. Die von Jones/Pittman (1982) unterschiedenen Strategien werden im Wesentlichen in die Kategorie der assertiven Taktiken einsortiert.

- **Ingratiation:** Die am weitesten verbreitete Strategie ziele darauf ab, andere von der eigenen Liebenswürdigkeit zu überzeugen. Denn Individuen wollen gemocht werden. Umgesetzt wird dies vor allem durch Anpassung an das Gegenüber, besonders wenn das Gegenüber über einen höheren sozialen Status verfügt. Ein offener Vollzug dieser Strategie sei aber sozial nicht legitim, könne durch Beschädigung der eigenen Glaubwürdigkeit zu einem Bumerang-Effekt führen und werde deshalb geleugnet (Jones/Pittman 1982: 235ff.).

- **Intimidation:** Komplementär zum Erreichen von Liebenswürdigkeit wird mitunter versucht, andere einzuschüchtern, das heißt von der eigenen Mächtigkeit und Gefährlichkeit zu überzeugen. Dies komme vermutlich vor allem in unfreiwilligen Beziehungen vor, wenn sich das Gegenüber einer Beziehung nicht entziehen kann (Jones/Pittman 1982: 238ff.).

- **Self-Promotion:** In ähnlicher Weise wie in Bezug auf Liebenswürdigkeit werde versucht, andere von der eigenen Kompetenz zu überzeugen. Auch hier sind offene Kompetenzzuschreibungen zur eigenen Person problematisch: wer tatsächlich kompetent sei, müsse dies nicht betonen. Bevorzugt würde Kompetenz deshalb praktisch demonstriert werden oder es würde auf Zuschreibungen durch andere gehofft werden (Jones/Pittman 1982: 241ff.).

- **Supplification:** Im Gegensatz zum Betonen eigener Kompetenz, kann die eigene Hilfsbedürftigkeit betont werden. Dies würde vor allem dann relevant werden, wenn die Ressourcen für andere Selbstdarstellungsstrategien nicht vorhanden seien. Hilfsbedürftigkeit würde aufgrund sozialer Normen andere zur Hilfe verpflichten. Es handelt sich aber um eine riskante Strategie, denn die Übernahme von Verantwortung durch andere könne auch verweigert werden, zudem könne das Selbstwertgefühl Schaden nehmen (Jones/Pittman 1982: 247f.).

- **Exemplification:** Durch Demonstration von Enthaltsamkeit und Selbstaufgabe im Namen höherer Werte sowie für andere Personen wird auf die Zuschreibung moralischer Integrität abgezielt. Prototypisch verfolgen religiöse Führungsfiguren diese Strategie. Wichtig sei dabei, dass internalisierte soziale Normen im eigenen Handeln konsistent gezeigt werden (Jones/Pittman 1982: 245ff.).

Gemeinsam ist diesen Strategien die Motivation, wenn nicht Bewunderung, so doch Beachtung durch andere zu erreichen. Im Ergebnis wird ein Fremdbild angestrebt, das Macht verleiht. Es geht darum, Einfluss auf die soziale Umwelt zu nehmen (Jones/Pittman 1982: 250; Tedeschi/Norman 1985: 293). Bezieht man dies auf den Diskurs zur Privatsphäre, so dienen auch Selbstdarstellungsstrategien der Sicherung und dem Ausbau von individueller Autonomie (siehe Kapitel 3.2.2). Ebenso betont die von Goffman verwendete Theatermetapher mit ihrer Einteilung von Publikum und Darstellung sowie Hinter- und Vorderbühne den strategischen Charakter von Selbstdarstellung. Gleichzeitig gerät damit die Abhängigkeit von sozialen Rollen und Normen in den Blick. Der Erfolg strategischer Selbstdarstellung ist von anderen abhängig, das Individuum „[unterwirft] sein Gesicht einer an der Öffentlichkeit orientierten Kontrolle" (Goffman 2009b: 202).

Die Idee der Selbstdarstellung ist vielfältig aufgegriffen worden, insbesondere auch bei der Analyse von Online-Kommunikation. So benennt Jan Schmidt Identitätsmanagement als eine zentrale Handlungspraxis im Social Web, womit der aktiv formende Charakter von Äußerungen über das Selbst hervorgehoben wird. (Schmidt 2013a: 23ff.; Schmidt 2011: 73ff.). Dementsprechend findet die Aussage „Ich achte darauf, dass keine Inhalte von mir im Internet stehen, die mir schaden könnten" in einer Repräsentativbefragung unter 12-24jährigen deutschen Internetnutzern eine sehr hohe Zustimmung (Hasebrink/Rohde/Brüssel 2011: 113). Tatsächlich gibt es Anzeichen dafür, dass online in öffentlichen Kontexten an einem positiven Fremdbild gearbeitet wird. So finden sich beispielsweise auf Sozialen Netzwerkseiten in öffentlich zugänglichen Mitteilungen eher positive Emotionswörter als in privat adressierten Mitteilungen (Bazarova et al. 2012). Auf einen kontrollierten Umgang mit Selbstoffenbarung weist auch eine Studie von Alison Attrill hin, denn das Selbstoffenbarungsverhalten unterscheidet sich zwischen verschiedenen Bereichen wie beispielsweise Einkaufsseiten oder Sozialen Netzwerkseiten (Attrill 2012). Zudem wird unter dem Stichwort *hyperpersonal communication* davon ausgegangen, dass online grundsätzlich durch reduzierte soziale Hinweisreize eine gezieltere Selbstdarstellung möglich ist als in der Kommunikation von Angesicht zu Angesicht (Walther 1996: 19). Dies führe zu höherer zugeschriebener Attraktivität, Intimität und Wertschätzung (Walther 1996: 4, 17, 28f.; siehe auch Jiang/Bazarova/Hancock 2011; 2013).

Möglicherweise lässt sich so das oben beschriebene *privacy paradox* auflösen. Denn dann ist nicht mehr davon auszugehen, dass persönliche Informationen oder das Ausmaß an Selbstoffenbarung grundsätzlich eine Datenschutzproblematik begründen. Vielmehr muss berücksichtigt werden, dass Individuen durch Selbstoffenbarung eine soziale Identität erst konstruieren, wobei es nicht nur auf die Kontrolle des Informationsumfangs, sondern um die bewusste oder unbewusste Selektion sowie Art und Weise der Offenbarung ankommt. Insofern ist zwar informationelle Privatheit möglicherweise von diesem Paradox betroffen, wohingegen soziale und psychologische Privatheit durchaus stark reguliert sein können (Trepte/Reinecke 2011b: 65). Die Datenschutzbedenken würden sich dann vor allem auf Organisationen wie Internetprovider richten, die eine abstrakte institutionelle Privatheit bedrohen. Dahingegen ist die soziale Privatheit in Bezug auf die innerhalb eines Bekanntenkreises gebildete Gemeinschaft wesentlich besser kontrolliert (Lutz/Strathoff 2013; Strathoff/Lutz 2015). Tatsächlich scheint sich das *privacy paradox* aufzulösen, wenn man unterschiedliche Dimensionen von Privatheit und Selbstoffenbarung differenziert und gleichzeitig nicht abstrakte Privatsphärebedenken, sondern konkrete Einstellungen berücksichtigt. Auf dieser Grundlage kommen Tobias Dienlin und Sabine Trepte in einer empirischen Studie sogar zu dem Schluss: „The privacy paradox can be considered a relic of the past" (Dienlin/Trepte 2015: 295).

Die Betrachtung von Selbstoffenbarung als Selbstdarstellung unterstellt damit für das Verhältnis von Individuen und Öffentlichkeit, dass Individuen vor allem in öffentlichen Situationen strategisch an ihrem Fremdbild arbeiten. Als öffentlich werden Situationen oft schon dann angesehen, wenn eine beliebige weitere Person anwesend ist, Verhalten also beobachtbar ist (Mummendey 1995: 44; Tedeschi 1986: 2). Sozialpsychologische Experimentalstudien, in denen Öffentlichkeit über Zugänglichkeit oder Beobachtbarkeit manipuliert wird, legen einen Einfluss von Öffentlichkeit auf die Selbstdarstellung nahe: beispielsweise fällt die Selbstdarstellung in öffentlichen Situationen positiver aus (Mummendey 1995: 46f.). Während Verhalten aus einer Regulierungsperspektive stärker als Reaktion auf situative und individuelle Einflussfaktoren verstanden wird, sind Mitteilungshandlungen aus Selbstdarstellungsperspektive Teil der aktiven Konstruktion sozialer Identität.

Der strategische Charakter von Selbstdarstellung unterscheidet sich zwischen Hinter- und Vorderbühne. In Analogie zu dieser Unterscheidung wäre dann auch öffentliches Handeln stärker strategisch auf Eindrucksbildung ausgerichtet als nichtöffentliches Handeln, wobei sich die Unterscheidung verschiedener Bühnen von Situation zu Situation ändern kann. Hier wird neben einer Verpflichtung auf soziale Normen zudem ähnlich wie im Privatsphärediskurs ein Streben nach Autonomie, Kontrolle, Einfluss bzw. Macht unterstellt – allerdings stärker als individuelle Motivation und weniger als ein gesellschaftlich zu verteidigender Wert.

3.3.4 Selbstoffenbarung als sprachliche Varietäten

Da Mitteilungsverhalten in der Regel sprachlich realisiert wird, liegt es nahe, sich die konkrete Realisierung der Sprachverwendung in Abhängigkeit individueller und situativer Faktoren aus linguistischer Perspektive anzuschauen, auch wenn diese nicht der Selbstoffenbarungsforschung im engeren Sinn zugerechnet werden kann. Durchaus geraten aber, wie oben bereits angesprochen, auch im Rahmen sozialpsychologisch orientierter Selbstoffenbarungsforschung situationsabhängige Unterschiede der Sprachverwendung in den Blick. Ein solcher Unterschied wird etwa in direkten und indirekten Versprachlichungsstrategien gesehen, die durch aktive und passive Formulierungen Nähe und Distanz regulieren (Altman 1976: 18; Burgoon 2012: 241f.; Greene/Derlega/Mathews 2006: 420).

In der Soziolinguistik wird dagegen ganz selbstverständlich davon ausgegangen, dass sich Sprache in verschiedenen Situationen unterschiedlich realisiert. Die unterschiedlichen Ausprägungen einer einzelnen Sprache werden hierbei als Varietäten bezeichnet. Im Anschluss an Eugenio Coseriu[65] unterscheidet man zum Beispiel a) diatopische Varietäten wie Dialekte aufgrund geografischer Zuordnungen, b) diastratische Varietäten wie Jugendsprache aufgrund gesellschaftlicher Schichtzugehörigkeit und c) diaphasische Varietäten wie einen formellen Sprachgebrauch aufgrund des situativen Kontextes (Coseriu 1988: 133, 141; Coseriu 1980: 111; Sinner 2014: 63.). Gerade die letzte Dimension ist relevant, wenn man auf das Verhalten von Individuen in Bezug auf Öffentlichkeit schaut. Aufbauend

---

65 Coseriu weist darauf hin, dass die Begriffe nicht von ihm stammen, sondern „zuerst vom norwegischen Romanisten Leiv Flydal eingeführt wurden" (Coseriu 1980: 111).

auf diesen Unterscheidungen weisen Peter Koch und Wulf Oesterreicher darauf hin, dass „der gesamte Varietätenraum einer historischen Einzelsprache nur ausgeschöpft werden [kann], wenn man zusätzlich den dazu gewissermaßen ‚querliegenden' Aspekt gesprochen/geschrieben einbezieht (Koch/Oesterreicher 1985: 16). Dabei zielen die Autoren mit der Gegenüberstellung von Mündlichkeit und Schriftlichkeit allerdings nicht auf mediale, sondern auf konzeptionelle Unterschiede ab (Koch/Oesterreicher 2011: 3ff.; Koch/Oesterreicher 1985: 29; siehe auch Dürscheid 2003). Insofern können medial schriftlich realisierte Äußerungen durchaus konzeptionell mündlich versprachlicht werden, so dass etwa Chats unter anderem aufgrund der Struktur des Sprecherwechsels sprachwissenschaftlich als „getippte Gespräche" eingeordnet werden (Storrer 2001).

Diese Unterscheidung konzeptioneller Mündlichkeit und Schriftlichkeit wird nun dahingehend relevant, dass die idealtypischen Pole des dazwischen aufgespannten Kontinuums mit Nähe und Distanz assoziiert sind. Auf der einen Seite wird in dialogischen Interaktionen unter Anwesenden, bei denen sich die Partner kennen, eine Sprache der Nähe realisiert. Die andere Seite ist unter anderem durch monologische, raumzeitlich übergreifende Kommunikation unter Fremden idealisiert und mit einer Sprache der Distanz verbunden. Die Sprache der Nähe steht somit als konzeptionell mündliche Sprachvarietät der Sprache der Distanz als konzeptionell schriftlicher Varietät gegenüber und zeichnet sich etwa durch geringere Elaboriertheit und Planung aus (Koch/Oesterreicher 2011: 12; Koch/Oesterreicher 1985: 23).

Daraus ergeben sich direkt Konsequenzen für das Verhalten von Individuen in Bezug auf Öffentlichkeit. Idealtypisch werden öffentliche Redekonstellationen in diesem Modell einer Sprache der Distanz zugeordnet (Koch/Oesterreicher 2011: 7; Koch/Oesterreicher 1985: 20, 23). Dagegen ist in nichtöffentlichen Situationen mit einer weniger elaborierten, weniger komplexen und ökonomisch sparsamen Sprache zu rechnen. Öffentlichkeit als eine situative Kommunikationsbedingung hat somit Auswirkungen auf sprachliches Verhalten und damit auch auf die Realisierung selbstoffenbarender Mitteilungen.

3.3.5 Selbstoffenbarung als Meinungsäußerung

Eine Verbindung zwischen Selbstoffenbarungsforschung und Öffentlichkeitsforschung stellen die Theorie der Schweigespirale bzw. die Theorie der öffentlichen Meinung und daran anschließende Studien her (Noelle-Neumann 1991; 1983; 1979; 1974; Noelle 1966).[66] Ausgehend von dem Grundgedanken, Menschen würden soziale Isolation bzw. Sanktion fürchten, postuliert Noelle-Neumann eine Abhängigkeit der Redebereitschaft in anonymer Öffentlichkeit von der wahrgenommenen Übereinstimmung zwischen eigenen und fremden Meinungen. Unter bestimmten Bedingungen, u. a. bei moralisch aufgeladenen Themen und einem einseitigen, konsonanten Meinungsklima, würden Menschen sich mit Meinungsäußerungen zurückhalten und so wiederum die Wahrnehmung eines Meinungsklimas für andere Personen beeinflussen. Der daraufhin angestoßene Verstärkungsprozess führe schließlich auf gesellschaftlicher Ebene zu einer Diskrepanz zwischen tatsächlichen und wahrgenommenen Meinungen und zum Entstehen einer öffentlichen Meinung. Die vermeintliche Mehrheitsmeinung würde dann auch auf die Einstellung wirken (Noelle-Neumann 1979: 174ff.; für eine Modellierung siehe Scherer 1990: 24). Öffentliche Meinung wird dabei wie folgt definiert:

> „Wertgeladene, insbesondere moralisch aufgeladene Meinungen und Verhaltensweisen, die man – wo es sich um festgewordene Übereinstimmung handelt, zum Beispiel Sitte, Dogma – öffentlich zeigen *muß*, wenn man sich nicht isolieren will; oder bei im Wandel begriffenem ‚flüssigen' (Tönnies) Zustand öffentlich zeigen *kann*, ohne sich zu isolieren" (Noelle-Neumann 1983: 141).

Damit wird eine direkte Verbindung zwischen Öffentlichkeit und Individuum derart hergestellt, dass „das Individuum, ob es will oder nicht, eingeschlossen in den Prozeß [öffentlicher Meinung ist]; jeder ist betroffen und wird für Nichtbeachtung mit Sanktionen bedroht" (Noelle-Neumann 1983: 137). Isolationsfurcht auf Grundlage der Wahrnehmung öffentlicher Meinung führt damit zu gesellschaftlicher Integration. Den Massenmedien bzw. Journalisten wird in diesem Zusammenhang eine wesentliche Rolle zugeschrieben, da sie eine Grundlage für die

---

66 Die zentralen Annahmen der Theorie finden sich zusammengefasst zu fünf Punkten in einem englischsprachigen Aufsatz von Noelle-Neumann (1974: 45ff.).

‚quasistatistische' Wahrnehmung des Meinungsklimas darstellen würden. Insgesamt integriert die Theorie somit sozialpsychologische, kommunikationstheoretische und gesellschaftstheoretische Annahmen (Schenk 2007: 527ff.). Ein zentrales Instrument zur Überprüfung von Aussagen der Theorie öffentlicher Meinung stellt der so genannte Eisenbahntest dar. Dieser Test besteht aus einer Frage, die eine Situation in einem Eisenbahnabteil skizziert und anschließend nach der Redebereitschaft fragt. Dieser Test wurde zum Beispiel während des Bundestagswahlkampfs im Jahr 1972 wie folgt formuliert:

> „Angenommen, Sie haben eine fünfstündige Eisenbahnfahrt vor sich, und jemand in Ihrem Abteil fängt an, ganz *für* (in jedem zweiten Interview: ganz *gegen*) Bundeskanzler Brandt zu reden. Würden Sie sich gern mit diesem Menschen unterhalten, um seinen Standpunkt näher kennenzulernen, oder würden Sie da keinen großen Wert darauf legen?" (Noelle-Neumann 1991: 41)

Interessant an dieser Form der Befragung ist die verbale (und ggf. auch durch Zeichnungen unterstützte) Simulation einer Situation, die hierbei als Operationalisierung von Öffentlichkeit verstanden wird (Noelle-Neumann 1991: 36ff.). Öffentlichkeit wird damit nicht nur als abstrakte gesellschaftliche Kategorie, sondern als situativer Einflussfaktor konzipierbar und vor allem für empirische Studien operationalisierbar. Indem unterschiedlichen Befragten verschiedene Versionen der Frage gestellt werden (*split ballot*), wird der Einfluss zudem experimentell überprüfbar.

Die Theorie der Schweigespirale wie auch die Person Noelle-Neumann sind stark kritisiert worden, teilweise auf polemische Art und Weise. Fachlich zielt die Kritik beispielsweise auf die Unterstellung universeller Wirksamkeit von Isolationsfurcht ab. So hat Gerhards mit der Unterscheidung von Redern, Schweigern, Missionaren und Anpassern empirisch festgestellt, dass sich beim von Noelle-Neumann eingesetzten Eisenbahntest nur ein kleiner Teil von Menschen entsprechend der postulierten These als Anpasser verhalten würde: „Nur 3,5 v.H. der Befragten lassen sich in ihrer Kommunikationsbereitschaft hindern, wenn mit Gegenwind zu rechnen ist" (Gerhards 1996: 12). Helmut Scherer konnte die behaupteten Zusammenhänge mit dem Eisenbahntest ebenfalls nicht eindeutig nachweisen, kommt aber zu einem anderen Befund: diejenigen, die sich unsicher über die Meinungsverteilung sind oder keine eindeutige Position vertreten, sind weniger redebereit als alle anderen (Scherer 1990: 146ff.).[67] Darüber hinaus ist der politische Kontext einerseits in Bezug auf die Verwertung der Theorie für Wahlkampagnen und andererseits in Bezug auf die Rolle von Noelle-Neumann während der Zeit des Nationalsozialismus angegriffen worden. Richard Albrecht zählt zu den schärferen dieser Kritiker und sieht in der Theorie der Schweigespirale den „Ausdruck eines destruktiven Menschenbildes und einer antihumanen Sozialanthropologie" (Albrecht 2007: 25).

Insgesamt ist trotz – oder vielleicht gerade wegen – einer Vielzahl unterschiedlicher Studien der empirische und konzeptionelle Status der Theorie ungeklärt (Roessing 2009: 16). Unabhängig davon ist im Kontext der hier verfolgten Fragestellungen zu würdigen, dass mit der Theorie der Schweigespirale ein expliziter Versuch vorliegt, die Bedeutung von Öffentlichkeit für das Handeln von Individuen zu ergründen. Damit kann dieser Forschungsbereich als Inspirationsquelle dienen, insbesondere für die Operationalisierung der in den folgenden Kapiteln vorgestellten Theorie unklarer Öffentlichkeit mittels eines Fragebogenexperiments.

3.3.6 Konsequenzen

Die hier im Zusammenhang mit Selbstoffenbarung besprochenen theoretischen Ansätze, empirischen Studien und argumentativen Positionen beschäftigen sich allesamt mit dem Umfang und der Art und Weise von Kommunikation selbstbezogener Aspekte. Dabei liegt der Schwerpunkt auf den Umständen von Mitteilungshandlungen, durchaus werden am Rande aber auch Rezeptionshandlungen thematisiert. Zudem sind nicht alle diese Teildiskurse gleichermaßen auf die Diskussion personenbezogener Aspekte begrenzt, wenn auch selbstbezogene Aussagen im Vordergrund stehen. Eine weitere Gemeinsamkeit der besprochenen Ansätze ist – bis auf die Ausführungen zur Varietätenlinguistik – die sozialpsychologische Verortung. Die konkrete Ausgestaltung innerhalb der verschiedenen Teilbereiche ist in Tabelle 3 zusammengefasst.

---

67 Für einen Überblick über weitere Kritikpunkte und konzeptionelle Erweiterungen siehe Roessing (2011; 2009) und Schenk (2007).

Eine analytische Unterscheidung zwischen und innerhalb der verschiedenen Ansätze ergibt sich dahingehend, ob das Verhalten von Individuen eher als **Reaktion** auf innere und äußere Umstände verstanden und entsprechend durch Einflussfaktoren erklärt wird, oder ob eine **Zielorientierung** und ein entsprechender strategischer Konstruktionsprozess angenommen wird. Unter der ersten Perspektive sind Individuen vor allem durch soziale Bedürfnisse wie Austausch und Isolationsvermeidung oder situative Kommunikationsbedingungen wie Kommunikation unter Fremden motiviert, ihre Äußerungen entsprechend zu gestalten. Intimere Beziehungen gehen mit einer eher persönlicheren Kommunikation einher, soziale Nähe äußert sich in sprachlicher Nähe. Unter der zweiten Perspektive ergibt sich die Motivation aus zukünftigen Zielen. Ein geachtetes oder gefürchtetes Fremdbild verleiht zum Beispiel Einfluss auf die Gestaltung der sozialen Umwelt.

Dennoch schließen sich beide Perspektiven nicht aus. Sie basieren im Wesentlichen auf der gleichen Annahme eines Kosten-Nutzen-Kalküls, das sowohl emotionale Konsequenzen als auch soziale Normen mit einbezieht. Aus dieser Sicht werden die Risiken von Selbstoffenbarung den positiven Folgen aus der Entwicklung persönlicher Beziehungen und der Entwicklung der eigenen Person gegenübergestellt. Unterstellt wird, dass Individuen die Konsequenzen ihres Handelns antizipieren und sich entsprechend (mit ihren Äußerungen und auch mit ihrem Rezeptionsverhalten) darauf einstellen. Selbstoffenbarung ist damit ein individuell kontrollierter Prozess. Unter der Annahme, dass Öffentlichkeit mit einer erhöhten Zugänglichkeit selbstbezogener Aussagen für andere einhergeht, lässt sich festhalten: das Ausmaß von Kontrolle und strategischer Ausrichtung des Handelns in öffentlichen Situationen dürfte größer sein als in nichtöffentlichen Situationen.

Tabelle 3: Konsequenzen aus der Selbstoffenbarungsforschung

Konstitutive und/oder charakteristische Merkmale von Selbstoffenbarung	Konsequenzen für individuelles Verhalten
Interaktionsbedürfnis	
Selbstoffenbarung ist ein individuell unterschiedlich stark ausgeprägtes Bedürfnis von Menschen, es erfüllt Funktionen wie sozialen Vergleich. Grundlegend ist die Reziprozität von Selbstoffenbarung, insbesondere am Anfang von Beziehungen.	- Selbstoffenbarungsbereitschaft ist eine Persönlichkeitseigenschaft. - Selbstoffenbarung ist bei oberflächlichen Themen wahrscheinlicher. - Umfang von Selbstoffenbarung und Reziprozität hängen von der Fremdheit der Interaktionspartner ab.
Regulierungsprozess	
Individuen versuchen, ein Bedürfnis nach Interaktion und ein Bedürfnis nach Ruhe auszubalancieren und regulieren deshalb sowohl Rezeption als auch Mitteilung von selbstoffenbarenden Inhalten, sowohl in sehr persönlichen Beziehungen als auch in Beziehungen zu Unbekannten. Selbstoffenbarung birgt Risiken für das Individuum.	Regulierung von Wahrnehmbarkeit eigener und fremder Mitteilungen über - verbale Mechanismen - nonverbale Mechanismen - umweltbezogene Mechanismen - kulturell-normative Mechanismen, zum Beispiel über expliziten/impliziten bzw. direkten/indirekten Mitteilungsstil
Selbstdarstellung	
Selbstoffenbarung konstituiert die soziale Identität und wird selektiv und strategisch zur Beeinflussung des Fremdbildes eingesetzt. Ziel dieser Selbstdarstellungsstrategien ist die Maximierung von Macht bzw. Autonomie. Dazu wird Selbstdarstellung an den normativen Erfordernissen sozialer Rollen ausgerichtet.	- Mitteilungen erfolgen unter Antizipation der Wirkungen auf das Fremdbild. - Angestrebt wird ein positives Fremdbild. - In öffentlichen Situationen (Vorderbühne) ist Handeln stärker strategisch an der Eindrucksbildung ausgerichtet als in nichtöffentlichen Situationen (Hinterbühne).
Sprachliche Varietäten	
Unterschiedliche Kommunikationsbedingungen wie Nichtöffentlichkeit bzw. Öffentlichkeit gehen bei der sprachlichen Realisierung von Mitteilungen mit unterschiedlicher konzeptioneller Mündlichkeit bzw. Schriftlichkeit einher und damit auch mit einer Sprache der Nähe bzw. Distanz.	- In öffentlichen Situationen eher eine Sprache der Distanz (z. B. hohe Elaboriertheit) - In nichtöffentlichen Situationen eher eine Sprache der Nähe (z. B. geringe Elaboriertheit)

Konstitutive und/oder charakteristische Merkmale von Selbstoffenbarung	Konsequenzen für individuelles Verhalten
Meinungsäußerung	
Individuelle Redebereitschaft wird durch Isolationsfurcht gehemmt, wenn die eigene Meinung vom wahrgenommenen Meinungsklima abweicht. Dies und die Berichterstattung von Journalisten beeinflussen die Sichtbarkeit von Meinungen. Damit wird ein Verstärkungsprozess (Schweigespirale) in Gang gesetzt, der gesellschaftliche Integration bewirkt.	- Individuen schätzen durch Umweltwahrnehmung die aktuelle und zukünftige Verteilung von Meinungen ab. - Bei moralisch aufgeladenen Themen halten sich Individuen mit Meinungsäußerungen zurück, wenn sie der wahrgenommenen aktuellen oder zukünftigen Mehrheitsmeinung widersprechen.

3.4 Zwischenfazit

Ausgangspunkt des Kapitels war die Frage, wie sich das Verhältnis zwischen Individuen und Öffentlichkeit konzipieren lässt. Da in der Öffentlichkeitsforschung üblicherweise gesellschaftstheoretisch argumentiert wird, gerät individuelles Handeln schnell aus dem Blick. Vielmehr steht die Konstitution kollektiver Zusammenhänge im Vordergrund. Dagegen betrachtet die Selbstoffenbarungsforschung bis auf Ausnahmen wie die Theorie der Schweigespirale kaum gesellschaftliche Konsequenzen. Eine Verbindung zwischen der Individual- und der Gesellschaftsperspektive findet sich aber teilweise bei Autoren, die sich mit Privatheit auseinandersetzen. Hier stehen zwar ebenfalls gesellschaftliche Konsequenzen im Vordergrund, es handelt sich dabei aber um Konsequenzen aus einer Regulierung oder Nichtregulierung individuellen Handelns. Verhandelt wird hier die Notwendigkeit, Individuen vor Kollektiven zu schützen.

Trotz der Vielzahl einzelner Perspektiven zeigt sich ein Leitmotiv, das jeweils unterschiedlich Resonanz findet. Dieses Leitmotiv besteht im Spannungsverhältnis von Konstitution und Einfluss. In allen drei Diskursen finden sich sowohl konstruktive als auch reaktive Perspektiven auf Öffentlichkeit das heißt Öffentlichkeit wird mal als Folge und mal als Einflussfaktor, mal als Ergebnis von Handeln und mal als Begrenzung von Handeln betrachtet (siehe Tabelle 4 auf Seite 93 und Abbildung 4 auf Seite 29).

Zwischenfazit

Aus Sicht der Öffentlichkeitsforschung äußert sich dies darin, dass einerseits Öffentlichkeit durch Handeln konstituiert ist, beispielsweise indem auf eine Systemgrenze referiert wird. In der Folge werden andererseits aber auch Ansprüche an öffentliche Kommunikation erhoben, etwa ein Vernunftanspruch. Im Privatheitsdiskurs wird einerseits Autonomie und Freiheit von Individuen zu begründen versucht, die durch ihr Handeln die Grenzen von Öffentlichkeit bestimmen. Andererseits werden für eben diese Freiheit aber auch Grenzen gefordert, wenn Dritte betroffen sind. In der Selbstoffenbarungsforschung wird einerseits der strategische Charakter bei der Konstruktion eines öffentlichen Selbst betont, andererseits darauf hingewiesen, dass Öffentlichkeit potenziell eine Bedrohung des Images darstellt und Mitteilungen hemmt.

Als ein zweites Ergebnis der Literatursichtung zeigt sich recht deutlich, dass öffentliche und private Kommunikation als Idealtypen gesehen werden. Während in privater Kommunikation vieles möglich ist, sind bestimmte Kommunikationsinhalte und -weisen in öffentlicher Kommunikation angemessener als andere. Sprachlich ist öffentliche Kommunikation durch Distanz und einen elaborierten Code bei gleichzeitiger Laienorientierung und damit Allgemeinverständlichkeit geprägt. Inhaltlich ist idealtypisch von rationaler, argumentativer, aber unpersönlicher und oberflächlicher Kommunikation auszugehen. Kommt es zu Selbstoffenbarung, so erfolgt diese eher positiv. Schließlich gibt es auch eine Zuordnung sozialer Faktoren: idealtypisch ist öffentliche Kommunikation politisch bzw. kollektiv relevant, wenn nicht gar mehrheitsfähig, und hat ihre Grenzen dort, wo die Autonomie Dritter betroffen ist.

Die in den folgenden Kapiteln entwickelte Theorie schließt an das Leitmotiv an, indem die Regulierung von Öffentlichkeit als Prozess konzipiert wird, in dem vorangegangene und antizipierte Öffentlichkeit einen Einfluss auf zukünftige, durch individuelles Handeln konstituierte Situationen nimmt. Öffentlichkeit resultiert dabei mitunter in Kommunikationsvermeidung, das heißt sie beeinflusst die Reziprozität bzw. Responsivität individuellen Handelns. Auch an die idealtypische Bestimmung öffentlicher und nichtöffentlicher Bereiche schließt die im Folgenden entwickelte Theorie an, indem soziale Distanz als wesentliche Bedingung von Öffentlichkeit begriffen wird und die Trivialität von Kommunikationsinhalten als wichtiger Faktor bei der Regulierung von Öffentlichkeit angenommen wird. Darüber hinaus wird davon ausgegangen, dass die Orientierung an diesen

Idealtypen einen Mechanismus der Komplexitätsreduktion darstellt, der dissonanztheoretisch begründet werden kann.

Die idealtypische Zuordnung gilt es allerdings zunächst zu durchbrechen, indem Bereiche zwischen öffentlicher und nichtöffentlicher Kommunikation differenziert werden. Während der Öffentlichkeitsbegriff terminologisch – einmal abgesehen von der Unterscheidung semantischer Dimensionen – bis hierhin weitgehend undefiniert und unreflektiert verwendet wurde, um für die Assoziationen aus unterschiedlichen Verwendungskontexten offen zu bleiben, wird als Grundlage für die Differenzierung der Zwischenbereiche zunächst eine begriffliche Klärung vollzogen.

Tabelle 4: Das Leitmotiv Konstitution vs. Einfluss in Öffentlichkeits-, Privatheits- und Selbstoffenbarungsforschung

	Konstitution durch Handeln (Öffentlichkeit ist Folge)	**Einfluss auf Handeln** (Öffentlichkeit ist Einflussfaktor)
Öffentlichkeit	Öffentlichkeit wird durch Aufmerksamkeitsstrategien erreicht.	Öffentliche Kommunikation unterliegt Normen.
	Grenzen von Öffentlichkeit werden systemspezifisch ausgehandelt.	Öffentliche Diskurse unterliegen kontrafaktischer Regelgeltung.
	Öffentlichkeit ist eine Form der Vergesellschaftung	Individuelle Interessen werden in kollektive Zusammenhänge gestellt.
➡	Öffentlichkeit durch Handeln konstituiert.	Öffentlichkeit regelt Handeln.
Privatheit	Individuen wird ein Recht zur Kontrolle eigener Daten, Entscheidungen und Handlungsweisen zugestanden.	Individuelle Handlungen sollten im Interesse Dritter gesellschaftlich reguliert werden.
	Über die Verwendung personenbezogener Daten darf der Urheber frei entscheiden.	Öffentlichkeit stellt eine nichtstaatliche Kontrolle sicher und ermöglicht damit Gemeinschaft.
➡	Öffentlichkeit wird individuell kontrolliert.	Öffentlichkeit schränkt Autonomie ein.
Selbstoffenbarung	Wahrnehmbarkeit wird über verbale und andere Mechanismen kontrolliert.	Eine Beschädigung des Images wird vermieden.
	Mit Selbstdarstellung wird das soziale Selbst konstruiert.	Das wahrgenommene Meinungsklima beeinflusst Meinungsäußerungen, wodurch gesellschaftliche Integration gestärkt wird.
➡	Öffentlichkeit wird strategisch beeinflusst.	Öffentlichkeit hemmt Selbstoffenbarung.

Basis sind die Synopsen am Ende der drei Kapitel zu diesen Diskursen. Der Öffentlichkeitsbegriff wird hier in Vorgriff auf die folgenden Definitionen teilweise bereits im Sinne einer Eigenschaft von Situationen und nicht im Sinne einer sozialen Entität verwendet.

4 Theorie unklarer Öffentlichkeit I – Begriffsklärung

Öffentlichkeit ist also eine grundlegende Kategorie demokratischer Gesellschaften, unter anderem hinsichtlich der normativen Implikationen und Bewertungsmaßstäbe für das gesellschaftliche Zusammenleben (Jünger/Donges 2013). Die Dichotomie von ‚öffentlich' versus ‚privat' strukturiert auf vielfältige Weise soziale Institutionen und Praktiken (Heller 2006: 315). Das bedeutet allerdings nicht, dass ein einheitliches Begriffsverständnis zu Grunde gelegt werden kann. Ganz im Gegenteil – solche Grundbegriffe von Sprachgemeinschaften sind stets umstritten, „weil verschiedene Sprecher ein Deutungsmonopol durchsetzen wollen" (Koselleck 2006: 99). Nun soll es in der vorliegenden Arbeit nicht um die Durchsetzung von Deutungen gehen. Es wird aber eine Explizierung des Begriffs vorgeschlagen, auf deren Grundlage verschiedene Bedeutungen voneinander abgegrenzt werden können (Kapitel 4.1).[68] Gleichzeitig sollen damit Kategorien gewonnen werden, die eine Differenzierung sozialer Phänomene über die Dichotomie öffentlich versus nichtöffentlich hinaus erlauben. Das Ergebnis besteht in einer Heuristik, mit der soziale Situationen in Bezug auf Öffentlichkeit identifiziert und analysiert werden können. Zwischen eindeutig öffentlichen und eindeutig nichtöffentlichen Situationen werden verschiedene Formen unklarer Öffentlichkeit unterschieden: uneindeutige, inkongruente, unsichere und komplexe Öffentlichkeit (Kapitel 4.2).

4.1 Kommunikationsstrukturelle Reformulierung des Öffentlichkeitsbegriffs

Der Blick auf die Begriffsgeschichte und die verschiedenen Ansätze zur Differenzierung von Öffentlichkeit zeigen auf, dass die konzeptionelle Erfassung von Öffentlichkeit eine komplexe Angelegenheit ist (siehe Kapitel 2). Die aufgeführten Ansätze zur analytischen Bewältigung dieser Komplexität beziehen sich auf ver-

---

68 Der Öffentlichkeitsbegriff betrifft in besonderer Weise auch die Aushandlung des Selbstverständnisses der Kommunikationswissenschaft in Deutschland, da der Gegenstandsbereich des Faches mitunter auf öffentliche Kommunikation eingeschränkt wird (siehe Brosius 2016; Saxer 1980: 531). Ob eine solche Einschränkung notwendig oder sinnvoll ist, sei dahingestellt.

schiedene Merkmale von Kommunikationssituationen. Zum einen wird auf Kommunikationsinhalte abgestellt, insbesondere auf die Kollektivität von Themen. Zum anderen spielen die Beziehungen zwischen den Beteiligten eine Rolle, wenn persönliche von unpersönlicher Adressierung unterschieden wird. Aus der Beziehung zwischen Kommunikaten und Beteiligten wiederum speist sich das Kriterium der Zugänglichkeit. Diese analytische Komplexität weist auf eine komplexe soziale Wirklichkeit hin und ist ein Anzeichen dafür, dass Situationen nicht immer eindeutig öffentlich oder nichtöffentlich sind. Bevor verschiedene Arten von Unklarheit thematisiert werden, soll im Folgenden ein Öffentlichkeitsbegriff etabliert werden, der auf kommunikationsstrukturellen Dimensionen basiert und einen Teil der Komplexität systematisiert. Im ersten Schritt wird eine ‚anspruchsvolle' Definition des Öffentlichkeitsbegriffs vorgeschlagen und anschließend die zur Definition herangezogenen Begriffe erläutert. Im Vergleich zu anderen Definitionsvorschlägen wird der Begriff hierfür auf einen festgelegten Gegenstandsbereich bezogen, indem ausschließlich die Öffentlichkeit von Kommunikationssituationen betrachtet wird. Dies schließt auf Grundlage des Situationsbegriffs (siehe Kapitel 5.1) verschiedene andere Gegenstände wie Räume bzw. Orte oder Mitteilungen bzw. Kommunikation ein, andere wie öffentliche Gelder oder öffentlich-rechtliche Organisationen aber auch aus.

4.1.1 Öffentliche und nichtöffentliche Kommunikationssituationen

Als intuitiver Maßstab für eindeutig öffentliche Kommunikation kann publizistische Massenkommunikation gelten.[69] Selbst wenn dabei über persönliche Angelegenheiten von Privatpersonen berichtet wird, so wird ein Zeitungsartikel intuitiv nur schwer als nichtöffentliche Kommunikation gelten können. Im komplementären Fall wird die Kommunikation über die gleiche Angelegenheit im Familienkreis nicht als öffentlich gelten können. Ein wesentlicher Unterschied liegt dabei in der Beziehung zwischen den jeweils Beteiligten.[70] Während sich Mitteilende

---

69 Zum hier verwendeten Massenkommunikationsbegriff siehe Maletzke (1963).
70 Die Begriffe Mitteilender, Kommunikator, Autor, Urheber, Ausgangspartner usw. werden im Folgenden synonym verwendet und bezeichnen immer die Rolle desjenigen, der etwas mitteilt. Der Begriff Rezipient wird für die komplementäre Rolle desjenigen verwendet, der eine Mitteilung wahrnimmt, wahrnehmen soll oder wahrnehmen kann. Unter dem Begriff Publikum wird eine

und Rezipierende einer Mitteilung innerhalb der Familie bekannt sind und individuell benennen oder ansprechen können, stellt das Publikum publizistischer Kommunikation für einen Autor lediglich eine unabgeschlossene Personenmenge dar. Rezipienten werden weder explizit ausgeschlossen noch eingeladen, sie sind nicht individuell adressiert. Gemessen an Massenkommunikation ergibt sich daraus ein erstes notwendiges Kriterium von Öffentlichkeit: Wenn eine Kommunikationssituation öffentlich ist, dann ist die Mitteilung öffentlich adressiert.[71]

Aus dem Vergleich von Massenkommunikation und Familienkommunikation lässt sich ein weiteres Kriterium ableiten. Öffentliche Kommunikation setzt zweitens öffentliche Zugänglichkeit voraus. Zwar unterliegen auch Massenkommunikation Zugangsbarrieren – Geräte müssen angeschafft, Presseprodukte gekauft und die jeweilige Sprache verstanden werden. Im Fall von Familienkommunikation muss man darüber hinaus jedoch Teil der Familie sein, sei es verwandtschaftlich, verschwägert oder auch ideell. Die entscheidende Frage ist hier erneut, wie sich die Beziehung zwischen Mitteilenden und potenziellen Rezipienten gestaltet. Bei öffentlicher Kommunikation sind nicht nur die Adressaten vom Mitteilenden nicht näher bestimmbare Fremde, sondern ebenso ist das potenzielle Publikum unabgeschlossen, das heißt nicht konkret bestimmbar.

Erfolgreiche öffentliche Kommunikation basiert drittens darauf, dass tatsächlich auch eine Rezeption stattfindet, ein Publikum also erreicht wird: „Eine publizistische Aussage wird erst dann öffentlich, wenn sie wahrgenommen wird, das heißt im Alltagsleben wirkt, in Alltagsgespräche mit einfließt und Unterhaltungen anstößt" (Klaus 2001: 20). Schon etymologisch stößt man bezüglich des Wortes ‚öffentlich' spätestens im Mittelhochdeutschen auf die Bedeutungen offenbar, offensichtlich, klar oder bekannt (Grimm/Grimm 1889: 1180; Hennig 2011: 246; Hölscher 2004: 414; Lexer 1876: 146). Dementsprechend kann als Kriterium für die Öffentlichkeit eines Gegenstandes gefordert werden, dass er bekannt ist. Idealtypische Formen öffentlicher Kommunikation sind aber nicht einfach

---

Menge von Rezipienten verstanden. Diese Rollenbezeichnungen abstrahieren von konkreten Personen und beinhalten gleichermaßen weibliche wie männliche Individuen.

71 Der Begriff Mitteilung wird hier für das durch kommunikatives Verhalten konstituierte Bezugsobjekt verwendet, nicht nur für den dabei kommunizierten Inhalt. Zur weiteren Klärung des Mitteilungsbegriffs siehe Kapitel 5.1.3.

dadurch gekennzeichnet, dass die Reichweite besonders hoch ist. Vielmehr ist entscheidend, dass ein disperses Publikum erreicht wird, bei dem nicht jeder einzelne Rezipient vom Autor benannt werden kann. Selbst wenn ein Zeitungsartikel nur von sehr wenigen Personen bis zu den letzten Zeilen gelesen werden sollte, so findet doch öffentliche Kommunikation statt – vorausgesetzt die Rezeption findet nicht ausschließlich im Zuge eines Redaktionsprozesses statt, an dem nur einem Autor individuell bekannte Redaktionsmitglieder teilnehmen. Öffentliche Kommunikation ist also dadurch gekennzeichnet, dass auch das tatsächliche Publikum unabgeschlossen ist.

In der Folge werden bestimmte Angebote aus dem Bereich öffentlicher Kommunikation ausgeschlossen: nicht gelesene Zeitungsartikel, nicht besuchte Websites und nicht eingeschaltete Fernsehsendungen sind je nach Definition keine Kommunikation, auf jeden Fall aber keine öffentliche Kommunikation. Dies mag auf den ersten Blick kontraintuitiv anmuten. Andererseits können damit jedoch gescheiterte Versuche, Öffentlichkeit zu erreichen, beschrieben werden. Der Kampf von sozialen Bewegungen besteht unter anderem darin, bestimmte Themen auf die Agenda zu setzen und Akteure für bestimmte Interessen zu mobilisieren. Das Dilemma der Politikverdrossenheit entsteht dann, wenn zwar ein hoher Bedarf an politischer Aufklärung und damit eine öffentliche Adressierung politischer Aussagen besteht, sich die Aufmerksamkeit für politische Themen aber trotz Zugänglichkeit in Grenzen hält. Mit dem Kriterium tatsächlicher öffentlicher Aufmerksamkeit gewinnt man also Differenzierungsmöglichkeiten.

Nimmt man die genannten drei Kriterien Adressierung, Zugänglichkeit und Aufmerksamkeit als Ausgangspunkt, so lässt sich die Öffentlichkeit von Kommunikationssituationen wie folgt definieren:

> (D1) Eine Kommunikationssituation ist genau dann öffentlich, wenn die Mitteilung erstens öffentlich adressiert ist, zweitens öffentlich zugänglich ist und drittens öffentliche Aufmerksamkeit erfährt.

Dieser Definitionsvorschlag ist insofern anspruchsvoll, als dass drei Bedingungen erfüllt werden müssen. Wird nur eine der Bedingungen nicht erfüllt, so kann möglicherweise der Versuch öffentlicher Kommunikation unterstellt werden, nicht aber von öffentlichen Kommunikationssituationen gesprochen werden. Zu beachten ist, dass per Definition nicht gefordert ist, dass Adressaten und Rezipienten identisch sind – auf Fälle von Inkongruenz wird weiter unten genauer eingegangen (siehe Kapitel 4.2.2). Komplementär lässt sich nichtöffentliche Kommunikation definieren:

> (D2) Eine Kommunikationssituation ist genau dann nichtöffentlich, wenn die Mitteilung weder öffentlich adressiert ist, noch öffentlich zugänglich ist, noch öffentliche Aufmerksamkeit erfährt.

Während Familienkommunikation als prototypische Form nichtöffentlicher Kommunikation in allen drei Dimensionen beschränkt ist, sind Zeitungsartikel als prototypische Form öffentlicher Kommunikation öffentlich adressiert, öffentlich zugänglich und erhalten in der Regel öffentliche Aufmerksamkeit.[72] Diese starken Anforderungen implizieren die Möglichkeit zur Differenzierung unklarer Öffentlichkeit, wenn einzelne Anforderungen nicht erfüllt sind, da dann im Sinne der Definitionen weder öffentliche noch nichtöffentliche Kommunikation vorliegt. Insofern bedeutet *nicht öffentliche* Kommunikation nicht zwangsläufig *nichtöffentliche* Kommunikation (siehe Kapitel 4.2). Leerzeichen machen hier einen bedeutenden Unterschied.

Darauf aufbauend kann Öffentlichkeit als die Eigenschaft einer Kommunikationssituation verstanden werden, öffentlich zu sein.[73] Öffentlichkeit im hier fixierten Sinn ist kein System, Netzwerk oder anderweitiges soziales Gebilde, sondern erfasst als abstrakter Begriff die Menge aller öffentlichen Kommunikationssituationen. Spricht man in diesem Sinne von Öffentlichkeit, so ist zu fragen, ob eine Kommunikationssituation vorliegt, in der die drei genannten Kriterien erfüllt sind.

---

72 Familienkommunikation und Massenkommunikation stellen hier Idealtypen im Sinne von Weber dar (Weber 1985a: 190ff.). Es sind sicher abseits einer idealtypischen Zuspitzung Fälle im Bereich der Familie oder im Bereich der Publizistik zu finden, die nicht eindeutig unter die genannten Definitionen fallen.

73 Ähnlich abstrahiert auch Luhmann das Adjektiv öffentlich, wenn er Öffentlichkeit als Anschlussfähigkeit („Unterstellbarkeit der Akzeptierbarkeit") definiert (Luhmann 1994b: 22). Diese Form der Begriffsverwendung ist auch in einem der einschlägigen historischen Wörterbüchern zu finden: „Die Öffentlichkeit, *plur. inus.* [d. h. plural ungebräuchlich – JJ] die Eigenschaft einer Sache, da sie öffentlich ist, oder geschiehet, in allen Bedeutungen dieses Wortes" (Adelung 1811: Band 3, Spalte 586).

Wenn es in den folgenden Ausführungen um eben diese Frage geht, wird gelegentlich der Begriff Öffentlichkeitsstatus verwendet. Dieser Begriff soll auch in Bezug auf eindeutig nichtöffentliche Kommunikation verwendet werden können, ohne sogleich einen Widerspruch auszulösen. Ähnlich wie die Lautstärke von Musik nicht laut sein muss, die Helligkeit eines Bildes dunkel ausfallen kann und das Gewicht eines Gegenstandes klein sein kann, mag der Öffentlichkeitsstatus einer Kommunikationssituation nichtöffentlich sein. Der Begriff lässt sich zudem vergleichend verwenden: so wie Gegenstände das gleiche Gewicht haben können, haben Situationen ggf. den gleichen Öffentlichkeitsstatus. Im Unterschied zum Gewichtsbegriff ist die Ausprägung allerdings mehrdimensional, das heißt durch ein Tupel von Adressierung, Zugänglichkeit und Aufmerksamkeit zu beschreiben. Grundlagen für eine komparative Verwendung (größere bzw. kleinere Öffentlichkeit) werden in den folgenden Abschnitten gelegt. Wenn es aus dem Kontext ersichtlich ist, wird statt des Terminus Öffentlichkeitsstatus verkürzend von Öffentlichkeit gesprochen.[74]

Die Definitionen sind in dieser Form allerdings vorläufig, so lange eine Klärung der im Definiens verwendeten Redeteile offen ist, insbesondere die Begriffe Kommunikationssituation und Kommunikationsbeziehung. Zudem mag die Definition durch Verwendung von ‚öffentlich' sowohl im Definiendum als auch im Definiens im ersten Moment zirkulär erscheinen. Allerdings trügt der Schein, denn der Verwendungszusammenhang unterscheidet sich: die Attribuierung von Öffentlichkeit zu Kommunikations*situationen* wird durch eine Attribuierung von Öffentlichkeit zu den Kommunikations*beziehungen* Adressierung, Zugänglichkeit und Aufmerksamkeit geregelt. Geklärt wird deshalb im nächsten Schritt das Attribut ‚öffentlich' im Zusammenhang mit den drei Kommunikationsbeziehungen Adressierung, Zugänglichkeit und Aufmersamkeit. Die Begriffsbildung startet hier also nicht mit Grundbegriffen, sondern mit den Zielbegriffen, um dann in die Tiefe der vorausgesetzten Grundbegriffe abzusteigen.

---

74 Der Öffentlichkeitsbegriff wird damit mehrdeutig verwendet: a) als Konstante mit der Extension ausschließlich eindeutig öffentlicher Situationen, b) als Funktionsbegriff zur Ermittlung, inwiefern eine Situation öffentlich ist oder nicht. Die erste Verwendungsweise bezeichnet gewissermaßen eine konkrete Ausprägung, die zweite eine Variable mit mehreren möglichen Ausprägungen.

4.1.2 Öffentliche und nichtöffentliche Kommunikationsbeziehungen

Adressierung, Zugänglichkeit und Aufmerksamkeit sind bezüglich gängiger handlungstheoretischer Kommunikationsbegriffe grundsätzliche Erfolgskriterien von Kommunikation. Ohne Adressierung kommt keine intentionale Mitteilungshandlung zustande, ohne Zugänglichkeit ist Aufmerksamkeit nicht möglich und ohne Aufmerksamkeit liegt wegen mangelnder Interaktion nur ein Kommunikationsversuch vor.[75] Wenn jedoch von öffentlicher Kommunikation gesprochen wird, dann müssen gemäß der Definition darüber hinausgehende Anforderungen erfüllt sein, einfache Adressierung, Zugänglichkeit und Aufmerksamkeit reichen nicht aus. Insofern verschieben die oben genannten Definitionen den Explikationsbedarf des Öffentlichkeitsbegriffs zunächst nur in einen anderen Verwendungszusammenhang.[76]

Im ersten Moment mag es naheliegen, Adressierung, Zugänglichkeit oder Aufmerksamkeit als öffentlich zu bezeichnen, wenn sie einfach alle Personen einschließen. Selbst wenn der Bezug auf ein spezielles Sozialsystem oder eine Gesellschaft eingeschränkt wird – zum Beispiel auf alle Einwohner eines Landes – würde

---

75 Insbesondere Roland Burkart argumentiert dafür, dass Kommunikation als Prozess der *vollzogenen* Bedeutungsvermittlung, nicht nur des Verständigungsversuchs, definiert werden sollte (Burkart 2002b: 32f.). Eingewendet werden muss dagegen aus konstruktivistischer Sicht, dass tatsächliches Verstehen als Deckungsgleichheit von Intentionen (sprechakttheoretisch: Illokutionen) oder Mitteilungsinhalten (sprechakttheoretisch: Propositionen) nicht feststellbar oder sogar unmöglich ist. Um diesem Einwand zu begegnen, wird im Folgenden davon ausgegangen, dass ein Kommunikationserfolg zumindest aus Sicht eines einzelnen Beobachters (Mitteilender, Rezipierender oder Dritte) konstatierbar ist. So gesehen ist es irrelevant, ob objektiv oder realistisch Verständigung stattfindet. Wesentlich für die Konsequenzen ist dagegen, inwiefern Akteure Kommunikation für gelungen halten oder nicht (siehe auch Merton 1995). Zur weiteren Klärung des Kommunikationsbegriffs siehe Kapitel 5.1.3 und 5.2.3.
76 Im Gegensatz zu der hier vorgeschlagenen Position deutet z. B. Klaus Merten mit Referenzen auf Erving Goffman den Öffentlichkeitsbegriff auf Ebene der Interaktion von zwei Individuen als deckungsgleich mit dem Kommunikationsbegriff: „Der einfachste Typ von Öffentlichkeit fällt demgemäß noch zusammen mit dem einfachsten Typ von Kommunikationsprozeß, der sich zwischen zwei Personen einstellt" (Merten 1999: 219). Dieser Position wird hier widersprochen, denn damit würden entweder der Öffentlichkeitsbegriff oder der Kommunikationsbegriff bei der Beschreibung von Interaktion überflüssig werden – und in der Folge nicht nur die vorliegende Arbeit.

Öffentlichkeit damit jedoch hochunwahrscheinlich werden und der Begriff nutzlos. Denn dass etwa eine journalistische Mitteilung tatsächlich von jedem Einwohner eines Landes gelesen wird, ist allein schon deshalb unwahrscheinlich, weil Kinder alphabetisiert auf die Welt kommen müssten, ganz abgesehen von unterschiedlichen Mediennutzungsgewohnheiten, -kompetenzen und -interessen.

Auch als quantitativer Vergleichsmaßstab im Sinne eines Anteils an der maximal möglichen Personenzahl ist ein solch universaler Bezugspunkt nur eingeschränkt plausibel. Denn nicht immer ist entscheidend, wie viele Personen von etwas Kenntnis nehmen. Wichtiger ist mitunter, um welche Personen es sich handelt. Offenbar wird dies am etwas plakativen Beispiel von Geheimdienstorganisationen, wo unabhängig von der Anzahl der eigenen Mitglieder jedes Nachaußendringen von sensiblen Informationen kritischer sein kann als die Verbreitung unter den eigenen Mitarbeitern.

In der einschlägigen Literatur finden sich zur Klärung der Attribuierung von Öffentlichkeit zu Kommunikation im Wesentlichen drei Ansätze, die weitgehend unabhängig von einer Personenanzahl sind und im Folgenden kurz besprochen werden, um zu einer Synthese in Form von drei Dimensionen sozialer Distanz zu führen (siehe Tabelle 5).

Tabelle 5: Merkmale sozialer Nähe bzw. Distanz als Bedingung von öffentlichen Kommunikationsbeziehungen

		Konkretheit / Unbestimmtheit	Bekanntheit / Fremdheit	Zugehörigkeit / Nichtzugehörigkeit
Definition		Eine unbestimmte Beziehung liegt vor, wenn Individuen einem Publikum nicht individuell zugerechnet werden.	Persönliche Bekanntschaft ist durch gemeinsames Wissen und eine gemeinsame Verantwortung zwischen zwei konkreten Personen gekennzeichnet.	Zugehörigkeit liegt vor, wenn Mitteilender und Rezipient einem gemeinsamen salienten System zugerechnet werden.
Ausprägungen	dichotom	Rezipienten sind konkret oder unbestimmt.	Mitteilender und Rezipienten sind sich persönlich bekannt oder fremd.	Mitteilender und Rezipienten gehören zum gleichen salienten Bezugssystem oder nicht.
	graduell	Umfang ein- und ausschließender Merkmale (z. B. Gruppen- oder Rollenzugehörigkeit)	Umfang gemeinsamen Wissens und gemeinsamer Verantwortung (z. B. identifizierende Informationen)	Anzahl gemeinsamer Bezugssysteme (z.B. Organisationen und Teilorganisationen)

Unbestimmtheit

Im Zusammenhang mit der Entstehung einer bürgerlichen Öffentlichkeit im 18. Jahrhundert arbeitet Habermas drei gemeinsame, institutionelle Kriterien von entsprechenden Publika heraus (Habermas 1996: 97ff.; siehe auch Kapitel 3.1.1). Erstens würde in der Interaktion sozialer Status keine Rolle mehr spielen, zweitens komme es aufgrund des Warencharakters von Kulturgütern zu einer Problematisierung von bislang exklusiv repräsentativen Akteuren wie Kirche und Staat vorbehaltenen Bereichen und drittens sei das Publikum unabgeschlossen, das heißt beteiligungsoffen. Aus dieser Sicht ist öffentliche Kommunikation durch soziale und inhaltliche Grenzenlosigkeit gekennzeichnet. Genau genommen ist diese Grenzenlosigkeit als zeitlich relative Grenzverschiebung zu interpretieren. Obwohl sozialer Status durch Geburt oder Titelverleihung nach Habermas an Einfluss verliert, sind Bildung, Zeit und Kaufkraft durchaus Zugangsvoraussetzungen zum Kulturmarkt (Habermas 1996: 98) und stellen ebenfalls soziale Statusmerkmale dar. Zudem etablieren sich durchaus feste Gesprächskreise. Es mag deshalb ungewöhnlich erscheinen, eine praktisch immer begrenzte Anzahl von Rezipienten als unabgeschlossen zu bezeichnen. Unabgeschlossenheit wird hier jedoch nicht im Sinne von Unendlichkeit oder Beliebigkeit begriffen, vielmehr geht es darum, dass der Urheber einer Mitteilung die jeweiligen Rezipienten nicht einzeln bestimmt, also weder individuell aus- noch einschließt. Entscheidend sei allerdings, dass sich die Sprecher eines solchen Publikums als Vertreter eines größeren, diffusen, bürgerlichen Publikums verstehen (Habermas 1996: 98f.). Es geht Habermas um eine prinzipielle Unabgeschlossenheit, nicht um eine tatsächliche: „So exklusiv jeweils das Publikum sein mochte, es konnte sich niemals ganz abriegeln und zur Clique verfestigen; denn stets schon verstand und befand es sich inmitten eines größeren Publikums all der Privatleute, die [...] über den Markt der Diskussionsgegenstände sich bemächtigen konnten" (Habermas 1996: 98). Insofern ist bürgerliche Öffentlichkeit durch einen Elitediskurs bestimmt, gleichzeitig sind die Mitglieder der Elite als gesellschaftliche Repräsentanten zu verstehen.

Will man für eine konkrete Kommunikationssituation feststellen, ob öffentlich kommuniziert wird, sind die genannten Kriterien unhandlich. Der soziale Status scheint erstens eher als historisch charakteristisches, nicht aber als grundsätzlich differenzierendes Kriterium funktionieren zu können, wenn lediglich andere Statusmerkmale an Stelle der alten gesetzt werden. Es bleibt zweitens offen, welche Themen konkret dem öffentlichen Bereich zugeschlagen werden können. Nicht zielführend wäre angesichts der Vielfalt aktueller journalistischer Themen insbesondere eine Einschränkung auf das Räsonnement über Kulturgüter oder Politik, wie es sich bei Habermas andeutet. Dass sich drittens fest etablierte Gesprächskreise als Repräsentanten eines übergeordneten Publikums verstehen, scheint historisch auf den geschmacksbildenden, erzieherischen oder politisch orientierten Impetus im 18. Jahrhundert fokussiert zu sein, damit den kollektiven und legitimierenden Begriffsaspekt aufzugreifen, aber weite Teile gegenwärtiger öffentlicher Kommunikation im Sinne der allgemeinen Dimension des Begriffs auszuschließen (siehe Kapitel 3.1.1). Habermas selbst spricht Kommunikation durch Medienkonsum sogar den Status von Öffentlichkeit ab: „Wohl mag sich die vereinzelte Befriedigung von Bedürfnissen unter Bedingungen der Öffentlichkeit, nämlich massenhaft vollziehen, aber daraus entsteht noch nicht Öffentlichkeit selbst" (Habermas 1996: 249).

Versteht man Unabgeschlossenheit dagegen als die Möglichkeit beliebiger Akteure, selbstbestimmt in Kommunikationssituationen einzutreten bzw. aus ihnen auszutreten, lässt sich daraus ein normativ unkompliziertes Kriterium ableiten. Diesen Gedanken der Unabgeschlossenheit formuliert Friedhelm Neidhardt aus Sicht einer liberal-repräsentativen Öffentlichkeitstheorie: „Öffentlichkeit entsteht dort, wo ein Sprecher vor einem Publikum kommuniziert, dessen Grenzen er nicht bestimmen kann" (Neidhardt 1994: 10). Gemünzt auf die Adressierung von Mitteilungen bedeutet Unabgeschlossenheit dann, dass ein unbestimmtes Publikum adressiert wird. In Bezug auf Zugänglichkeit und Aufmerksamkeit bedeutet dies, dass die Kontrolle über potenzielle und tatsächliche Rezeption nicht beim Mitteilenden liegt. Der Urheber einer Mitteilung kann die Rezipienten nicht einzeln bestimmen, also weder individuell aus- noch einschließen. Daran ändern auch allgemeine Zugangsbarrieren nichts, sofern sie nicht gezielt aufgestellt werden, um Personen individuell zu treffen. Zwischen identifizierbaren Individuen (Mikroebene) und vollkommen unspezifischen Publika (Makroebene) ließen sich erstens Gruppen oder Organisationen sowie zweitens Rollen (Mesoebene) als Bezugspunkte verorten. Bei ersteren liegt zwar eine spezifische Menge von Akteuren vor, innerhalb dieser Menge ist aber niemand individuell bestimmt. Bei letzteren ist eine konkrete soziale Position identifizierbar, das Individuum hinter der Rolle aber auswechselbar (Dahrendorf 2006: 37), dessen Persönlichkeit somit nicht relevant.

Hieran anschließend ließe sich die Öffentlichkeit von Kommunikationsbeziehungen zusammenfassend definieren als unbestimmte Beziehung zwischen Mitteilendem auf der einen Seite und adressierten, potenziellen bzw. tatsächlichen Rezipienten auf der anderen Seite. Eine unbestimmte Beziehung liegt dabei vor, wenn Individuen einem Publikum vom Mitteilenden nicht individuell zugerechnet werden – womit der Mitteilende die Kontrolle über seine Mitteilung im Moment der Mitteilung aufgibt.

Fremdheit

Während sich die vorgenannte unspezifische Beziehung erst im konkreten Akt der Kommunikation konstituiert, lassen sich Beziehungen zwischen Menschen auch unabhängig davon charakterisieren. Eine solche kommunikationsunabhängige Charakterisierung verwendet Richard Sennett, wenn er die öffentliche Sphäre als „Welt von Fremden" (Sennett 1995: 16) beschreibt: „Eine *res publica* umfaßt allgemein die Beziehungen und das Geflecht wechselseitiger Verpflichtungen zwischen Leuten, die nicht durch Familienbande oder andere persönliche Beziehungen miteinander verknüpft sind" (Sennett 1995: 16).[77] Diese Beschreibung bezieht sich wie schon bei Habermas hauptsächlich auf das 18. Jahrhundert, beansprucht aber insofern universelle Gültigkeit, als dass die darauf folgende Entwicklung bis in die heutige Zeit als Zerfall von Öffentlichkeit – laut Sennett durch Intimisierung, laut Habermas durch Kulturkonsum – charakterisiert wird (Sennett 1995: 31ff.).

Im Extremfall bedeutet die wechselseitige Fremdheit der Akteure, dass keine über die aktuelle Kommunikationsbeziehung hinausgehenden Beziehungen bestehen und die von Sennett angesprochenen Verpflichtungen sich aus personenunspezifischen Normen ergeben. In diesem Sinne unterstellt auch der Begriff des dispersen Publikums bei der Definition von Massenkommunikation durch Gerhard Maletzke, dass weder zwischen den Mitgliedern des Publikums noch zwischen Kommunikator und Publikum über die Rezeptionsbeziehung hinausgehende Beziehungen bestehen (Maletzke 1963: 28ff.).[78] Hinweise auf Fremdheit als wesentliches Kriterium von Öffentlichkeit finden sich auch bei Niklas Luhmann: „Umgehen läßt sich die öffentliche Meinung im politischen Prozeß nur dann, wenn sich eine breit angelegte Kommunikation mit Unbekannten vermeiden läßt" (Luhmann 1994b: 24). Dem entspricht auch der urheberrechtliche Begriff von Öffentlichkeit insofern, als dass hierzu alle Rezipienten eines Werkes gezählt werden, die

---

[77] An anderen Stellen bezieht Sennett auch Bekannte in den öffentlichen Bereich ein und betont die Heterogenität der Akteure (Sennett 1995: 32). Doch auch Bekannte begegnen sich im öffentlichen Bereich so, als ob sie Fremde wären (Sennett 1995: 336).

[78] Massenkommunikation ist nicht gleichzusetzen mit öffentlicher Kommunikation, stellt aber durch das Definitionsmerkmal „öffentlich (also ohne begrenzte und personell definierte Empfängerschaft)" (Maletzke 1963: 32) einen Spezialfall öffentlicher Kommunikation dar.

weder untereinander noch zum Mitteilenden in einer persönlichen Beziehung stehen. Die Adressierung an eine bestimmte, persönlich bekannte Person wäre damit nichtöffentlich (UrhG, §15 Abs. 3). Und auch Kurt Imhof bezeichnet Öffentlichkeit als die einzige Möglichkeit „wechselseitig Fremde in eine politische und kulturelle Beziehung zu setzen" (Imhof 2011: 86).

Für empirische Untersuchungen scheint Fremdheit zudem ein gut zu operationalisierender Begriff zu sein. So hat sich Noelle-Neumann im Rahmen der Theorie der Schweigespirale auf diesen Aspekt konzentriert. Im sogenannten Eisenbahntest wird eine öffentliche Situation dadurch konstruiert, dass sich unbekannte Personen in einem Eisenbahnabteil begegnen (Noelle-Neumann 1991: 40f; siehe Kapitel 3.3.5). Der Bezug auf Fremdheit löst Öffentlichkeit explizit von der Anzahl der beteiligten Personen, öffentliche Kommunikation kann dementsprechend sowohl mit nur zwei Beteiligten interpersonal als auch massenkommunikativ mit einem dispersen Publikum stattfinden.

Im extremen Fall sind sich zwei Interaktionspartner also dadurch fremd, dass sie vorher noch nie in Kontakt standen und nichts übereinander wissen. Dieser Zustand wird bereits verlassen, wenn wechselseitige Identifikationsmöglichkeiten vorliegen, beispielsweise durch Kenntnis von Namen. In einem weiten Sinn lässt sich dann von Bekanntschaften sprechen: „[...] die Kenntnis des ‚Daß', nicht des ‚Was' der Persönlichkeit bedingt die ‚Bekanntschaft'" (Simmel 1908: 265). Allein die Wahrnehmung einer Person als Person an einem bestimmten Ort zu einer bestimmten Zeit führt dann schon aus dem Zustand vollständiger Fremdheit hinaus. Neben Namen sind hier auch andere exklusiv zuordenbare Informationskombinationen denkbar (Goffman 2009b: 126). Zieht man die Grenze zwischen Fremdheit und Bekanntschaft auf Grundlage von wechselseitigen Identifikationsmöglichkeiten, so ist eine Verwendung dieses Kriteriums zur Definition öffentlicher Kommunikationsbeziehungen durchaus kompatibel mit dem oben genannten Kriterium unbestimmter Beziehungen.

Offen bleibt dabei, wie gut, korrekt oder spezifisch eine Identifikation sein muss. Insbesondere ist denkbar, dass Interaktionspartner nicht individuell, sondern mittels sozialer Kategorisierung als Teil einer Gruppe bzw. Menge wahrgenommen werden (Goffman 2009b: 126). Etwas anspruchsvoller definiert Erving Goffman Bekanntschaft, indem er wechselseitiges Wissen um die Beziehung als zusätzliche Bedingung fordert: „Ihre Voraussetzungen sind erfüllt, wenn zwei Personen einander gegenseitig identifizieren können aufgrund von Informationen, deren Inhalt sie von allen anderen Menschen unterscheidet, und wenn sie einander eingestehen, dass dieser Zustand wechselseitiger Information besteht" (Goffman 2009b: 125). Diese grundlegenden Unterscheidungen in Bezug auf die Qualität menschlicher Beziehungen wurden vor allem in den 1970er-Jahren in der Sozialpsychologie ausgearbeitet. Dabei kommen bei der Bewertung von Beziehungsqualitäten neben identifizierendem Wissen weitere Dimensionen in Betracht. Beispielsweise benennt Mark Granovetter in seiner netzwerkanalytischen Studie zur „Strength of Weak Ties" einen jeweils hohen Umfang gemeinsam verbrachter Zeit, emotionaler Intensität, von Intimität bzw. wechselseitigem Vertrauen und wechselseitiger Unterstützung als Bedingungen enger Beziehungen (Granovetter 1973: 1361). Hiermit lässt sich ein Kontinuum zwischen unpersönlichen und persönlichen Beziehungen aufspannen.

In einer Modellierung von Paarbeziehungen gehen Levinger/Snoek (1972) noch einen Schritt weiter und grenzen die Ebenen *surface contact* und *mutuality* voneinander ab.[79] Ein oberflächlicher Kontakt basiert auf sozialen Rollen, „there is little concern about maintaining this particular relationship with this particular person" (Levinger/Snoek 1972: 7). *Mutuality* setzt dagegen wechselseitige Verantwortung für das Wohlergehen des jeweils anderen und insbesondere eine gemeinsame Wissensbasis voraus. Von einfachem Wissen übereinander unterscheidet sich gemeinsames Wissen dadurch, dass jemand weiß, wie der andere über einen Gegenstand gemeinsamen Interesses denkt und dass dieser andere sich des Wissens bewusst ist (Levinger/Snoek 1972: 8). Zu beachten ist, dass im Vergleich zur oben besprochenen Unspezifität von Beziehungen *Wechselseitigkeit* bzw. *Symmetrie* vorausgesetzt wird. Hinsichtlich einer Definition öffentlicher Beziehungen ist dies wichtig, weil in der Massenkommunikation oft asymmetrische Beziehungen vorliegen. Beispielsweise weiß ein Filmstar wenig über einen konkreten Zuschauer, der Zuschauer kann aber sehr viel über den Filmstar wissen. Selbst wenn

---

[79] Insgesamt unterscheiden Levinger/Snoek *zero contact* (keine wechselseitige Kenntnisnahme), *awareness* (einseitige Beobachtung eines anderen als Objekt), *surface contact* (vornehmlich rollenbasiert) und *mutuality* (gemeinsame Beziehung) (Levinger/Snoek 1972: 6ff.).

es zu parasozialer Interaktion kommt (Hartmann/Schramm/Klimmt 2004; Horton/Wohl 1956), entsteht dadurch aufgrund der Asymmetrie keine persönliche Beziehung. Zusammenfassend können öffentliche Kommunikationsbeziehungen dadurch definiert werden, dass ein Mitteilender auf der einen Seite und ein adressierter, potenzieller bzw. tatsächlicher Rezipient auf der anderen Seite nicht in einer persönlichen Beziehung zueinander stehen. Persönliche Beziehungen sind durch eine gemeinsame Verantwortung und gemeinsames Wissen zwischen zwei konkreten Personen gekennzeichnet und gehen damit über rollenbasierte Interaktion hinaus.

Nichtzugehörigkeit

Ein dritter Weg zur Abgrenzung zwischen öffentlichen und nichtöffentlichen Kommunikationsbeziehungen ergibt sich aus der Betrachtung des sozialen Kontextes der Kommunikationsakteure. Insbesondere aus Sicht der Forschung zu Gegenöffentlichkeiten wurden analytisch aber auch sozial-praktisch verschiedene Öffentlichkeiten unterschieden (siehe Kapitel 3.1). Habermas unterscheidet unter anderem repräsentative von bürgerlicher Öffentlichkeit (Habermas 1996: 58ff.), Negt/Kluge grenzen davon proletarische Öffentlichkeit ab (Negt/Kluge 1972) und Fraser spricht von subalternen Öffentlichkeiten (Fraser 1996). Die Rede von Öffentlichkeit impliziert dabei immer einen Bezug auf einen bestimmten sozialen Raum, der durch spezifische soziale Praktiken gekennzeichnet ist. Begriffshistorisch weist auch Hölscher für das 18. Jahrhundert darauf hin, dass Öffentlichkeit relativ auf soziale Grenzen zu verstehen ist: „'Öffentlich' hieß eine Gesellschaft, etwa ein Salon, ein Klub oder eine Versammlung unter freiem Himmel nicht deshalb, weil alle daran teilnahmen oder auch nur teilnehmen konnten, sondern weil davon ganz bestimmte Gruppen nicht ausgeschlossen waren" (Hölscher 1997: 30).

Damit sind öffentliche Kommunikationsbeziehungen immer relativ auf einen bestimmten Kommunikationsraum oder ein Sozialsystem zu definieren. Aus der systemtheoretischen Sicht Dirk Baeckers ist Öffentlichkeit in diesem Sinne eine Operation, die Systemgrenzen beobachtet (Baecker 1996: 95; siehe auch Kapitel 3.1.4). Akteurstheoretisch gewendet würde dies bedeuten, dass öffentliche

Kommunikationsbeziehungen immer dann bestehen, wenn ein Kommunikationsakteur einem System nicht angehört, dem der entsprechend andere Kommunikationsakteur angehört, wobei die Mitteilung einen Systembezug (oder genauer eine Referenz auf die Systemgrenze) aufweisen muss. Öffentliche Kommunikationsbeziehungen überschreiten in diesem Sinne Systemgrenzen, beispielsweise wenn im öffentlichen Teil eines Berufungsverfahrens Personen anwesend sind, die nicht der Berufungskommission angehören oder ein Unternehmenssprecher mit Kunden kommuniziert, die nicht Teil des Unternehmens sind. Diese Sichtweise kann wiederum als eine Spielart von Fremdheit gedeutet werden, wenn Fremdheit als Nichtzugehörigkeit in Bezug auf ein konkretes System verstanden wird.

Hier lassen sich neben der dichotomen Zuordnung zu einem einzigen System auch Übergänge ausmachen, beispielsweise wenn man den Öffentlichkeitsbegriff als fraktalen Begriff begreift oder die Anzahl sich überschneidender Netzwerke, denen Personen zugerechnet werden, betrachtet (siehe Kapitel 3.1.4). Umso weniger gemeinsame Bezugssysteme vorliegen, umso weniger wäre eine Beziehung öffentlich – angefangen von einfachen Interaktionssystemen, über Organisationssysteme bis hin zu Gesellschaften.

Zusammengefasst liegen öffentliche Kommunikationsbeziehungen zwischen zwei Akteuren relativ auf ein System vor, wenn einer und nur einer der Kommunikationsakteure dem System zugerechnet wird. Sowohl die Festlegung eines Bezugssystems als auch die (Nicht-)Zurechnung zu diesem System stellen eine beobachterspezifische Angelegenheit dar und sind auf Grundlage von sozialen, inhaltlichen oder anderen Kriterien beispielsweise von einem der Beteiligten, aber auch von Dritten (z. B. Sozialwissenschaftlern) ausführbar. Zur Verdeutlichung der Beobachterrelativität wird das im Fokus stehende System im Folgenden als salientes System bezeichnet. Die sich aus der Beobachterperspektive ergebenden Konsequenzen werden an späterer Stelle wieder aufgegriffen (siehe Kapitel 4.2.3).

Soziale Distanz

Wiewohl die drei Fährten zu unterschiedlichen Definitionen öffentlicher Kommunikationsbeziehungen führen könnten (siehe Tabelle 5), weisen sie doch einige Verbindungen auf, mit denen sie sich zusammenführen lassen. Zunächst sind alle drei Vorschläge unabhängig von einer konkreten Personenanzahl. Das ist im aktuellen Zusammenhang wichtig, weil der Öffentlichkeitsbegriff hier nicht nur für makrotheoretisch zu fassende, viele Personen abstrahierende Gesellschaften, sondern gleichfalls für interpersonale Kommunikationszusammenhänge fruchtbar gemacht werden soll. Die Beschreibungen eines adressierten, potenziellen oder tatsächlichen Publikums (bzw. deren Mitglieder oder Beziehungen) als dispers (Maletzke 1963), unabgeschlossen (Habermas 1996: 98), unbestimmt (Neidhardt 1994: 10), fremd oder unpersönlich (Sennett 1995) und systemextern (Baecker 1996) verweisen darüber hinaus allesamt darauf, dass zwischen dem Mitteilendem und den Rezipienten eine geringe soziale Nähe besteht oder zumindest mit solcher gerechnet werden muss. Als gemeinsame Konsequenz kann zudem vermutet werden, dass der geringe soziale Abstand tendenziell einen Kontrollverlust bedeutet, so dass kaum Einfluss auf die Anschlusshandlungen der Kommunikationspartner genommen werden kann. Insofern lassen sich Unabgeschlossenheit, Fremdheit und Ausgrenzung als Teildimensionen von sozialer Distanz verstehen. Deshalb wird definiert:

> (D3) Eine Kommunikationsbeziehung ist genau dann öffentlich, wenn die Akteure in sozialer Distanz zueinander stehen.

> (D4) Eine Kommunikationsbeziehung ist genau dann nichtöffentlich, wenn die Akteure in sozialer Nähe zueinander stehen.

Diese absoluten Formulierungen täuschen auf den ersten Blick darüber hinweg, dass soziale Distanz mehrdimensional, graduell und asymmetrisch aufgefasst werden kann. Sie bieten aber Referenzpunkte, die wie auch die vorangegangenen Definitionen analytisch vereinfachend idealtypische bzw. prototypische Kategorien unterstellen und konstituieren.[80] Insofern leisten auch die folgenden Definitionen vor allem eine zusammenfassende Benennung von Teilaspekten:

> (D5) Akteure stehen genau dann zueinander in sozialer Distanz, wenn die Beziehung zwischen ihnen unbestimmt und unpersönlich ist und die Grenze eines salienten Bezugssystem überschreitet.

---

80 Zu einer psychologischen und dennoch erkenntnistheoretisch instruktiven Perspektive auf das Problem von Kategorisierungen siehe Schneider (2004: 65ff.), der ‚klassische' eindeutige, probabilistische, exemplarbasierte und theorieorientierte Kategorisierung unterscheidet.

(D6) Akteure stehen genau dann zueinander in sozialer Nähe, wenn die Beziehung zwischen ihnen konkret und persönlich ist und beide dem salienten Bezugssystem angehören.

Die konkrete Ausformung der Teilaspekte sowie die Art der Verrechnung dazwischen bleiben offen und sind kontextspezifisch zu klären.

Auf einen besonderen, kommunikationswissenschaftlich relevanten Kontext soll an dieser Stelle zumindest noch hingewiesen werden: die Beziehung zwischen individuellen und kollektiven Akteuren.[81] Eine solche liegt insbesondere bei der Rezeption publizistischer Medien vor, soweit die Rezipienten als Individuen und die Medien als Organisationen konzipiert werden.[82] Hier erfüllt sich eine unspezifische Beziehung aus Sicht des Rezipienten schon dadurch, dass der kommunikative Kontakt zu einer solchen Organisation zwar über einen Stellvertreter (etwa den Autor eines Artikels) laufen muss, der aber wechseln kann und dessen Besetzung möglicherweise aus Rezipientenperspektive sogar irrelevant ist.[83] Damit ist die Beziehung gleichfalls unpersönlich, relevant ist das Medium als Quelle, zumindest nicht grundsätzlich der konkrete Autor. Außerdem wird ein Bezugssystem überschritten, wenn erstens der Rezipient nicht Teil der Medienorganisation ist und zweitens Aussagen aus weiteren sozialen Systemen vermittelt werden, denen der Rezipient ebenfalls nicht zugerechnet wird.[84] Auch aus Kommunikatorperspektive lassen sich die Rezipienten nicht individuell bestimmen, es muss daher

---

81 Zur Unterscheidung individueller und kollektiver Akteure siehe Mayntz/Scharpf (1995: 49ff.) bzw. Scharpf (2000: 96ff.).
82 Siehe den Medienbegriff von Ulrich Saxer (Saxer 2012: 139, 142; Saxer 1980: 532).
83 Folgt man Max Weber, so sind nur einzelne Personen handlungsfähig (Weber 1985b: 552ff.; Schimank 2000: 306), keinesfalls könnten also soziale Gebilde kommunizieren. Kommunizieren würden immer nur Menschen als Stellvertreter. Für die Betrachtung der Fremdheitsbeziehung ist es dennoch hilfreich, auch Organisationen als handelnde Akteure zu begreifen und individuelle von kollektiven bzw. korporativen Akteuren (Mayntz/Scharpf 1995: 49ff.; Scharpf 2000: 96ff.) zu unterscheiden. Denn Organisationen sind dadurch gekennzeichnet, dass Mitarbeiter wechseln können, ohne dass die Organisation dadurch ihre Identität verlieren muss. Gleiches gilt allgemein für soziale Rollen (bzw. genauer: soziale Positionen, siehe Dahrendorf 2006: 34), die durch wechselnde Personen ausgefüllt werden können, kollektive Akteure sind hier nur ein Spezialfall.
84 Im ersten Fall ist massenmediale Kommunikation die Kommunikation von Massenmedien mit ihren Anspruchsgruppen, Medien sind dann nicht einfach vermittelnde Kommunikationsvehikel.

mit unpersönlichen Beziehungen gerechnet werden. Deshalb ist massenmediale Kommunikation im Regelfall auch immer öffentliche Kommunikation.

4.1.3 Adressierung, Zugänglichkeit und Aufmerksamkeit

Als zentrale Basis für die Definition öffentlicher Kommunikationssituationen wurden oben die Kommunikationsbeziehungen Adressierung, Zugänglichkeit und Aufmerksamkeit verwendet. Deren Bedeutung ist zunächst unabhängig von der Frage, was *öffentliche* Kommunikationsbeziehungen darstellen sollen, sind sie doch grundlegende Komponenten eines Kommunikationsprozesses. Legt man ein einfaches Kommunikationsmodell zu Grunde, in dem sich Kommunikation durch die Mitteilungshandlung eines Mitteilenden, die Verstehenshandlung eines Rezipierenden und den Inhalt als das gemeinsame Bezugsobjekt konstituieren, so beschreiben diese Komponenten Beziehungen innerhalb des Kommunikationsprozesses.[85] Adressierung beschreibt ausgehend vom Mitteilenden eine gerichtete Kommunikationsbeziehung zum Rezipienten. Aufmerksamkeit und Zugänglichkeit bezeichnen die Beziehungen zwischen Rezipienten und Kommunikationsinhalt, wobei erstere eine tatsächliche und letztere eine potenzielle Verstehenshandlung voraussetzen. Zur vereinfachten Bezeichnung der entsprechenden Rollen wird definiert:

> (D7) Das adressierte Publikum einer Mitteilung umfasst die Menge aller Akteure, die vom Mitteilenden adressiert werden.
>
> (D8) Das potenzielle Publikum einer Mitteilung umfasst die Menge aller Akteure, denen die Mitteilung zugänglich ist.
>
> (D9) Das tatsächliche Publikum einer Mitteilung umfasst die Menge aller Akteure, die einer Mitteilung Aufmerksamkeit widmen.

---

85 Diese Triade wird in ganz unterschiedlichen Konzepten als grundlegend für Kommunikation angesehen, wenn auch mit unterschiedlicher Terminologie und theoretischer Einbettung (zum Beispiel Bühler 1982: 24ff.; Luhmann 2003: 193ff.) Genau genommen existiert das Bezugsobjekt nicht unabhängig von den kommunikativen Handlungen. Ein physikalisch wahrnehmbares Objekt wird erst durch die Zuschreibung von Sinn bzw. Mitteilungscharakter im Zuge von Mitteilungshandlungen oder Verstehenshandlungen zu einem Zeichen bzw. Kommunikat, siehe Kapitel 5.1.3.

Damit ist noch nicht gesagt, dass ein Publikum immer auch ein öffentliches Publikum ist. Dies muss jeweils auf Grundlage sozialer Distanz entschieden werden. Auch wenn diese Beziehungen konstitutiv für Kommunikation sind, lassen sich qualitativ unterschiedliche Ausprägungen unterscheiden, die im Folgenden erläutert werden (siehe Tabelle 6). Es werden dazu jeweils Beispiele und theoretische Anknüpfungspunkte angesprochen. Diese Unterscheidungen sollen einerseits Hinweise auf Möglichkeiten der empirischen Operationalisierung und andererseits Hinweise auf einen graduellen Gebrauch der Begriffe geben. Denn die folgenden Definitionen von Adressierung, Zugänglichkeit und Aufmerksamkeit sind zwar dichotom bzw. idealtypisch formuliert, indem jeweils eine bestimmte Form von tatsächlicher oder potenzieller Zuwendung vorausgesetzt wird. Diese Zuwendung kann aber durchaus in allen Fällen mehr oder weniger stark sein – das heißt in Bezug auf Adressierung mehr oder weniger *gewünscht* sein, in Bezug auf Zugänglichkeit *potenziell* mehr oder weniger aufwändig sein sowie in Bezug auf Aufmerksamkeit *tatsächlich* mehr oder weniger aufwändig sein.

Tabelle 6: Merkmale der Kommunikationsbeziehungen Adressierung, Zugänglichkeit und Aufmerksamkeit

		Adressierung	Zugänglichkeit	Aufmerksamkeit
Definition		Gewünschtheit der antizipierten Rezeption	Aufwand, der zur Rezeption aufgebracht werden muss	Kognitiver Aufwand, der tatsächlich zur Rezeption aufgebracht wird
Ausprägungen	dichotom	Antizipierter Rezipient ist vom Mitteilenden erwünscht vs. nicht erwünscht.	Rezeptionsaufwand ist von einem potenziellen Rezipienten leistbar vs. nicht leistbar.	Kognitive Ressourcen werden zur Rezeption eingesetzt vs. es besteht kein Kontakt zum Kommunikat.
	graduell	Konkretheit, Gewünschtheit, Mehrfachadressierung	Körperliche, zeitliche, ökonomische, kognitive, psychische oder soziale Kosten zur Überwindung architektonischer, normativer, wissensbasierter und ökonomischer Barrieren	Auf individueller Ebene: Häufigkeit, Intensität, Fokussierung, Freiwilligkeit Auf aggregierter Ebene: relative oder absolute Reichweite

Adressierung

Kommunikatives Handeln ist als Spezialfall sozialen Handelns orientiert an anderen, speziell Mitteilungshandeln setzt die Antizipation von Verstehen durch andere voraus (Burkart 2002b: 20ff.; Mead 2008: 108, 129; Weber 1985b: 562, 567)[86]. Diese anderen stellen die Adressaten von Kommunikation dar, sofern ihre Verstehenshandlungen nicht nur antizipiert, sondern vom Mitteilenden auch erwünscht

---

86 Nur so entsteht sinnhaftes Verhalten, sprich Handeln: „Der Sinn an sich, d. h. der Gegenstand des Denkens, entsteht in der Erfahrung dadurch, daß sich der Einzelne dazu anregt, die Haltung des anderen in seiner Reaktion auf das Objekt zu übernehmen" (Mead 2008: 129).

werden. Die Antizipation und deren Desideration sind dabei unabhängig vom tatsächlichen Verstehen der entsprechenden Mitteilung, schon allein weil sie diesem zeitlich vorangehen. In diesem Sinne wird definiert:

> (D10) Eine Mitteilung ist an eine Menge von Personen adressiert, wenn der Mitteilende die Rezeption durch diese Personen antizipiert und wünscht.

Betrachtet man verschiedene Qualitäten, die eine Adressierung kennzeichnen, so sind einige Phänomene zu beobachten, aus denen sich weitere analytische Kategorien gewinnen lassen:

a) **Konkretheit:** In der Antizipation kann die Menge adressierter Personen spezifisch oder unspezifisch sein, was die soziale Distanz und damit Öffentlichkeit betrifft (siehe Kapitel 4.1.2). In einer Untersuchung zu der Frage, wie sich Nutzer von Sozialen Netzwerkseiten ihre Rezipienten vorstellen (*imagined audiences*), weisen Eden Litt und Eszter Hargittai (2016) auf große Unterschiede hin: vorgestellte Publika sind mal abstrakt und undeutlich, mal persönlich und sehr spezifisch (Litt/Hargittai 2016: 5f.). Adressierung kann sogar selbstselektiv gedacht werden, wenn eine Mitteilung an alle diejenigen Personen adressiert wird, die sich dafür interessieren, ohne dass der Mitteilende die Personen konkret vor Augen hat (Litt/Hargittai 2016: 6).[87]

b) **Gewünschtheit**: Der Grad der Gewünschtheit ist differenzierbar, was sich deutlich zeigt, wenn negative Adressierung berücksichtigt wird. Hierzu lassen sich typisierende Beispiele anführen: Die Partyfotos auf Social Network Sites sind typischerweise für Freunde, nicht aber für den Personalchef, Wissenschaftler oder Strafverfolgungsbehörden bestimmt. Das Schreiben eines persönlichen Weblogs kann in Hinblick auf einen unspezifischen, unpersönlichen Leserkreis stattfinden, bei dem persönlich bekannte Personen wie die

---

[87] Zur Verdeutlichung unterschiedlicher Konkretheit unterscheidet Jan Schmidt bei der Analyse von Online-Kommunikation zwischen intendiertem (=allgemein, latent gedanklich vorgestellt) und adressiertem (=spezifisch, manifest sprachlich angesprochen) Publikum (Schmidt 2011: 118). Diese Unterscheidung vermischt jedoch Konkretheit wie sie hier verstanden wird und den weiter unten beschriebenen Prozess der Markierung von Öffentlichkeit (siehe Kapitel 5).

eigenen Eltern bewusst unerwünscht sind (Schmidt 2006: 69ff.).[88] An diesen Fällen sieht man, dass sich Adressierung zwischen einem negativen und einem positiven Pol bewegt. Als negative Adressierung soll im Sinne negativer Desideration die Ablehnung antizipierten Verstehens verstanden werden, positive Adressierung stellt dann die Gewünschtheit von Rezeption dar. Dazwischen rangieren mehr oder weniger gewünschte oder unerwünschte antizipierte Rezipienten als Bezugsobjekt von Adressierung.

c) **Mehrfachadressierung:** Adressierung kann sich auf mehrere Personenkreise gleichzeitig beziehen. Etwa in Talkshows adressieren sich die Gäste und Moderatoren wechselseitig, sie tun dies aber gleichzeitig vor einem nicht näher bekannten Studiopublikum und einem unspezifischen Publikum ‚vor den Empfangsgeräten'.[89] In einem solchen Rahmen dürften sich die Interaktanten auf mehrere Adressaten gleichzeitig einstellen, wenn auch unterschiedlich stark fokussiert. Ebenfalls tritt Mehrfachadressierung auf, wenn in Internetforen die Frage eines konkreten Nutzers diskutiert wird, dies gleichzeitig aber Wissen für zukünftige Nutzer dokumentiert. So schreibt ein Moderator im Apache Friends Support Forum: „Remember though that when we help you then we also help many thousands of other readers of these forums who may also appreciate the detaled [sic!] way your questions are answered."[90] Damit gewinnt die Kommunikationssituation an Komplexität.

---

88   Jan Schmidt benennt das anonyme oder pseudonyme Schreiben als einen Mechanismus, um die Identifizierung durch unerwünschte Personen zu verhindern (Schmidt 2006: 80). Selbst wenn dann eine Rezeption durch Personen stattfindet, zu denen der Autor in anderen Kontexten in einer Bekanntschaftsbeziehung steht, so treten sich Autor und Rezipient in diesem Fall als Fremde gegenüber.
89   Kepplinger hat darauf hingewiesen, dass bei publizistischen Konflikten neben den Kontrahenten und dem Publikum auch die Medien als Adressaten gelten. Ohne Publikum liegt laut Kepplinger ein privater Konflikt vor, mit Publikum ein öffentlicher. Publizistische Konflikte sind Spezialfälle öffentlicher Konflikte, bei denen um Medienbeachtung gerungen wird (Kepplinger 1994: 219f.).
90   Mitteilung des Moderators Sharley an den Nutzer Mike am 19. Oktober 2011, nachdem sich Mike für die Lösung eines Problems bedankt hat.
     https://community.apachefriends.org/f/viewtopic.php?f=16&t=38897&start=15 (21.70.2016).

Angesichts graduierter Konkretheit und Erwünschtheit sowie möglicher Mehrfachadressierung ist Adressierung unter Umständen eine praktische (und analytische) Herausforderung. Nicht immer dürfte es in einer gegebenen Situation möglich sein, gezielt und eindeutig zu adressieren. Unterstellt man einen gewissen rationalen Abwägungsprozess, so sind Publika angesichts anderer Vorteile der gewählten Kommunikationsform nicht einfach nur erwünscht oder unerwünscht, sondern vielmehr in Kauf genommen, geduldet oder einfach nur mitgedacht.

Eine eindeutig öffentliche Adressierung wäre gegeben, wenn die Rezeption aller antizipierten Rezipienten erwünscht ist und zwischen Rezipienten und Mitteilendem soziale Distanz besteht. Im Gegensatz dazu kann man nichtöffentliche Adressierung annehmen, wenn ein spezifischer, persönlich bekannter Personenkreis innerhalb des salienten Systems antizipiert wird.

Zugänglichkeit

Zugänglichkeit ist ein klassisches Kriterium für öffentliche Kommunikation (siehe Kapitel 2). Publizistische Kommunikation basiert darauf, dass mit einer Veröffentlichung der Zugang zu Kommunikaten ermöglicht wird. Öffentliches steht hier im Gegensatz zu Geheimem, das vor Zugriff geschützt wird. Dennoch bestehen selbst bei öffentlicher Kommunikation in der Regel Zugangsbarrieren, die sich in Anlehnung an die Steuerungstheorie systematisieren lassen (Jarren/Donges 2000; Lessig 2001; Willke 2001):[91]

a) **Architektur**: Jede Kommunikation ist an körperliche Voraussetzungen gebunden, weil erst Augen-, Ohren- oder Tastsinn die Wahrnehmung von Texten ermöglichen. Für technisch-vermittelte Kommunikation sind zudem zur Infrastruktur passende Endgeräte erforderlich. Physikalische und technische

---

91 Willke unterscheidet aus systemtheoretischer Sicht zwischen den Regulierungsmedien Geld, Macht und Wissen (Willke 2001). Lessig differenziert dagegen zwischen den Regulierungsmechanismen Markt, Recht, Architektur und sozialen Normen (Lessig 2001: 157ff.). Markt und Geld betreffen in beiden Systematiken ökonomische Ressourcen und wurden deshalb zu Geld zusammengefasst. Macht, Recht und soziale Normen hängen ebenfalls zusammen und wurden deshalb nicht getrennt aufgeführt. Macht ist im politischen System Grundlage für die Schaffung und Durchsetzung von Recht; Recht kann als Ergebnis von sozialen Aushandlungsprozessen, speziell als eine kodifizierte, institutionalisierte und organisierte Form sozialer Normen begriffen werden.

Gegebenheiten nehmen deshalb Einfluss darauf, mit welchem Aufwand Kommunikate zu welchen Zeitpunkten und an welchen Orten zugänglich sind. Prototypisch ist Kommunikation von Angesicht zu Angesicht durch die Bindung an Ort und Zeit reglementiert. Technische Vermittlungsmedien sind in Bezug auf diese architektonischen Rahmenbedingungen dagegen einigermaßen flexibel an menschliche Wahrnehmungsmöglichkeiten anpassbar. In Hinblick auf das Internet beschäftigt sich beispielsweise die Web Accessibility Initiative mit dem Thema Barrierefreiheit, um auch unter erschwerten körperlichen, kognitiven oder technischen Bedingungen Zugänglichkeit sicherzustellen.[92] Doch auch eine gezielte Einschränkung von Zugänglichkeit ist mit Verschlüsselung oder Wegschließen, Passwortschutz, Firewalls oder Filterprogrammen umsetzbar (Lessig 2001: 163).

Derlei architektonischen Zugangsbarrieren liegen Mechanismen zu Grunde, die direkt die Wahrnehmbarkeit von Kommunikaten durch physikalische Gegebenheiten einschränken und zur Umgehung den Einsatz von Ressourcen erfordern. Möglich wird eine Umgehung im Fall technisch eingeschränkter Systeme etwa durch eine soziale Sonderstellung (Strafverfolgungsbehörden mit der Ressource Macht) oder besondere Kompetenzen (‚Hacker' mit der Ressource Wissen).

b) **Normen**: Neben physikalischen Wahrnehmungsbedingungen nehmen soziale Normen in Form von Gesetzen oder Konventionen auf Zugänglichkeit insofern Einfluss, als dass bei einem Bruch beispielsweise mit dem Beschäftigtendatenschutz, Urheberrecht oder mit Höflichkeitsnormen soziale Sanktionen zu erwarten sind (Goffman 2009a: 138; Popitz 1980: 21). Soziale Sanktionen verursachen durch Ächtung oder Ablehnung psychologische und soziale Kosten, im Fall von Gerichtsverfahren mitunter auch ökonomische Kosten.

---

92 Die WAI erarbeitet als Arbeitsgruppe des W3C die Web Content Accessibility Guidelines (WCAG 2.0), die über das deutsche Behindertengleichstellungsgesetz (BGG) und die Barrierefreie Informationstechnik-Verordnung (BITV) auch in die deutsche Praxis einfließt, siehe https://www.w3.org/WAI/ (17.09.2016).

Auch durch Normen regulierte Zugänglichkeit lässt sich deshalb mit Ressourcen wie Geld, Macht[93] oder sozialem Kapital[94] überwinden. Um Zutritt zu Geheimakten zu erlangen oder Eingriffe in die Privatsphäre vornehmen zu können, müssen Akteure ebenso über entsprechende Machtbefugnisse oder entsprechend nutzbare soziale Kontakte verfügen wie zur Zensur unliebsamer Aussagen.

c) **Wissen**: Für ein Verstehen von Aussagen müssen kognitive Voraussetzungen erfüllt sein, beispielsweise in Bezug auf Fremd-, Fach- oder Gruppensprachen. Ebenso müssen prozedurale und soziale Regeln beherrscht werden, um Geräte zu bedienen oder Kommunikationsverläufe erfolgreich zu beeinflussen (Höflich 1996: 88).

Die Bewertung von Ergebnissen einer Websuche etwa oder auch die Rezeption wissenschaftlicher Aufsätze setzen spezielle kognitive Fertigkeiten voraus. In einer frühen Studie zum Digital Divide haben Kubicek und Welling (2000: 512) vier verschiedene Medienkompetenzbereiche unterschieden, die eine erfolgreiche Internetnutzung bedingen, in ähnlicher Form aber für andere Kommunikationsbereiche gelten dürften: eine Differenzierungs- und Selektionskompetenz zur Identifizierung zweckmäßiger Kommunikationsformen, eine Orientierungskompetenz zur rezeptiven Nutzung der gewählten Kommunikationsform, eine Evaluationskompetenz zur Kritik und Einschätzung von Kommunikationsangeboten und schließlich eine Produktions- und Gestaltungskompetenz zur mitteilenden Nutzung.

Wird derlei Wissen zur Regulierung von Zugänglichkeit eingesetzt, dann kann dies sowohl in bestärkender als auch in hemmender Hinsicht geschehen. Bessere Zugänglichkeit wird etwa durch die Vermittlung von Medienkompetenz zu erreichen versucht. Auch die Formulierung von Parteiprogrammen

---

93 Macht wird hier mit Max Weber (Weber 1990: 28) verstanden als Möglichkeit der Durchsetzung von Interessen gegen den Willen anderer. Macht als Ressource bezeichnet das Ausmaß dieser Möglichkeiten.
94 Soziales Kapital wird hier verstanden als das Ausmaß von praktischer Unterstützung durch andere und den dadurch vermittelten Zugriff auf fremdes Kapital (Bourdieu 2005: 63ff.).

oder Ratgeberliteratur in „Leichter Sprache" setzt die kognitiven Voraussetzungen der Rezeption herab.[95] Zur Verringerung der Zugänglichkeit werden dagegen etwa in technischen Systemen Techniken eingesetzt, die als *security through obscurity* bezeichnet werden, weil sie ausschließlich die Funktionsweise eines Systems verschleiern. So war es beim Kommunikationsdienst WhatsApp in der Vergangenheit möglich, durch Kenntnis bestimmter Algorithmen und vergleichsweise leicht zugänglicher Geräteinformationen selbst Passwörter zu generieren, mit denen fremde Konten zum Lesen und Schreiben von Nachrichten übernommen werden konnten (Eikenberg 2012). Immer wieder treten bei verschiedenen Diensten auch Schwachstellen in Bezug auf vorhersagbare URLs auf. Beispielsweise konnte ein Forscherteam in der Vergangenheit die gesamten öffentlichen Facebook-Profile herunterladen, weil die entsprechenden URLs systematisch erzeugt wurden (Jones/Soltren 2005).

Wissen und Zugänglichkeit stehen nicht immer in einem positiven Zusammenhang zueinander, auch ein negativer Zusammenhang ist möglich. Dies betrifft etwa Wissen in Form antizipierter Wirkungen. Wird die antizipierte Wirkung eines Horrorfilms als unangenehm evaluiert, so erhöht dies vermutlich die Wahrscheinlichkeit der Vermeidung von Rezeption und somit zu einer verringerten Zugänglichkeit, da psychologische Kosten entstehen würden. Gleiches dürfte für jegliche Inhalte gelten, wenn antizipierte emotionale oder kognitive Effekte in Dissonanz zu gewünschten Effekten stehen (Festinger 2012: 16).

d) **Geld**: Ökonomisch wird Zugänglichkeit direkt durch das Ausmaß benötigter finanzieller Ressourcen beeinflusst, da sowohl Medienprodukte als auch die Nutzung technischer Infrastrukturen in der Regel direkt oder indirekt Geld kosten.

Zeitungen müssen gekauft, für Veranstaltungen muss gelegentlich Eintritt entrichtet werden und auch die GEZ-Gebühren wollen bezahlt sein. Glei-

---

95 Siehe das Netzwerk Leichte Sprache, http://www.leichtesprache.org (5.8.2014)

ches gilt für technisch-vermittelte interpersonale Kommunikation, wenn Geräte gekauft oder Telekommunikationsdienstleistungen bezahlt werden müssen.

Geld ist mit Aufwand verbunden, da es erwirtschaftet werden muss. Dabei steht es in Transformationsbeziehungen zu den anderen genannten Medien, wenn auch nur konzeptionell-assoziativ. Physikalische Vorgänge in Form körperlicher Arbeit (Architektur), soziale Vorgänge in Form von Machtdurchsetzung (Normen) und kognitive Vorgänge in Form geistiger Arbeit (Wissen) können einerseits zum Gelderwerb eingesetzt und andererseits durch Geld von anderen Akteuren eingekauft werden (Bourdieu 2005: 70ff.). Als Regulierungsmedium funktioniert Geld etwa dann, wenn der Preis für den Zugang zu handelbaren Produkten durch staatliche Subventionen oder durch Querfinanzierung beeinflusst wird.

Diese Regulierungsmedien beeinflussen den Aufwand, den ein Akteur für die Rezeption aufbringen muss. Rezeption verursacht demnach körperliche, zeitliche, ökonomische, kognitive, psychische und soziale Kosten. Zugänglichkeit kann auf dieser Grundlage als der negative Aufwand definiert werden, den ein Akteur zur Rezeption eines Kommunikats erbringen muss. Ein geringer Aufwand bedeutet hohe Zugänglichkeit, eine hoher Aufwand geringe Zugänglichkeit. Im Extremfall ist eine Mitteilung für einen bestimmten Akteur überhaupt nicht zugänglich, weil die entsprechenden Kosten nicht aufgebracht bzw. die physikalischen Barrieren nicht überwunden werden können. Somit wird definiert:

> (D11) Eine Mitteilung ist für eine Menge von Personen zugänglich, wenn der Aufwand, der zur Rezeption aufgebracht werden müsste, von diesen Personen aufgebracht werden kann.

Darauf aufbauend lässt sich ein potenzielles Publikum danach einteilen, Gruppen welcher Größe welche Kosten aufbringen müssen. Öffentliche Zugänglichkeit setzt entsprechend einen geringen Aufwand für Akteure voraus, die in hoher sozialer Distanz zum Mitteilenden stehen.

Aufmerksamkeit

Die wissenschaftliche Beschäftigung mit öffentlicher Aufmerksamkeit geht von ganz unterschiedlichen Perspektiven aus und kann wohl als Kerngebiet der Kommunikationswissenschaft gelten: Nachrichtenwertforschung untersucht die Publikationschancen von Nachrichten (Galtung/Ruge 1965; Eilders 1997; Fretwurst 2008; Schulz 1990; Staab 1990; Uhlemann 2012), Diffusionsforschung fragt mit der Modellierung von Informationsflüssen nach der Verbreitung von Aussagen innerhalb sozialer Zusammenhänge (Lazarsfeld/Berelson/Hazel 1969) und Öffentlichkeitsforschung richtet sich auf Strategien und Bedingungen von Akteuren zur Erlangung öffentlicher Aufmerksamkeit (Gerhards 1997; Gerhards 1992; Gerhards/Neidhardt 1991: 69ff.; Gerhards/Neidhardt/Rucht 1998; Peters 2007: 89ff.). Diese Aufzählung könnte lange fortgeführt werden, einschlägig sind mindestens auch das Forschungsfeld Public Relations, die Werbewirkungsforschung oder die Ansätze zur Aufmerksamkeitsökonomie. Selten geht es dabei explizit um Öffentlichkeit im oben definierten Sinne, vielmehr stehen die Reichweite und die Verbreitungschancen von Kommunikation im Zentrum des Interesses.

Reichweite ließe sich in diesem Zusammenhang als Maß für Aufmerksamkeit verwenden, indem die Anzahl der Rezipienten einer Mitteilung oder auch die Häufigkeit der Rezeption bestimmt wird – die Medienforschung verfügt zur Reichweitenmessung über ein ganzes Spektrum an Metriken. Sofern ein Referenzrahmen als Grundgesamtheit angegeben wird, kann auch eine relative Reichweite bestimmt werden. Als Referenzrahmen kommt theoretisch jede Art sozialer Gebilde wie Weltgesellschaft, Nationen, Organisationen oder auch Freundeskreise in Frage. In der Regel wird Reichweite bei der Betrachtung von Medienprodukten jedoch entweder auf ein Publikum bezogen, dem eine Sendung, eine Ausgabe oder ein Posting zugänglich ist oder auf eine vorher definierte Zielgruppe (siehe zum Beispiel AGOF 2016). Relative Reichweite ist damit in der hier verwendeten Terminologie die Aufmerksamkeit, die eine Mitteilung innerhalb eines potenziellen oder adressierten Publikums entfaltet.

Dass diese Betrachtung auf Aggregatebene allerdings eine starke Vereinfachung darstellt, wird offenbar, wenn man individuelle Rezeptionsprozesse berücksichtigt. Mindestens in dreifacher Hinsicht ist Aufmerksamkeit abzustufen (siehe Lang 2000; Levy/Windahl 1985; Schweiger 2007: 164):[96]

a) **Häufigkeit:** Der Kontakt mit einer Mitteilung kann nicht nur ganz oder gar nicht, sondern auch mehrfach erfolgen.

b) **Intensität:** Die Zuwendung fällt in Abhängigkeit von der kognitiven und affektiven Auseinandersetzung mit dem Kommunikat mal flüchtiger und mal intensiver aus.

c) **Fokussierung:** Einerseits kann Aufmerksamkeit ganz auf einen Text oder einen Interaktionspartner fokussiert sein, andererseits können Kommunikate wie Wahlplakate oder mündliche Gespräche auch ‚im Vorbeigehen' wahrgenommen werden.

d) **Freiwilligkeit:** Aufmerksamkeit kann erzwungen sein, etwa wenn man sich Gesprächen zwischen Dritten in öffentlichen Verkehrsmitteln aufgrund der Lautstärke nicht entziehen kann.

Dass diese Unterschiede Konsequenzen haben, darauf weisen insbesondere die Dual Processing-Modelle der menschlichen Informationsverarbeitung hin, wenn beispielsweise zwischen systematischer und heuristischer (Chaiken 1980) oder zentraler und peripherer (Petty/Cacioppo 1986) Verarbeitung unterschieden wird. Je nach Verarbeitungsweg und damit unterschiedlich stark intensiver oder fokussierter Aufmerksamkeit wird in diesen Modellen eine unterschiedlich geartete, persuasive Wirkung von Nachrichten angenommen. Die Verarbeitungsintensität beeinflusst gemäß dem Limited Capacity-Modell vor allem aber die Erinnerungsleistung (Lang 2000). Demnach konkurrieren die drei Subprozesse *encoding*, *storage* und *retrieval* um eine limitierte Aufmerksamkeitskapazität. In der Folge können je nach Ressourcenaufwand in den Subprozessen Inhalte besser oder schlechter bzw. genauer oder oberflächlicher erinnert werden.

---

96 Die ersten drei Dimensionen entsprechen *selectivity*, *involvement* und *utility* bei Levy/Windahl (1985). Die letzte Dimension greift eine Unterscheidung in willkürliche und unwillkürliche Wahrnehmung auf (Lang 2000).

Ohne konkret auf die Erklärungszusammenhänge und empirischen Operationalisierungen der angeführten Modelle einzugehen, kann festgehalten werden, dass Aufmerksamkeit als Art und Umfang der zum Verstehen eingesetzten kognitiven Ressourcen definierbar ist.[97] In diesem Sinne wird definiert:

> (D12) Einer Mitteilung kommt von einer Menge von Personen Aufmerksamkeit zu, wenn diese Personen kognitive Ressourcen zum Verstehen der Mitteilung aufwenden.

Anders als bei Zugänglichkeit, die ebenfalls über Ressourcen bzw. Kosten definiert wurde, handelt es sich hier um tatsächlich eingesetzte und nicht um potenziell notwendige kognitive Ressourcen. Ein einfacher Indikator für die Menge an Aufmerksamkeit bzw. eingesetzten kognitiven Ressourcen ist die einem Objekt zugewendete Zeit. Dies ist unabhängig davon, ob sie in der präkommunikativen, kommunikativen oder postkommunikativen Phase eingesetzt werden. Öffentliche Aufmerksamkeit setzt wiederum voraus, dass eine Mitteilung wenigstens minimale Zuwendung von Akteuren erfährt, welche in sozialer Distanz zum Mitteilenden stehen.

4.1.4 Zwischenfazit

Was also ist Öffentlichkeit? Bezogen auf Kommunikationssituationen ist öffentliche Kommunikation dadurch gekennzeichnet, dass ein Mitteilender sich unspezifisch an nicht individuell identifizierte Personen wendet, zu denen er keine persönlichen Beziehungen unterhält und die außerhalb eines salienten Bezugssystems stehen. Derart charakterisierten Personen ist die vollzogene Mitteilung zugänglich und sie wird tatsächlich auch rezipiert. Es handelt sich damit um eine sehr voraussetzungsreiche Definition. Diese Voraussetzungen, das heißt eine Kombination von unterschiedlich skalierten Dimensionen, ergeben Öffentlichkeit als Eigenschaft von Kommunikationssituationen. Die Stärke einer solch anspruchsvollen Definition liegt in der Benennung und Differenzierung von Voraussetzungen, die

---

97 Ergänzend sei angemerkt: Negative Aufmerksamkeit liegt entsprechend vor, wenn kognitive Ressourcen dafür eingesetzt werden, Wahrnehmung und Verstehen zu vermeiden, etwa wenn bewusst weggehört oder weggesehen wird.

als analytische Kategorien zur Beschreibung von Kommunikationssituationen dienen.

Als wesentlich für öffentliche Kommunikationsbeziehungen wird die soziale Distanz zwischen Mitteilenden und Rezipienten angenommen (siehe Tabelle 5 auf Seite 103). Dies ergibt sich aus einer Synthese verschiedener Perspektiven der Öffentlichkeitsforschung. Soziale Distanz meint erstens, dass Individuen einem Publikum nicht über ein- und ausschließende Kriterien individuell zugerechnet werden, dass also das Publikum unabgeschlossen und ein selbstbestimmter Ein- und Austritt möglich ist. Zweitens findet öffentliche Kommunikation unter Fremden statt, die wenig übereinander wissen und nur wenig gemeinsame Verantwortung füreinander tragen. Der persönlichen Fremdheit entspricht drittens die Nichtzugehörigkeit zu einem salienten Bezugssystem. Soziale Distanz lässt sich durchaus auch graduieren, indem der Umfang ein- und ausschließender Merkmale, gemeinsamen Wissens, gemeinsamer Verantwortung und die Anzahl gemeinsamer Bezugssysteme betrachtet wird.

Nur wenn die drei Kriterien sozialer Distanz für die drei Kommunikationsbeziehungen Adressierung, Zugänglichkeit und Aufmerksamkeit erfüllt sind, handelt es sich um öffentliche Kommunikationssituationen. Über die Unterscheidung von Adressierung, Zugänglichkeit und Aufmerksamkeit hinaus weisen die drei Kommunikationsbeziehungen weitere Qualitäten auf, die zu einer komplexen Situationsbeschreibung beitragen können (siehe Tabelle 6 auf Seite 115). Hier lassen sich einerseits harte Grenzen ziehen: So bedeutet Adressierung die Erwünschtheit von antizipierter Rezeption. Etwas ist zugänglich, wenn die Kosten zur Rezeption aufgebracht werden können. Zugleich impliziert Aufmerksamkeit fokussierten Zeitaufwand. Mit dieser dichotom-absoluten Verwendung wird ausschließlich festgestellt, ob etwas an jemanden adressiert ist, für jemanden zugänglich ist oder von jemandem wahrgenommen wird. Andererseits lassen sich auch weiche, teilweise mehrdimensionale Verläufe ausmachen. Wie stark etwas gewünscht ist, wie niedrig die Rezeptionskosten sind und wie intensiv die Zuwendung ausfällt, lässt sich graduell bestimmen. Ebenfalls skalieren lassen sich die jeweils negativen Seiten: wie stark unerwünscht ist die Rezeption? Wie hoch wären die aufzubringenden Kosten? Wie entschieden wendet man sich von einem Kommunikationsangebot ab?

Mit der graduell-relativen Verwendung werden Situationen oder Akteure in Relation zu einander betrachtet und festgestellt, a) an wen etwas vergleichsweise mehr oder weniger adressiert ist, b) für wen etwas vergleichsweise mehr oder weniger zugänglich ist oder c) von wem etwas vergleichsweise mehr oder weniger wahrgenommen wird. Ebenso lässt sich die soziale Distanz zu verschiedenen Akteuren vergleichen, indem a) die Konkretheit der Beziehung, b) die persönliche Nähe und c) die Anzahl gemeinsamer Bezugssysteme betrachtet wird.

Die gleichen Voraussetzungen lassen sich definitorisch für das Gegenteil von öffentlichen Kommunikationssituationen einsetzen. Um das analytische Potenzial aufrechtzuerhalten, sollen nichtöffentliche im Gegensatz zu öffentlichen Kommunikationssituationen jedoch nicht einfach als nicht öffentlich definiert werden, sondern in jeder einzelnen Voraussetzung bzw. Kommunikationsbeziehung nichtöffentlich sein. In nichtöffentlichen Kommunikationssituationen adressiert und erreicht ein Mitteilender konkret identifizierte, persönlich gut bekannte Personen innerhalb des salienten Bezugsystems und auch nur solchen Personen ist die vollzogene Mitteilung zugänglich.

Wenn man auf die dichotome Begriffsverwendung abstellt, ergibt also jeweils nur genau eine Kombination der Kriterien Adressierung, Zugänglichkeit, Aufmerksamkeit und soziale Distanz eindeutige Öffentlichkeit bzw. Nichtöffentlichkeit. Zwischen derart öffentlichen und nichtöffentlichen Situationen liegt eine Vielzahl unklar-öffentlicher Kommunikationssituationen. Damit ist eindeutige (Nicht)öffentlichkeit unwahrscheinlich, der theoretische Normalfall besteht in unklarer Öffentlichkeit.

4.2 Unklare Öffentlichkeit

Im Folgenden soll es darum gehen, verschiedene Typen unklarer Öffentlichkeit zu differenzieren und mit Beispielen zu illustrieren. Unterschieden werden dabei auf Grundlage der oben ausgearbeiteten Differenzierungen a) Uneindeutigkeit, b) Inkongruenz, c) Unsicherheit und d) Komplexität, wobei es sich nicht um disjunkte Kategorien handelt (siehe Tabelle 7). Uneindeutigkeit stellt basierend auf den Kriterien öffentlicher Adressierung, Zugänglichkeit und Aufmerksamkeit den Basistyp dar, der am stärksten ausdifferenziert wird. Die anderen Typen sind Erweiterungen dieser Form unklarer Öffentlichkeit und reichen teilweise über unklare Öffentlichkeit hinaus.

Uneindeutigkeit und Inkongruenz sind beides Phänomene, bei denen adressiertes, potenzielles und tatsächliches Publikum nicht übereinstimmen, hierbei geht es also um die Deckungsgleichheit verschiedener Publika. Unsicherheit entsteht, wenn der Öffentlichkeitsstatus nicht eindeutig festgestellt werden kann. Es geht dabei um die Beziehung zwischen einzelnen Beteiligten. Diese drei Typen stellen Vereinfachungen dar und lassen sich nur auf Situationen mit wenigen Akteuren oder innerhalb eines Publikums homogener Akteursstruktur anwenden. Dagegen liegt Komplexität vor, wenn das adressierte, potenzielle oder tatsächliche Publikum jeweils Personen mit unterschiedlichen Beziehungen zum Mitteilenden umfasst, sich also hinsichtlich des Öffentlichkeitsstatus verschiedene Schichten innerhalb eines Publikums unterscheiden lassen.

Jeder dieser vier Typen wird noch einmal differenziert in Untertypen oder abgegrenzt von ähnlichen Typen, vor allem wenn damit der Bereich unklarer Öffentlichkeit verlassen wird. Nach der exemplifizierenden Bedeutungsfixierung einzelner Typen wird schließlich eine zusammenfassende nominale Definition des Begriffs Unklare Öffentlichkeit vorgeschlagen.

Tabelle 7: Formen unklarer Öffentlichkeit

Unklarheit	Definition	Beispiel
Uneindeutigkeit	Eine Kommunikationssituation ist genau dann uneindeutig-öffentlich, wenn Adressierung, Zugänglichkeit und Aufmerksamkeit nicht alle gleichermaßen öffentlich oder nichtöffentlich sind. Subtypen: unerwünscht, unerreicht, unterdrückt	
Inkongruenz	Eine Kommunikationssituation ist genau dann inkongruent-öffentlich, wenn sie inkongruent und öffentlich ist. Subtypen: inkongruent-nichtöffentlich, inkongruent-öffentlich, gemischt-inkongruent	
Unsicherheit	Eine Kommunikationssituation ist genau dann unsicher-öffentlich, wenn a) die Öffentlichkeit einer Kommunikationsbeziehung nicht feststeht oder b) bei öffentlichen Kommunikationsbeziehungen die Art der Kommunikationsbeziehung zwischen zwei Akteuren nicht feststeht. Subtypen: indeterminiert-öffentlich, divergent-öffentlich	
Komplexität	Eine Kommunikationssituation ist genau dann komplex-öffentlich, wenn das adressierte, potenzielle oder tatsächliche Publikum in Hinsicht auf den Öffentlichkeitsstatus in verschiedene Bereiche strukturiert ist.	

Die Beispiele beziehen sich vereinfachend auf maximal zwei Rezipienten (kleine Kreise). Deren Positionierung innerhalb der großen Kreise zeigt an, in welcher Kommunikationsbeziehung die Akteure jeweils stehen. Die soziale Distanz zum Mitteilenden ist durch Pluszeichen (hohe Distanz/öffentlich), Minuszeichen (geringe Distanz/nichtöffentlich) und Fragezeichen (unsichere Distanz/nicht entscheidbar) gekennzeichnet.

4.2.1 Uneindeutigkeit

In den drei Dimensionen Adressierung, Zugänglichkeit und Aufmerksamkeit kann jeweils zwischen öffentlichem und nichtöffentlichem Status anhand der Beziehung zwischen Mitteilendem und den adressierten, potenziellen bzw. tatsächlichen Beteiligten unterschieden werden. Aus der Kombination der Dimensionen ergeben sich neben eindeutiger Öffentlichkeit und Nichtöffentlichkeit sechs Spezialfälle unklarer Öffentlichkeit (siehe Abbildung 5 und Tabelle 8). Uneindeutige Öffentlichkeit wird daher wie folgt definiert:

> (D13) Eine Kommunikationssituation ist genau dann uneindeutig-öffentlich, wenn Adressierung, Zugänglichkeit und Aufmerksamkeit nicht alle gleichermaßen öffentlich oder nichtöffentlich sind.[98]

Von diesen sechs Spezialfällen können anhand der jeweils nichtöffentlichen Dimension drei Kernfelder bestimmt werden, die als unerwünschte, unerreichte und unterdrückte Öffentlichkeit bezeichnet werden sollen und an denen sich die folgende Darstellung orientiert.

---

98 Vorausgesetzt wird, dass es jeweils mindestens einen adressierten und tatsächlichen Rezipienten gibt, andernfalls handelt es sich nicht um Kommunikationssituationen im engeren Sinn, sondern um vor- oder teilkommunikative Situationen. Die Definitionen verschiedener Formen unklarer Öffentlichkeit lassen sich jedoch auch auf solche Situationen übertragen. Nicht vorausgesetzt wird, dass erfolgreiche Kommunikation vollzogen wird, was insbesondere für die Analyse unterdrückter Öffentlichkeit relevant ist – auch Kommunikationsversuche konstituieren Kommunikationssituationen, wenn wechselseitiges kommunikatives Verhalten vorliegt (siehe Kapitel 5.1.3). Für die folgenden Beispiele wird außerdem die Komplexität von Situationen vorläufig außer Acht gelassen (siehe Kapitel 4.2.4).

Tabelle 8: *Beispiele für eindeutige und uneindeutige (Nicht)öffentlichkeit*

#	Adressierung	Zugänglichkeit	Aufmerksamkeit	Feld	Beispiel
1	+	+	+	Eindeutige Öffentlichkeit	Zeitungsartikel auf Spiegel Online
2	–	+	+	Unerwünschte Öffentlichkeit	Unbeabsichtigte Facebook-Party
3	–	+	–	Unerreicht-unerwünschte Öffentlichkeit	Öffentlich zugänglicher Weblog, der nur für Freunde geschrieben wird
4	+	+	–	Unerreichte Öffentlichkeit	Ungelesene Studien einer Forschungseinrichtung
5	+	–	–	Unterdrückt-unerreichte Öffentlichkeit	Erfolgreich zensierte Aussagen eines politischen Dissidenten
6	+	–	+	Unterdrückte Öffentlichkeit	Unverständliche amtliche Mitteilungen
7	–	–	+	Unterdrückt-unerwünschte Öffentlichkeit	Gescheiterte Versuche, geheim gehaltene Schriften zu rezipieren
8	–	–	–	Eindeutige Nichtöffentlichkeit	Anekdote in einer Familie

Öffentliche Kommunikationsbeziehungen sind durch Pluszeichen (hohe soziale Distanz) und nichtöffentliche durch Minuszeichen (niedrige soziale Distanz) gekennzeichnet.

Abbildung 5: Uneindeutige Öffentlichkeit als Kombination von (nicht)öffentlicher Adressierung, Zugänglichkeit und Aufmerksamkeit

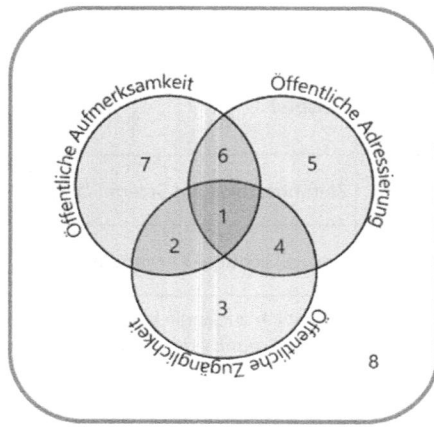

1 Eindeutige Öffentlichkeit

2 Unerwünschte Öffentlichkeit

4 Unerreichte Öffentlichkeit

6 Unterdrückte Öffentlichkeit

8 Eindeutige Nichtöffentlichkeit

Eindeutige (Nicht)Öffentlichkeit

Völlig eindeutig in Hinsicht auf die drei Kriterien ist ein Großteil der Kommunikation in so genannten Massenmedien, beispielsweise ein Zeitungsartikel auf Spiegel Online. Diese medialen Aussagen sind erstens an ein disperses Publikum adressiert, zweitens gut zugänglich und erreichen drittens, selbst wenn nicht jeder Artikel von allen gelesen oder jede Sendung von allen gesehen und gehört wird, im Vergleich zu anderen Kommunikationsformen besonders viele Menschen. Schon die Anzahl der tatsächlichen Rezipienten macht es unwahrscheinlich, dass es sich um vom Mitteilenden aus gesehen individuell bestimmbare, bekannte Rezipienten aus einem gemeinsamen Sozialsystem handelt. Zudem sind die Distributionswege nicht davon abhängig, dass Rezipienten identifiziert werden können. Zeitungen können anonym am Kiosk gekauft werden, Rundfunk ist anonym über

Satellit empfangbar und auch Internetangebote sind, sofern eine Registrierung beim Anbieter nicht vorgesehen ist, prinzipiell anonym nutzbar.[99]

Im Gegensatz dazu sind als geheim klassifizierte Akten in einer Organisation nur an spezifische Personen adressiert, im besten Fall in einem Tresor gut verwahrt und nur persönlich Eingeweihten bekannt. Auch die Kommunikation innerhalb von Familien oder Freundeskreisen ist in der Regel nur an persönlich bekannte Personen gerichtet, der Zugang für externe Personen nur schwer möglich oder zumindest durch die Mitglieder der Familie oder des Freundeskreises kontrolliert, sodass die im privaten Kreis erzählten Anekdoten selten eine über Familie und Bekanntenkreis hinausreichende Aufmerksamkeit erreichen. Aus diesen Gründen handelt es sich um eindeutig nichtöffentliche Situationen.

Prinzipiell ist eindeutige Nichtöffentlichkeit bei mündlichen Gesprächen unter Anwesenden, sofern sie nicht technisch aufgezeichnet werden, im Gegensatz zu schriftlichen Mitteilungen durch ihre raumzeitliche Begrenzung wahrscheinlicher. Die zeitlich begrenzte Wahrnehmbarkeit (‚Flüchtigkeit') macht Zugänglichkeit stark kontrollierbar, so dass Adressaten und tatsächliche Rezipienten leicht überein gebracht werden können. Dieser gemeinsame Wahrnehmungsraum stellt wechselseitige Identifizierbarkeit sicher.

Unerwünschte Öffentlichkeit

Unerwünschte Öffentlichkeit liegt vor, wenn entgegen nichtöffentlicher Adressierung öffentliche Zugänglichkeit und öffentliche Aufmerksamkeit vorliegen. Insbesondere in der Online-Kommunikation zeigen sich Fälle, die nur mit Rekurs auf einen Öffentlichkeitsbegriff, der die Adressierung von Aussagen einbezieht, analysiert werden können. Dies betrifft beispielsweise die in der Einleitung angeführte interne Diskussion der Organisation Attac auf einer allgemein zugänglichen Mai-

---

99 Das bedeutet nicht, dass Internetnutzer nicht prinzipiell zum Beispiel durch Mithilfe von Service Providern oder durch Fingerprinting-Verfahren identifizierbar wären. Allerdings ist eine persönliche Identifizierung keine Nutzungsvoraussetzung und für den Anbieter des Angebots zumindest bei Nutzung entsprechender Infrastruktur (öffentliche Internetzugänge wie Internet Cafés, falsch registrierte Prepaid-Karten, Anonymisierungsdienste u. ä.) unmöglich.

lingliste (siehe Kapitel 1.2). Eine besondere Brisanz entwickeln diese Fälle allerdings erst dann, wenn neben der Zugänglichkeit auch die ursprünglich intendierte Reichweite bzw. Aufmerksamkeitsschwelle wesentlich überschritten wird und in der Folge unerwünschte Konsequenzen eintreten.

Ein Beispiel dafür stellen Veranstaltungen wie die im Juni 2011 von der Hamburger Schülerin Thessa verursachte, unbeabsichtigte Facebook-Party dar. Thessa hatte über Facebook zu ihrer Geburtstagsfeier eingeladen. Die Einladung erfolgte versehentlich „öffentlich", woraufhin 15.000 Gäste ihr Kommen zusagten. Letztendlich kamen etwa 1.600 Personen am angesetzten Tag zur angegebenen Adresse, teilweise kam es zu Vandalismus und Auseinandersetzungen mit der Polizei (Süddeutsche 2011a; Süddeutsche 2011b). So wie in diesem Fall entsteht unklare Öffentlichkeit nicht unbedingt absichtlich oder aus Bequemlichkeit, sondern insbesondere dann, wenn Einstellungen zum Schutz der Privatsphäre aus Unkenntnis oder aus Versehen nicht vorgenommen werden.

Unerwünschte Öffentlichkeit kann auch aus der Versuchung entstehen, frei zugängliche Daten als frei verwendbar zu verstehen. Beispielsweise sammelte Google im Zuge der Etablierung von Google StreetView beim Abfahren öffentlicher Straßen mit seinen Fahrzeugen Daten, die von privaten W-LAN-Netzen allgemein zugänglich ausgesendet werden. Darunter befanden sich wegen unverschlüsselter Netzwerke auch Ausschnitte aus E-Mails, die nach Aussagen von Google versehentlich mitgeschnitten wurden und anschließend wieder gelöscht werden mussten (Heise 2010).

Ähnliches gilt für publizistische Medien: Informationen über und Fotos von Privatpersonen dürfen entsprechend den Richtlinien der Selbstregulierungsinstanzen nur unter besonderen Umständen in den Medien abgedruckt werden (z. B. Presserat 2016: Ziffer 8). Hier kam es in den letzten Jahren wiederholt zu Beschwerden bei den Kontrollinstanzen und in der Spruchpraxis wurde stets darauf hingewiesen, dass Daten aus dem Internet nicht grundsätzlich weiterveröffentlicht werden dürfen (z. B. Schweizer Presserat 2010).

Ein prominentes Szenario besteht in diesem Zusammenhang darin, dass aus aktueller Sorglosigkeit bei der Veröffentlichung von persönlichen Inhalten zukünftige Nachteile entstehen, beispielsweise wenn es um Bewerbungen auf eine Arbeitsstelle geht. Tatsächlich recherchieren Unternehmen ihre Bewerber im Internet (BMELV 2009; Jungwirth/Schubert 2014). Dass dies ein sozial relevantes

Szenario ist, zeigt sich auch daran, dass im (mittlerweile zu den Akten gelegten) Gesetzesentwurf zur Regelung des Beschäftigtendatenschutzes der Versuch unternommen wurde, die Recherche über Bewerber auf Sozialen Netzwerkseiten zu unterbinden (BMI 2010: 4). Auch die Europäische Kommission hatte im Zuge der Überarbeitung des Datenschutzrechtes ein ‚Recht auf Vergessenwerden' (EK 2012: 29) diskutiert und dabei Kinder besonders berücksichtigt:

> „Jede Person sollte ein Recht auf Berichtigung der sie betreffenden personenbezogenen Daten besitzen sowie ein ‚Recht auf Vergessenwerden', wenn die Speicherung ihrer Daten unter Verstoß gegen die Verordnung erfolgt ist. […] Dieses Recht ist besonders wichtig in Fällen, in denen die betroffene Person ihre Einwilligung noch im Kindesalter gegeben hat und insofern die mit der Verarbeitung verbundenen Gefahren nicht in vollem Umfang absehen konnte und die Daten – besonders die im Internet gespeicherten – später löschen möchte" (EK 2012: 29).

In der seit dem 4. Mai 2016 gültigen Fassung[100] der Datenschutz-Grundverordnung sind dementsprechend ein Recht auf Berichtigung und ein Recht auf Löschung personenbezogener Daten im Internet formuliert (DSGVO, Artikel 16 und 17).

Die Adressierung kann sich im Verlauf der Kommunikation allerdings ändern, womit sich gegebenenfalls auch der Öffentlichkeitsstatus ändert. So hatte WikiLeaks im November 2010 teilweise als geheim klassifizierte, diplomatische Depeschen veröffentlicht, die ursprünglich von US-Botschaftern in verschiedenen Ländern an das US-Außenministerium adressiert waren. In diesem Fall sind die ursprünglichen Mitteilungen insofern nichtöffentlich, als dass die Mitteilungen an eine spezifische Organisation gerichtet sind, beide Akteure dem gleichen Staat zugerechnet werden und in einer auf Organisationsebene zu persönlichen Bekanntschaften analogen Beziehung zueinander stehen. Dass die Adressierung als beschränkt und nicht als öffentlich angesehen werden kann, darauf deutet auch der Kommunikationsinhalt hin. Dessen Kenntnisnahme durch Dritte dürfte von Vertretern der US-Regierung bzw. den Botschaftern kaum erwünscht gewesen sein,

---

100 Die Verordnung ist am 4. Mai 2016 im Amtsblatt der Europäischen Union veröffentlicht worden, bis zum Jahr 2018 müssen die Regelungen in den Mitgliedsstaaten umgesetzt werden, siehe http://eur-lex.europa.eu/eli/reg/2016/679/oj (17.09.2016).

da zum Beispiel deutsche Politiker abwertend beschrieben werden (Spiegel 2010). Mit der Veröffentlichung durch die Organisation WikiLeaks bzw. deren Vertreter Julian Assange fand eine Readressierung statt. Es werden auf Grundlage bestehender Kommunikationsobjekte neue Mitteilungshandlungen vollzogen. Deutlich sichtbar ist dies in denjenigen Fällen, wo diese Mitteilungen als Kommunikation über Kommunikation erkennbar sind und eben *berichtet* wird, was jemand anderes gesagt hat. Im Zuge dieser Vermittlungsleistung entsteht erstens eine eindeutig öffentliche Mitteilung (hier: eines Journalisten) und gleichzeitig wird zweitens öffentliche Zugänglichkeit und öffentliche Aufmerksamkeit für die zu Grunde liegende, nichtöffentlich adressierte Mitteilungshandlung (hier: eines Botschafters) erzeugt.

Unerreichte Öffentlichkeit

Angrenzend an den Kernbereich unerwünschter Öffentlichkeit sind solche Fälle zu verorten, bei denen nur entweder Zugänglichkeit oder Aufmerksamkeit öffentlich ausfallen. Gerade im Feld unerwünscht-unerreichter Öffentlichkeit gibt es vermutlich viele unproblematische Fälle. So kann man davon ausgehen, dass einige private Websites oder Weblogs vorrangig der Kommunikation mit Freunden oder der Familie dienen und auch nur von diesen gelesen werden, obwohl sie öffentlich zugänglich sind (Heesen 2008: 58f.; Schmidt 2006: 69-71; Schütz et al. 2005: 265).

Unerreichte Öffentlichkeit im engeren Sinne entsteht, wenn trotz öffentlicher Zugänglichkeit und öffentlicher Adressierung keine öffentliche Aufmerksamkeit erreicht wird. Denn Zugänglichkeit allein reicht nicht aus, um auch Aufmerksamkeit sicher zu stellen. Innovationen, Produkte und Medienangebote können daran scheitern, dass zu wenig oder keine Nachfrage besteht. Solche Fälle werden definitionsgemäß kaum sichtbar, zur Illustration kann zunächst auf ein hypothetisches Beispiel zurückgegriffen werden: Dazu zählen würde ein religiöser Weblog mit missionarischem Anspruch (öffentliche Adressierung), der nur in der eigenen Gemeinde gelesen wird. Auch wissenschaftliche Publikationen und ähnliches können in den Tiefen des World Wide Web oder den langen Regalen einer Bibliothek ein ungelesenes Dasein fristen.

Weniger hypothetische Hinweise auf einen solchen Fall gibt eine Studie der Weltbank, in der die Zugriffe auf deren online veröffentlichte Studien analysiert wurden. Das Ergebnis zeigt, dass ein großer Teil dieser Dokumente niemals heruntergeladen wurde: „During the past 5 years the Bank finalized an average of 322 policy reports per year, of which 49 percent have the stated objective of informing the public debate. About 13 percent of all policy reports are downloaded at least 250 times, while about 32 percent are never downloaded" (Doemeland/Trevino 2014: 4). Nimmt man das formulierte Ziel, zur öffentlichen Debatte beizutragen, als Indikator für öffentliche Adressierung und vollständig fehlende Downloads als Indikator für fehlende öffentliche Aufmerksamkeit, so handelt es sich in den entsprechenden Fällen um unerreichte Öffentlichkeit.[101]

Unterdrückte Öffentlichkeit

In den bislang dargestellten Beispielen wurde davon ausgegangen, dass öffentliche Zugänglichkeit bestand. Im Fall von unerreichter Öffentlichkeit will ein Autor zusätzlich öffentliche Aufmerksamkeit erlangen, es gelingt ihm aber nicht. Bei unerwünschter Öffentlichkeit wird auf keinen Fall öffentliche Aufmerksamkeit angestrebt, es kommt dennoch dazu. Unterdrückte Öffentlichkeit ist im Gegensatz zu diesen beiden Feldern durch fehlende öffentliche Zugänglichkeit bei öffentlicher Adressierung und öffentlicher Aufmerksamkeit gekennzeichnet. Auf den ersten Blick handelt es sich dabei um einen wirklichkeitsfremden Widerspruch: wie kann Aufmerksamkeit ohne Zugänglichkeit entstehen? Tatsächlich ist dies aber auf der Basis der gegebenen Definitionen nicht nur möglich, sondern auch exemplarisch belegbar.

---

101 Welche Anzahl an Dokumenten mit dem Ziel „informing the public debate" niemals heruntergeladen wurden, ist in der Studie nicht erwähnt. Erwähnt wird dagegen, dass bei Dokumenten mit diesem Ziel die Wahrscheinlichkeit eines Downloads im Vergleich zu anderen Zielen höher ist: „We find that reports that have the stated objective of informing the public debate are more likely to be downloaded, and, conditional on being downloaded, are downloaded more frequently" (Doemeland/Trevino 2014: 17). Zudem muss bedacht werden, dass die Messung der Zugriffszahlen darauf basiert, dass die Dokumente nur auf den untersuchten Servern gehostet werden (Doemeland/Trevino 2014: 11) und dass auch bislang nicht gelesene Dokumente durchaus in Zukunft Aufmerksamkeit erlangen können (Doemeland/Trevino 2014: 16).

Zunächst kann in Bezug auf die relative Verwendung des Zugänglichkeitsbegriffs festgehalten werden, dass hohe Aufmerksamkeit nicht mit hoher Zugänglichkeit einhergehen muss. Im Gegenteil: eine geringe Zugänglichkeit impliziert eine sehr aufwändige, kostenintensive Rezeption und wenn es sich um tatsächlich aufgetretene kognitive Kosten handelt, implizieren diese eine hohe Aufmerksamkeit. Das Lesen eines anspruchsvollen Romans oder das Nachvollziehen amtlicher Mitteilungen, die mit rechtskonformen Formulierungen durchsetzt sind, besteht in der Herausforderung, sich eines nicht leicht zugänglichen Werkes durch intensive Auseinandersetzung zu bemächtigen. Ein solches Vorhaben kann scheitern. Und in eben diesem Fall kommt es zu Nichtzugänglichkeit trotz Aufmerksamkeit. Mit Blick auf die Definitionen lässt sich sagen, dass die aufgewendeten kognitiven Ressourcen geringer sind als die notwendigen Ressourcen oder kognitive Ressourcen allein nicht ausreichen.

Unterdrückte Öffentlichkeit entsteht vor allem unter Zensurbedingungen, wenn bei öffentlicher Adressierung die öffentliche Zugänglichkeit erschwert wird. In einer historischen Beschreibung der Pressezensur im Reformationszeitalter trägt Joan Hemels (1982) verschiedene Mechanismen zusammen, die dabei ineinandergreifen. Die Selbstzensur wirkt als ‚Schere im Kopf' auf die Produktion von Aussagen ein, indem drohende Sanktionen antizipiert werden. Im Rahmen einer Vorzensur werden Aussagen vor der Veröffentlichung durch Autoritäten gefiltert, historisch war dies unter anderem im Kirchenrecht verwirklicht. Auf der Ebene von Verbreitungstechniken setzt die Lizenz- und Urheberrechtspolitik an, sodass Verbreitungsmedien kontrolliert werden können. Wenn schließlich dennoch unerwünschte Publikationen in Umlauf kommen, so wird die Verfolgung durch rechtliche Grundlagen wie Impressumspflicht und Sanktionskataloge ermöglicht. All dies führt zu erhöhten notwendigen Rezeptionskosten bzw. verringerter Zugänglichkeit.

Gerade die notwendigen Kosten machen solche Angebote möglicherweise aber sogar attraktiv, sodass Zensur zu unbeabsichtigten Folgen (Merton 1936) führen kann. Unter anderem wies Karl Marx darauf hin, dass eine Abweichung von den Zensurnormen die Aufmerksamkeit steigern kann, insofern kann Zensur in einigen Fällen als Qualitätsmerkmal gelten: „Die Censur macht jede verbotene Schrift, sei sie schlecht oder gut, zu einer außerordentlichen Schrift, während die Preßfreiheit jeder Schrift das materiell Imposante raubt" (Marx 2001: 38). Dieser

Mechanismus ist auch in der internetvermittelten Kommunikation zu beobachten und wird diesbezüglich als Streisand-Effekt bezeichnet. Die amerikanische Künstlerin Barbra Streisand hatte in einem Gerichtsprozess erreichen wollen, dass eine Luftaufnahme ihres Grundstücks von einer Webseite entfernt wird. Erst dieser Vorgang brachte dann allerdings umfangreiche Aufmerksamkeit für die vorher unter vielen Tausend Fotos ‚versteckte' Aufnahme mit sich, das Foto ist nach wie vor im Internet gut auffindbar (Wikipedia 2016).

Eingeschränkte Kommunikationsfreiheiten sind nicht nur ein historisches Phänomen, sondern selbst in der internetvermittelten Kommunikation gängig.[102] Prominent ist hierbei die so genannte Unabhängigkeitserklärung des Cyberspace geworden, in der sich John Perry Barlow als einer der Gründer der Electronic Frontier Foundation gegen staatliche Regulierung wendet: „Ich erkläre den globalen sozialen Raum, den wir errichten, als gänzlich unabhängig von der Tyrannei, die Ihr über uns auszuüben anstrebt. [...] Wir erschaffen eine Welt, in der jeder Einzelne an jedem Ort seine oder ihre Überzeugungen ausdrücken darf, wie individuell sie auch sind, ohne Angst davor, im Schweigen der Konformität aufgehen zu müssen" (Barlow 1996). Grundsätzlich kann man jedoch davon ausgehen, dass Internetregulierung durchaus erfolgreich umgesetzt wird, wie Studien zur Internetregulierung in China zeigen (z. B. OpenNet 2005). Und auch in Deutschland zeigt sich dies unter anderem daran, dass Suchmaschinenanbieter wie Google den Vorgaben des Verfassungsschutzes und des Jugendmedienschutzes zu entsprechen versuchen (Schulz/Held 2007). Da technische Barrieren jedoch oftmals umgehbar sind, ist Zugänglichkeit im Internet ebenso wie in anderen Kontexten letztendlich eine Frage des notwendigen Aufwands. Zudem bringt Zensur immer auch subtile Mechanismen zu ihrer Umgehung hervor, beispielsweise indem eine den Zensoren unverständliche Sprache verwendet wird (Schiewe 2004: 224ff.).

---

102 Für einen Überblick über Medienregulierung auch im Internet siehe Puppis (2007). Für eine verfassungsrechtliche Einordnung von eingeschränkten Kommunikationsfreiheiten im Internet siehe Koreng (2010). Rainer Kuhlen weist darüber hinaus darauf hin, dass Filtermechanismen ambivalent zu bewerten sind: sie ermöglichen nicht nur eine Einschränkung von Kommunikationsfreiheiten durch Staaten, sondern etwa in Form von Werbeblockern auch eine Sicherung von Rezeptionsfreiheiten durch Individuen (Kuhlen 2004: 196ff.).

Gerade im Internet tritt zu staatlich veranlasster zusätzlich privatwirtschaftliche Regulierung hinzu (Koreng 2010: 31). Unternehmen wie Facebook, Google oder Apple schränken durch ihre Geschäftsbedingungen bestimmte Mitteilungsmöglichkeiten ein, die mitunter auch politische Relevanz besitzen. Beispielsweise werden in den App Stores nicht alle Anwendungen zugelassen. Ein prominenter Fall ereignete sich im Jahr 2010, als eine Anwendung des späteren Pulitzer-Preisträgers Mark Fiore gesperrt wurde, die politische Satire enthielt (Singel 2010a). Zur Begründung verwies Apple auf die eigenen Richtlinien: „Applications may be rejected if they contain content or materials of any kind (text, graphics, images, photographs, sounds, etc.) that in Apple's reasonable judgment may be found objectionable, for example, materials that may be considered obscene, pornographic, or defamatory" (Apple 2010: 9; Singel 2010a). Hiermit werden nicht einfach rechtliche Vorgaben umgesetzt, sondern eigene Regeln aufgestellt. Deutlich wird dieser Sachverhalt daran, dass die Entscheidung später revidiert wurde, als die Prominenz von Mark Fiore durch den Pulitzer-Preis und die Diskussion von Apples Entscheidung weiter gesteigert war: „It seems like you need to raise a stink to get something political approved. [...] That's what makes me a little upset, if you are someone people haven't heard of and have an amazing satire app, you won't get this through" (Fiore 2010, zitiert nach Singel 2010b).

Der Öffentlichkeitsstatus kann sich also im Zeitverlauf ändern. In westlichen Demokratien haben sich Organisationen wie die Schriftstellervereinigung P.E.N oder Reporter ohne Grenzen herausgebildet, die auf verschiedene Weisen für Meinungs- und Redefreiheit eintreten und dabei Einfluss auf den Öffentlichkeitsstatus nehmen. Eine interessante Rolle kommt hierbei der Zeitschrift Index on Censorship zu, in der einerseits Regulierungsmaßnahmen reflektiert werden und andererseits Aussagen bzw. Texte ein Forum finden, deren Autoren in ihren Heimatländern keine Veröffentlichungsmöglichkeiten haben. Über diese Zeitschrift fand in der Vergangenheit anscheinend auch ein „Rücktransport" in die jeweiligen Ursprungsländer statt, indem die Hefte unter Umgehung etablierter Medien verbreitet wurden: „Dort selbst fand es durch emsiges Abschreiben oder Fotokopieren seine Leser, wenn es denn an keinem Kiosk zu haben war. Denn was in den Ländern der Autoren nicht veröffentlicht werden durfte, sollte trotzdem zugänglich gemacht werden. Und die Autoren, die in Haft oder durch Verfolgung vereinsamt waren, sollten wissen, daß man von ihnen wußte und sie nicht vergaß" (Ruge

1998: 15). Insofern stellt diese Zeitschrift öffentliche Zugänglichkeit her, wenn Meinungen eines Autors erst dadurch den Kreis der vertrauten Bekannten verlassen können, womit unterdrückte Öffentlichkeit gewissermaßen befreit wird.

Im Kernfeld unterdrückter Öffentlichkeit sind somit Versuche zu verorten, öffentlich adressierte Mitteilungen zu rezipieren, die aufgrund fehlender Zugänglichkeit scheitern. Zwar wird tatsächliches Verstehen damit nicht vorausgesetzt, vorausgesetzt wird aber die Kenntnis, dass es eine Mitteilung gibt, auf die sich Aufmerksamkeit konkret richten kann. Werden Versuche gar nicht erst unternommen, etwa weil niemand Kenntnis von einer öffentlich adressierten Mitteilung erlangt oder niemand Interesse zeigt, so handelt es sich um eine Situation im Feld unterdrückt-unerreichter Öffentlichkeit. Derlei Situationen sind per Definition kaum sichtbar. Dazu gehören würde etwa die Botschaft eines vollständig von der Außenwelt abgeschnittenen politischen Gefangenen, das heißt erfolgreiche Zensur. Zwischen unterdrückter und unerwünschter Öffentlichkeit befinden sich dagegen Situationen, bei denen weder öffentliche Zugänglichkeit noch öffentliche Adressierung gegeben sind, aber öffentliche Aufmerksamkeit besteht. Es handelt sich hier um Kommunikationsversuche, die scheitern. Im Gegensatz zum Kernbereich unterdrückter Öffentlichkeit, ist dieses Scheitern vom Mitteilenden aber erwünscht. Dazu zählen würden Geheimdokumente, an die Journalisten im Zuge investigativen Journalismus erfolglos zu gelangen versuchen.

4.2.2 Inkongruenz

Uneindeutigkeit ist ein Spezialfall von Inkongruenz, das heißt von nicht deckungsgleichen Publika. Selbst wenn eine Situation eindeutig öffentlich ist, müssen die adressierten, potenziellen und tatsächlichen Publika nicht übereinstimmen. Beispielsweise können Zeitungsartikel von einem öffentlichen Publikum rezipiert werden, welches sich vom adressierten öffentlichen Publikum unterscheidet. Hierbei sind alle über Gleichheit hinaus gehenden mengentheoretischen Verhältnisse denkbar: die Reichweite fällt kleiner aus als erwünscht, die Reichweite fällt größer aus als erwünscht, es werden ganz andere Personen erreicht oder es gibt sowohl Schnittmengen als auch Differenzen zwischen den betrachteten Personenkreisen. Der Normalfall publizistischer Kommunikation scheint in Inkongruenz zu bestehen: Schon aus ökonomischen Gründen ist ein möglichst großes Publikum adressiert, wogegen die Zugänglichkeit tendenziell kleiner ausfällt und die tatsächliche Reichweite noch geringer. Im Pressebereich wird dies im Unterschied zwischen gedruckter und verkaufter Auflage erkennbar, im Rundfunk am Quotenwettbewerb. Als Grundlage der folgenden Differenzierungen wird definiert:

> (D14) Eine Kommunikationssituation ist genau dann inkongruent, wenn die Mengen der Akteure im adressierten, potenziellen und tatsächlichen Publikum nicht gleich sind.

So wie Uneindeutigkeit als Spezialfall von Inkongruenz verstanden werden kann, ist Inkongruenz umgekehrt eine Erweiterung von Uneindeutigkeit. In Bezug auf die drei Kommunikationsbeziehungen ergibt sich eine Vielzahl unterschiedlicher Kombinationen, die deutlich über die Anzahl uneindeutiger Öffentlichkeitssituationen hinausgeht und auch über die Betrachtung von unklarer Öffentlichkeit hinausführt. Extreme Inkongruenz zeichnet sich etwa dadurch aus, dass sich in allen Teilmengen der Kombination von adressiertem, potenziellem und tatsächlichem Publikum Akteure finden (siehe Abbildung 6d).

Abbildung 6: Beispiele für inkongruente Situationen

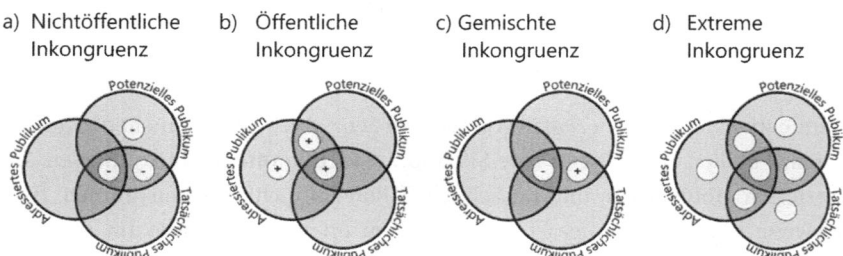

a) Nichtöffentliche Inkongruenz   b) Öffentliche Inkongruenz   c) Gemischte Inkongruenz   d) Extreme Inkongruenz

Die kleinen Kreise symbolisieren Akteure, die großen Kreise Mengen von Akteuren, die in der entsprechenden Kommunikationsbeziehung stehen. Pluszeichen bzw. Minuszeichen kennzeichnen hohe bzw. niedrige soziale Distanz zum Mitteilenden.

Unterstellt man vorläufig, dass innerhalb des adressierten, potenziellen und tatsächlichen Publikums jeweils nur entweder ausschließlich öffentliche oder ausschließlich nichtöffentliche Beziehungen zum Mitteilenden bestehen, dann lassen sich drei Bereiche unterscheiden.[103] Nichtöffentliche Inkongruenz umfasst Situationen, in denen zwar keine öffentliche Adressierung, Zugänglichkeit und Aufmerksamkeit besteht, in denen die Publika aber nicht deckungsgleich sind, weil beispielsweise ganz andere Personen als die Adressaten eine Mitteilung zur Kenntnis nehmen. Öffentliche Inkongruenz würde dann bedeuten, dass Adressierung, Zugänglichkeit und Aufmerksamkeit allesamt öffentlich sind, aber sich auch hier die Publika nicht decken. Gemischte Inkongruenz umfasst Situationen, in denen die Publika sich nicht decken und sich zusätzlich der Öffentlichkeitsstatus von Adressierung, Zugänglichkeit und Aufmerksamkeit unterscheidet. Diese drei Felder werden im Folgenden kurz angesprochen, um Erweiterungsmöglichkeiten der Theorie anzudeuten. Da gemischte Inkongruenz identisch mit uneindeutiger Öffentlichkeit ist und da nichtöffentliche Inkongruenz nicht im Fokus der vorliegenden Arbeit steht, konzentriert sich die Darstellung im Wesentlichen auf öffentliche Inkongruenz.

Nichtöffentliche Inkongruenz

Im Universum der ausschließlich nichtöffentlichen Beziehungen sind alle inkongruenten Situationen weder inkongruent-öffentlich noch uneindeutig-öffentlich. Dementsprechend wird definiert:

(D15) Eine Kommunikationssituation ist genau dann inkongruent-nichtöffentlich, wenn sie inkongruent und nichtöffentlich ist.

In Abbildung 6a findet sich ein Fall, der ähnlich gelagert ist wie unerwünschte Öffentlichkeit: es haben neben der adressierten Person weitere Personen Zugang zu einer Mitteilung und einige von diesen nehmen die Mitteilung auch zur Kenntnis. Diese Fälle liegen aber außerhalb des Untersuchungsbereichs der vorliegenden

---

103 Diese Voraussetzung dürfte selten gegeben sein. Zum Beispiel kann man davon ausgehen, dass Zeitungsartikel nicht nur von einem unbestimmten Publikum gelesen werden, sondern auch innerhalb der Zeitungsredaktion, womit in Bezug auf das Sozialsystem Zeitungsredaktion gleichzeitig öffentliche und nichtöffentliche Beziehungen zwischen Autor und Rezipienten vorliegen. Aus Gründen der Einfachheit wird diese Voraussetzung dennoch zunächst beibehalten und erst weiter unten unter dem Stichwort Komplexität aufgegeben (siehe Kapitel 4.2.4).

Abhandlung, sofern keine öffentlichen (d. h. sozial distanten) Kommunikationsbeziehungen betroffen sind. Es soll lediglich darauf hingewiesen werden, dass Klatschkommunikation, wie sie in einer Studie von Jörg Bergmann (1987) definiert wurde, unter Umständen in diesen Bereich fällt. Bergmann weist darauf hin, dass Klatschkommunikation nur innerhalb eines Bekanntenkreises funktioniert, da sich das Recht auf Information aus einer Vertrauensbasis zwischen den Beteiligten ergibt. Die Klatschobjekte sind Freunde.[104] Auch die Weitergabe von Informationen durch Klatschproduzenten an Klatschrezipienten erfolgt nicht wahllos, sondern ebenfalls an Freunde (Bergmann 1987: 209). Klatsch entsteht dabei durch Indiskretion gegenüber dem Klatschobjekt, womit eine Readressierung stattfindet. Die ursprünglich einem Freund mitgeteilte Information wird von diesem entgegen der ursprünglichen Adressierung weitererzählt. Bergmann nennt das Ergebnis „öffentliche Geheimnisse" (Bergmann 1987: 211).

Allerdings hängt diese Einordnung von Klatsch als eine Form uneindeutiger Nichtöffentlichkeit von der Definition sozialer Distanz ab. Fokussiert man dabei statt auf Bekanntschaft auf die Zugehörigkeit zu einem salienten System (zum Beispiel Familie oder Wohngemeinschaft), dann liegt durchaus uneindeutige Öffentlichkeit vor. Aus Sicht des Klatschobjekts wird in diesem Sinne eine Grenze zwischen nichtöffentlicher Adressierung und öffentlicher Aufmerksamkeit überschritten (Bergmann 1987: 72f.): „Klatsch bezieht einen wesentlichen Teil seiner Energie aus der Spannung zwischen dem, was eine Person öffentlich kundtut, und dem, was sie als ihre Privatangelegenheit abzuschirmen sucht" (Bergmann 1987: 73). Dies verdeutlicht die Notwendigkeit, soziale Distanz und damit Öffentlichkeit beobachterspezifisch zu verstehen.

Öffentliche Inkongruenz

Im Universum von Situationen mit ausschließlich öffentlichen Beziehungen gibt es keine uneindeutig-öffentlichen Situationen, sondern ausschließlich inkongruent-öffentliche:

---

104 Diese Einschränkung nimmt zumindest Bergmann vor und grenzt damit beispielsweise Klatsch über Prominente aus (Bergmann 1987: 61ff.).

(D16) Eine Kommunikationssituation ist genau dann inkongruent-öffentlich, wenn sie inkongruent und öffentlich ist.

Diese Fälle treten beispielsweise auf, wenn in massenmedialer Kommunikation Differenzen zwischen Adressierung, Zugänglichkeit und Reichweite bestehen. Diese Differenzen kommen relativ auf Zugänglichkeit oder Aufmerksamkeit idealtypisch in zwei Richtungen vor, einerseits mit einer kleineren und andererseits mit einer größeren Adressatenmenge.

Hinsichtlich einer relativ größeren Adressatenmenge sind zum Beispiel Kinofilme an möglichst viele Personen adressiert, einige von diesen können die ökonomischen Zugangsbarrieren nicht überwinden und wiederum weniger rezipieren einen bestimmten Film dann auch tatsächlich. In Abbildung 6b ist dieser Fall dargestellt, dass das tatsächliche Publikum kleiner ist als das potenzielle Publikum und das potenzielle Publikum wiederum kleiner ist als das adressierte Publikum. Insofern ist Inkongruenz nicht ungewöhnlich, sie wird aber schon aus ökonomischen Gründen zu verringern gesucht. So könnte durch Marketing versucht werden, mehr Menschen zum Kauf eines Kinotickets zu bewegen. Neben dieser ökonomischen Betrachtung hat der Diskurs zur Wissenslufthypothese (Tichenor/Donohue/Olien 1970) bzw. zum Digital Divide (Arnhold 2003; Konert 2004; Kubicek/Welling 2000; Marr 2004; Riehm/Krings 2006; Zillien 2006) das Verhältnis von Adressierung, Zugänglichkeit und Aufmerksamkeit aus politischer Richtung beleuchtet. Ausgangspunkt waren zunächst systematische Unterschiede zwischen sozioökonomisch niedrigeren und höheren Schichten (Tichenor/Donohue/Olien 1970: 159) bzw. später zwischen Nutzern und Nichtnutzern des Internets (siehe Kubicek/Welling 2000). Für das politische System demokratietheoretisch bedeutsam sind hierbei unterschiedliche Möglichkeiten der politischen Willensbildung und politischer Partizipation, die durch unterschiedliche Zugänge zu Wissen bedingt sind. Die Wissenslufthypothese sagt unterschiedliche Geschwindigkeiten der Wissensaneignung in Abhängigkeit vom Bildungsniveau voraus. Da es hier nur um einen zeitlichen Versatz geht, ist die politische Bedeutung dieser konkreten Hypothese begrenzt, wenn auch grundsätzlich gleiche Partizipationschancen demokratietheoretisch wünschenswert wären. Und auch eine politisch relevante Kluft zwischen Onlinern und Offlinern ergibt sich erst dann, wenn online relevante Inhalte zur Verfügung stehen (Ressourcenprämisse), diese funktional über anderweitig zugängliche Inhalte hinausgehen (Exklusivitätsprämisse) und schließlich auch rezipiert werden (Erschließungsprämisse) (Marr 2004). Während anfangs vorrangig mit Zugangsklüften auf Grundlage technischer Geräteausstattung argumentiert wurde, stehen mittlerweile stärker auch die Kompetenzen der Nutzer sowie unterschiedliche Arten der Nutzung im Vordergrund (Dutton/Blank 2014; Elliot/Earl 2016; Hargittai 2002; Kubicek/Welling 2000; Viseu et al. 2006).

In diesem Diskurs werden für die Betrachtung von Inkongruenz einige Dinge deutlich. Erstens reicht eine geringe Zugänglichkeit über einzelne Medien zur Entstehung einer Problemlage nicht aus – Zugänglichkeit muss sinnvollerweise alle Zugangswege in Bezug auf die nötigen ökonomischen, kognitiven und vielleicht noch andere Ressourcen betrachten und es müssen überhaupt relevante Angebote zur Verfügung stehen. Erst dann kann Inkongruenz zwischen Adressaten und Rezipienten festgestellt werden. Auch ist die zeitliche Struktur bei der Betrachtung notwendiger Ressourcen von Bedeutung: eine geringere Zugänglichkeit kann sich durch langsamere Wissensaneignung auszeichnen. Zweitens wird deutlich, dass Inkongruenz auf gesellschaftlicher Ebene Aktivitäten zu ihrer Beseitigung zur Folge hat. In Deutschland bestehen bis heute Förderprogramme zur Verbesserung des Internetzugangs (BMVI 2016) und zur politischen Wissensvermittlung (bpb 2016).

Eine relativ kleinere Adressatenmenge findet sich beispielsweise bei zielgruppenspezifischer Werbung, wenn Streuverluste auftreten. In diesem Fall werden in der Regel weniger Menschen adressiert als tatsächlich Zugang haben oder erreicht werden.[105] Auch hier wird Inkongruenz aus ökonomischen Gründen zu verringern versucht. Durch verbessertes *targeting*[106] werden sowohl Verbreitungskosten gespart als auch eine Überlastung mit unzutreffender Werbung verringert. Ähnlich verhält es sich mit dem Vertrieb von Medienprodukten wie Spielfilmen, deren

---

105 Diese Argumentation unterstellt eine analytische Vereinfachung: Wirklichkeitsnäher wäre wohl die Annahme, dass durch Werbung immer so viele Menschen wie möglich erreicht werden sollen, dabei aber die Adressierung (bzw. Gewünschtheit antizipierter Rezeption, siehe Kapitel 4.1.3) abgestuft ist.
106 Für einen knappen Überblick über praktisch eingesetzte Targeting-Formen in der Online-Werbung siehe Hass/Willbrandt (2011). Unterschieden werden hier sprachbasiertes, technisches, soziodemografisches und verhaltensbasiertes Targeting.

Zugänglichkeit über verschiedene Verbreitungswege wie Kino, Streaming-Angebote, Datenträger oder Fernsehen zeitlich gestaffelt wird, um den Gewinn zu maximieren. Diese so genannten Sperrfenster sind für geförderte Filme in Deutschland sogar gesetzlich geregelt (FFG, §20). Auch das Urheberrecht schützt Medienunternehmen davor, dass Inhalte beliebig weiter verbreitet werden. Die Wirksamkeit wird dadurch zu erhöhen versucht, dass Kopierschutzmaßnahmen ergriffen werden oder beispielsweise Internetvideos für bestimmte Länder gesperrt werden. Werden diese Regeln nicht eingehalten oder technisch umgangen, so vergrößert sich das potenzielle und tatsächliche Publikum, es entsteht inkongruent-öffentliche Kommunikation.

Auch bei der Abgrenzung inkongruent-öffentlicher von uneindeutig-öffentlicher Kommunikation kommt es darauf an, auf welcher Grundlage soziale Distanz konstatiert wird. Versteht man die Adressierung an beispielsweise lokal begrenzte Publika als ausreichend unspezifisch und nicht an ein salientes Kommunikationssystem gebunden, so handelt es sich bei den Beispielen um öffentliche Beziehungen und damit um inkongruent-öffentliche Situationen. Nimmt man jedoch an, dass zielgerichtete Werbung, Vermarktung oder Verbreitung ein salientes Kommunikationssystem konstituieren oder durch die Benennung spezifischer Kriterien durchaus konkrete Publika entstehen, so würde es sich um uneindeutig-öffentliche Situationen handeln. Die hier aufgebaute Typologie ist damit als idealtypisch zu verstehen. Praktisch erscheint es sinnvoll, sich auf graduelle Übergänge zwischen verschiedenen Typen einzustellen und statt absoluter Maßstäbe die Wahrnehmung der Beteiligten zu berücksichtigen.

Gemischte Inkongruenz

Betrachtet man neben nichtöffentlich- inkongruenten sowie öffentlich- inkongruenten Situationen auch die Möglichkeit, dass sich soziale Distanz zum Mitteilenden zwischen adressiertem, potenziellem und tatsächlichem Publikum unterscheidet, so lässt sich von inkongruent-gemischten Situationen sprechen:

> (D17) Eine Kommunikationssituation ist genau dann gemischt-inkongruent, wenn sie inkongruent ist, aber weder inkongruent-öffentlich noch inkongruent-nichtöffentlich.

Alle uneindeutig-öffentlichen Situationen sind damit gleichzeitig gemischt-inkongruente Situationen und umgekehrt. Entsprechende Beispiele wurden oben bereits besprochen und werden hier nicht wiederholt (siehe Kapitel 4.2.1). In Abbildung 6c ist als Beispiel für gemischte Inkongruenz der Fall unerwünschter Öffentlichkeit modelliert.

4.2.3 Unsicherheit

Ob inkongruent oder uneindeutig – die bisherigen Fälle unterstellen, dass vollständige Informationen sowohl über Adressierung, Zugänglichkeit und Aufmerksamkeit vorliegen als auch über die soziale Distanz zu den adressierten, potenziellen und tatsächlichen Rezipienten. Mitunter ist aber nicht klar, ob jemand zu den Adressaten gehört oder ob im Publikum neben Bekannten auch Unbekannte sitzen. Nicht immer – wenn man die Perspektive einzelner Beteiligter einnimmt – sind Kommunikationsbeziehung und Öffentlichkeitsstatus eindeutig feststellbar. Diese Phänomene sollen als Unsicherheit bezeichnet werden:

> (D18) Eine Kommunikationssituation ist genau dann unsicher-öffentlich, wenn a) die Öffentlichkeit einer Kommunikationsbeziehung nicht feststeht oder b) bei öffentlichen Kommunikationsbeziehungen die Art der Kommunikationsbeziehung zwischen zwei Akteuren nicht feststeht.[107]

Unsicherheit bezieht sich gemäß der Definition auf zwei verschiedene Bereiche. Einmal ist die Art der Kommunikationsbeziehung unsicher und einmal die soziale Distanz zwischen den Beteiligten. Der in der Definition verwendete Begriff des Feststehens verweist dabei auf den Zustand nach dem Vollzug einer Feststellungshandlung. Der eine Feststellungshandlung Vollziehende soll als Beobachter bezeichnet werden, die Handlung selbst als Beobachten und das Ergebnis der Feststellungshandlung als Beobachtung. Unsicherheit ist damit eine beobachterrelative Kategorie. Als Quelle für Unsicherheit kommen in der Folge

---

[107] Diese Definition ist dem Erkenntnisinteresse entsprechend auf potenziell öffentliche Kommunikationssituationen begrenzt. Sie lässt sich aber verallgemeinern: Unsicherheit über Adressierung, Zugänglichkeit und Aufmerksamkeit kann auch in nichtöffentlichen Situationen auftreten.

zwei Formen in Frage: im einem Fall kann ein einzelner Beobachter keine eindeutige Entscheidung herbeiführen (Indetermination), im anderen Fall stimmen zwei Beobachtungen nicht überein (Divergenz).[108] Indem Unsicherheit beobachterrelativ verstanden wird, werden auch die bisherigen Unterscheidungen beobachterrelativ. Ob jemand adressiert ist und wie die soziale Distanz zwischen zwei Akteuren einzuschätzen ist, hängt ganz und gar von der wahrgenommenen Wirklichkeit ab.

Aus der Kombination von Bezugspunkt und Quelle von Unsicherheit lassen sich vier Fälle unterscheiden (siehe Tabelle 9), die im Folgenden mit Beispielen versehen werden.

Tabelle 9: Ausprägungen von Unsicherheit

	Indetermination	**Divergenz**
Öffentlichkeit	Beteiligte können soziale Distanz nicht sicher einschätzen.	Beteiligte schätzen soziale Distanz unterschiedlich ein.
Kommunikationsbeziehung	Beteiligte können Adressierung, Zugänglichkeit oder Aufmerksamkeit nicht sicher einschätzen.	Beteiligte schätzen Adressierung, Zugänglichkeit oder Aufmerksamkeit unterschiedlich ein.

Indetermination

Mitunter ist unklar, ob eine intime oder eine unpersönliche Beziehung zu den Kommunikationspartnern besteht. Dies betrifft insbesondere Kommunikationssituationen, in denen ein Mitteilender wenig über sein Publikum weiß oder Teile des Publikums nicht bedenkt. In der Online-Kommunikation stellt sich beispielsweise die Frage, wie Nutzer ihre Publika konzipieren und ob sie bedenken, dass auf Sozialen Netzwerkseiten mitunter Strafverfolgungsbehörden, Wissenschaftler und Unternehmen mitlesen. In einer Untersuchung der jugendlichen Nutzung

---

108 Genau genommen bedeutet Divergenz, dass ein Beobachter beobachtet, wie ein anderer Beobachter etwas anders beobachtet.

von Sozialen Netzwerkseiten stellten Julia Niemann und Michael Schenk (Niemann/Schenk 2012b) fest, dass das ‚imaginierte' Publikum sich vorrangig aus Bekannten zusammensetzt. Dieser Befund wird dahingehend interpretiert, dass sich die Mitteilungen Jugendlicher auf Sozialen Netzwerkseiten in erster Linie an Gleichaltrige richten, was in der hier verwendeten Terminologie auf nichtöffentliche Adressierung hindeutet. Gleichzeitig wird aber davon ausgegangen, dass Mitteilungen durchaus für Unbekannte zugänglich sind (Niemann/Schenk 2012b: 215).[109] Diese Konstellation deutet zunächst auf uneindeutige Öffentlichkeit hin. Sie führt aber darüber hinaus zu unsicher-öffentlicher Aufmerksamkeit, weil die tatsächlichen Rezipienten vom Mitteilenden in der Regel nicht festgestellt werden können.

Grundsätzlich ist die Einschätzung von Zugänglichkeit und Aufmerksamkeit in der Online-Kommunikation durch die Rahmenbedingungen unsicher. Danah Boyd (2008) hebt in ihrer Unterscheidung von *networked publics*, *broadcast publics* und *unmediated publics* vier Merkmale hervor, deren Kombination in die technische Infrastruktur internetvermittelter Kommunikation eingeschrieben sei (Boyd 2008: 27):[110]

- Jede Kommunikationshandlung wird aufgezeichnet und ist damit im Gegensatz zur flüchtigen Kommunikation unter Anwesenden persistent.
- Kommunikation ist einfach zu duplizieren, prinzipiell findet schon durch die Distribution im technischen Netzwerk eine Vervielfältigung statt.
- Die potenzielle räumliche und zeitliche Reichweite ist vergleichsweise groß.
- Daten können gezielt nach bestimmten Inhalten durchsucht werden, das heißt Suchmaschinen gehören zur Grundstruktur des Internets.

---

109 Zugänglichkeit wird weiter differenziert: die öffentliche Zugänglichkeit wird bei Pinnwandeinträgen höher eingeschätzt als bei Statusmeldungen, insofern ist die Analyse von Öffentlichkeit auf Sozialen Netzwerkplattformen spezifisch auf spezielle Handlungsoptionen zu beziehen: „Die Nutzer differenzieren also den Grad der Öffentlichkeit beider Publikationsformen" (Niemann/Schenk 2012b: 216).
110 Danah Boyd räumt durchaus ein, dass diese Eigenschaften auch auf publizistische Massenmedien (*broadcast publics*) zutreffen (Boyd 2008: 27ff.). Undeutlich bleibt deshalb, inwiefern es sich um spezifische Eigenschaften von Online-Kommunikation bzw. *networked publics* handelt.

Während schon das aktuelle Publikum aufgrund fehlender Rückmeldung von Rezeption kaum abschätzbar ist, so bedeuten Persistenz und Replizierbarkeit, dass sich zukünftige tatsächliche und potenzielle Publika immer schwieriger voraus sagen lassen, umso weiter man versucht in die Zukunft zu blicken. Durchsuchbarkeit begrenzt zudem die Möglichkeit, sich in einer Menge von Daten zu verstecken.[111] Insofern würde es sich insbesondere bei Sozialen Netzwerkseiten um *public-by-default*-Umgebungen handeln (Boyd/Marwick 2011: 14).

Diese Situationen, in denen Anzahl und Rolle der Beteiligten nicht festgestellt werden kann, sollen als indeterminiert bezeichnet werden:

> (D19) Eine Kommunikationssituation ist genau dann indeterminiert-öffentlich, wenn a) die Öffentlichkeit einer Kommunikationsbeziehung (soziale Distanz) oder b) bei öffentlichen Kommunikationsbeziehungen die Art der Kommunikationsbeziehung (Adressierung, Zugänglichkeit, Aufmerksamkeit) aus Sicht eines einzelnen Beteiligten nicht feststeht.

Die beiden genannten Bezugspunkte (Öffentlichkeit und Kommunikationsbeziehung) hängen stark miteinander zusammen: Wenn nicht klar ist, wer zu den potenziellen und tatsächlichen Rezipienten zu zählen ist, so entsteht Unsicherheit in Bezug auf die Kommunikationsbeziehung. Gleichzeitig besteht Unsicherheit in Bezug auf die Öffentlichkeit der Kommunikationsbeziehungen, das heißt darüber, ob und wie gut man die Interaktionspartner kennt und wie gut diese einen selbst kennen.

Divergenz

Die Unentscheidbarkeit des Beziehungsstatus zwischen den Beteiligten kann darüber hinaus aus Differenzen zwischen zwei Beobachtungen resultieren. Solche Situationen entstehen zum Beispiel, wenn sich ein Mitteilender als Repräsentant einer Organisation versteht, gleichzeitig aber davon ausgehen muss, dass das

---

[111] Boyd leitet aus den Merkmalen drei Dynamiken ab: Unsichtbarkeit von Publika, Entgrenzung sozialer Kontexte und Vermischung von Privatem und Öffentlichem (Boyd 2008: 24). Inwiefern dies tatsächlich eine Folge der vier Merkmale ist, wird nicht nachvollziehbar begründet. So scheint die Unsichtbarkeit des Publikums eher mit einer fehlenden Rückkopplung von Rezipienten zu Mitteilenden begründbar zu sein, so dass Rezeption unbeobachtet stattfinden kann.

Gegenüber von einem persönlichen Gespräch außerhalb der Organisationsrolle ausgeht. Hierbei sind unterschiedliche Bezugssysteme latent. Ebenso ist eine Situation in einem Café denkbar, in der sich zwei Gesprächspartner unterschiedlich stark bewusst sind, dass andere Gäste als potenzielle oder tatsächliche Rezipienten anwesend sind, womit gegebenenfalls einerseits das persönliche Interaktionssystem und andererseits ein unpersönliches Interaktionssystem salient sind. Die genannten Beispiele betreffen neben den salienten Systemen auch persönliche Nähe, wenn ein Gesprächspartner eine intime Beziehung unterstellt, der andere Gesprächspartner dessen Sicht auf die Beziehung aber nicht teilt. Alle diese Phänomene sollen als Beobachterdivergenz bezeichnet werden:

> (D20) Eine Kommunikationssituation ist genau dann divergent-öffentlich, wenn a) die Öffentlichkeit einer Kommunikationsbeziehung (soziale Distanz) oder b) bei öffentlichen Kommunikationsbeziehungen die Art der Kommunikationsbeziehung (Adressierung, Zugänglichkeit, Aufmerksamkeit) von zwei Beteiligten unterschiedlich wahrgenommen werden.

Insofern muss die Feststellung uneindeutiger oder unklarer Öffentlichkeit immer relativ auf ein Bezugssystem erfolgen. Dieses Bezugssystem kann allerdings nicht beliebig gewählt werden, sondern ist definitionsgemäß das jeweils *latente*, das heißt von den Beteiligten aktuell wahrgenommene, Bezugssystem. Sind hierbei mehrere Bezugssysteme latent, handelt es sich im Sinne der Definitionen nicht um Unklarheit in Form uneindeutiger oder inkongruenter Öffentlichkeit, sondern um Unklarheit in Form von Unsicherheit. Während Inkongruenz auf dem Ergebnis von Beobachtungen beruht, ist Unsicherheit in Form von Indetermination und Divergenz auf die Beobachtungsprozesse bezogen.

In diesem Sinne ist auch Asymmetrie abzugrenzen von Divergenz. Eine asymmetrische Beziehung läge beispielsweise vor, wenn eine Person viel über eine andere Person weiß oder emotional zugeneigt ist, aber nicht umgekehrt. So lange dieser Zustand festgestellt werden kann, liegt diesbezüglich keine Unsicherheit vor. Vielmehr handelt es sich um eine spezielle Ausprägung sozialer Distanz. Im Zweifelsfall sind asymmetrische Beziehungen als unpersönlich und damit öffentlich anzusehen, da persönliche im Gegensatz zu unpersönlichen Beziehungen definitionsgemäß auf Gemeinsamkeiten basieren, insbesondere wird gemeinsame Verantwortung und gemeinsames Wissen unterstellt (siehe Kapitel 4.1.2).

4.2.4 Komplexität

In ihrer Gesamtheit eröffnen die bislang besprochenen Unterscheidungen bereits eine Beschreibung komplexer Situationen. Dabei ist zu bedenken, dass in einer Situation verschiedene Formen unklarer Öffentlichkeit gleichzeitig auftreten können. Nicht bedacht wurde bislang aber die interne Strukturierung von Publika. Uneindeutigkeit und Inkongruenz entstehen aus den Differenzen zwischen adressiertem, potenziellem und tatsächlichem Publikum in ihrer jeweiligen Gesamtheit. Unsicherheit resultiert aus der Beobachtung von einzelnen Akteuren. Sobald aber ein Publikum aus mehreren Akteuren besteht, steigt die Wahrscheinlichkeit, dass der Öffentlichkeitsstatus sich jeweils innerhalb des adressierten, potenziellen und tatsächlichen Publikums von Akteur zu Akteur unterscheidet.

So verkompliziert beispielsweise Mehrfachadressierung (siehe Kapitel 4.1.3) eine Kommunikationssituation, wenn öffentlich sichtbar mit Freunden oder Bekannten kommuniziert wird. Prototypisch hierfür sind Talkshows aus Sicht eines Gastes, in denen erstens Gäste und Moderator miteinander interpersonal kommunizieren, zweitens die Studiogäste und Fernsehzuschauer angesprochen sind und drittens auch weitere konkrete Personen wie die Bundeskanzlerin adressiert werden können. In allen diesen Adressatenkreisen können persönlich Bekannte wie auch vollkommen Fremde gleichzeitig enthalten sein. Dies gilt auch für die potenziellen und tatsächlichen Rezipienten, beispielsweise wenn journalistische Artikel nicht nur von den Käufern einer Zeitung, sondern ebenso von den Kollegen in der Redaktion gelesen werden. Öffentlichkeit kann sich also nicht nur zwischen den Publika unterscheiden – sowohl innerhalb der Adressaten als auch innerhalb des potenziellen oder tatsächlichen Publikums können Akteure in unterschiedlicher sozialer Distanz zum Mitteilenden stehen.

Diese Fälle sind nicht durch das Konzept uneindeutiger Öffentlichkeit abgedeckt, bei dem sich Öffentlichkeit zwischen den Publika unterscheidet. Es wird deshalb definiert:

(D21) Eine Kommunikationssituation ist genau dann komplex-öffentlich, wenn das adressierte, potenzielle oder tatsächliche Publikum in Hinsicht auf den Öffentlichkeitsstatus in verschiedene Bereiche strukturiert ist.

Damit stellen uneindeutige, inkongruente und unsichere Öffentlichkeit, so wie sie bislang besprochen wurden, auf wenige Akteure begrenzte Vereinfachungen dar. Uneindeutig-öffentliche und komplex-öffentliche Situationen schließen sich aber nicht aus, vielmehr ist unerwünschte Öffentlichkeit in der Regel auf einen Ausschnitt komplex-öffentlicher Situationen bezogen. Trotz unerwünschter Öffentlichkeit wird der Adressat möglicherweise erreicht, aber eben nicht nur dieser allein, sondern zusätzlich Akteure aus anderen Bezugssystemen.

Es gibt allerdings empirische Hinweise auf Mechanismen der Komplexitätsreduktion, die weiter unten zur Formulierung der Vermeidungsthese führen (Kapitel 5.3). Danah Boyd und Alice Marwick beschreiben auf der Datenbasis von Interviews verschiedene Techniken, mit denen Teenager versuchen, ihre Publika zu kontrollieren und insbesondere für die Eltern nicht sichtbar zu sein: „A small minority of teens seek out broader audiences, welcoming strangers who seem to share their worldview. Yet, even teens who welcome broad audiences do not assume that they are publicizing information to all people across all space and all time when they engage in networked publics" (Boyd/Marwick 2011: 9). So deaktiviert eine Befragte täglich ihren Facebook-Account, eine andere verwendet mehrere Profile, Nachrichten werden schnellstmöglich gelöscht oder kryptisch formuliert (Boyd/Marwick 2011: 15ff.). Zudem stellen Gabi Reinmann und Jan-Mathis Schnurr in einer qualitativen Befragung von Jugendlichen eine Komplexitätsreduktion auf inhaltlicher Ebene fest: „Eindeutige Tabu-Themen sind allerdings und allein Angelegenheiten der Familie (z. B. die Eltern betreffend), in einem einzelnen Fall auch Wissen um kriminelle Handlungen" (Reinmann/Schnurr 2012: 117). Eine solche Komplexitätsreduktion kann auch anbieterseitig erfolgen. Das mittlerweile geschlossene Netzwerk SchülerVZ etwa setzte auf das Prinzip, dass ein Beitritt nur durch Einladung vollzogen werden konnte, womit Eltern und Lehrern der Zugang versperrt werden sollte (Niemann/Schenk 2012a: 23). Diese Beispiele deuten darauf hin, dass die durch unklare Öffentlichkeit hervorgerufene Komplexität eine relevante Kategorie für das Verhalten von Individuen ist.

4.3 Zwischenfazit

Ausgehend von der Unterscheidung von drei Kommunikationsbeziehungen und deren Qualifikation als öffentlich oder nichtöffentlich wurden vier Bereiche unklarer Öffentlichkeit umrissen:

1. **Uneindeutig-öffentlich**: Uneindeutige Öffentlichkeit thematisiert das Verhältnis zwischen Adressierung, Zugänglichkeit und Aufmerksamkeit. Wenn nicht in allen drei Beziehungen gleichermaßen Öffentlichkeit oder Nichtöffentlichkeit vorliegt, handelt es sich um uneindeutige Öffentlichkeit. Typisch sind Situationen unerwünschter Öffentlichkeit, bei der eine persönlich adressierte Mitteilung versehentlich ein breites Publikum erreicht. Davon lassen sich unerreichte und unterdrückte Öffentlichkeit unterscheiden.

2. **Inkongruent-öffentlich**: Inkongruenz bedeutet, dass adressiertes, potenzielles und tatsächliches Publikum nicht übereinstimmen. Neben uneindeutig-öffentlichen Situationen sind darunter typischerweise Situationen zu fassen, in denen die gewünschte Reichweite nicht erreicht wird. In der publizistischen Massenkommunikation ist dies schon aus ökonomischen Erwägungen heraus der Normalfall. Hier reicht in der Regel die Adressierung weiter als die Zugänglichkeit und die Zugänglichkeit wiederum weiter als die tatsächliche Aufmerksamkeit.

3. **Unsicher-öffentlich**: Das Konzept unsicherer Öffentlichkeit lenkt den Blick auf die Beobachtungsleistung der Beteiligten. Nicht immer können Mitteilende zweifelsfrei feststellen, wie sich das Publikum gestaltet. Zudem können die Einschätzungen zwischen verschiedenen Beteiligten auseinandergehen. Diese beiden Quellen von Unsicherheit sind entweder auf die Öffentlichkeit einer Kommunikationsbeziehung oder auf die Art der Kommunikationsbeziehung gerichtet. Typisch sind hier Situationen in der Online-Kommunikation, bei denen unsicher ist, ob Dritte wie Eltern, Wissenschaftler, Strafverfolgungsbehörden oder der Anbieter selbst mitlesen.

4. **Komplex-öffentlich**: Kommunikationssituationen sind in der Regel komplex, weil die Publika sich in Bezug auf Öffentlichkeit in verschiedene Bereiche strukturieren. So ist selbst in der publizistischen Massenkommunikation nicht

nur mit einem öffentlichen Publikum zu rechnen. Artikel oder Rundfunkbeiträge werden ebenfalls von persönlich Bekannten rezipiert, zum Beispiel innerhalb der Redaktion.

Die zu Grunde liegenden Unterscheidungen basieren im Wesentlichen auf Eigenarten der kommunikationsstrukturellen Beziehungen zwischen den Beteiligten, wobei inkongruente, unsichere und komplexe Öffentlichkeit jeweils Verallgemeinerungen uneindeutiger Öffentlichkeit darstellen. Als solche sind sie nicht nur zur Analyse von Öffentlichkeit nützlich. Inkongruenz, Unsicherheit und Komplexität treten auch unabhängig von Öffentlichkeit auf. Indem aber öffentliche Beziehungen so definiert wurden, dass sie durch soziale Distanz konstituiert werden, lassen sich diese Unterscheidungen explizit auf den Bereich zwischen eindeutiger Öffentlichkeit und eindeutiger Nichtöffentlichkeit beziehen. Zusammengefasst kann dann definiert werden:

> (D22) Eine Situation ist genau dann unklar-öffentlich, wenn sie uneindeutig-öffentlich, inkongruent-öffentlich, unsicher-öffentlich und/oder komplex-öffentlich ist.

Unklare Öffentlichkeit ist damit eher ein Normalfall von Kommunikation. Die Idealtypen klarer Öffentlichkeit oder Nichtöffentlichkeit werden theoretisch nur selten vollständig realisiert. Hierzu müssten sich adressiertes, potenzielles und tatsächliches Publikum in einer Situation vollständig decken, alle Rezipienten müssten entweder einheitlich in sozialer Distanz oder in sozialer Nähe zum Mitteilenden stehen und es müsste vollständige Information über die jeweiligen Akteure vorliegen.

Durch die idealtypische Definition lassen sich aber ganz im Sinne Max Webers (1985a: 190ff.; 1985b: 560)[112] konkrete Situationen einordnen und unterei-

---

112 Ein Idealtyp wird im Gegensatz zu Durchschnitten „gewonnen durch einseitige Steigerung eines oder einiger Gesichtspunkte [...]" (Weber 1985a: 191), so dass „diese Konstruktion den Charakter einer Utopie" (Weber 1985a: 190) aufweist. Weber stellt den Begriff des Idealtypus als wesentlich für sozialwissenschaftliches Arbeiten heraus, da damit begriffliche Klarheit gewonnen werde, obwohl die Wirklichkeit weitaus diffuser sei (Weber 1985a: 190ff.). Idealtypische Begriffe sind dann besonders nützlich, wenn sie übertreiben: „Je schärfer und eindeutiger konstruiert die Idealtypen

nander im Hinblick auf den Abstand zu den Idealtypen vergleichen. Die bisherigen Ausführungen geben Hinweise darauf, wie hierbei vorgegangen werden kann. Insbesondere im Hinblick auf eine empirische Operationalisierung der Begriffe ist zu beachten, dass die Ausprägungen graduell, mehrdimensional und beobachterrelativ verstanden werden sollten.

Bislang handelte es sich bei der Auseinandersetzung mit unklarer Öffentlichkeit um eine reine Begriffsklärung bzw. -setzung. Dieser Teil der Theorie gibt eine Antwort auf die erste Forschungsfrage, wie sich unklar-öffentliche Situationen beschreiben lassen. Er birgt damit noch keinerlei Erklärungspotenzial für das Verhalten in sozialen Situationen.[113] Die verschiedenen Beispiele deuten aber bereits an, dass sich der Öffentlichkeitsstatus im Zeitverlauf ändert, mal mehr und mal weniger problematische Konsequenzen zeitigt und von den Motiven der Beteiligten beeinflusst wird. Es ergibt sich daraus die Frage, wie Individuen mit unklarer Öffentlichkeit umgehen. Im Folgenden wird es um diese Frage gehen, indem erstens eine Verbindung zwischen Handlungstheorie und unklarer Öffentlichkeit hergestellt wird und zweitens eine These zur Erklärung von Verhalten aufgestellt wird.

---

sind: je weltfremder sie also, in diesem Sinne, sind, desto besser leisten sie ihren Dienst" (Weber 1985b: 561).

113 Eine solche Form der Theorie wird von Mayntz/Scharpf als Ansatz bezeichnet bzw. als eine Heuristik, die „wissenschaftliche Aufmerksamkeit auf bestimmte Aspekte der Wirklichkeit lenkt" (Mayntz/Scharpf 1995: 39).

5 Theorie unklarer Öffentlichkeit II – Öffentlichkeitsverhalten

Während Öffentlichkeit oft als ein makrotheoretisches Konzept verstanden wird, sind die vorangegangenen Ausführungen daran orientiert, zur Beschreibung individuellen Verhaltens beizutragen. Dennoch bezieht das hier vertretene, mikrotheoretische Öffentlichkeitskonzept genauso wie die makrotheoretischen Konzeptionen immer auch das Verhältnis zu anderen Individuen mit ein. Im Gegensatz zu anderen Konzeptionen (siehe Kapitel 2 und 3) wird dabei jedoch nicht die Ausbildung von kollektiven Zusammenhängen in den Blick genommen, sondern individuelles Verhalten in sozialen Situationen. Öffentlichkeit bezeichnet hierbei keine sozialen Entitäten wie etwa kollektive Handlungssysteme, sondern die Eigenschaft einer Situation, öffentlich zu sein. In Bezug auf klare ebenso wie unklare Öffentlichkeit ist individuelles Verhalten somit immer eingebettet in soziale Situationen.

Die zweite Forschungsfrage dieser Arbeit, wie sich Individuen in Bezug auf unklare Öffentlichkeit verhalten, fordert nicht nur zur Beschreibung von Verhalten, sondern auch zu dessen Erklärung auf. Ganz grundsätzlich kann aufgrund der bisherigen Auseinandersetzung angenommen werden: Bei der Erklärung von Verhalten ist der Öffentlichkeitsstatus ein situativer Faktor unter vielen anderen, zum Beispiel neben individuellen Persönlichkeitsmerkmalen wie der Neigung zu Selbststoffenbarung. Gleichzeitig konstituiert Verhalten Öffentlichkeit, indem öffentliches Mitteilungs- und Rezeptionsverhalten vollzogen oder eben nicht vollzogen wird. Diese Sichtweise setzt das Leitmotiv aus der Öffentlichkeits-, Privatheits- und Selbstoffenbarungsforschung fort, wonach Öffentlichkeit sowohl Einfluss auf Handeln nimmt als auch von Handeln beeinflusst ist (siehe Kapitel 3).

Die Einordnung von Öffentlichkeit als situativer Erklärungsfaktor und als Konstitutionsergebnis wird im Folgenden dahingehend ausgeführt, dass zunächst der Situationsbegriff geklärt wird (Kapitel 5.1). Damit soll der oben in den Definitionen unterstellte Begriff der Kommunikationssituation an Kontur gewinnen. Denn der Versuch, Verhalten durch Öffentlichkeit zu erklären, setzt eine Vielzahl allgemeiner soziologischer Begriffe und Unterscheidungen voraus. Es mag vor dem Hintergrund der umfangreichen und mannigfaltigen soziologischen Grundlagenliteratur müßig erscheinen, diese Begriffe noch einmal zu thematisieren. Gerade die Vielfalt macht ein solches Unterfangen allerdings notwendig, um Missverständnissen vorzubeugen bzw. sie erst sichtbar zu machen. Wo möglich sollen soziologisch informierte Assoziationen durch ein explizites Begriffsverständnis ersetzt werden. Im Zuge der folgenden Erläuterungen werden deshalb einige grundlegende Begriffe expliziert. Sie sind nicht mit einem universalen Geltungsanspruch versehen, sondern allenfalls als axiomatische bzw. definitorische Prämissen der hier verfolgten Theorie zu verstehen. Diese Klärung umreißt den Gegenstandsbereich, indem wichtige Merkmale von Kommunikationssituationen herausgestellt werden, die in einen Erklärungszusammenhang mit unklarer Öffentlichkeit gebracht werden können.

Im zweiten Schritt wird das in Kommunikationssituationen relevante Verhalten differenziert und es wird ein entsprechendes Prozessmodell vorgeschlagen (Kapitel 5.2, siehe Abbildung 8 auf Seite 170). Zentraler Angelpunkt des Prozessmodells ist das Konzept von individuellen Erwartungen (Kapitel 5.2.2), die durch Markierungen (Kapitel 5.2.1) des Öffentlichkeitsstatus aktualisiert werden und kommunikativem Verhalten (Kapitel 5.2.3) zu Grunde liegen. Es stellt sich in die eine Richtung die Frage, welche Arten von Öffentlichkeit zur Aktualisierung welcher Erwartungen führen. In die andere Richtung stellt sich die Frage, welche Erwartungen zu welcher Art von Öffentlichkeit führen. Indem Erwartungen nicht nur auf vergangene, sondern auch auf antizipierte Situationen bezogen werden, geraten zudem nichtrealisierte Situationen in den Blick.

Diesbezüglich wird schließlich die forschungsleitende These vertreten, dass Markierungen unklarer Öffentlichkeit zur Aktualisierung von Vermeidungserwartungen führen (Kapitel 5.3). Eben diese Vermeidungserwartungen verringern die Realisierungswahrscheinlichkeit von Situationen unklarer Öffentlichkeit oder provozieren zumindest entsprechendes Sanktionsverhalten. Daraus folgt eine Komplexitätsreduktion, sodass trotz der Unwahrscheinlichkeit die Pole eindeutig öffentlicher und nichtöffentlicher Situationen praktische Relevanz entfalten. Die Vermeidungsthese wird vor allem konsistenztheoretisch begründet. Unklare Öffentlichkeit wird als ein situativer Umstand verstanden, der als Dissonanz zwischen erwünschten, potenziellen und tatsächlichen Zuständen verhaltenswirksam wird. Durch das Konzept von Vermeidungserwartungen wird Öffentlichkeit also gleichzeitig als Einfluss auf Verhalten als auch als dessen Ergebnis begriffen.

Die Vermeidungsthese erfüllt erkenntnistheoretisch eine zweifache Funktion. Zum einen ist sie als empirisch bearbeitbare These angelegt, die eine Überprüfung der Theorie unklarer Öffentlichkeit erlaubt. Die folgenden Ausführungen legen die Grundlage, um zumindest in einem ausgewählten Anwendungsbereich einen experimentellen Hypothesentest durchzuführen. Zum anderen erfüllt die Vermeidungsthese eine heuristische Funktion, indem sie zur Identifizierung der Grenzen der Theorie auffordert. Die kommunikationsstrukturelle Differenzierung des Öffentlichkeitsbegriffs ist damit ein analytisches Werkzeug zur Untersuchung von Kommunikationssituationen. Die theoretische Verbindung mit dem Situationskonzept erlaubt es, empirische Forschungsfragen aufzuwerfen und Hypothesen zur Erklärung von Verhalten unter Bedingungen unklarer Öffentlichkeit zu begründen. Das Ziel des folgenden Kapitels besteht somit darin,

a) das Konzept unklarer Öffentlichkeit in der soziologischen Handlungstheorie zu verankern, woraus sich eine Heuristik zur statischen Analyse von Kommunikationssituationen ergibt,

b) darauf aufbauend eine Möglichkeit zur Erklärung von Verhalten zu entwickeln, womit eine Heuristik zur dynamischen Analyse von Kommunikationssituationen entsteht, sowie

c) eine empirisch bearbeitbare Hypothese zu entwickeln, die neben dem heuristischen Wert eine Theorieprüfung erlaubt.

Es wird dafür argumentiert, dass die bislang angeführten Unterscheidungen grundlegend für das Handeln von Menschen sind. Argumente gegen diese Position werden als Herausforderung begriffen, die Rahmenbedingungen des Geltungsanspruchs zu präzisieren. Es wird damit der Einsturz des bisherigen Theoriegebäudes sehend riskiert, in der Hoffnung aus der beharrlichen Zuspitzung von Thesen einen Erkenntnisgewinn ziehen zu können.

5.1 Situationen

5.1.1 Basale Situationen

Situationen können analytisch als individuellem Verhalten übergeordneter Wirklichkeitskomplex verstanden werden. Damit verbunden sind mindestens drei verschiedene Konzepte, die im Folgenden kurz besprochen werden: raumzeitlich verortetes Verhalten, Einflussfaktoren auf Verhalten und ein gemeinsamer Wahrnehmungsraum.

Erstens wird der Situationsbegriff in einem allgemeinen Sinn für das in Raum und Zeit verortete Verhalten verwendet. Friedrichs definiert Situationen in diesem Sinne als „Handeln eines oder mehrerer Akteure auf einem angebbarem [sic!] Raum in einem angebbaren, nicht offenen Zeitraum" (Friedrichs 1974: 47). Auch wenn sich Friedrichs dabei vermutlich auf ein physikalisches Raumverständnis bezieht, muss es sich nicht unbedingt um einen Raum im physikalisch-geografischen Sinn handeln, auch soziale Koordinaten oder die Konfiguration von bestimmten Wirkfaktoren können als Räume beschrieben werden (Lewin 1982; Lewin 1969). Als basale Arbeitsdefinition kann hieran anschließend zunächst allgemein definiert werden, was unter Situationen verstanden werden soll:

> (D23) Situationen sind angebbar raumzeitlich begrenzte Verhaltenskomplexe von mindestens einem Akteur.

Situationen sind damit ein Tupel[114] aus Akteur(en), Verhalten sowie raumzeitlichen Grenzen. Diese Eigenschaften stellen die Koordinaten dar, mit deren Hilfe sich konkrete Situationen im Universum aller Situationen identifizieren lassen. Sie lassen sich darüber hinaus durch weitere Eigenschaften beschreiben, beispielsweise welcher Art das Verhalten ist, welche Motive die Akteure damit verfolgen oder auf welche Objekte sich das Verhalten richtet (Friedrichs 1974: 52). Mittels solcher Eigenschaften lassen sich auch hypothetische Situationen konstruieren (Friedrichs 1974: 50). Davon zu unterscheiden sind Situationsklassen, die eine

---

114 Der mathematische Tupelbegriff wird hier anstelle des Mengenbegriffs verwendet, weil genau drei Elemente unterschiedlichen Typs zusammengefasst werden. Tupel sind formal als Mengen darstellbar, legen im Gegensatz zu einfachen Mengen aber eine Reihenfolge fest.

Menge von Situationen dadurch zusammenfassen, dass einzelne Koordinaten und beschreibende Eigenschaften unterspezifiziert sind. Eine solche Situationsklasse wäre zum Beispiel die Menge aller Situationen, in denen sich Individuen verabreden. In diesem Sinne wären auch Kommunikationssituationen eine Teilklasse aller Situationen (siehe Kapitel 5.1.3).

Für die Erklärung von Verhalten ist zusätzlich ein Situationskonzept hilfreich, bei dem nicht ausschließlich Verhaltenskomplexe, sondern stärker Einflussfaktoren thematisiert werden. Situationen umfassen in diesem Sinne alle Faktoren bzw. Bedingungen, die ein bestimmtes Verhalten beeinflussen, nicht aber unbedingt das Verhalten selbst. Sich in einer bestimmten Situation zu befinden, bedeutet dann, sich in bestimmten Umständen zu befinden. Die Situation sind die Umstände, an denen sich das individuelle Verhalten orientiert. William Thomas und Florian Znaniecki unterscheiden in der methodologischen Vorbemerkung der klassischen Studie „The Polish Peasant" drei solche Einflussbereiche. Erstens sind ökonomische, soziale, religiöse oder andere Werte als objektive Rahmenbedingungen relevant, wenn sie die Beteiligten beeinflussen. Zweitens beinhalten Situationen die individuellen Einstellungen der Beteiligten. Drittens formen die Beteiligten aus den objektiven Bedingungen und ihren Einstellungen eine Definition der Situation, das heißt sie bringen die wahrgenommenen Einflüsse in eine subjektive Rangfolge und wählen die subjektiv dominanten Einflüsse als handlungsrelevant aus (Thomas/Znaniecki 1927: 68). Die Autoren beschreiben menschliche Aktivität als eine fortlaufende Auflösung von Situationen, in deren Folge vorheriges Verhalten in die objektiven, individuellen und definitorischen Rahmenbedingungen nachfolgender Situationen einfließt (Thomas/Znaniecki 1927: 70). Neben den raumzeitlichen Koordinaten von Verhalten sollte eine Situationsbeschreibung demnach die vermuteten Wirkfaktoren in einer Form enthalten, die subjektive Relevanzsetzungen berücksichtigt. Dies wird durch eine Definition sozialer Situationen eingelöst.

5.1.2 Soziale Situationen

Geht es um Kommunikation, so ist bei der Analyse von Situationen in der Regel mehr als ein Akteur zu beachten, das heißt es geht um soziale Situationen. Situationen in diesem Sinne entstehen gemäß der Begriffsverwendung von Erving Goffman bei gegenseitiger Beobachtung und vergehen, wenn nur noch eine Person anwesend ist (Goffman 2009b: 34). Weder die raumzeitlichen Koordinaten, noch einfach alle möglichen Wirkfaktoren bilden allein eine soziale Situation, sondern die Anwesenheit von Individuen im gleichen Wahrnehmungsraum. Zusätzlich berücksichtigt Goffman einen soziologisch besonders relevanten Einflussfaktor, indem geltende Verhaltensregeln als Teil der Situation aufgefasst werden: „Es ist diese Möglichkeit allgemein verfügbarer Kommunikation und das Regelwerk zu ihrer Kontrolle, die einen rein räumlichen Bereich in eine soziologisch relevante Einheit verwandeln, kurz, in eine Situation" (Goffman 2009b: 164). Soziale Situationen sind also nicht einfach nur ein äußerlich beobachtbares Geschehen, sondern sind mit inneren Erwartungen der Beteiligten verbunden. Diese Sicht ist soziologisch auch deshalb sinnvoll, weil Situationen als kleinste strukturverwirklichende Elemente eine Verbindung zwischen Mikro- und Makroebene, zwischen Individuen und Gesellschaft herstellen (Friedrichs 1974: 47ff.). Ein solches Begriffsverständnis von sozialen Situationen vereinigt das Konzept von Situationen als Wirkfaktoren und das Konzept von Situationen als raumzeitlich verortetem Verhalten, setzt dafür aber immer mindestens zwei Individuen voraus.[115] Diese Voraussetzung kann in der vorliegenden Arbeit unproblematisch akzeptiert werden, weil die Analyse von Öffentlichkeit immer mehrere Akteure umfasst. Im Anschluss an Goffman wird deshalb definiert:

> (D24) Soziale Situationen sind Situationen, bei denen sich mindestens zwei Akteure in einem gemeinsamen Wahrnehmungsraum befinden und bei denen die Akteure Verhaltenserwartungen aktualisieren.

Erwartungen, als zentrales Charakteristikum sozialer Situationen, werden weiter unten in desiderative, deontische und faktische Erwartungen differenziert (Kapitel 5.2.2).

---

115 Goffman unterscheidet außerdem zwischen einem situativen und einem situierten Aspekt des Verhaltens in einer Situation. Ersteres umfasst alles, was nur in einer Situation entstehen kann, letzteres umfasst auch allein durchführbare Aktivitäten (Goffman 2009b: 38).

5.1.3 Kommunikative Situationen

Die zur Klärung unklarer Öffentlichkeit vollzogenen Definitionsakte beziehen sich nicht nur auf soziale Situationen, sondern auf Kommunikationssituationen. Nicht jede soziale Situation ist eine Kommunikationssituation, aber jede Kommunikationssituation ist eine soziale Situation. Denn Kommunikation setzt wechselseitig aufeinander bezogenes kommunikatives Verhalten voraus, was erstens einen gemeinsamen Wahrnehmungsraum impliziert und zweitens Verhaltenserwartungen in Bezug auf die Verwendung einer gemeinsamen Sprache, das heißt symbolisch vermittelte Interaktion. Es reicht nicht aus, dass jeder Akteur für sich kommunikatives Verhalten vollzieht, sondern dieses Verhalten muss auf einander bezogen sein (siehe Beck 2007: 33; Burkart 2002b: 32):

> (D25) Kommunikationssituationen sind soziale Situationen, in denen kommunikatives Verhalten wechselseitig aufeinander bezogen ist.

Nimmt man diese Definition von Kommunikationssituationen als Idealtyp, dann lässt sich abstufen zwischen kommunikativen, teilkommunikativen und vorkommunikativen Situationen. Kommunikationssituationen setzen wechselseitiges kommunikatives Verhalten voraus. Hiermit ist nicht gesagt, dass *erfolgreiche*[116] Kommunikation vollzogen wird, sondern nur, dass Mitteilungs- und Rezeptionsverhalten aufeinander bezogen sind, mithin Interaktion stattfindet.[117] Fehlt eine Seite, insbesondere die Rezeption, so würde es sich um teilkommunikative Situationen handeln. Ist noch überhaupt kein kommunikatives Verhalten vollzogen worden, fehlt also auch die zweite Seite, so handelt es sich um vorkommunikative

---

116 Es kommt natürlich darauf an, was als Erfolg von Kommunikation angesehen wird. Nimmt man Verstehen oder sogar Konsens als Erfolgskriterium, so umfassen Kommunikationssituationen gemäß der Definition auch nicht erfolgreiche Kommunikation bzw. Kommunikationsversuche, so lange wechselseitig aufeinander bezogenes kommunikatives Verhalten vorliegt. Es lässt sich dann zum einen unterscheiden zwischen erfolgreichen und nicht erfolgreichen Kommunikationssituationen. Zum anderen wird die ohnehin schwierige Feststellbarkeit ausreichender Verständigung umgangen, ohne den Kommunikationsbegriff aufzugeben. Zum Kommunikationsbegriff siehe Kapitel 5.2.3.

117 Darüber hinaus wird unten Zugänglichkeitsverhalten als eine Form kommunikativen Verhaltens aufgefasst, auch wenn es praktisch häufig mit Mitteilungs- oder Rezeptionsverhalten zusammenfällt, siehe Kapitel 5.2.3.

Situationen. In diesem Fall würde die Kommunikationssituation lediglich als Antizipation, als geplante Kommunikationssituation, bestehen. Teil- und vorkommunikative Situationen sind weder Kommunikationssituationen im engeren Sinne noch zwangsläufig soziale Situationen, insbesondere wenn kein gemeinsamer Wahrnehmungsraum besteht. Die Definition von Kommunikationssituationen soll aber weder teilkommunikative noch vorkommunikative Situationen aus dem Erkenntnisinteresse ausschließen. Im Gegenteil, gerade wenn es um den Einfluss von Öffentlichkeit auf Situationen geht, stellt sich die Frage, unter welchen Umständen welches kommunikative Verhalten nicht vollzogen wird.

Der gemeinsame Bezugspunkt wechselseitig aneinander orientierten, kommunikativen Verhaltens sind symbolisch vermittelte Aussagen. Dieser Bezugspunkt unterscheidet Kommunikation von anderen Interaktionsformen und wird im Folgenden als Mitteilung bezeichnet. Mitteilungen sind nicht als physikalisches Artefakt zu verstehen, vielmehr werden Mitteilungen erst durch gemeinsames kommunikatives Verhalten konstituiert und verändert. Sie lassen sich durch vier wesentliche Merkmale charakterisieren:

1. Die **Beteiligten einer Mitteilung** vollziehen als Akteure die für eine Mitteilung konstitutiven kommunikativen Handlungen. Ohne Beteiligte gibt es keine Kommunikationssituationen, nicht einmal soziale Situationen. Sowohl wem etwas mitgeteilt wird (Adressierung), wer diese Mitteilung mit welchem Aufwand prinzipiell wahrnehmen kann (Zugänglichkeit) als auch welche Akteure sich tatsächlich im gleichen Wahrnehmungsraum befinden (Aufmerksamkeit) sind bei der Beschreibung von Mitteilungen zu berücksichtigen, wenn es um den Öffentlichkeitsstatus als Einfluss und Resultat von Verhalten geht.

2. Der **Ort einer Mitteilung**, bestimmt durch raumzeitliche Koordinaten des Wahrnehmungsraums, stellt per Definition ein grundlegendes Merkmal von Situationen dar. Im Fall von Kommunikationssituationen sind auch Medien als Orte zu verstehen: eine Mitteilung kann zum Beispiel über das Telefon oder von Angesicht zu Angesicht vollzogen werden.[118] Ist der mediale oder

---

[118] Anders als zum Beispiel bei Heesen (2008: 38ff.) wird der Unterschied zwischen Räumen und Orten nicht in der Gegenständlichkeit gesehen. Vielmehr stellen Räume (als abstrakte Kategorie) hier

physikalische Ort hinreichend bestimmt, so wird darüber eine Mitteilung im Universum aller Mitteilungen identifizierbar. Orte spielen bei der Betrachtung von Öffentlichkeit schon immer eine zentrale Rolle, etwa wenn das Entstehen einer bürgerlichen Öffentlichkeit im 18. Jahrhundert in Cafés, Konzerthäusern und Zeitschriften verortet wird (siehe Kapitel 3.1.1).

3. Der **Inhalt einer Mitteilung** besteht im mitteilend oder rezipierend zu einer Aussage zugeschriebenen Sinn. Ohne Zeichen mit Mitteilungscharakter, ohne symbolische Vermittlung, ohne die Transformation nichtkommunikativer in kommunikative Dinge kann es keine Kommunikation geben. Als Inhalt gilt dabei nicht nur die Aussage über Gegenstände in der Welt (Propositionen), sondern auch der pragmatische Sinn einer Mitteilung (Illokutionen).[119] In Bezug auf Öffentlichkeit sind je nach Perspektive vor allem Aussagen mit kollektiven Bezügen (siehe Kapitel 3.1 und 3.2) und personenbezogene Aussagen (siehe Kapitel 3.3) relevant.

4. Die **Modalität einer Mitteilung** umfasst die Art und Weise der Realisierung einer Mitteilung, beispielsweise die Lautstärke einer mündlichen Aussage. Modalitäten sind damit sprachliche oder paraverbale Besonderheiten, die bei gleichem Inhalt auch anders realisiert werden können. Diese Eigenschaft von Mitteilungen ist etwa bei der Unterscheidung von Nähe- und Distanzsprache (siehe Kapitel 3.3.4), aber auch in Bezug auf Anforderungen an öffentliche Kommunikation aus deliberativer oder liberaler Sicht – Laienorientierung, Rationalität – thematisiert worden (siehe Kapitel 3.1).

Während die ersten beiden Merkmale (Ort und Beteiligte) grundlegend für jede soziale Situation sind, stellen Inhalt und Modalität spezifische Eigenschaften von Kommunikationssituationen dar. Diese vier Merkmale können als Heuristik bei

---

das Referenzsystem dar, in dem Orte (als konkrete Erscheinung) *verortet* sind. Orte müssen innerhalb eines Referenzsystems nicht zwangsläufig gegenständlich, sondern lediglich innerhalb der Dimensionen des Raums durch entsprechende Koordinaten bestimmt sein. Auch Zeit kann etwa als eine Dimension innerhalb eines solchen Referenzsystems angesehen werden, sodass konkrete Orte immer durch raum*zeitliche* Koordinaten bestimmt sind.

119 Die Unterscheidung von Proposition und Illokution geht auf die Sprechakttheorie zurück, siehe Austin (2002: 112ff.).

der Beschreibung von Kommunikationssituationen dienen. Sie stellen insbesondere das Erklärungsziel dar: was wird wo wie von wem in Abhängigkeit des Öffentlichkeitsstatus kommuniziert oder auch nicht kommuniziert?

5.2 Verhalten

Wenn es entsprechend der Forschungsfrage darum geht, individuelles Verhalten durch Öffentlichkeit – als situativen Einflussfaktor – zu beschreiben und zu erklären, muss neben dem Situationsbegriff auch der zu Grunde gelegte Verhaltensbegriff expliziert werden. Verhalten ist per Definition ein wesentlicher Teil von Situationen. Versteht man Verhalten zunächst allgemein als jedes Geschehen in einem Organismus, so lässt sich dieses in verschiedenen Hinsichten klassifizieren (Weber 1985b: 542ff.).

Äußeres Verhalten ist im Gegensatz zu innerem Verhalten durch andere Personen beobachtbar. In der Psychologie wird mitunter nur das beobachtbare Verhalten als Verhalten bezeichnet, innere Vorgänge dagegen als Erleben oder als mentale Prozesse (APA 2016; DGPs 2016; Gerrig/Zimbardo 2008: 1; Häcker/Stapf 1998: V, 922).[120] Da allerdings soziologisch Verhalten als der übergeordnete Begriff gängig ist, wird diese Ordnung der Begriffe auch im Folgenden beibehalten. Für die Analyse von Kommunikation ist sowohl inneres, rezeptives als auch äußeres, mitteilendes Verhalten relevant.

In der Regel wird nur intentionales Verhalten als Handeln bezeichnet. Handeln ist dadurch gekennzeichnet, dass Verhalten mit einem subjektiv gemeinten Sinn verbunden ist (Weber 1985b: 542). Insbesondere bei der Definition kommunikativen Verhaltens wird oft darauf Wert gelegt, dass es intentional mit subjektiv gemeintem Sinn verbunden sein muss (z. B. Beck 2007: 32; Burkart 2002b: 22, 26). Eine solch explizite Abgrenzung kann jedoch nicht darüber hinwegtäuschen, dass die Abgrenzung zwischen nichtintentionalem Verhalten und intentionalem Handeln allenfalls idealtypisch oder aber beobachterspezifisch zu verstehen ist (Weber 1985b: 542, 565). Jede nachträgliche Rekonstruktion von Handeln kann lediglich

---

120 In dieser Trennung scheint sich der historisch starke Einfluss des Behaviorismus bis heute fortzusetzen (siehe auch Myers 2014: 5).

als Zuschreibung von Sinn verstanden werden, sei sie Selbst- oder Fremdzuschreibung. Damit konstituiert jedes als Mitteilungsverhalten *interpretierte* Verhalten Kommunikation. In der vorliegenden Arbeit wird deshalb nur selten der Handlungsbegriff, sondern eher der übergeordnete Begriff des Kommunikationsverhaltens verwendet, ohne dabei eine Unterscheidung zwischen Verhalten und Handeln aktualisieren zu wollen.[121] Diese Perspektive umgeht einfach die Frage, ob Verhalten oder Handeln oder Kommunikation realiter vorliegen. Wichtig ist vielmehr, ob es sich für einen Beobachter als solches darstellt und damit „der Wirkung nach" (Goffman 1981: 17, 19, 100) als Handeln aufgefasst werden muss.[122]

Nur wenn Verhalten auf andere bezogen ist, wird es als soziales Verhalten bzw. soziales Handeln bezeichnet (Weber 1985b: 542). Bei der Analyse von Kommunikationssituationen liegt grundsätzlich soziales Verhalten vor. Denn aus der Definition ergibt sich, dass Verhalten auf die eine oder andere Weise auf einander bezogen ist. Auch das Unterlassen oder Dulden wird als Handeln bezeichnet, sofern es mit subjektiv gemeintem Sinn verbunden ist (Weber 1985b: 542; siehe auch Schimank 2000: 34). Vermeidungsverhalten wird bei der Begründung der Vermeidungsthese eine Rolle spielen.

Innerhalb des so umrissenen Bereichs sind drei Verhaltensbereiche aufgrund der Definition sozialer Situationen und der Definition unklarer Öffentlichkeit von besonderem Interesse (siehe Abbildung 7):

---

121 Dies schließt an die Position von Anthony Giddens an, der die Definition von Handlung durch Intention zurückweist und einen darauf aufbauenden Unterschied zwischen Verhalten und Handeln als soziologische Erklärungskategorien ebenfalls als wenig hilfreich ansieht (Giddens 1984: 85ff.).

122 Gleichzeitig werden damit weitere schwierige Fälle entproblematisiert: auch Maschinen (nicht ein Programmierer) und Organisationen (nicht ein Repräsentant) können aus dieser Sicht kommunizieren, was zumindest dem alltäglichen Sprachgebrauch entgegenkommt. Sowieso ist fraglich, ob Massenkommunikationsprozesse mit einem Kommunikationsbegriff kompatibel sind, der auf den subjektiv gemeinten Sinn von Individuen zugeschnitten ist, da massenkommunikative Mitteilungen mitunter kaum einzelnen Mitteilenden zugerechnet werden können. Dieser Gedankengang, dass Zuschreibung wichtiger ist als eine nicht feststellbare Objektivität, ist im so genannten Thomas-Theorem formuliert: „If man define situations as real, they are real in their consequences" (Thomas/Thomas 1928: 572).

1. **Markierungsverhalten**: wenn per Definition in sozialen Situationen ein gemeinsamer Wahrnehmungsraum vorausgesetzt wird, dann muss dieser Raum auch wahrgenommen werden. Dies ist vor allem dann relevant, wenn der Öffentlichkeitsstatus als Einflussfaktor auf Verhalten verstanden werden soll. Das Setzen und das Erkennen von Markierungen des Öffentlichkeitsstatus ist die Grundlage für jedes daran anschließende Verhalten.
2. **Erwartungsverhalten**: Soziale Situationen setzen per Definition voraus, dass Erwartungen als eine Form inneren Verhaltens beispielsweise in Form von Normen aktualisiert werden. Jedem äußeren kommunikativen Verhalten geht somit inneres Erwartungsverhalten voraus. Ebenso folgen Erwartungen auf vorangegangene Kommunikation.
3. **Kommunikationsverhalten**: Kommunikationssituationen stellen in der vorliegenden Analyse den Bezugspunkt von Öffentlichkeit dar, was sich aus den bislang vorgeschlagenen Definitionen ergibt. Es geht um die Erklärung von kommunikativem Verhalten, das heißt Mitteilungs-, Zugänglichkeits- und Rezeptionsverhalten, durch Öffentlichkeit und die Konstitution von Öffentlichkeit durch kommunikatives Verhalten.

Abbildung 7: Verhaltensweisen in Kommunikationssituationen

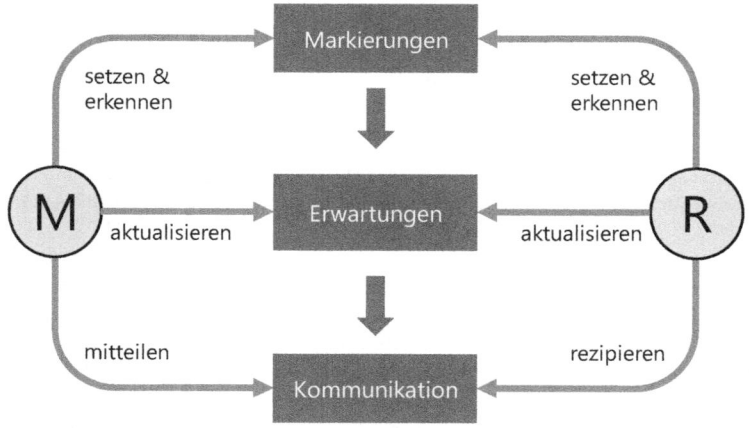

M= Mitteilende; R= Rezipierende

Auf Grundlage der Differenzierung von Verhalten in Markierungen, Erwartungen und Kommunikation lässt sich die Frage nach dem Verhalten von Individuen in Bezug auf unklare Öffentlichkeit weiter präzisieren. Jede dieser Verhaltenskategorien lässt sich jeweils dahingehend explorieren, welches konkrete Wahrnehmungs-, Erwartungs- und Kommunikationsverhalten auf welche Weise vollzogen wird. Diese drei Verhaltensweisen hängen darüber hinaus miteinander zusammen: aufgrund von Markierungen werden Erwartungen aktualisiert, an denen sich wiederum Kommunikation orientiert. Der Zusammenhang kann am Beispiel eines E-Mail-Disclaimers verdeutlicht werden:

> *WICHTIGER HINWEIS*: Diese E-Mail, die angehängten Dateien und deren Inhalt sind ausschließlich <u>für den oder die oben bezeichneten Adressaten bestimmt</u> und können vertraulicher Natur sein und/oder Geschäfts- oder Betriebsgeheimnisse enthalten. Jeder Zugriff sowie <u>jegliche Nutzung, Verbreitung oder Speicherung durch andere Personen ist nicht gestattet</u>. Eine Zuwiderhandlung kann <u>strafrechtlich verfolgt werden</u>. Sollten Sie diese E-Mail irrtümlich erhalten haben, bitten wir Sie, den <u>Absender umgehend zu benachrichtigen und anschließend die E-Mail zu löschen</u>.
>
> (E-Mail vom 16.07.2014 an JJ, Unterstreichungen ergänzt)

Zunächst findet sich in diesem Beispiel eine explizite Markierung der Adressierung. Darüber hinaus werden damit verbundene Erwartungen explizit ausgesprochen: eine Weitergabe an nichtadressierte Dritte ist unerwünscht. Mit dem Hinweis auf eine mögliche strafrechtliche Verfolgung wird diese Erwartung zudem an entsprechende Sanktionen gebunden. Schließlich wird auch ausgesprochen, welche kommunikativen Anschlusshandlungen ausgeführt werden sollen, falls die Nachricht irrtümlich falsch zugestellt wurde. Dieses Markierungs-, Erwartungs- und Kommunikationsverhalten betrifft den Öffentlichkeitsstatus einer Situation und wird deshalb im Folgenden als Öffentlichkeitsverhalten bezeichnet werden.

Wenn die drei Verhaltenskomponenten aufeinander aufbauen, dann wird die Aktualisierung von Erwartungen durch Markierungen erklärbar und die Realisierung von Kommunikation durch Erwartungen.[123] Das Zusammenspiel von Markierungen, Erwartungen und Kommunikation formt damit einen zeitlich stets fortlaufenden Prozess, in dem Kommunikation wiederum als Markierung fungiert (siehe Abbildung 8 auf Seite 187). Dieses Konzept stellt somit eine Heuristik zur Untersuchung der Dynamik von Kommunikationssituationen dar. Die drei Verhaltensbereiche werden im Folgenden expliziert sowie mit weiteren Beispielen und Referenzen auf entsprechende Literatur versehen.

5.2.1 Markierungsverhalten

Es wird unterstellt, dass Individuen über kognitive Konzepte zur Einordnung sozialer Situationen verfügen, speziell zum Umgang mit Öffentlichkeit:

> (D26) Markierungsverhalten umfasst das Setzen und Erkennen des Öffentlichkeitsstatus.

Das bedeutet, dass in einer Situation Anzeichen einerseits für das adressierte, potenzielle und tatsächliche Publikum und andererseits für die Beziehung zwischen

---

123 Unabhängig davon, ob ein eher quantitatives oder ein eher qualitatives Selbstverständnis verfolgt wird, handelt es sich hierbei um interpretative Erklärungen, solange auch statistisch gestützte Aussagen nicht nur als probabilistisch, sondern als dokumentarisch angesehen werden (Wilson 1973: 60ff., 70, 78). Das bedeutet, dass Handlungen durch zugeschriebene Zwecke und zugeschriebene Mittel erklärt werden. Diese müssen Handelnden nicht bewusst sein und sie können insbesondere erlernten Routinen bzw. Skripten entsprechen. Entscheidend ist vielmehr, dass sie im Moment der Rekonstruktion zugeschrieben werden. Erst durch diese Interpretation konstituiert sich nicht nur Handeln, sondern auch Verhalten als sozialwissenschaftliche wie auch alltägliche Kategorie. Die sozialwissenschaftliche Erklärung folgt damit dem gleichen Vorgehen wie die alltägliche Erklärung, nur dass sie stärker systematisch begründet wird.
Als interpretativ wird der Zusammenhang zwischen Wahrnehmung, Erwartungen und Kommunikation deshalb angenommen, weil erstens erst im Zuge der Wahrnehmung Markierungen als Markierungen wahrgenommen werden. Ohne die Zuschreibung des Markierungscharakters findet keine soziologisch relevante Wahrnehmung statt. Ebenso sind Erwartungen nicht unbedingt dadurch wirksam, dass sie Verhalten reflexartig hervorbringen, sondern erst dadurch, dass die Zuschreibung des Erwartungscharakters Handlungen als angemessener oder unangemessener und damit als wahrscheinlicher oder unwahrscheinlicher erscheinen lassen.

den Beteiligten gegeben und auch erkannt werden. Aus soziologischer Sicht ist diese Annahme nicht unplausibel. Eine wechselseitige Markierung von Handlungsabsichten ist aus Sicht des symbolischen Interaktionismus grundlegend für soziale Interaktion: „They [the participants in a joint action] have to ascertain what the others are doing and plan to do and make indications to one another of what to do" (Blumer 1966: 540). Die Erkennbarkeit des aktuellen Handlungsrahmens beruht beispielsweise auf konventionalisierten Markierungen, die Erving Goffman als Klammern bezeichnet (Goffman 2004: 278ff.). Klammern markieren den raumzeitlichen Anfang und das Ende eines gemeinsamen Rahmens: Ein Theaterstück beginnt mit dem Öffnen des Vorhangs und wird durch das Schließen wieder beendet. Eine Prüfung beginnt mit dem Betreten eines Raumes, der vorab als solcher gekennzeichnet oder benannt wurde. Ein informelles Gespräch auf der Straße endet mit der Verabschiedung. Klammern können also explizit verbal sein, aber auch durch Anzeichen in der Umgebung, den räumlichen oder sogar den zeitlichen Kontext gegeben sein.

Die soziologischen Analysen von Erving Goffman legen dabei auch nahe, dass Individuen stets den Öffentlichkeitsstatus von Situationen einschätzen und sich an dieser Einschätzung ausrichten. Goffman schildert die Erkennbarkeit erwünschter und legitimer Publika mit dem Konzept der Territorien des Selbst (Goffman 2009a: 54ff.). Er versteht unter einem solchen Territorium jegliche Art von Raum, auf den eine Person Anspruch erhebt, beispielsweise Häuser, Zimmer, Autos oder der eigene Schreibtisch. Räume werden hierbei jedoch nicht nur in einem physikalischen Sinne verstanden, auch Informationsreservate und Gespräche werden von Goffman als Territorien behandelt (Goffman 2009a: 68f.). Tagebücher, Freundesnetzwerke, Diskussionen, Veranstaltungen oder ähnliche nicht an einen festen physikalischen Ort gebundene Phänomene sind wie physikalisch verortete Phänomene mit einem virtuellen Schutzwall umgeben, der Eintritt kann also von bestimmten Personen oder Personengruppen legitim kontrolliert werden. Der Zugang zu den Territorien des Selbst unterliegt damit normativer Regulierung (Jünger 2012). Voraussetzung ist jedoch, dass ein Territorium auch als solches erkennbar ist, also Grenzen markiert sind. Dies kann durch die physikalische Gestaltung der Umgebung geschehen, beispielsweise durch Gartenzäune, geschlossene Türen oder ein Handtuch auf der Badeliege. Doch auch verbale Markierungen durch Verbotsschilder oder individuelle Absprachen kommen dafür in Frage. Für die

Markierung von Öffentlichkeit bedeutet dies: die Markierung eines Territoriums kann als Adressierung von Äußerungen verstanden werden. Wendet man sich seinem Kommunikationspartner körperlich, per Anrede oder Adressierung in E-Mails oder Briefen zu, so wird ein Gesprächsraum konstituiert, aus dem andere ausgeschlossen sind. In Bezug auf den Öffentlichkeitsstatus kann dann gefragt werden, welche Markierungen einer Einschätzung von Adressierung, Zugänglichkeit und Aufmerksamkeit zu Grunde liegen. Für die Markierung von Öffentlichkeit ist außerdem die soziale Distanz zwischen Kommunikationspartnern von Interesse. Diese Erkennbarkeit ist zum einen implizit in Kommunikationsakten oder physikalischen Umständen angelegt und lässt sich zum anderen explizit verbalisieren (siehe Tabelle 10).

Tabelle 10: Beispiele für explizite und implizite Markierungen des Öffentlichkeitsstatus

	Explizit	Implizit
Adressierung	Disclaimer in E-Mails: „Diese E-Mail, die angehängten Dateien und deren Inhalt sind ausschließlich für den oder die oben bezeichneten Adressaten bestimmt."[124]	Anrede auf Webseiten: „Hallo liebe Klassenkameradinnen und Kameraden"[125]

---

[124] Disclaimer in einer E-Mail vom 16.07.2014 an JJ.
[125] Zum Beispiel: http://www.familie-hufer.de/klassentreffen_michael/klassentreffen_michael.htm oder http://www.lembecker.de/4d/ (26.07.2016)

	Explizit	**Implizit**
Zugänglichkeit	Zugangsschutz einer Webseite: „Alle Mitteilungen auf dieser Seite sind universitätsintern. Sie können nur von Studierenden und Bediensteten der Universität innerhalb des Universitätsnetzes eingesehen werden."[126]	Anleitung zur Nutzung des Tor-Browsers unter Linux: „Download the architecture-appropriate file above, save it somewhere, then run one of the following two commands to extract the package archive: tar -xvJf tor-browser-linux32-6.0.2_LANG.tar.xz or (for the 64-bit version): tar -xvJf tor-browser-linux64-6.0.2_LANG.tar.xz (where LANG is the language listed in the filename)."[127]
Aufmerksamkeit	Counter bei YouTube-Videos: „724.849 Aufrufe"[128]	Kommentare zu YouTube-Videos: „Wie heißt das Lied im Intro?"[129]
Soziale Distanz	Äußerungen über persönliche Bekanntschaft: „wir haben uns nur kurz auf der DGPuK-Tagung in Mainz getroffen, deshalb erinnerst Du Dich wahrscheinlich nicht an mich."[130]	Anliegen in einer E-Mail: „Ich wollte dich fragen ob du mir 1.500€ durch western union so schnell wie möglich leihen kannst."[131]

Adressierung ist explizit, wenn das ein- oder ausgeschlossene Publikum verbal umschrieben wird. Hinweise auf eine explizit beschränkte Adressierung finden sich in E-Mail-Disclaimern: „Diese E-Mail, die angehängten Dateien und deren

---

126 http://phil.uni-greifswald.de/fakultaet/fakultaetsrat/protokolle.html (01.07.2016).
127 https://www.torproject.org/projects/torbrowser.html.en (28.07.2016)
128 https://www.youtube.com/watch?v=JegAa-BcJUA (28.07.2016)
129 https://www.youtube.com/watch?v=JegAa-BcJUA (28.07.2016)
130 E-Mail vom 25.04.2014 an JJ.
131 E-Mail vom 15.12.2014 an JJ; Rechtschreibfehler im Original.

Inhalt sind ausschließlich für den oder die oben bezeichneten Adressaten bestimmt."[132]. Implizite verbale Adressierung ergibt sich aus Anreden, etwa wenn mit Formulierungen wie „Hallo liebe Klassenkameradinnen und Kameraden"[133] der Kontext einer privaten Website markiert wird. In der Präsenzkommunikation kann indirekte Adressierung durch die Zuwendung des Körpers und das Herstellen von Blickkontakt ausgedrückt werden, gleichzeitig markiert Abwendung in bestimmten Situationen den Ausschluss aus dem Adressatenkreis.

Als Anzeichen für **Zugänglichkeit** dient gemäß der Definition die Einschätzung der zeitlichen, physischen, kognitiven, sozialen oder ökonomischen Ressourcen, welche in einer konkreten Situation für die Rezeption aufgebracht werden müssten. Bei Webseiten dürften die Anzahl nötiger Klicks, vorausgesetzter Spezialsoftware oder Zugangssperren Einfluss auf wahrgenommene Zugänglichkeit nehmen. Ist für den Zugang zu einer Internetseite explizit eine Registrierung oder die Eingabe von Passwörtern erforderlich, so dürfte Zugänglichkeit geringer eingeschätzt werden als bei vergleichbaren Seiten ohne Passwortabfrage. Gleiches gilt, wenn technisches Verständnis vorausgesetzt wird, um das Internet etwa mit dem Tor-Browser anonym zu nutzen. In mündlichen Präsenzsituationen lässt sich zum Beispiel der Abstand zu umstehenden Personen als Indikator für Zugänglichkeit interpretieren.

Die einem Kommunikat tatsächlich zukommende **Aufmerksamkeit** kann wahrgenommen werden, indem andere bei der Rezeption beobachtet werden. Auch in Situationen ohne gleichzeitige Präsenz an einem Ort hinterlässt Rezeption mitunter Spuren, die außerhalb der konkreten Situation gedeutet werden können, insbesondere in der internetvermittelten Kommunikation. Einerseits sind Counter wie etwa die Zugriffszahlen bei YouTube ein Hinweis auf die Größe des tatsächlichen Publikums. Andererseits gibt auch die Anschlusskommunikation in Kommentaren, publizistischen Meldungen aber auch im eigenen Bekanntenkreis Aufschluss über das erreichte Publikum. Neben diesen beiläufig auftretenden

---

132 Disclaimer in einer E-Mail vom 16.07.2014 an JJ. Für eine Sammlung ähnlicher „Angstklauseln" siehe https://angstklauseln.wordpress.com/sammlung/ (26.07.2016)
133 Zum Beispiel: http://www.familie-hufer.de/klassentreffen_michael/klassentreffen_michael.htm oder http://www.lembecker.de/4d/ (26.07.2016)

Markierungen, werden Markierungen teilweise direkt gesetzt – etwa wenn am Telefon darauf hingewiesen wird, dass eine weitere Person anwesend ist und mithört.

Als Indikator für die **soziale Distanz** und mithin Öffentlichkeit werden Beziehungszeichen eingesetzt. So steht das Händehalten im öffentlichen Raum für eine vertraute Beziehung (Goffman 2009a: 255ff.). Daneben sind öffentliche Situationen über sprachliche Normen wie die Sie-Anrede oder einen formalen Sprachgebrauch geprägt, wohingegen nichtöffentliche Situationen durch eine Sprache der Nähe gekennzeichnet sind (siehe Kapitel 3.3.4). Aber auch eine explizite Kennzeichnung der sozialen Distanz kommt vor, beispielsweise wenn zu Beginn einer E-Mail-Konversation darauf hingewiesen wird, dass man sich schon einmal begegnet sei.

Im Fall unklarer Öffentlichkeit ist der Idealfall ausreichend markierter Umstände nicht immer gegeben. Denn eine Form unklarer Öffentlichkeit besteht schon darin, dass Markierungen nicht ausreichend vorhanden oder nicht eindeutig interpretiert werden können. Indifferenz (d. h. nicht ausreichende Informationen) wie auch Ambivalenz (d. h. widersprüchliche Informationen) führen dann dazu, dass die Einschätzung der Publika nicht mit Sicherheit vorgenommen werden kann. Ein Beispiel für Ambivalenz findet sich in der folgenden E-Mail:

> Ich bin nach Südzypern verreist und habe meine Tasche verloren samt Reispass und kreditkarte. Die botschaft ist bereit, mlch ohne meinen Pass fliegen zu lassen. Ich muss nur noch für mein ticket und die hotelrechnungen zahlen. Leider habe Ich kein Geld dabei, meine kredit karte könnte helfen aber die ist auch in der Tasche. Ich habe schon kontakt mit meiner Bank aufgenommen, aber sie brauchen mehr zeit, um mir eine neue zu schicken. Ich wollte dich fragen ob du mir 1.500€ durch western union so schnell wie möglich leihen kannst. Ich gebe es dir zurück sobald Ich da bin.
>
> Grüße
> Anna
>
> (E-Mail vom 15.12.2014 an JJ von einem vermutlich gehackten E-Mail-Account der Absenderin. Name wegen Anonymisierung geändert.)

Auffallend ist zunächst, dass die Rechtschreibnorm nicht eingehalten wird, was nicht nur als Anzeichen für mangelnde Kompetenz oder Eile, sondern auch als Unterstellung einer eher persönlichen Beziehung gedeutet werden kann. Für eine persönliche Beziehung sprechen auch die Verwendung des Du, die Verabschiedung mit dem Vornamen und das Abverlangen großen persönlichen Vertrauens durch das formulierte Anliegen. Die fehlende Anrede mag ebenfalls in diese Richtung gedeutet werden, als Fortsetzung bereits bestehender Interaktion.

Im Kontext liegt dagegen eindeutig eine unpersönliche Beziehung vor – die in der Absenderadresse markierte Absenderin und der Empfänger kennen sich lediglich als Studentin und Dozent aus Lehrveranstaltungen, die bereits einige Jahre zurückliegen. Die Ambivalenz lässt sich dadurch auflösen, dass die E-Mail als Betrugsversuch einer dritten Person – unter Ausnutzung von Beziehungszeichen – erkannt wird. Dieses Beispiel verdeutlicht, dass Beziehungszeichen für die Reaktion auf Situationen wichtige Orientierungsmerkmale sind.

Wenn nun also Äußerungen getätigt werden, so müsste im Idealfall anhand der Umgebung, Anrede und anderen Kontextmerkmalen – sprich durch Markierungsverhalten – erkannt werden können, an wen sich jemand wendet (Adressierung), wer potenzieller Rezipient ist (Zugänglichkeit) und teilweise müsste auch erschließbar sein, wer tatsächlich rezipiert (Aufmerksamkeit). Gleichzeitig müsste die Art der Beziehung als öffentlich oder nichtöffentlich erkennbar sein, indem persönliche Nähe oder Distanz, eine konkrete oder unspezifische Beziehung oder ein latentes Kommunikationssystem aktiviert werden.

5.2.2 Erwartungsverhalten

Der soziologisch interessante Aspekt an Situationen besteht darin, dass Individuen Situationen nicht einfach vorfinden, sondern sie selbst definieren. Dieser Umstand ist aus verschiedenen Perspektiven gleichermaßen formuliert worden. Besonders prominent ist die Wendung „Definition der Situation" durch Schriften von William Thomas geworden, der darauf hinweist, dass Individuen in jeder Situation selbst entscheiden müssen, welche Aspekte als handlungsrelevant angesehen werden (Thomas/Znaniecki 1927: 68; siehe auch Merton 1995). In der Folge führt die subjektive Wahrnehmung unabhängig von einer objektiven bzw. überindividuellen Wirklichkeit zu Konsequenzen (Thomas/Thomas 1928: 572). Der symbolische Interaktionismus in der Formulierung von Herbert Blumer setzt die gleiche Prämisse voraus, nur mit anderen Worten: „Menschen [handeln] ‚Dingen' gegenüber auf der Grundlage der Bedeutungen [...], die diese Dinge für sie besitzen" (Blumer 1973: 81). Unter Dingen sind dabei auch andere Menschen oder nichtmaterielle

Objekte (beispielsweise Normen) zu verstehen. Noch einmal anders formuliert hat Erving Goffman diesen Umstand, für den er den Begriff des Rahmens reserviert. Unter Rahmen versteht Goffman Interpretationsschemata zur Organisation von Alltagserfahrungen und zur Situationsdefinition (Goffman 2004: 19). Rahmen geben in einer Situation eine Antwort auf die Frage: „Was geht hier eigentlich vor?" (Goffman 2004: 35). Allen drei Herangehensweisen ist gemeinsam, dass sie Individuen eine Erwartungshaltung gegenüber Situationen attestieren, sei es in Form von antizipierten Konsequenzen, zugeschriebenen Bedeutungen oder normativen Regeln. Dementsprechend ließe sich die Definition sozialer Situationen umformulieren:

(D27) Soziale Situationen sind gerahmte Situationen, wobei ein Rahmen aus Erwartungen besteht, welche durch Markierungen aktualisiert werden.

Eine besonders starke Form von Erwartungen sind Normen. Soziale Normen können im engeren Sinn verstanden werden als „Verhaltensregelmäßigkeiten, die in Fällen abweichenden Verhaltens durch negative Sanktionen bekräftigt werden" (Popitz 1980: 21). Laut Popitz zeichnen sich soziale Normen dadurch aus, dass sie regelmäßiges, wahrscheinliches, erwünschtes und sanktionsbewehrtes Verhalten betreffen (Popitz 1980: 1ff.). Daraus lassen sich drei Arten von Erwartungen ableiten:[134]

1. **Faktische Erwartungen**: Auf Grundlage individueller Erfahrung erscheinen bestimmte Verhaltensweisen subjektiv wahrscheinlicher als andere, etwa weil sie in der Vergangenheit oft beobachtet wurden bzw. regelmäßig auftreten.[135]

---

134 Die Unterscheidung in a) Wahrscheinlichkeit, b) Erwünschtheit und c) Gebotenheit ist in ähnlicher Weise in der Theory of Planned Behavior konzeptionalisiert, wo a) Können (*perceived behavioral control*), b) Wollen (*attitude toward the behavior*) und c) Sollen (*subjective norm*) zur Vorhersage von Handlungsintentionen und daraus folgenden Handlungen vorausgesetzt werden (Ajzen 1991).

135 Die Unterscheidung von Regelmäßigkeiten und Wahrscheinlichkeiten bei Popitz wird nicht aufgegriffen, da Regelmäßigkeiten im Sinne der Häufigkeit eines Verhaltens und Wahrscheinlichkeiten wahrscheinlichkeitstheoretisch direkt zusammenhängen. Auch Max Weber stellt hier eine direkte Verbindung her und bezeichnet Verhalten, das ausgehend von beobachtbaren

Auch die Sozialisation entsprechender Handlungsskripte mag einen Einfluss darauf haben, welches zukünftige Verhalten wahrscheinlich auf welches vorangegangene Verhalten folgt.

2. **Desiderative Erwartungen**: Unabhängig von der Wahrscheinlichkeit kann ein Verhalten subjektiv gewünscht oder unerwünscht sein, das heißt desiderativ. Da es sich hierbei um eine subjektive Bewertung handelt, bietet sich zur weiteren Differenzierung das in der Psychologie bewährte Einstellungskonzept an: „[An attitudes is] an overall evaluation of an object that is based on cognitive, affective, and behavioral information" (Maio/Haddock 2015: 4; Haddock/Maio 2014: 199, siehe auch Eagly/Chaiken 1993: 10ff.). Dementsprechend lassen sich auch in Bezug auf desiderative Erwartungen eine affektive, eine kognitive und eine konative Komponenten unterscheiden. Verhalten löst angenehme oder unangenehme Emotionen aus, ist funktional überzeugend oder nicht überzeugend und kann vermieden oder gesucht werden. Diese drei Bereiche formen zusammen eine subjektive Bewertung (Maio/Haddock 2015: 29ff.).[136] Für eine empirische Operationalisierung zur Messung desiderativer Erwartungen lassen sich auf dieser Grundlage gut Einstellungsfragen formulieren (siehe Kapitel 7.2.3).[137]

3. **Deontische Erwartungen**: Auch wenn ein Verhalten wahrscheinlich oder subjektiv gewünscht ist, kann es als sozial unerwünscht wahrgenommen werden. Eben dies ist der Bereich deontischer Erwartungen, das heißt normativer Erwartungen in der Form von Geboten. Ob es sich um ein normatives Gebot handelt, ergibt sich daraus, wie ein Verhalten aus Sicht eines Individuums

---

Regelmäßigkeiten als wahrscheinlich angesehen wird, als kausal adäquat, um davon durch Motive als sinnhaft adäquat verstehbares Verhalten abzugrenzen (Weber 1985b: 550).

136 Diese drei Dimensionen korrelieren typischerweise miteinander und tragen gemeinsam zu einer globalen Einstellung bei. Theoretisch sind sie jedoch unabhängig voneinander, was sich empirisch an verschiedenen Einstellungsobjekten zeigt. Beispielsweise kann eine Blutspende kognitiv als wichtig erachtet werden, gleichzeitig aber emotional Angst hervorrufen (Maio/Haddock 2015: 31f.).

137 Damit werden desiderative Erwartungen analog zu Einstellungen als latentes Konstrukt angesehen, das erst über affektive, kognitive und behaviorale Indikatoren messbar gemacht werden muss (Eagly/Chaiken 1993: 6ff.; Himmelfarb 1993: 23).

durch andere Akteure eingeordnet wird (Erwartungserwartungen). Die Einschätzung deontischer Erwartungen speist sich aus unterschiedlichen Quellen, etwa aus der antizipierten Erwünschtheit durch konkrete andere Individuen, aus rechtlichen Vorgaben kollektiver Gebilde oder eher diffus in Bezug auf einen generalisierten Anderen. Daraus ergeben sich Normen in Form von Muss-, Soll- und Kann-Erwartungen, die unterschiedlich stark mit positiven oder negativen Sanktionen belegt sind (Dahrendorf 2006: 44).

Es muss davon ausgegangen werden, dass diese drei Bereiche stark zusammenhängen: allein aus Gewöhnung entstehen deontische Erwartungen aus faktischen und desiderativen Erwartungen. Die Normativität sozialer Regeln ergibt sich damit aus zunächst nichtnormativen, individuellen stereotypen Erwartungen. Goffman führt zum Beispiel aus, wie die stereotype Kategorisierung von Personen zur Antizipation von Eigenschaften und Verhaltensweisen des Gegenübers und schließlich zu deontischen Erwartungen führen: „Wir stützen uns auf diese Antizipationen, die wir haben, indem wir sie in normative Erwartungen umwandeln, in rechtmäßig gestellte Anforderungen" (Goffman 2012: 10). Umgekehrt lässt sich vermuten, dass die Sanktionierung von Verhalten einen Einfluss auf die Realisierungswahrscheinlichkeit von Verhalten nimmt.

Dennoch erscheint es sinnvoll, die drei Arten von Erwartungen analytisch zu trennen, um den Erkenntnisgegenstand – Verhalten in sozialen Situationen – nicht zu stark zu verengen. Erwartungen nicht mit Normen gleichzusetzen ist hierfür angezeigt, weil auf diese Weise Situationen differenzierter betrachtet werden können. Nicht jede Situation ist gleichermaßen normativ vorstrukturiert, Erwartungen sind unterschiedlich stark normativ. Je nach Umfang und Stärke normativer Erwartungen kann dann zwischen strukturierten und unstrukturierten Situationen unterschieden werden (Dreitzel 1980: 110).

Eine starke Vorstrukturierung weisen Situationen auf, in denen soziale Positionen und entsprechende soziale Rollen definiert sind. Denn soziale Rollen „bezeichnen Ansprüche der Gesellschaft an die Träger von Positionen" (Dahrendorf 2006: 37), wozu Ansprüche an das Verhalten gehören. So ist etwa der Ablauf eines Gottesdienstes schon durch die Rollenverteilung typischerweise weit stärker normativ festgelegt als eine zufällige Begegnung auf der Straße. Ganz frei von Erwartungen sind letztere natürlich nicht. Mindestens sind persönliche Erwartungen auszumachen, außerdem wird die Unsicherheit unstrukturierter Situationen durch „allgemeine Typisierungsschemata überwunden" (Dreitzel 1980: 112). Im Gegensatz zu situations- und positionsspezifischen Normen gelten dann allgemeine Basisregeln (Dreitzel 1980: 106), beispielsweise die Reziprozitätsregel (siehe Kapitel 3.3.1). Festzuhalten bleibt, dass die Definition einer Situation unterschiedlich stark ausgeprägt sein kann (Dreitzel 1980: 103ff.) und mal eher persönliche, mal eher soziale Erwartungen eine Rolle spielen.

Diese Typisierung integriert im Übrigen verschiedene theoretische Ausrichtungen (Dreitzel 1980: 103ff.). Theoretiker mit einem Fokus auf Rollen und Erwartungen gehen eher davon aus, dass in jeder Situation Erwartungen immer bereits vorgefunden werden (z. B. Dahrendorf 2006). Persönliche Gefühle und rationale Zwecke treten zugunsten sozialer Rollen in den Hintergrund. Theoretische Perspektiven mit Fokus auf das Verhalten, hier insbesondere der symbolische Interaktionismus, weisen dagegen stärker darauf hin, dass Erwartungen stets neu interpretiert werden müssen (z. B. Thomas/Znaniecki 1927). Beides ist wohl nicht von der Hand zu weisen. Normen sind sozial vorgegeben, dennoch aber orts-, kultur- und zeitabhängig sowie wandelbar – selbst im Verlauf einer einzigen Veranstaltung (Goffman 2009b: 216).

Ausgehend davon, dass Erwartungen auf individuellen Antizipationen basieren, wird deshalb im Rahmen der vorliegenden Arbeit definiert:

> (D28) Unter Erwartungen wird jede Antizipation von Vorgängen verstanden, sofern deren Realisierung subjektiv als wahrscheinlich oder als erwünscht oder als geboten erscheint.

Diese Definition schließt auch die Antizipation von Verhaltensweisen ein, deren Nichtvollzug wahrscheinlich, gewünscht oder geboten ist. Die empirische Ergründung solcher Erwartungen in der sozialen Wirklichkeit stellt allerdings eine Herausforderung dar. Denn diese Verhaltensweisen umfassen nicht nur nicht vollzogenes Verhalten, sondern sie sind darüber hinaus selbstverständlich, routiniert und alltäglich. Sie werden nur sichtbar, wenn Regeln gebrochen bzw. Rahmen verletzt werden. Wohl auch aus diesem Grund hat Goffman seine Analysen auf Beobachtungen in Psychiatrien gestützt. In solchen Anstalten tritt eine Vielzahl von nicht als normal empfundenen Verhaltensweisen auf, wobei die Normalitätsannahme erst durch die Beobachtung in das Bewusstsein gerufen wird (Goffman

2009b: 19f., 42; siehe auch Abels 2010: 158). Weiterhin treten Regeln beim Übergang von nicht situiertem zu situiertem Verhalten zu Tage, das heißt wenn sich jemand unbeobachtet wähnt und dann entdeckt, dass er beobachtet wird, also ein gemeinsamer Wahrnehmungsraum entsteht (Goffman 2009b: 57, 101).[138]

In Bezug auf Öffentlichkeit stellt sich nun die Frage, welche Markierungen des Öffentlichkeitsstatus zu welchen Erwartungen führen. Ein Teil der Antwort auf diese Frage ergibt sich aus der Diskussion verschiedener Perspektiven auf Öffentlichkeit zu Beginn der Arbeit (Kapitel 3). Dabei wurde festgehalten, dass öffentliche und nichtöffentliche Situationen idealtypisch mit bestimmten sprachlichen, inhaltlichen und sozialen Merkmalen von Kommunikation einhergehen (Kapitel 3.4). Diese Merkmale sind aus der Sicht eines deliberativen Öffentlichkeitskonzepts als deontische Erwartungen zu verstehen (Jünger/Donges 2013): Öffentliche Kommunikation soll unter anderem allgemeinverständlich, rational und argumentativ sowie kollektiv relevant sein. Themen von kollektivem Interesse, wie die Aktivitäten staatlicher und wirtschaftlicher Organisationen, sind in demokratischen Systemen zweifelsohne öffentlich diskutierbar. Dagegen sind persönliche Belange einzelner, privater Personen mitunter keine akzeptablen Themen. Dass diese Anforderungen auch faktisch und desiderativ erwartbar sind, kann allerdings bezweifelt werden. Habermas selbst zweifelt als Vertreter einer deliberativen Position zumindest die faktische Erwartbarkeit (nicht die kontrafaktische Geltung!) stark an, wenn er einer massenmedialen, an der Befriedigung individueller Bedürfnisse orientierten, öffentlichen Kommunikation den Status von Öffentlichkeit abspricht (Habermas 1996: 249).

Selbst eine klare Rahmung garantiert also nicht, dass ein Rahmen von den Beteiligten auch eingehalten wird und Erwartungen erfüllt werden. Sowohl unabsichtliches aus dem Rahmenfallen als auch absichtliches Täuschen oder Regelbrechen kommen durchaus vor. Im Falle unabsichtlicher Regelbrüche kann dennoch von kontrafaktischer Geltung der Regeln ausgegangen werden. Eine Orientierung am Rahmen findet in diesen Fällen zumindest dann statt, wenn Sanktionen erwartet oder Reparaturmaßnahmen vollzogen werden. Erving Goffman beschäftigt

---

138 Zu den Verhaltensweisen in einem gemeinsamen Wahrnehmungsraum siehe auch Goffman (1981: 18ff.).

sich ausgiebig mit diesen Möglichkeiten und hebt dabei die Bedeutung von Interaktionsritualen hervor. Findet ein Versehen statt, so sind eine Entschuldigung und die Annahme der Entschuldigung erwartbar (Goffman 2010b: 24f.; 2009a: 156ff.). Das Wahrnehmen von Regelbrüchen impliziert damit die Existenz von Regeln. Die Rechtfertigung über Erklärungen ebenso wie der rituelle Ausgleich über Entschuldigungen verweisen direkt auf eine Orientierung an Erwartungen. Zudem kommen Erwartungsbrüche vermutlich regelmäßig bei Rollenkonflikten vor. Rollenkonflikte treten dann auf, wenn ein Individuum mit sich widersprechenden Erwartungen konfrontiert wird. In all diesen Fällen kann zumindest behauptet werden: Normen erklären vielleicht nicht durch sie geregeltes Verhalten, aber durchaus Reaktionen auf entsprechend einer Norm unangemessenes Verhalten (Goffman 2009b: 179). Dies gilt auch für die Erwartungen an kommunikatives Verhalten.

5.2.3 Kommunikationsverhalten

Kommunikationssituationen setzen mindestens zwei verschiedene Arten kommunikativen Verhaltens voraus, oder zumindest deren beobachterrelative Unterstellung:

1. **Mitteilungsverhalten** ist jedes Verhalten, mit dem symbolisch vermittelte Aussagen über die Welt getroffen werden. Beobachterspezifisch gewendet impliziert Mitteilungsverhalten die Zuschreibung, dass jemand etwas aussagen möchte. Im Zuge von Mitteilungsverhalten wird die Adressierung von Kommunikation festgelegt (siehe Kapitel 4.1.3).

2. **Rezeptionsverhalten** ist jedes Verhalten, das sich symbolisch vermittelten Aussagen verstehend zuwendet. Auch dies lässt sich beobachterrelativ formulieren, als Zuschreibung, dass jemand etwas verstehen möchte. Im Zuge von Rezeptionsverhalten wird die einer Mitteilung zukommende Aufmerksamkeit festgelegt (siehe Kapitel 4.1.3).

Sind diese Verhaltensweisen nicht nur wechselseitig aufeinander bezogen, sondern gehen zusätzlich mit der wechselseitigen Unterstellung ausreichenden Verstehens einher, dann findet erfolgreiche Kommunikation statt. Andernfalls handelt es sich um einen Kommunikationsversuch. Nicht in jeder kommunikativen Situation (siehe Kapitel 5.1.3) findet also auch erfolgreiche Kommunikation statt.

Damit es nicht bei einem Kommunikationsversuch bleibt, muss eine ausreichend erfolgreiche symbolische Vermittlung unterstellt werden. Das bedeutet, der Rezeptionsaufwand muss ausreichend sein, um Zugangsvoraussetzungen zu überwinden. Hierfür ist in Kommunikationssituationen eine dritte Verhaltensweise relevant, die die Vermittlungsleistung bzw. die Konstitution des gemeinsamen Wahrnehmungsraums betrifft:

3. **Zugänglichkeitsverhalten** ist jedes Verhalten, das die Wahrnehmbarkeit symbolisch vermittelter Aussagen verändert. Auch Zugänglichkeitsverhalten wird in dieser Arbeit als ein Typ kommunikativen Verhaltens verstanden, da es sich auf symbolisch vermittelte Aussagen bezieht. Es legt die mit einer Mitteilung verbundene Zugänglichkeit fest, das heißt den für das *erfolgreiche* Wechselspiel von Mitteilungs- und Rezeptionsverhalten notwendigen Aufwand (siehe Kapitel 4.1.3).

Eine solche Konzeption von kommunikativem Verhalten, die neben Mitteilungs- und Rezeptionsverhalten auch Zugänglichkeitsverhalten berücksichtigt, ist zumindest in dieser Arbeit aus verschiedenen Gründen angezeigt. Zum einen wird damit eine Analogie zwischen den Bedingungen von Öffentlichkeit und den Bedingungen von Kommunikation hergestellt, was allerdings nur ein ästhetischer Aspekt ist. Zum anderen ist Zugänglichkeitsverhalten von ganz besonderem Interesse für die Betrachtung unklarer Öffentlichkeit, beispielsweise wenn es um die Konstitutionsbedingungen von unterdrückter Öffentlichkeit geht. Die Adressierung von Mitteilungen und die Zuwendung von Aufmerksamkeit reichen in diesen Fällen eben nicht aus, um eindeutig öffentliche Kommunikation herzustellen. Über Zugänglichkeitsverhalten kann zudem nachträglich Öffentlichkeit verändert werden, etwa wenn unerwünscht-öffentliche in nichtöffentliche Mitteilungen transformiert werden.

Zugänglichkeitsverhalten fällt praktisch mit Mitteilungs- oder Rezeptionsverhalten zusammen, wenn beispielsweise lauter oder leiser gesprochen oder unterschiedlich konzentriert zugehört wird. Auch die Vermittlungsleistung von Medienorganisationen kann als Zugänglichkeitsverhalten angesehen werden.[139] Es

---

[139] Dieser Gedanke, dass a) die Vermittlungsleistung analytisch vom Kommunikationsprozess im engeren Sinn zu trennen ist, selbst wenn beides häufig in Rollenunion realisiert wird, und b) die

selbst ist aber analytisch nicht zwingend mitteilend oder rezeptiv. Zugänglichkeitsverhalten liegt immer dann vor, wenn der notwendige Aufwand der Rezeption erhöht oder verringert wird, ohne dass es sich dabei um symbolisch vermittelte bzw. verständigungsorientierte kommunikative Handlungen handeln muss. Typische Beispiele für nichtrezeptives und nichtmitteilendes Zugänglichkeitsverhalten finden sich überall dort, wo Kommunikation eine technische Infrastruktur voraussetzt: wird auf einer Webseite vom Betreiber ein Passwortschutz eingeführt oder außer Kraft gesetzt, verändert dieser die Zugänglichkeit der auf der Webseite enthaltenen Mitteilungen. Gleiches gilt, wenn in einer Suchmaschine bestimmte Suchergebnisse hervorgehoben oder vorgezogen werden. Zugänglichkeitsverhalten kann somit nicht nur von den kommunizierenden Beteiligten im engeren Sinn, sondern ebenfalls von Dritten ausgeführt werden.

Vermittlungsleistung nicht ausschließlich von Massenmedien übernommen wird, liegt in ähnlicher Weise der Münchner Theorie der Sozialen Zeitkommunikation zu Grunde (Schönhagen 2004: 109ff.; Wagner 1978: 39ff.). Dort wird allerdings auch die Rezeptionsrolle als Vermittlungsrolle angesehen und zusätzlich die Rolle des Zielpartners eingeführt. Vor dem Hintergrund des dort verfolgten Interesses, öffentliche Kommunikation als Kommunikation zwischen Repräsentanten zu begreifen, erscheint dies sinnvoll. Diese Einteilung wird in der hier vorgeschlagenen Theorie dagegen durch die Unterscheidung von adressierten und tatsächlichen Rezipienten ersetzt.

5.3 Regulierung von Öffentlichkeit: zur Begründung der Vermeidungsthese

5.3.1 Dynamiken öffentlicher Kommunikation

Fasst man die bisherigen Unterscheidungen zusammen, so ist Kommunikation in einen Prozess eingebunden, in dem sich eine Situation fortlaufend in die nächste Situation auflöst. Markierungen wecken Erwartungen, das heißt mehr oder weniger positiv oder negativ bewertete Antizipationen, die die Grundlage für kommunikatives Verhalten darstellen. Hieraus wiederum ergeben sich neue Markierungen, so dass der Prozess von vorne beginnt (siehe Abbildung 8).

Abbildung 8: Regulierung von Öffentlichkeit

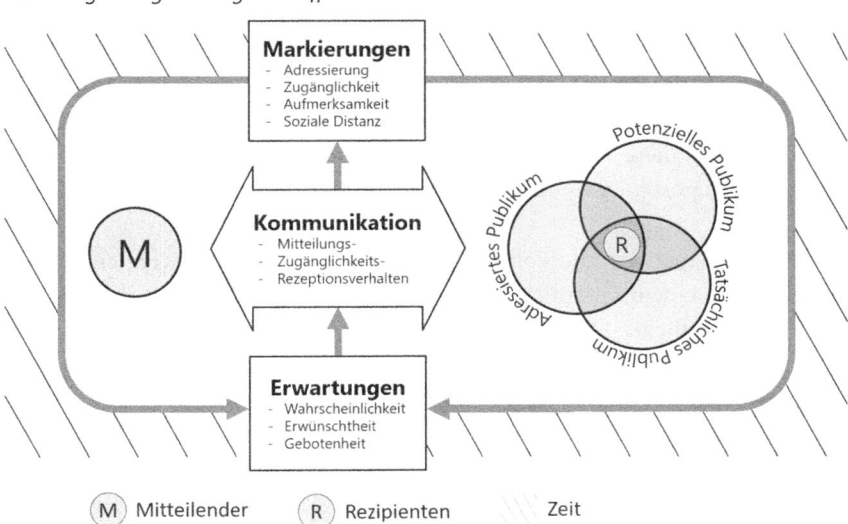

Dieser Prozess beinhaltet, dass Individuen permanent aus Handlungsalternativen auswählen, die sie antizipieren.[140] Eine typische Abfolge von Situationen gestaltet

---

140 Die Antizipation und Selektion von Handlungsalternativen gilt als spezifisch menschliche Leistung: „Diese Fähigkeit, jene Reize anderen Personen oder sich selbst aufzuzeigen, bezeichnen wir

sich dabei als das Wechselspiel von Antizipation und Vollzug[141] durch zwei Akteure. In einer vorkommunikativen Situation wird eine Mitteilungshandlung antizipiert. Dies beinhaltet die Antizipation des Öffentlichkeitsstatus aufgrund von Markierungen und damit auch Erwartungen über wahrscheinliche, gewünschte und angemessene zukünftige Situationen. Aus dem Universum derart antizipierter Situationen wird eine Situation ausgewählt und entsprechendes Mitteilungsverhalten sowie ggf. Zugänglichkeitsverhalten vollzogen oder nicht vollzogen. Bei Vollzug entsteht eine teilkommunikative Situation, die Grundlage für die weitere Wahrnehmung von Markierungen und die Aktualisierung von Erwartungen ist. Bei der Antizipation einer Rezeptionshandlung werden ebenfalls zukünftige Situationen antizipiert. Wiederum wird der Öffentlichkeitsstatus aufgrund von Markierungen wahrgenommen und es werden Erwartungen aktualisiert. Gleichfalls findet eine Entscheidung für oder gegen die Rezeption und der Vollzug entsprechenden Rezeptionsverhaltens und ggf. Zugänglichkeitsverhaltens statt. Bei Vollzug entsteht eine kommunikative Situation, die wiederum eine neue Ausgangslage für die Wahrnehmung von Markierungen und die Aktualisierung von Erwartungen darstellt. Auf diese Weise fließt der Öffentlichkeitsstatus sowohl präkommunikativ als auch postkommunikativ in die Realisierung von Kommunikationssituationen ein.

Diese antizipativen und vollziehenden Teilprozesse der Beteiligten können zum Beispiel in einem mündlichen Gespräch simultan oder nahezu simultan ablaufen, bei schriftlicher Massenkommunikation hingegen zeitlich weit auseinanderliegen. Sie können mehr oder weniger bewusst oder unbewusst, systematisch oder heuristisch sein. Zudem können sie sich mit den Prozessen weiterer Personen verschränken. Durch das kommunikative Verhalten der Beteiligten wird der Öffentlichkeitsstatus von Situationen mit entsprechenden Markierungen fortlaufend festgelegt. Dieser Mechanismus soll als Regulierung bezeichnet werden:

---

als rationales Verhalten im Gegensatz zur nicht-denkenden Intelligenz der Tiere und einem beträchtlichen Teil unseres eigenen Verhaltens" (Mead 2008: 134).
141 Goffman bezeichnet diese beiden Verhaltensweisen als virtuelle bzw. stillschweigende vs. wirkliche Züge (Goffman 1981: 45).

(D29) Regulierung von Öffentlichkeit bezeichnet die Anpassung des Öffentlichkeitsstatus durch Mitteilungs-, Zugänglichkeits- und Rezeptionsverhalten.

Eine solche Regulierung von Öffentlichkeit lässt sich über alle vier Merkmale von Kommunikationssituationen vollziehen. Befindet man sich gerade in einem Café und scheut das potenzielle Publikum, so lässt sich ein Gespräch später an anderer Stelle fortsetzen (Ort). Damit wird gleichzeitig reguliert, wer an einer Kommunikationssituation beteiligt ist (Beteiligte). Stattdessen ließe sich das Gespräch im Café mit anderem Inhalt (Inhalt) oder aber mit gesenkter Stimme fortsetzen (Modalität). Der so konzipierte Verhaltensprozess lässt sich als Heuristik zur Analyse der Dynamik von Situationen einsetzen. Die dynamische Perspektive (Kapitel 5.2) beschreibt, wie die statischen Eigenschaften einer Situation (Kapitel 5.1) prozessiert werden.

Regulierung ist damit ein grundlegender Mechanismus menschlichen Verhaltens, der auf Grundlage der Gegenwart die Zukunft gestaltet: „Im lebensweltlichen Denken sind wir vorzüglich auf die Zukunft ausgerichtet. Was schon eingetreten ist, kann noch reinterpretiert werden, aber es lässt sich nicht ändern. Was noch kommt, ist aber – wie wir an Hand vorangegangener Erfahrung wissen – zum Teil zwar durch uns unbeeinflußbar, aber zum Teil durch unsere möglichen Handlungen modifizierbar" (Schütz/Luckmann 2003: 48). Regulierungsprozesse laufen also präkommunikativ ab, wenn aus Antizipationen ausgewählt wird. Regulierung findet aber auch postkommunikativ statt, wenn die Markierungen aus vergangenen Situationen resultieren.

Diese Konzeption bringt es mit sich, dass Situationen über eine Geschichte verfügen. Diese Geschichte kann als chronologisch sortierte Folge von miteinander verbundenen Situationen gesehen werden.[142] Im Zusammenspiel ergeben sich damit verschiedene Öffentlichkeitsprozesse, in denen Mitteilungen diffundieren und sich Beteiligungsstrukturen wandeln. Unter dem Gesichtspunkt unklarer Öffentlichkeit ist diese Geschichte immer dann von Interesse, wenn eine Situation

---

142 Jedes Merkmal einer Situation kann sich im Zeitverlauf verändern, für die Identifizierung als Situationsfolge müssen aber stets einige Merkmale konstant bleiben, zum Beispiel die Beteiligten oder eine Kombination aus Ort und Kommunikationsinhalt.

im Zeitverlauf den Öffentlichkeitsstatus ändert, das heißt eine Regulierung von Öffentlichkeit stattfindet. Denn an den Übergängen zwischen klarer und unklarer Öffentlichkeit werden in der Metakommunikation öffentlichkeitsbezogene Markierungen, Erwartungen und entsprechendes Verhalten von Akteuren sichtbar.

Anknüpfend an die Dimensionen von Öffentlichkeit lassen sich hierbei drei Regulierungsbereiche ausmachen. Zum einen kann eine **Readressierung** vorgenommen werden. Auf diese Weise wird etwa eine vormals im nichtöffentlichen Rahmen getätigte Äußerung von Journalisten angeeignet und publiziert. Während der ursprüngliche Autor eine nichtöffentliche Adressierung vorgenommen hat, adressiert ein Journalist die gleiche Aussage an ein öffentliches Publikum. Wenn dabei auf den ursprünglichen Autor verwiesen wird, so entsteht genau genommen eine neue Aussage der Form ‚X hat gesagt, dass A'. Umgekehrt kann auch öffentliche in nichtöffentliche Adressierung gewandelt werden, wenn eine Person in einem nichtöffentlichen Rahmen etwas wiedergibt, das von anderen in einem öffentlichen Rahmen geäußert wurde.

Als **Republizierung** dagegen sollen Prozesse verstanden werden, in denen eine Veränderung von Zugänglichkeit stattfindet. Wird beispielsweise eine Webseite offline gestellt, so findet Depublizierung statt. In die andere Richtung lässt sich die Zugänglichkeit für ein öffentliches Publikum zum Beispiel durch Suchmaschinenmarketing erhöhen. Gleichfalls können Rezipienten an einer Republizierung mitwirken, indem sie sich Zugangsmöglichkeiten zu vorher schwer zugänglichen Mitteilungen verschaffen.

Ein dritter Regulierungsbereich betrifft **Reattention**, das heißt die Veränderung von Aufmerksamkeit. Ein solcher Prozess geht wohl im Regelfall mit Republizierung einher, da die Veränderung von Zugänglichkeit die Voraussetzungen für Aufmerksamkeit beeinflusst. Beispielsweise dürfte die Wahrscheinlichkeit für tatsächliche Rezeption steigen, wenn eine vormals nichtöffentliche Aussage in allgemein zugänglichen Massenmedien publiziert wird. Im Verlauf der Diffusion einer Aussage steigt die kumulierte Aufmerksamkeit, indem sich potenzielle Rezipienten vermehrt einer Aussage tatsächlich zuwenden. Gleichzeitig verringert sich die Aufmerksamkeit im Zeitverlauf dadurch, dass vormalige Rezipienten eine Mitteilung nach und nach vergessen.

5.3.2 Vermeidung als Komplexitätsreduktion

In der bisherigen Betrachtung wurden verschiedene Arten von Verhalten und deren Zusammenspiel in Form von Regulierungsprozessen thematisiert. Regulierung findet durch die Antizipation und Selektion von Situationen statt, die präkommunikativ zu antizipierter oder postkommunikativ zu tatsächlicher Readressierung, Republizierung und Reattention führen. Offen blieb nach wie vor, wie konkretes Verhalten nicht nur beschrieben, sondern auch durch den Öffentlichkeitsstatus erklärt werden kann. Mit Blick auf die drei eingangs diskutierten Diskurse ist das Erklärungspotenzial bislang gering. Die aus dem Öffentlichkeitsdiskurs zu gewinnenden Anforderungen an öffentliche Kommunikation setzen vor allem auf den Unterschied zwischen eindeutig öffentlicher und eindeutig nichtöffentlicher Kommunikation (siehe Kapitel 3.1). Der deliberative Aufklärungsgedanke schreibt der Veröffentlichung und Diskussion gesellschaftlich relevanter Mitteilungen einen positiven Wert zu, persönliche Angelegenheiten und persönliche Sprache bleiben der nichtöffentlichen Kommunikation vorbehalten. Damit ist zwar nichts über das Verhalten in unklarer Öffentlichkeit gesagt, aber durchaus ein Öffentlichkeitsprinzip zu begründen: Öffentliche Kommunikation geht mit stärkeren Anforderungen – das heißt mit stärkeren Erwartungen – einher als nichtöffentliche Kommunikation.

Im Privatheitsdiskurs wird die Legitimation von Verhaltensweisen verhandelt, die sich an individuellen Bedürfnissen orientieren (siehe Kapitel 3.2). Die Autonomie von Individuen bei der Regulierung von Öffentlichkeit erfüllt nicht nur Funktionen für die individuelle Identität (Westin 1967), sondern auch gesellschaftliche Funktionen (Rössler 2003; 2002). Da Funktionsbeziehungen aber nicht eineindeutig bzw. bijektiv sind – die gleichen Ergebnisse lassen sich mitunter durch anderes Verhalten erzielen – und verschiedene gesellschaftliche Werte in Konflikt geraten können, lässt sich auch andersherum argumentieren: öffentliche Beobachtbarkeit begünstigt die Ausbildung von Gemeinschaften durch soziale Kontrolle, individuelle Autonomie bei der Regulierung von Öffentlichkeit ist einzuschränken (Etzioni 1999). Darüber hinaus wird grundsätzlich die Möglichkeit der Regulierung in Frage gestellt (Heller 2013). Eine Erklärung konkreten Verhaltens leisten die Ansätze aus dem Privatheitsdiskurs damit nicht, wohl aber eine normative Begründung, das heißt die Rechtfertigung von normativen Erwartungen: Nichtöffentliche Kommunikation erscheint als ein legitimes Recht von Individuen.

Die Regulierungsidee legt darüber hinaus ein akteurspezifisches Erklärungsmodell nahe: in Abhängigkeit individueller Ziele und Bedürfnisse wird versucht, eine zweckdienliche Form von Öffentlichkeit durch Verhalten zu realisieren. Dieses Erklärungsmodell liegt Studien im Bereich der Selbstoffenbarungsforschung zu Grunde (siehe Kapitel 3.3.2): Ein Bedürfnis nach Ruhe oder nach Interaktion treibt aus dieser Sicht einen *boundary control process* an (Altman 1977; 1976; 1975). Die Furcht vor Isolation beeinflusst die öffentliche Redebereitschaft (Noelle-Neumann 1991; 1983; 1979; 1974; Noelle 1966). Die Suche nach einem positiven Image führt zu entsprechenden Selbstdarstellungsstrategien (Goffman 2010a; Jones/Pittman 1982). Eine konkrete Erklärung von Verhalten unter Bedingungen unklarer Öffentlichkeit wird aber auch hiermit nicht ermöglicht, sondern lediglich die Aussage spezifiziert, dass Individuen danach streben, ihre Bedürfnisse zu befriedigen. Anders formuliert: wird öffentliche oder nichtöffentliche Kommunikation gewünscht, das heißt desiderativ erwartet, so steigt die Realisierungswahrscheinlichkeit entsprechenden Regulierungsverhaltens, das heißt entsprechendes Verhalten wird faktisch erwartbar.

Dass individuelle Bedürfnisse nicht nur eine Rolle für individuelles Verhalten spielen, sondern legitimationswürdig sind und mindestens in der nichtöffentlichen Kommunikation legitimierbar sind, stellt zunächst einmal einen sympathischen theoretischen Ausgangspunkt dar. Eine solche Sichtweise räumt individuellen Einstellungen und dem situativen Kontext einen hohen Stellenwert für die Erklärung von Verhalten ein. Offen bleibt allerdings, wie Verhalten in Bezug auf *unklare* Öffentlichkeit erklärt werden kann, wichtig ist vielmehr der Gegensatz von öffentlichen und nichtöffentlichen Situationen. Es scheint ganz so, als ob diese idealtypischen Ausprägungen des Öffentlichkeitsstatus nicht nur theoretisch, sondern ebenfalls im praktischen Vollzug wesentliche Bezugspunkte sind. Das wiederum würde bedeuten:

(A1) Individuen vermeiden unklare Öffentlichkeit.

Betrachtet man den skizzierten Prozess, dann impliziert diese Vermeidungsthese zwei Zusammenhänge: erstens führen Markierungen unklarer Öffentlichkeit zu

Vermeidungserwartungen, zweitens führen Vermeidungserwartungen zu Kommunikationsvermeidung. Vermeidungserwartungen vermitteln also zwischen der Markierung des Öffentlichkeitsstatus und kommunikativem Verhalten.

Ein solches Vermeidungsprinzip schließt durchaus an soziologische Intuitionen an. So hat Goffman bei der Unterscheidung von Hinterbühne und Vorderbühne postuliert: „Einzelpersonen halten sich freiwillig von Orten fern, an die sie nicht gebeten worden sind" (Goffman 2010a: 208). Übertragen auf den hier verhandelten Phänomenbereich würde dies bedeuten, dass Adressierung und Aufmerksamkeit überein gebracht werden, so dass inkongruente wie auch der Spezialfall unerwünschter Öffentlichkeit aus Rezeptionsperspektive vermieden werden. Die Transformation nichtöffentlicher Situationen in öffentliche Situationen wird hierdurch untersagt.[143] Eine ähnlich allgemeine Regel formuliert auch Georg Simmel in einer Abhandlung über Geheimnisse, wo er behauptet: „[…] was nicht verborgen wird, darf gewußt werden, und: was nicht offenbart wird, darf auch nicht gewußt werden" (Simmel 1908: 265). Diese Aussage impliziert die Kongruenz von Zugänglichkeit und Aufmerksamkeit. Insofern arbeiten die verschiedenen Beteiligten gemeinsam daran, Kongruenz von Adressierung, Zugänglichkeit und Aufmerksamkeit herzustellen.

Auch in Bezug auf soziale Distanz scheint eine Tendenz zu Kongruenz nicht abwegig zu sein. In einer empirischen Untersuchung der Frage, welche Kommunikationskanäle bei der Suche nach Informationen über andere Personen bevorzugt werden, kommt David Westerman zu dem Schluss: „This study found that individuals are more likely to use channels which allow them to maintain anonymity to seek information about less known targets. However, when seeking information about more well-known targets, individuals are more likely utilize channels in which they are identifiable as seekers of information" (Westerman 2008: 759f.). Inwiefern Personen identifizierbar sind, ist ein Kriterium für soziale Nähe (siehe Kapitel 4.1.2). Werden also Aussagen von Personen rezipiert, zu denen man

---

143 Die Geltung bzw. Anwendung dieser Regel hängt von zwei Bedingungen ab. Zunächst muss es einen Ort geben, den ein Akteur als Territorium beanspruchen darf, sodass dieser legitim Ein- und Ausladungen aussprechen kann. Dann muss es eine weitere Einzelperson geben, die an diesem Ort unerwünscht ist (Jünger 2012).

in sozialer Nähe steht, so wird diese soziale Nähe gezeigt, ansonsten durch Anonymität soziale Distanz gewahrt.

Erwartungen zur Vermeidung unklarer Öffentlichkeit sind teilweise auch rechtlich kodifiziert. Beispielsweise ist die „Verletzung der Vertraulichkeit des Wortes" in Deutschland durch das Strafgesetzbuch dergestalt sanktioniert, dass die unabgesprochene Aufnahme oder das Abhören des „nichtöffentlich gesprochene[n] Wort[es]" mit Freiheitsstrafe geahndet wird (StGB, §201). Auch Pressekodizes als eine Form nichtstaatlicher Regulierung stellen Regeln zum Schutz nichtöffentlich adressierter Aussagen auf. In Deutschland ist die Berichterstattung personenbezogener Sachverhalte eingeschränkt:

> „Die Presse achtet das Privatleben des Menschen und seine informationelle Selbstbestimmung. [...]" (Presserat 2016: Ziffer 8).

Diese Richtlinie schützt im ersten Moment nicht vor Veröffentlichung nichtöffentlich adressierter Aussagen, sehr wohl aber vor Bekanntheit und mithin einer Erhöhung sozialer Nähe, wenn die Identität der betroffenen Personen verborgen wird. Zusätzlich sind der journalistischen Recherche Grenzen gesetzt, da sich Journalisten zu erkennen geben sollen (Presserat 2016: Ziffer 4). Damit wird den Betroffenen die Möglichkeit gegeben, Öffentlichkeit durch das Vermeiden von Aussagen zu regulieren.

Gleichzeitig zeigen sich in den rollenspezifischen Erwartungen an Journalisten oder in der Strafverfolgung auch Einschränkungen des Vermeidungsprinzips. Erwartet man von Journalisten investigatives Engagement, so besteht ganz im Gegenteil die Erwartung, gesellschaftlich relevante nichtöffentliche Aussagen und Sachverhalte zu veröffentlichen. Mit der Begründung eines öffentlichen Interesses wird die Vermeidungsregel im Pressekodex außer Kraft gesetzt, die bereits zitierte Persönlichkeitsklausel setzt sich wie folgt fort:

> „[...] Ist aber sein Verhalten von öffentlichem Interesse, so kann es in der Presse erörtert werden. Bei einer identifizierenden Berichterstattung muss das Informationsinteresse der Öffentlichkeit die schutzwürdigen Interessen von Betroffenen überwiegen; bloße Sensationsinteressen rechtfertigen keine identifizierende Berichterstattung" (Presserat 2016: Ziffer 8).

Gleichfalls wird in diesem Fall eine verdeckte Recherche zugestanden, die Individuen die Regulierungsmöglichkeiten nimmt:

"Verdeckte Recherche ist im Einzelfall gerechtfertigt, wenn damit Informationen von besonderem öffentlichen Interesse beschafft werden, die auf andere Weise nicht zugänglich sind" (Presserat 2016: Ziffer 4.1).

Es kommt also auf die Konsequenzen unklarer Öffentlichkeit an: bei gesellschaftlich relevanten Sachverhalten ist die Herstellung unklarer Öffentlichkeit teilweise sogar positiv sanktioniert. Dennoch scheint es angebracht zu sein, die Vermeidungsregel als Grundregel aufzufassen, die erst im zweiten Schritt durch spezifische institutionalisierte Erwartungen eingeschränkt wird. Die Vermeidungsregel wirkt angesichts der Komplexität unklarer Öffentlichkeit komplexitätsreduzierend, sie verdichtet die theoretisch vielfältigen Möglichkeiten von Uneindeutigkeit, Inkongruenz, Unsicherheit und Komplexität auf die zwei praktischen Idealtypen öffentlicher und nichtöffentlicher Kommunikation.

5.3.3 Vermeidung als Auflösung von Inkongruenzen

Als Folge der Vermeidung unklarer Öffentlichkeit kommt es zu Komplexitätsreduktion. Der Mechanismus hinter dieser Komplexitätsreduktion lässt sich mit dem Unterschied zwischen unklarer Öffentlichkeit auf der einen Seite und klarer (Nicht)öffentlichkeit auf der anderen Seite begründen. Unklare Öffentlichkeit ist dadurch gekennzeichnet, dass adressiertes, potenzielles und tatsächliches Publikum in verschiedenen Hinsichten inkongruent sind oder aber Unsicherheit über die Kongruenz besteht (siehe Kapitel 4.2):

a) **Uneindeutige Öffentlichkeit** ist durch Inkongruenz der sozialen Distanz des Mitteilenden zu adressiertem, potenziellem und tatsächlichem Publikum gekennzeichnet. Während beispielsweise persönlich bekannte Personen adressiert sind, nehmen die Mitteilung auch nicht persönlich bekannte Personen zur Kenntnis.

b) **Inkongruente Öffentlichkeit** ist als Verallgemeinerung uneindeutiger Öffentlichkeit durch Inkongruenz der Rezipienten im adressierten, potenziellen und tatsächlichen Publikum gekennzeichnet. Beispielsweise kann eine öffentlich adressierte Mitteilung von anderen Personen zur Kenntnis genommen werden als ursprünglich angenommen.

c) **Unsichere Öffentlichkeit** ist durch potenzielle Inkongruenz der sozialen Distanz oder der Rezipienten zwischen den drei Publika gekennzeichnet.

Es ist beispielsweise nicht sicher, ob eine persönlich adressierte Mitteilung auch von nicht persönlich bekannten Personen zur Kenntnis genommen wird.

d) **Komplexe Öffentlichkeit** ist durch Inkongruenz von sozialer Distanz oder Unsicherheit jeweils innerhalb des adressierten, potenziellen oder tatsächlichen Publikums gekennzeichnet. Es sind beispielsweise sowohl persönlich bekannte als auch nicht persönlich bekannte Personen gleichzeitig adressiert.

Begreift man die Gesamtheit aller Rezipienten als eine konzeptionelle Einheit – ob adressiert, potenziell oder tatsächlich, ob in sozialer Distanz oder in sozialer Nähe, es handelt sich immer um Rezipienten – so ergeben sich im Fall unklarer Öffentlichkeit innerhalb dieser konzeptionellen Einheit Inkongruenzen. Die Vermeidung von derlei Inkongruenzen wird durch Konsistenztheorien erklärbar. Konsistenztheorien gehen davon aus, dass Widersprüche im individuellen Erleben zu einer Spannung führen, die Verhalten zu deren Auflösung oder Vermeidung motiviert. Dieses Prinzip ist terminologisch unterschiedlich formuliert worden: als Streben nach Balance (Heider 1946), Symmetrie (Newcomb 1953) und Kongruenz (Osgood/Tannenbaum 1955) oder als Vermeidung von Dissonanz (Festinger 2012). Im Kern dieser Theorien geht es darum, dass inkonsistente Zustände vermieden werden.

Die Ursprünge der Balancetheorie werden Fritz Heider zugeschrieben (Heider 1959; Heider 1946), der ein allgemeines Harmonisierungsbedürfnis von Gefühlen postuliert: „The assumption that sentiment and unit relations tend toward a balanced state also implies that where balance does not exist, the situation will tend to change in the direction of balance" (Heider 1959: 207, siehe auch 204). Ausbalancierte Situationen sind dann gegeben, wenn die Valenzen von zwei verschiedenen Gefühlen gegenüber einem Einstellungsobjekt die gleiche Polarität aufweisen (Heider 1959: 180, 183): wer jemanden mag, bewundert ihn oder sie auch (Heider 1959: 203; Heider 1946: 108). Erweitert man das Modell zu einer

Triade aus zwei Personen und einem Einstellungsobjekt, so sind über diese Prämisse Einstellungsänderungen von Individuen erklärbar.[144] Die Theorie sagt beispielsweise voraus, dass die Einstellung einer Person (P) gegenüber einem Gegenstand (X) negativ wird, wenn die Einstellung einer anderen Person (O) zu diesem Gegenstand positiv ist, aber die Person (P) der anderen Person (O) gegenüber negativ eingestellt ist. Umgekehrt übertragen sich Einstellungen auch über positive Beziehungen: wenn die beste Freundin (O) etwas (X) mag, steigt die Wahrscheinlichkeit, dass man selbst (P) es auch mag. Innerhalb des Systems aus P, O und X wird somit ein ausbalanciertes Gleichgewicht hergestellt (Heider 1946: 110).

Eine kommunikationstheoretisch relevante Version der Balancetheorie geht auf Theodore Newcomb (1953) zurück, der die Angleichung von Einstellungen zwischen Individuen durch Kommunikationsakte postuliert, sofern das Gegenüber und das Einstellungsobjekt als relevant empfunden werden (Newcomb 1953: 395). In Abhängigkeit von der Beziehung zwischen den Kommunikationspartnern (*attraction*) und der Einstellung gegenüber dem Thema der Kommunikation (*attitude*) werden laut Newcomb Prozesse initiiert, die zum Ausgleich von Spannungen bzw. zur Herstellung von Symmetrie führen (Newcomb 1953: 393-395). Newcomb berücksichtigt dabei, dass die Anziehung zwischen Personen und die Einstellungen gegenüber Objekten auf Zuschreibungen basieren. Entscheidend sind damit nicht die tatsächliche, sondern vielmehr die wahrgenommene Einstellung eines Kommunikationspartners gegenüber dem Einstellungsobjekt sowie der wahrgenommene Konsens zwischen den Kommunikationspartnern (Newcomb 1953: 399). Ist die Triade aus den Beteiligten und dem Objekt nicht ausbalanciert, kommt es zu Veränderungen: die eigene Einstellung gegenüber dem Objekt oder dem Kommunikationspartner wird verändert oder aber es wird versucht, die Einstellung des Gegenübers kommunikativ zu beeinflussen (Newcomb 1953: 401). Nur in Ausnahmefällen kann es dahingehend zu einem Kompromiss kommen, dass die unterschiedlichen Einstellungen akzeptiert werden (Newcomb 1953: 399, 398). In der Konsequenz – das hat später netzwerkanalytisch insbesondere Mark

---

144 Ein balancierter Zustand kann durch Veränderung der Beziehungen zwischen den Objekten erreicht werden (Heider 1959: 207f.). Da es allerdings mehrere Beziehungen gibt, gibt es auch mehrere Wege zur Ausbalancierung. Nicht erklärt wird, welcher konkrete Weg eingeschlagen wird.

Granovetter (1973) weiter ausgeführt – sind soziale Gruppen durch eine Homogenität von Einstellungen geprägt. Die Homogenität von Einstellungen führt zu einer Anziehung zwischen Personen wie auch die Anziehung zu einer Homogenität von Einstellungen führt (Newcomb 1953: 402f.).

Das Balancekonzept von Heider und das Symmetriekonzept von Newcomb lassen genau genommen offen, welche konkrete Einstellung von zwei widersprüchlichen Einstellungen sich am ehesten verändert. Unter anderem mit diesem Punkt beschäftigen sich Charles Osgood und Percy Tannenbaum (1955). Die Autoren interessieren sich vor allem für die Beziehung zwischen der Quelle und dem Inhalt einer Mitteilung und sagen zum Beispiel voraus, dass sich die Einstellungen gegenüber einem Politiker und gegenüber der von einem Politiker in einer Mitteilung vertretenen Position angleichen (Osgood/Tannenbaum 1955: 44). Dabei wird am ehesten diejenige Einstellung angeglichen, die vorher weniger stark ausgeprägt war (Osgood/Tannenbaum 1955: 53). Als Begründung dafür dienen zwei konsistenztheoretische Argumente. Zum einen postulieren sie das Prinzip der Einfachheit: „judgmental frames of reference tend toward maximal simplicity" (Osgood/Tannenbaum 1955: 43). Eindeutige und starke Bewertungen sind als einfacher anzusehen als differenzierte Bewertungen und werden somit bevorzugt. Zum anderen wird bei der Formulierung des Kongruenzprinzips den vor einer Mitteilung bereits vorhandenen Einstellungen eine höhere Priorität eingeräumt: „changes in evaluation are always in the direction of increased congruity with the existing frame of reference" (Osgood/Tannenbaum 1955: 43).

Als wissenschaftlich besonders produktiv hat sich das konsistenztheoretische Konzept mit der von Leon Festinger (2012) formulierten Theorie kognitiver Dissonanz erwiesen. In einer Bibliographie für den Zeitraum von 20 Jahren nach der ersten Publikation im Jahr 1957 sind über 850 Veröffentlichungen zu diesem Thema verzeichnet (Möntmann/Irle 2012: 366). Die Theorie kognitiver Dissonanz lässt sich durchaus als Zusammenfassung konsistenztheoretischer Annahmen lesen. Sie berücksichtigt nicht nur die Stärke von Dissonanz und entsprechende Änderungsrichtungen, das Prinzip wird auch auf ganz unterschiedliche Phänomenbereiche angewendet, beispielsweise auf den Bereich der Entscheidungsfindung (Festinger 2012: 43ff.) und auf den Bereich der Informationssuche (Festinger 2012: 126ff.). Während andere Konsistenztheorien stark am Einstellungsbegriff hängen, wird in der Theorie kognitiver Dissonanz allgemeiner von Kognitionen gesprochen. Festinger definiert Dissonanz als nicht zu einander passende Beziehungen zwischen Kognitionen, das heißt als widersprüchliche Wahrnehmungen (Festinger 2012: 17). Solche widersprüchlichen Kognitionen bestehen beispielsweise, wenn die eigene Meinung zu einem Politiker nicht mit der eigenen Meinung zu der Partei des Politikers übereinstimmt, aber auch wenn eigene Verhaltensweisen in Widerspruch zu gesellschaftlichen Erwartungen stehen (Festinger 2012: 27). Widersprüchliche Kognitionen aktivieren dann laut Festinger zwei Mechanismen der Dissonanzreduktion: „1. Die Existenz von Dissonanz, die psychologisch unangenehm ist, wird die Person motivieren zu versuchen, die Dissonanz zu reduzieren und Konsonanz herzustellen. 2. Wenn Dissonanz besteht, wird die Person, zusätzlich zu dem Versuch, sie zu reduzieren, aktiv Situationen und Informationen vermeiden, die möglicherweise die Dissonanz erhöhen könnten" (Festinger 2012: 16).

Wie stark der Druck zur Dissonanzreduktion ist, hängt von der Stärke der Dissonanz ab (Festinger 2012: 30). Die Stärke der Dissonanz hängt wiederum davon ab, wie wichtig die einzelnen Kognitionen für die Person sind und in welchem Verhältnis diese zu einander stehen (Festinger 2012: 28f.). Wenige widersprüchliche Elemente in der Gesamtmenge aller Kognitionen sind weniger dissonanzerzeugend als viele widersprüchliche Elemente. Es kommt also auf die einzelnen Kognitionen in einer Menge von Kognitionen zu einem Bezugsobjekt an. Zu beachten ist, dass Kognitionen nicht immer leicht zu ändern sind, sie haben Änderungswiderstände (Festinger 2012: 35ff.). Will man die Kognition des Verhaltens ändern, muss man in der Regel das Verhalten ändern, was etwa im Fall von lieb gewonnenen Gewohnheiten nicht trivial ist (Festinger 2012: 36f.). Wenn die Dissonanz sehr stark ist, kann aber gerade zusätzliche dissonante Information den Änderungswiderstand kognitiver Elemente überwinden und die damit einhergehende Einstellungsänderung zur Herstellung von Konsonanz führen (Festinger 2012: 33). Dissonanz kann dementsprechend reduziert werden durch a) die Änderung eines kognitiven Elements des Verhaltens, b) Änderung eines kognitiven Elements der Umwelt und c) aber eben auch durch Hinzufügen neuer kognitiver Elemente (Festinger 2012: 3ff.).

Angesichts der vielfältigen Variationen des Konsistenzprinzips erscheint auch eine Anwendung auf den Bereich unklarer Öffentlichkeit aussichtsreich.

Hierzu wird angenommen, dass die Inkongruenz der verschiedenen Publika eines Kommunikationsaktes als kognitiv dissonant empfunden wird. Es wird dabei unterstellt, dass die analytische Diskrepanz mit einer praktischen Dissonanz im Erleben von Individuen einhergeht, woraus Vermeidungsverhalten resultiert. Vermeidung kann dabei entsprechend den von Heider beschriebenen Reduktionsmechanismen bedeuten, dass ein Verhalten unterlassen wird, welches zu unklarer Öffentlichkeit führen würde. Mithin würde unklare Öffentlichkeit präkommunikativ zu Kommunikationsvermeidung führen. Es kann aber auch bedeuten, dass kommunikative Handlungen zur Herstellung klarer Öffentlichkeit vollzogen werden, was als postkommunikative Vermeidungskommunikation bezeichnet werden kann. Übertragen auf die Terminologie der bisherigen Theorie bedeutet dies: werden Markierungen unklarer Öffentlichkeit wahrgenommen (dissonante Kognitionen), kommt es zur Aktualisierung von Vermeidungserwartungen (Dissonanzerleben) und schließlich zu Kommunikationsvermeidung oder Vermeidungskommunikation (Dissonanzreduktion), so dass die Realisierungswahrscheinlichkeit unklarer Öffentlichkeit sinkt. Einer Änderung der kognitiven Elemente entspricht hierbei die Anpassung der Merkmale einer Situation.

Der empirischen Prüfung dieser theoretischen Annahme sind die folgenden beiden Kapitel gewidmet. Die Erklärung von Verhalten durch Konsistenzbestrebungen stellt dabei eine Alternative zu einer handlungstheoretischen Perspektive dar, in welcher Verhalten kontextspezifisch durch individuelle Bedürfnisse und Zweck-Mittel-Abwägungen erklärt werden würde (Heider 1946: 111). Mit konsistenztheoretischen Annahmen lässt sich die Vermeidungsthese universal begründen, gleichzeitig wird die idealtypische Sicht auf (Nicht)öffentlichkeit berücksichtigt. Dennoch schließen sich beide Perspektiven nicht aus, sie ergänzen einander. Ausgehend von einer universalen Vermeidungsthese kann danach gefragt werden, durch welche Motive oder situativen Umstände die Vermeidungsregel außer Kraft gesetzt wird. Schon Heider weist darauf hin, dass ein balanciertes Gleichgewicht durchaus durchbrochen wird, etwa „to seek the new and adventurous" (Heider 1959: 180). Newcomb spricht unter anderem Einschränkungen durch institutionalisierte Rollenerwartungen an, etwa wenn Eltern und Kinder in ihrer sozialen Rolle unterschiedliche Einstellungen gegenüber Alkohol einnehmen, ohne dass die Beziehung dadurch gestört werden müsse (Newcomb 1953: 400). Zudem wird die persönliche Relevanz der Kognitionen als wesentlicher Einflussfaktor auf das

Dissonanzerleben angenommen (Festinger 2012: 28). Nicht nur im Bereich unklarer Öffentlichkeit muss außerdem unterstellt werden, dass nicht nur der Wille, sondern auch die Mittel zur Vermeidung oder Veränderung von Situationen vorhanden sind (Festinger 2012: 37).

5.4 Zwischenfazit

Kommunikationssituationen entstehen durch kommunikatives Verhalten von mindestens zwei Akteuren – das heißt durch Mitteilungs-, Zugänglichkeits- und Rezeptionsverhalten. Sie lassen sich wie jede basale Situation durch die raumzeitlichen Koordinaten, wie jede soziale Situation durch die Beteiligten und ihre Erwartungen und speziell in Bezug auf Kommunikationssituationen durch Inhalt sowie Art und Weise des kommunikativen Verhaltens beschreiben. Aus diesen Unterscheidungen ergibt sich eine Heuristik zur statischen Analyse von Situationen (Kapitel 5.1).

Der Öffentlichkeitsstatus einer Kommunikationssituation ergibt sich dabei aus den Beziehungen zwischen den Beteiligten. Zum einen ist zu fragen, wer durch eine Mitteilung adressiert ist, wer Zugang hat und wer sie rezipiert. Zum anderen ist zu fragen, ob diese Beteiligten in sozialer Nähe oder in sozialer Distanz zum Mitteilenden stehen. Es wurde auf Grundlage der Definition von Kommunikationssituationen unterstellt, dass die gesetzten und wahrgenommenen Markierungen des Öffentlichkeitsstatus zur Aktualisierung von faktischen, desiderativen und deontischen Erwartungen führen, die wiederum kommunikativem Verhalten in Form von Mitteilungs-, Rezeptions- und Zugänglichkeitsverhalten zu Grunde liegen. Diese Prozessperspektive führt zu einer Heuristik, die der dynamischen Analyse von Situationen dienen kann (Kapitel 5.2).

Im Zeitverlauf lösen sich durch das Verhalten von Individuen fortlaufend bestehende Situationen in neue Situationen auf. Durch die Antizipation und Selektion von Situationen bietet sich Individuen die Möglichkeit zur Regulierung von Öffentlichkeit. Sowohl präkommunikativ, während der Antizipation von Kommunikationssituationen, als auch postkommunikativ, in Reaktion auf realisierte Kommunikationssituationen, kann es zu Readressierung, Republizierung oder Reattention kommen.

Ein Teil dieser Regulierungsprozesse, so wird vermutet, lässt sich durch die Vermeidungsthese erklären. Im Fall unklarer Öffentlichkeit entstehen Inkongruenzen zwischen und innerhalb der adressierten, potenziellen und tatsächlichen Publika. Überträgt man die konsistenztheoretische Argumentation auf den Gegenstand unklarer Öffentlichkeit, dann würde die Markierung von unklarer Öffentlichkeit zu Vermeidungserwartungen und mithin antizipativ zu Kommunikationsvermeidung bzw. reaktiv zu Vermeidungskommunikation führen. Die Vermeidung unklarer Öffentlichkeit bedeutet dabei eine Komplexitätsreduktion, wenn sich Verhalten an den Idealtypen eindeutiger Öffentlichkeit und Nichtöffentlichkeit orientiert. Dagegen ergeben sich mögliche Einschränkungen der Vermeidungsthese einerseits aus individuellen Bedürfnissen wie Neugier und andererseits aus gesellschaftlichen Werten wie dem Aufklärungsgedanken journalistischen Handelns (siehe Kapitel 5.3).

Die soweit entwickelte Theorie unklarer Öffentlichkeit bietet auf Grundlage kommunikationstheoretischer Unterscheidungen Beschreibungskategorien und Definitionen für soziale Situationen mit unklarem Öffentlichkeitsstatus an. Damit ist die erste Forschungsfrage dieser Arbeit beantwortet, wie sich unklar-öffentliche Situationen theoretisch beschreiben lassen. Darüber hinaus wird auf konsistenztheoretischer Basis eine Erklärungsmöglichkeit für Verhalten in Bezug auf unklare Öffentlichkeit angeboten. Dies ist eine vorläufige Antwort auf die zweite Forschungsfrage, wie sich Individuen in Bezug auf unklare Öffentlichkeit verhalten. Die Brauchbarkeit der theoretischen Differenzierungen und des Erklärungszusammenhangs wird in den folgenden beiden Kapiteln empirisch auf die Probe gestellt.

6 Empirie unklarer Öffentlichkeit I – Die Theorie unklarer Öffentlichkeit als Forschungsheuristik

Der letzte Teil dieser Arbeit widmet sich der empirischen Überprüfung der Vermeidungsthese. Dazu werden drei Schritte vollzogen:

1. Zunächst wird es im vorliegenden Kapitel darum gehen, durch die qualitative Analyse von Gesprächsrunden einen **Teilbereich von Kommunikationssituationen** zu identifizieren, in dem eine experimentelle Überprüfung durchgeführt werden kann. Hierzu wird das oben ausgearbeitete, statische Situationskonzept mit den Kategorien Beteiligte, Ort, Inhalt und Modalität als Heuristik eingesetzt (Kapitel 6.2).

2. Auf der gleichen Datengrundlage werden anschließend Faktoren identifiziert, die einen **Einfluss auf den Vermeidungsmechanismus** nehmen. Es geht hierbei einerseits um die Konkretisierung von Vermeidungsverhalten und andererseits um eine Identifizierung von Umständen, die den Vermeidungsmechanismus außer Kraft setzen, verstärken oder sogar umkehren. Zur Identifizierung von Einflussfaktoren wird das oben entwickelte, dynamische Situationskonzept mit den Kategorien Markierungen, Erwartungen und Kommunikation als Heuristik eingesetzt (Kapitel 6.3).

3. Nach der Eingrenzung auf einen Untersuchungsbereich und einen Geltungsbereich wird die **Vermeidungsthese mit einem Fragebogenexperiment überprüft**. Die Ableitung von konkreten Hypothesen, das methodische Vorgehen und die Ergebnisse werden im vorletzten Kapitel dieser Arbeit dargestellt (Kapitel 7).

Die Eingrenzung auf einen Teilbereich von Kommunikationssituationen ist notwendig, da jede empirische Überprüfung von Verhaltenshypothesen praktisch nur an einem Ausschnitt aus dem Universum menschlichen Verhaltens durchgeführt werden kann. Deshalb werden in der Sozialforschung im Idealfall Zufallsstichproben gezogen, deren Struktur mittels inferenzstatistischer Verfahren auf eine Grundgesamtheit übertragbar ist. Voraussetzung einer solchen Stichprobenziehung ist allerdings, dass eine Auswahlgesamtheit zur Verfügung steht, aus der die

Stichprobe gezogen werden kann (Bortz/Schuster 2010: 81, 400; Brosius/Haas/Koschel 2012: 61). Diese Voraussetzung ist im Fall von Verhalten grundsätzlich nicht gegeben. Eine Liste aller Situationen oder aller Verhaltensweisen gibt es nicht. Zudem wäre eine Abgrenzung einzelner Situationen von allen anderen Situationen kaum möglich, da es sich hierbei um fortlaufende Prozesse handelt, aus denen immer wieder neue Situationen hervorgehen. Somit sollten Verhaltensstichproben anderweitig begründet bzw. auf inhaltlich sinnvolle Bereiche beschränkt werden (Friedrichs 1974: 49).

Zur Eingrenzung einer Gesamtheit von Situationen werden mittels vier Gesprächsrunden zwischen Studierenden unklar-öffentliche Situationen identifiziert, die im Alltag relevant sind und dementsprechend Grundlage einer Hypothesenprüfung sein können (Kapitel 6.2). Die Relevanz und der Realitätsgehalt von Situationen sind schon aus methodischen Gründen wichtig, um bei Befragungen wirklichkeitsnahe Antworten zu erhalten (Hughes 1998: 385). Zudem spielt dabei der erkenntnistheoretische Hintergrund hypothesenprüfender Studien eine Rolle. Experimente zielen darauf ab, einen eindeutig formulierten theoretischen Zusammenhang ernsthaft auf die Probe zu stellen. Im Anschluss an den kritischen Rationalismus wird insbesondere Falsifizierbarkeit gefordert, um die Grenzen von Theorien aufzuzeigen und eine Weiterentwicklung zu fördern (Chalmers 2007: 57). Allerdings darf Falsifizierbarkeit nicht dahingehend missverstanden werden, dass ein Experiment von vornherein auf das Scheitern ausgerichtet wird. Eine Falsifizierung unplausibler Annahmen ist ebenso wenig erkenntnisbringend wie eine Bestätigung hochplausibler Annahmen (Chalmers 2007: 67). Vielmehr muss die Falsifizierung plausibler Annahmen riskiert werden. Ein Experiment wird deshalb in der Regel darauf ausgerichtet, Evidenz für den vermuteten Zusammenhang zu erbringen. Es muss so aufgebaut sein, dass das Verwerfen einer Hypothese wahrscheinlich wird, wenn sie tatsächlich falsch ist (Chalmers 2007: 164). Nur durch die Zuspitzung auf sinnvolle Untersuchungsbereiche und die möglichst konkrete Formulierung von Hypothesen wird ein ernsthaftes Risiko eingegangen, so dass das Scheitern ebenso erkenntnisbringend ist wie die Bestätigung (Chalmers 2007: 56ff., 69). Eben diese Zuspitzung auf relevante Bereiche wird durch die qualitative Vorstudie umgesetzt. Denn darin liegen die Stärken qualitativer Verfahren: sie erlauben die Exploration einer unübersichtlichen Wirklichkeit bei gleichzeitiger Berücksichtigung subjektiver Relevanzsetzungen der Untersuchungspersonen (Brosius/Haas/Koschel 2012: 4; Mayring 1996: 9ff.).

Die Identifizierung von Faktoren, die den Geltungsbereich der Vermeidungsthese einschränken, dient ebenfalls der Zuspitzung auf einen erkenntnisversprechenden Untersuchungsbereich. Dazu wird auf Grundlage der Gesprächsrunden Verhalten in Bezug auf unklare Öffentlichkeit rekonstruiert und konkretisiert (Kapitel 6.3). Dies erlaubt einen tiefgründigen Blick auf den Geltungsbereich und auf die Grenzen der Vermeidungsthese. Indem nicht ausschließlich auf eine abstrakte Operationalisierung theoretischer Konstrukte, sondern gleichfalls auf die interpretativen Prozesse handelnder Individuen Bezug genommen wird, soll einer Schwäche standardisierter experimenteller Untersuchungsanlagen begegnet werden. Denn die Standardisierung der Messinstrumente und die Künstlichkeit der Untersuchungssituation schränken die externe Validität experimenteller Untersuchungen stark ein (Klimmt/Weber 2013: 134; siehe auch Bohnsack 2014: 19, 22). Auch wenn diese Einschränkung nicht vollkommen aufgehoben werden kann, so sind die Befunde doch durch einen interpretativen Blick besser einzuordnen.

Die vorliegende Studie ist damit nicht ausschließlich im normativen Paradigma (Wilson 1973) der Sozialforschung zu verorten. Vielmehr wird hier der Versuch unternommen, quantitative Sozialforschung innerhalb des interpretativen Paradigmas zu betreiben. Dabei werden verschiedene Formen von Triangulation[145] realisiert: a) zur Formierung der Gruppen für die qualitative Studie wird mit dem Self-Disclosure Inventory ein quantitatives Verfahren eingesetzt, b) bei der Auswertung der Gesprächsrunden werden nach einer Paraphrasierung und Kategorisierung von Situationen quantitative netzwerkanalytische Verfahren zur Typenbildung eingesetzt, c) die Gesprächsrunden liefern das Basismaterial für die experimentelle Überprüfung, d) sowohl im qualitativen als auch im quantitativen Teil werden Interpretationen der Vermeidungsthese geprüft, e) in der Experimentalstudie werden neben standardisierten auch offene Fragen gestellt, die zur Validierung der Messinstrumente herangezogen werden. Insofern unterstützen sich

---

145 Für einen Überblick zur Triangulation quantitativer und qualitativer Verfahren siehe Flick (2011: 75ff.).

qualitative bzw. interpretative und quantitative bzw. standardisierte Verfahren hier vielfältig. Allesamt werden als Hilfsmittel zur interpretativen Rekonstruktion sozialer Wirklichkeit angesehen.

Das Erkenntnisinteresse der qualitativen Studie besteht somit aus drei Teilen:

- Erstens wird der heuristische Wert der bislang ausgearbeiteten Theorie überprüft, indem das statische und das dynamische Situationskonzept für die Analyse von Gesprächsrunden fruchtbar gemacht werden.
- Zweitens geht es um die Konkretisierung, Erweiterung und Eingrenzung der Theorie unklarer Öffentlichkeit. Es wird überprüft, inwiefern sich in den Gesprächsrunden konkretes Vermeidungsverhalten rekonstruieren lässt und unter welchen Umständen die Vermeidungsthese überhaupt Geltung beanspruchen kann.
- Drittens wird durch die Identifizierung eines relevanten Untersuchungsbereichs und relevanter Kontrollvariablen ein Hypothesentest vorbereitet.

Im Folgenden wird zunächst die Vorgehensweise bei der Datenerhebung dargelegt und begründet (Kapitel 6.1). Die inhaltsanalytische Methodik wird ebenso wie die Operationalisierung der beiden Heuristiken im Vorfeld der Ergebnispräsentation dargestellt, einmal für die Identifizierung relevanter Situationen (Kapitel 6.2) und einmal für die Identifizierung von Einflussfaktoren (Kapitel 6.3).

6.1 Methodische Umsetzung: Gesprächsrunden als Quelle von Situationsbeschreibungen und Öffentlichkeitsverhalten

6.1.1 Erhebungsmethode Gruppendiskussion

Zur Erkundung von Erwartungen bieten sich insbesondere Interviewverfahren an. Denn im Gegensatz zu inhaltsanalytischen oder nichtreaktiven Beobachtungsverfahren sind hierbei neben den manifesten Verhaltensspuren auch innere Zustände wie Motivationen und affektive Reaktionen zugänglich. Das für die Theorie unklarer Öffentlichkeit zentrale Erwartungskonzept impliziert ebensolches, inneres Verhalten.

In der Vielzahl möglicher Interviewverfahren ist in Bezug auf die hier verfolgte Zielstellung vor allem die Gruppendiskussion geeignet. Gruppendiskussionen sind gegenüber anderen Möglichkeiten durch zwei Besonderheiten ausgezeichnet. Erstens werden bedingt durch die Interaktionssituation nicht nur subjektive Sinnsetzungen manifest, sondern es besteht die Chance, auch Referenzen auf einen überindividuellen, sozialen Sinn offen zu legen. Begründet wurde diese Besonderheit in den letzten Jahren insbesondere durch Ralf Bohnsack (Bohnsack 2014: 107ff.; Bohnsack 2007; Bohnsack 2000: 375). Im Anschluss an die Wissenssoziologie Karl Mannheims (Mannheim 1964: 103ff.) und an die Ethnomethodologie Harold Garfinkels (Garfinkel 1967: 76ff.) interessiert sich Bohnsack im Rahmen der sogenannten dokumentarischen Methode für den konjunktiven Sinn von Erfahrungen. Dabei wird davon ausgegangen, dass Individuen nicht isoliert voneinander handeln, sondern sich an gemeinsamen Erfahrungsräumen orientieren. Jedes Verhalten ist damit auf gemeinsames Wissen bezogen, das heißt konjunktiv in Bezug auf die Erfahrungen mit anderen (Bohnsack 2014: 33ff.; Bohnsack 2000: 377). Ganz praktisch bedeutet dies für die durchgeführte Untersuchung, dass einem vorschnellen Schluss von individuellen Erwartungen auf allgemeinere soziale Erwartungen vorgebeugt wird, selbst wenn im Folgenden nicht explizit die dokumentarische Methode angewendet wird. Denn in der Gruppensituation können sich die Beteiligten gegenseitig widersprechen und ergänzen.

Diese Interaktionsmöglichkeit ist Grundlage für eine zweite Besonderheit von Gruppendiskussionen: die Gesprächsteilnehmer können sich wechselseitig inspirieren, so dass ein steuernder Einfluss des Forschenden weniger notwendig ist. Tatsächlich wird in der entsprechenden Methodenliteratur eine starke Zurückhaltung und Vagheit sogar gefordert (Bohnsack 2000: 380f.), um den Sinnsetzungsprozessen innerhalb der Gruppen Raum zu geben. Praktisch ist damit für die durchgeführte Untersuchung die Hoffnung verbunden, dass eine größere Anzahl an relevanten Situationen durch wechselseitige Aktivierung von Erinnerungen generiert wird, als sie in einer einfachen Interviewsituation möglich wäre. Zudem bietet eine Gruppendiskussion einen sozialen Kontext, in dem sich Meinungen in der Auseinandersetzung mit anderen Meinungen entwickeln können (Lamnek 2005: 420).

6.1.2 Auswahl der Teilnehmer

Zur Identifizierung relevanter Situationen wurden vier ungefähr halbstündige Gesprächsrunden mit jeweils zwei bis drei Teilnehmern und zusätzlich einem Moderator durchgeführt.[146] Wesentliches Kriterium für die Auswahl der Teilnehmer ist in qualitativen Studien, dass hinsichtlich des Erkenntnisinteresses informative Fälle ausgewählt werden (Patton 2002: 230). Dieses Ziel kann durch verschiedene Vorgehensweisen erreicht werden (Patton 2002: 243), etwa indem von vornherein nach Extremfällen gesucht wird, nach besonderen Erfahrungen mit unklarer Öffentlichkeit. Bei einer sukzessiven Erhebung kann auch schrittweise nach Fällen gesucht werden, die der Vermutung nach von den bereits vorliegenden Fällen abweichen (analytische Induktion) oder neue Erkenntnisse versprechen (theoretisches Sampling), um so nach und nach ein umfassendes Bild des Untersuchungsgegenstands zu zeichnen (Flick 2007: 163). Diese Strategien wären allerdings für die vorliegende Untersuchung nicht zielführend. Im Fokus steht weniger ein tiefes Verständnis einzelner Situationen, sondern das Generieren einer allgemeineren Basis von Situationsbeschreibungen als Grundlage für eine Experimentalstudie. Dafür ist es angezeigt, sich auf typische und alltägliche Fälle (Patton 2002: 236) zu konzentrieren, sowohl in Bezug auf die Auswahl der Befragten, als auch in Bezug

---

146 Die männlichen Bezeichnungen implizieren hier sowohl Teilnehmerinnen und Moderatorinnen als auch Teilnehmer und Moderatoren. Sie werden nur aus Gründen der sprachlichen Vereinfachung verwendet. Tatsächlich waren mehr Frauen als Männer beteiligt.

auf die im Interview hervorgerufenen Erzählungen. Informativität wird in diesem Fall durch Universalität erreicht.

Die Teilnehmer wurden im Mai 2014 aus einem Methodenseminar in einem Masterstudiengang an der Universität Greifswald rekrutiert. Dabei handelt es sich um eine pragmatische Auswahl der Teilnehmer, die dennoch inhaltlich begründet ist. Erstens kann Studierenden aufgrund des Bildungskontextes ein Reflektions- und Verbalisierungsvermögen unterstellt werden, das für sinnvolle Interviews erforderlich ist. Zweitens wird davon ausgegangen, dass Studierende sich in einer Lebensphase befinden, die durch eine hohe räumliche und soziale Mobilität gekennzeichnet ist – beispielsweise durch den Wechsel von Wohnorten bzw. Hochschulen oder durch die Kombination von Studium und Arbeit zur Finanzierung des Studiums.[147] Die damit verbundene potenzielle Vielfalt sozialer Kontakte und Erlebnisse erscheint produktiv für die angestrebte Generierung von Situationen zu sein. Drittens kann durch den gemeinsamen Kontext des Seminars eine gewisse Vertrautheit zwischen den Studierenden unterstellt werden, so dass trotz der Künstlichkeit der Untersuchungssituation – die schon durch das Aufnahmegerät hervorgerufen wird – auch unangenehme oder heikle Situationen zur Sprache kommen können. Dieser Aspekt wird zudem dadurch zu fördern versucht, dass auch die Moderation auf Studierende übertragen wurde. Insofern ist die Form der durchgeführten Interviews weniger als Diskussion zu bezeichnen, sondern eher als Gesprächsrunde. Denn in diesen Gesprächsrunden geht es durchaus harmonisch zu. Für die Exploration von Situationen ist weniger der diskursive Charakter als der gemeinsame Gesprächsraum relevant.

---

147 Umfangreiche Daten zur allgemeinen wirtschaftlichen und sozialen Lage von Studierenden enthält die regelmäßig für das Deutsche Studentenwerk durchgeführte Sozialerhebung (Middendorff et al. 2013). Insgesamt wechselten laut der letzten Erhebung im Jahr 2012 insgesamt 35% der Studierenden das Bundesland, um das Studium aufzunehmen (ebd.: 62). In Universitäten wechseln insgesamt 19% noch einmal den Studiengang (ebd.: 126). Beim Übergang zum Masterstudiengang wechseln 34% die Hochschule (ebd.: 145). Einen zeitweiligen Auslandsaufenthalt integrieren 30% der Studierenden (ebd.: 158). In der Gruppe der ‚Normalstudierenden' werden 87% finanziell von den Eltern unterstützt (ebd.: 203), zusätzlich finanzieren sich aber 63% auch durch eigene Einnahmen (ebd.: 205).

Um die Vertrautheit innerhalb der Gruppen weiter zu fördern, wurden die Teilnehmer nach ihrer Neigung zur Selbstoffenbarung (siehe Kapitel 3.3.1) zusammengestellt. Dieses Vorgehen ist auch durch die Vermutung motiviert, dass sich Erfahrungen und Erwartungen in Abhängigkeit dieser Neigung unterscheiden und somit in den Gruppen unterschiedliche Situationen zur Sprache kommen. Die Selbstoffenbarungsbereitschaft wurde eine Woche vor den Interviews mit einem pseudonymisierten Fragebogen erhoben (siehe Anhang A.1), wobei als Instrument eine eigene Übersetzung des Self-Disclosure Inventory (Miller/Berg/Archer 1983) eingesetzt wurde.[148] Dieses Instrument besteht aus zehn Fragen zur Bereitschaft, mit einem Fremden ein Gespräch unter anderem über persönliche Gewohnheiten, Gefühle und Erlebnisse zu führen. Aus den Antworten auf die zehn Fragen wurde ein gleichgewichteter Mittelwertindex gebildet. Die Teilnehmer wurden entsprechend ihrem Indexwert in vier Gruppen mit aufsteigendem Selbstoffenbarungswert eingeteilt (siehe Tabelle 11). Insgesamt ist die Selbstoffenbarungsneigung bezogen auf den Wertebereich des Index eher niedrig.

Tabelle 11: Einteilung der Gruppengespräche

Gruppe	Teilnehmerzahl (ohne Moderator)	Selbstoffenbarungsindex Mittelwert (Minimum und Maximum in Klammern)	Länge des Interviews
1	3	1,1 (0,5-1,4)	29 Minuten
2	3	1,6 (1,4-1,8)	25 Minuten
3	2	2,0 (1,9-2,0)	29 Minuten
4	3	2,5 (2,0-3,1)	30 Minuten

Der Indexwert des Self-Disclosure Inventory hat einen Wertebereich von 0 bis 4, wobei höhere Werte eine stärkere Selbstoffenbarungsbereitschaft indizieren. Da nicht alle Befragten, für die der Selbstoffenbarungsindex erhoben wurde (n=19), auch tatsächlich zum Termin der Gruppengespräche erschienen (n=11), können sich die tatsächlichen Gruppenwerte von den angegebenen Werten unterscheiden.

---

148 Zur Diskussion dieses Instruments siehe auch Kapitel 7.2.3.

6.1.3 Leitfaden und Transkription

Der Autor dieser Studie war als Untersuchungsleiter während der Interviews nicht anwesend, um die Vertrautheit der Teilnehmer nicht zu stören. Die Moderatoren der Gespräche wurden deshalb vorab mit einem Leitfaden (siehe Anhang A.2) geschult. Aufgabe der Moderatoren war es, das Gespräch zu initiieren und den Fokus beizubehalten, sich selbst aber weitgehend zurückzuhalten. Dazu wurden ihnen Grundzüge der Theorie unklarer Öffentlichkeit und das Erkenntnissinteresse der qualitativen Studie vermittelt.

Der Leitfaden soll eine Orientierung geben und als Anregung für gesprächsleitende Fragen dienen, wobei die Formulierung weitgehend freigestellt ist. Er ist entsprechend den organisatorischen Bedingungen einer Gesprächsrunde und dem Erkenntnisinteresse in vier Bereiche unterteilt:

1. **Einstieg**: Zu Beginn wird das Einverständnis zur Aufzeichnung, Transkription und Auswertung des Gesprächs eingeholt. Dabei wird auch auf die Anonymisierung hingewiesen. Zur Konstitution der Erzählsituation werden die Teilnehmer aufgefordert, zunächst reihum etwas über ihre Wohnsituation zu erzählen. Durch die festgelegte Reihenfolge ergeben sich für die spätere Transkription Anhaltspunkte für eine Zuordnung der Stimmen zu den Sprechern. Inhaltlich wird hiermit das Gespräch gleich zu Beginn auf persönliche Aspekte und Erfahrungen mit anderen Menschen gelenkt.

2. **Situationen**: Anschließend werden die Teilnehmer aufgefordert, aus erlebten Situationen mit unklarer Öffentlichkeit zu berichten. Der Terminus unklare Öffentlichkeit wird dabei nicht verwendet, um an dieser Stelle eine normativ-bewertende Beeinflussung zu vermeiden. Stattdessen wird nach Situationen gefragt, in denen nicht ganz klar ist, wer eigentlich beteiligt ist oder in denen sowohl Bekannte als auch Fremde eine Rolle spielen. Die Erzählaufforderung wird abstrakt gehalten, um eine eigenständige Sinnsetzung innerhalb der Gruppe zu provozieren (siehe auch Bohnsack 2000: 380f.). Nur bei Bedarf wird sie von den Moderatoren weiter konkretisiert.

3. **Erwartungen**: Welche Erwartungen in Situationen unklarer Öffentlichkeit aktualisiert werden, wird mit drei Fragen in Anlehnung an die theoretische Differenzierung erhoben. Es wird mit allgemeinsprachlichen Formulierungen

danach gefragt, inwiefern die geschilderten Situationen regelmäßig vorkommen, desiderativ und deontisch erwartbar sind. Dabei wird davon ausgegangen, dass in diesem Zuge neben Erwartungen auch Markierungen und Kommunikationsverhalten zur Sprache kommen, weil Erwartungen gemäß der Theorie zwischen diesen beiden Bereichen vermitteln.

4. **Abschluss**: Zum Abschluss sind die Moderatoren aufgefordert, eine der Situationen herauszugreifen und danach zu fragen, ob es für diese allgemeine gesellschaftliche Regeln gibt. Hiermit soll einerseits Raum für möglicherweise noch nicht genannte Aspekte geschaffen werden. Andererseits soll die geschlossene Formulierung von Fragen zu einer Beendigung der Gesprächsrunde führen.

Zu Beginn der Interviews zeigten sich die Befragten teilweise irritiert, worauf die Fragen abzielten. Insofern kann davon ausgegangen werden, dass zwangsläufig eine eigene Sinnsetzung angestoßen wurde. Tatsächlich sind in allen Gruppen selbststrukturierte Gespräche zwischen den Teilnehmern entstanden, so dass sich die Moderatoren insgesamt eher zurückhalten konnten.

Die Aufnahmen wurden schließlich inhaltsorientiert transkribiert, das heißt paraverbale Merkmale wurden nur dann gekennzeichnet, wenn sie zum Verständnis notwendig sind (siehe Anhang A.3). Die Transkriptionsregeln orientieren sich an den Regeln für ein einfaches Transkript nach Dresing/Pehl (2013). Zusätzlich wurden Satzabbrüche, Verständnissignale und Sprecherüberlappungen markiert, um den Verlauf der Gespräche besser nachvollziehbar zu machen.

Die Auswertung der Transkripte orientiert sich am Erkenntnisinteresse. In einem ersten Durchgang werden typische Situationen identifiziert. Im zweiten Schritt werden dann auch Äußerungen zu Markierungs-, Erwartungs- und Kommunikationsverhalten analysiert, um Anhaltspunkte für konkrete Einflussfaktoren sowie Geltung und Grenzen der Vermeidungsthese zu erkunden. Die inhaltsanalytische Vorgehensweise wird zu Beginn der folgenden Ergebnisdarstellung konkretisiert.[149]

---

149 Zur Analyse von Interviewmaterial gibt es eine Vielzahl von Verfahren mit klingenden Namen. Die Festlegung auf ein bestimmtes Verfahren ist hier aber nicht zielführend und widerspricht ge-

6.2 Rekonstruktion typischer Situationen

6.2.1 Analyseverfahren

Ein wesentliches Ziel der Gesprächsrunden bestand darin, eine Grundlage zur Auswahl relevanter Situationen im Bereich unklarer Öffentlichkeit zu schaffen. Für die experimentelle Untersuchung der Vermeidungsthese sind Situationsbeschreibungen erforderlich, die als Vignetten bezeichnet werden (siehe Kapitel 7). Vignetten realisieren in „stories about individuals and situations" (Hughes 1998: 381; siehe auch Barter/Renold 1999) verschiedene Kombinationen von situativen Merkmalen (Beck/Opp 2001: 285; Steiner/Atzmüller 2006: 117), zum Beispiel unterschiedliche Ausprägungen des Öffentlichkeitsstatus. Eine direkte, wörtliche Übernahme von Situationsbeschreibungen aus den Transkripten kommt dabei aus drei Gründen nicht in Frage: dem Abgrenzungsproblem, dem Auswahlproblem und dem Formulierungsproblem.

Daraus, dass in den Erzählungen Situationen fortlaufend ineinander übergehen, ergibt sich ein **Abgrenzungsproblem**. Oft ist unklar, wann eine Aussage noch der gleichen Situation zuzurechnen ist und wann bereits eine neue Situation beschrieben wird. Zudem werden in der Reflektion von Verhaltensweisen oft mehrere Alternativen gegenüber gestellt. Gerade eine solche Gegenüberstellung verdeutlicht aber die Zugehörigkeit der Situationen zu einem gemeinsamen Sinnhorizont, der auch in der weiterführenden Analyse nicht gänzlich verloren gehen sollte.

Aus der Vielzahl und Vielfalt von Situationsbeschreibungen ergibt sich ein **Auswahlproblem**. Die ausgewählten Vignetten sollten stellvertretend für die in den Gesprächsrunden insgesamt berichteten Situationen sein. Statt der Auswahl einzelner konkreter Situationen ist deshalb die Konstruktion von Vignetten zielführender, bei der die Typik der berichteten Situationen berücksichtigt wird.

---

nau genommen auch dem Selbstverständnis qualitativer Forschung. Denn jede Auswertungsstrategie sollte an Gegenstand und Forschungsinteresse orientiert sein und inhaltlich begründet werden. Wichtig ist dabei nicht ein standardisiertes, sondern ein systematisches und nachvollziehbares Vorgehen, weshalb die einzelnen Schritte dokumentiert werden müssen (Mayring 1996: 17, 119f.).

Da die Erzählungen unterschiedliche Abstraktionsniveaus und unterschiedliche Sprachstile realisieren sowie unterschiedlich vollständig und ausführlich ausfallen, ergibt sich ein **Formulierungsproblem**. Die Vignetten sollten dagegen in wesentlichen Merkmalen vollständig, nachvollziehbar und untereinander zumindest sprachlich vergleichbar sein, um sie experimentell einsetzen zu können.

Um diesen Problemen zu begegnen, wird dreistufig vorgegangen:

1. **Situationen rekonstruieren:** Im ersten Schritt werden möglichst nah am Transkriptionstext Vignetten erstellt. In den Transkripten werden dazu alle Situationsbeschreibungen identifiziert und mittels Paraphrasierung soweit wie möglich auf ein gemeinsames Abstraktionsniveau gebracht. Dieses Vorgehen entspricht in Grundzügen der von Mayring als zusammenfassende Inhaltsanalyse bezeichneten Interpretationstechnik (Mayring 2008: 59; Mayring 1989: 194ff.).

2. **Vignetten kategorisieren:** Im zweiten Schritt werden die Vignetten anhand der kommunikationstheoretisch begründeten Eigenschaften Beteiligte, Orte, Inhalte und Modalitäten kategorisiert (siehe Kapitel 5.1.3) und so ein Überblick über die dominanten Situationsmerkmale erstellt. Die Hauptkategorien werden in Unterkategorien und Ausprägungen differenziert, womit die im ersten Schritt begonnene, zusammenfassende Inhaltsanalyse in Form einer induktiven Kategorienbildung ihre Fortsetzung findet (Mayring 2008: 74ff.). Die Zuordnung von Vignetten zu Kategorien wiederum entspricht im Wesentlichen der von Mayring und Kuckartz als strukturierende Inhaltsanalyse bezeichneten Interpretationstechnik (Kuckartz 2012: 77ff.; Mayring 2008: 82f.; Mayring 1989: 198). Diese stellt hier einen Zwischenschritt für die folgende typisierende Inhaltsanalyse dar.

3. **Merkmalskombinationen typisieren:** Schließlich wird im dritten Schritt untersucht, welche Situationsmerkmale in den Vignetten häufig zusammen auftreten, um so zu Aussagen über typische Merkmalskombinationen zu gelangen. Dies entspricht in Bezug auf das Erkenntnisziel der von Kuckartz als typisierende Inhaltsanalyse bezeichneten Vorgehensweise (Kuckartz 2012:

115f.)¹⁵⁰ und wird hier mit einem netzwerkanalytischen Verfahren umgesetzt. Die Netzwerkanalyse wird dazu eingesetzt, das durch die Kategorisierung aufgespannte, hochdimensionale Vignettenuniversum auf eine zweidimensionale Visualisierung zu reduzieren. Durch die Interpretation dieser Abbildung wird die Typik der geschilderten Situationen handhabbar gemacht.

Diese Analyse verdichtet die Äußerungen der Befragten mit einem regelgeleiteten Verfahren zu wenigen typischen Situationsklassen. Sie abstrahiert zunehmend von einzelnen Beschreibungen, ohne den Textbezug zu verlieren. Die Transkripte werden dazu in Vignetten überführt, aus den Vignetten ergeben sich die Kategorien, die Anwendung der Kategorien auf die Vignetten ergibt Kodierungen, die wiederum auf typische Kombinationen untersucht werden. Im Ergebnis wird deutlich, welche Art von Vignetten für die experimentelle Studie relevant ist, welche Merkmalskombinationen hierbei berücksichtigt werden sollten. Die genaue Vorgehensweise der drei Schritte wird in den folgenden Abschnitten dargestellt.

Schritt 1: Situationen rekonstruieren

Der erste Schritt bei der Auswertung der Gesprächsrunden besteht darin, aus den beschriebenen Erfahrungen soziale Situationen zu rekonstruieren. Es muss dabei zwischen den theoretischen Analyseeinheiten auf der einen Seite und den operationalen Untersuchungseinheiten auf der anderen Seite unterschieden werden.¹⁵¹ Als Untersuchungseinheiten werden die einzelnen Aussagen der Befragten bestimmt, als Analyseeinheiten soziale Situationen. Die Analyseeinheit ist durch die Theorie definitorisch vorgegeben (siehe Kapitel 5.1):

---

150 Die Typen basieren auf der Ähnlichkeit verschiedener Vignetten in ihren verschiedenen Merkmalen, sie stellen damit polythetische Typen dar (Kuckartz 2012: 122).
151 Im Rahmen von Inhaltsanalysen wird die Terminologie zur Unterscheidung von Einheiten nicht einheitlich verwendet, vor allem wenn man sowohl quantitative als auch qualitative Verfahren im Blick hat. Die hier verwendete Unterscheidung von Analyseeinheit und Untersuchungseinheit entspricht in etwa der Unterscheidung von Analyseeinheit und Kodiereinheit (Früh 2015: 88, 91; Kuckartz 2012: 47), bezieht aber ersteres auf das latente, theoretische Konstrukt und letzteres auf die manifesten, empirischen Indikatoren.

(D30) Soziale Situationen sind angebbar raumzeitlich begrenzte Verhaltenskomplexe, bei denen sich mindestens zwei Akteure in einem gemeinsamen Wahrnehmungsraum befinden und bei denen die Akteure faktische, desiderative und deontische Verhaltenserwartungen aktualisieren.

Als eine einzelne Aussage wird jede Proposition verstanden, die in ihrer grammatisch einfachsten Ausdrucksform durch einen Satz mit Subjekt, Prädikat und Objekt bestimmt ist. Aussagen sind damit die kleinsten sinnkonstituierenden Struktureinheiten eines Textes (Brinker 2001: 22ff.). Das Material wird demnach Aussage für Aussage durchgegangen und auf soziale Situationen bezogen. Dieser Schritt ist insofern nicht trivial, als dass Situationen mitunter nur angedeutet, hypothetisch beschrieben oder im Laufe des Gesprächs ergänzt und abgewandelt werden. Gleichzeitig sind auch einzelne Sätze teilweise unvollständig, unterbrochen, mehrdeutig und vielfältig aufeinander bezogen. Die Form grammatisch vollständiger Sätze wird im sprachlichen Vollzug gerade bei mündlichen Texten häufig nicht realisiert (Schwitalla 2003: 100ff.).

Bei der Rekonstruktion sozialer Situationen aus einem Gesprächskontext tritt dadurch sowohl auf Ebene der Untersuchungseinheit als auch auf Ebene der Analyseeinheit das oben beschriebene Abgrenzungsproblem auf. Diesem Problem wird begegnet, indem erstens nicht Situationen, sondern Situationsklassen (siehe Kapitel 5.1.1) rekonstruiert wurden. Eine Situationsklasse fasst eine Menge von Situationen durch festgelegte Merkmale zusammen, statt nur eine einzelne konkrete Situation zu bezeichnen. Zweitens werden die Rekonstruktionen nicht wörtlich zitierend, sondern paraphrasierend formuliert, um sie in eine einheitliche Sprache zu übertragen.

Jedes Interview wird dazu sequentiell, Aussage für Aussage, anhand der Definition sozialer Situationen auf entsprechende Äußerungen überprüft. Alle angesprochenen Situationsbeschreibungen werden paraphrasiert und so in Vignetten überführt. Nur wenn eine Aussage nicht durch den Austausch eines einzelnen Merkmals innerhalb schon bestehender Vignetten berücksichtigt werden kann, wird eine neue Vignette begonnen. So werden bestehende paraphrasierte Situationsklassen nach und nach durch neue Aussagen ergänzt und austauschbare Alternativen durch Schrägstriche sowie mögliche Ergänzungen durch Klammern gekennzeichnet. Auch hypothetische und unwahrscheinliche Situationen, die laut der Schilderung durch die Befragten so nicht stattgefunden haben, werden mit aufgenommen. Ein Beispiel für das Ergebnis dieser Vorgehensweise sieht wie folgt aus (weitere auch weniger komplexe Beispiele finden sich im Verlauf des Kapitels):

> Von einer Person, die Sie gut kennen / nicht gut kennen / die verwandt mit Ihnen ist, sehen Sie auf Facebook / erfahren Sie in einem Gespräch mit ihr den (geänderten) Beziehungsstatus / Wohnort / etwas über die Schwangerschaft (Ultraschallbilder / Bilder vom schwangeren Bauch) / die Paarkommunikation mit deren Partner / Partnerin (z. B. „Ach Schatz, ich liebe dich!"). [3: 183-234][152]

Eine solche Vignette bündelt Situationsbeschreibungen mit ähnlichen Merkmalskombinationen. Damit integriert dieser erste Schritt bereits Anteile einer von Kuckartz als typisierende Inhaltsanalyse bezeichneten Vorgehensweise (Kuckartz 2012: 118).

Schritt 2: Vignetten kategorisieren

Für die Kategorisierung der Vignetten wird das statische Situationskonzept als Heuristik eingesetzt und anhand des empirischen Materials weiter konkretisiert. Ausgehend von den vier theoretisch begründeten, situativen Merkmalen von Mitteilungen wird nach Referenzen – das heißt konkreten Textstellen – auf Beteiligte, Orte, Inhalte und Modalitäten gesucht (siehe Tabelle 12 und Kapitel 5.1.3). Für jede der Hauptkategorien wird zu diesem Zweck eine Leitfrage formuliert.

---

[152] Der Ursprung der Vignetten im Interviewtext wird in eckigen Klammern angegeben. Die erste Ziffer bezeichnet die Nummer des Transkripts bzw. der Gruppe, nach einem Doppelpunkt folgen die Absatznummern innerhalb des Transkripts.

Tabelle 12: Entwicklung des Kategoriensystems zur Erfassung von Situationsmerkmalen

Haupt-kategorie	Identifizierung von Referenzen	Grundlage der Kategorienbildung	Unterkategorien
Beteiligte	Leitfrage „Wer kommuniziert in der Situation?"	Merkmale der Beteiligten (z. B. soziodemografische Merkmale) und Beziehungen zwischen den Beteiligten (z. B. soziale Distanz, soziale Funktionsrollen)	Struktur, soziale Distanz, Funktionsrolle, Kollektivität, Soziodemografie
Orte	Leitfrage: „Wo wird über welche Vermittlungsmöglichkeit kommuniziert?"	Angaben zu physikalischen Orten (z. B. Verkehrsmittel, Wohnung) und zur Medialität (z. B. schriftliche oder mündliche Medien)	Mediale Orte, semiotische Orte, physikalisch-funktionale Orte
Inhalte	Leitfrage: „Worüber wird kommuniziert?"	Themen und Gegenstände der Kommunikation (z. B. Kontodaten, andere Personen, Einladungen) sowie Bewertungen von Gegenständen (z. B. Uninteressantes, Unangenehmes)	Objekte, Bewertungen
Modalitäten	Leitfrage: „Wie, auf welche Art und Weise, wird über etwas kommuniziert?"	Sprachliche (z. B. Elaboriertheit), parasprachliche (z. B. Lautstärke) und nichtsprachliche (z. B. Kosten) Eigenschaften von Mitteilungen	Lautstärke, Affektivität, Aufdringlichkeit, Umfang, Kosten

Das vollständige Kategoriensystem mit den Kodierregeln befindet sich in Anhang B.2.

Das Auffinden von Referenzen auf die **Beteiligten** orientiert sich an der Leitfrage „Wer kommuniziert in der Situation?". Diese Referenzen enthalten zum Beispiel Angaben zu soziodemografischen Merkmalen, etwa dem Geschlecht, und zur Beziehung zwischen den Beteiligten, etwa mit der Bezeichnung von Akteuren als Freundin oder als Fremder.

Als Referenzen auf **Orte** werden alle Angaben zum physikalischen Raum[153] und zum Medium[154] verstanden. Hiermit werden gleichzeitig der Wahrnehmungsraum und der situative Kontext abgesteckt.[155] Die Ausprägungen umfassen zum Beispiel physikalische Räume wie Verkehrsmittel und mediale Räume wie schriftliche oder mündliche Medien.

Als **Inhalt** einer Mitteilung werden alle Angaben zu illokutionären und propositionalen Sprechakten aufgefasst. Die inhaltlichen Referenzen in den Situationsbeschreibungen beziehen sich auf sehr unterschiedliche analytische Ebenen. Es werden Themen ausgedrückt (z. B. Gesundheit), konkrete Gegenstände (z. B. Kontodaten) und Sprechakte benannt (z. B. Geburtstagseinladungen). Darüber hinaus werden Inhalte in Form von Bewertungen umschrieben (z. B. unangenehme oder uninteressante Informationen).

Referenzen auf die **Modalität** von Äußerungen betreffen alle Aussagen zur Art und Weise einer Äußerung. Damit sind sprachliche, parasprachliche aber auch nichtsprachliche Eigenarten gemeint, die bei gleichem Inhalt auch anders realisiert werden können. Hier finden sich zum Beispiel Angaben zur Lautstärke einer Mitteilung, aber auch zur emotionalen Färbung.

Nachdem alle Referenzen identifiziert waren, konnten innerhalb der vier Hauptkategorien induktiv Unterkategorien und Ausprägungen entwickelt werden. Diese induktive Kategorienbildung besteht im Wesentlichen aus mehreren wechselnd aufeinander bezogenen Schritten, die mehrfach am gesamten Material wiederholt wurden:

---

153 Als physikalischer Raum wird hier jeder potenziell mit geografischen Koordinaten identifizierbare Bereich aufgefasst. Das umfasst alle materiellen Räume, beispielsweise Länder, ebenso wie Restaurants oder Zimmer in einer Wohnung.

154 An dieser Stelle sind damit sowohl Distributionsmedien wie Brief oder E-Mail als auch semiotische Medien wie Schriftlichkeit, Mündlichkeit und Bildlichkeit gemeint. Beide Bereiche strukturieren den Wahrnehmungsraum dahingehend, dass die Wahrnehmung bestimmter Arten von Zeichen ermöglicht oder eingeschränkt wird.

155 Physikalischer Raum und medialer Raum unterscheiden sich dahingehend, dass ersterer in der Regel die kommunikative Umgebung beschreibt, während letzterer meist konstitutiv für den kommunikativen Vollzug ist. Sie werden dennoch zusammengefasst, weil beide konstitutiv für die Wahrnehmungsmöglichkeiten durch bestimmte Sinnesorgane des Menschen sind (siehe auch Kapitel 5.1.3).

1. **Ausprägungen entwickeln:** Ähnlichen Referenzen wird eine einheitliche Bezeichnung gegeben.
2. **Unterkategorien bilden:** Die Referenzen werden nach inhaltlichen Gesichtspunkten gruppiert.
3. **Kodierregeln formulieren:** Es werden Regeln formuliert, woran eine bestimmte Ausprägung in den Vignetten erkennbar ist (siehe Anhang B.2).
4. **Kodierung:** Die Vignetten werden entsprechend der Regeln systematisch kategorisiert.

Nach und nach werden dadurch die anfangs textnahen Referenzen zu Ausprägungen von Unterkategorien abstrahiert. Hierbei gilt es eine Balance aus Textnähe und Abstraktion zu wahren. Deshalb wird die Anbindung an die Textstellen stets beibehalten. Jede Vignette kann dabei mit mehreren Ausprägungen gleichzeitig kodiert sein, um die Varianten innerhalb der Vignetten zu berücksichtigen. Einzelfälle werden durchaus beibehalten, wenn sie nicht eindeutig zu einer gemeinsamen Kategorie abstrahiert werden können.

Die Kategorisierung ist ein Hilfsmittel zur Reduktion von Komplexität. Durch die Abstraktion gehen zwangsläufig Differenzierungen verloren und durch die Anbindung an die soziale Wirklichkeit bleiben zwangsläufig Unschärfen bestehen. Erkennbar wird dies etwa daran, dass diese Form der Kategorisierung weder zu trennscharfen, noch zu exhaustiven Kriterien führt. Dies ist schon allein deshalb nicht möglich, weil in den Situationsbeschreibungen nicht immer explizite und eindeutige Referenzen auf Beteiligte, Orte, Inhalte oder Modalitäten enthalten sind. Mitunter gibt es für einzelne Kategorien in einer Vignette überhaupt keine Anhaltspunkte. In anderen Fällen finden sich dann wieder mehrere alternative Verweise auf konkrete, tatsächlich realisierte Situationen. Weiterhin ist die Zuordnung einiger Referenzen mehrdeutig. Beispielsweise lassen sich Fotos als medialer Ort (der Wahrnehmungsraum wird dadurch festgelegt), Art und Weise einer Mitteilung (einige Aussagen lassen sich sowohl bildlich als auch verbal mitteilen) aber auch als Inhalt (ein Foto kann kommentiert werden) beschreiben. Auch verweisen Rollen (Cafégäste) oft auf Räume (Café). In all diesen Fällen werden Referenzen in alle betroffenen Kategorien aufgenommen. Weiterhin sind einige Vignetten innerhalb einzelner Kategorien überhaupt nicht einzuordnen, wenn etwa keine Angaben zur Modalität oder keine konkreten Angaben zu den Beteiligten enthalten sind.

Trennscharfe und exhaustive Kriterien sind aber nicht nur nicht möglich, sondern auch nicht nötig. Denn das Ziel ist nicht die Klassifikation von Situationen, sondern die Exploration von Situationsmerkmalen. Im Ergebnis lässt sich feststellen, welche Situationsmerkmale in den Gesprächsrunden besonders wichtig waren und welche nur singulär thematisiert wurden (siehe Tabelle 14). Eine Häufigkeitsverteilung der Situationsmerkmale erlaubt für die weiterführende Verwendung eine Konzentration auf dominante Merkmale, eine Zusammenfassung von ähnlichen Situationsbeschreibungen und damit eine Reduktion des Merkmalsraumes (nicht aber zwangsläufig des Gegenstandsraumes).

Schritt 3: Merkmalskombinationen typisieren

Die formulierten Vignetten stellen einen Teilbereich des Vignettenuniversums dar, das durch die Kombination aller Merkmale entstehen würde. Zur weiteren Eingrenzung werden typische Situationen darüber identifiziert, welche Merkmalskombinationen besonders prominent sind. Um eine Reduktion des Merkmalsraumes zu erreichen und gleichzeitig typische Merkmalskombinationen zu identifizieren, wird das Netzwerk aus Merkmalen und Vignetten analysiert. Da diese Kombination aus qualitativer Sozialforschung und netzwerkanalytischen Methoden nicht unbedingt zum Kanon empirischer Sozialforschung zu zählen ist, soll zunächst eine kurze Verortung im Feld der sozialen Netzwerkanalyse vorgenommen werden.

Mit Methoden der sozialen Netzwerkanalyse werden gemeinhin Beziehungsstrukturen zwischen Akteuren untersucht.[156] Dementsprechend wird auch der Begriff des sozialen Netzwerks definiert: „Ein soziales Netzwerk besteht aus einer

---

156 Die Netzwerkanalyse hat ihren Ursprung in den 1930er Jahren in verschiedenen sozialpsychologischen und soziologischen Studien. Später wurden diese Methoden unter anderem in der Physik und in der Biologie übernommen und weiterentwickelt. Tatsächlich haben Physiker nicht nur einen wesentlichen Beitrag zur Methodenentwicklung geleistet, sondern auch interessante soziologische Studien durchgeführt. Unabhängig von Disziplinen können als gemeinsame Merkmale der Netzwerkforschung eine strukturelle Intuition, relationale Daten, graphische Darstellungen und mathematische Modelle gelten (Freeman 2011).

Menge von (individuellen oder korporativen) Akteuren und den zwischen den Akteuren bestehenden Beziehungen. Es kann als *Graph* repräsentiert werden mit den Akteuren als *Knoten* und den Beziehungen als *Kanten*" (Trappmann/Hummell/Sodeur 2011: 260). Während Akteure hier als Knoten modelliert werden, bleibt die inhaltliche Ausprägung von Beziehungen in dieser Definition zunächst offen. Es kann sich beispielsweise um Freundschafts-, Kommunikations- oder auch Feindschaftsbeziehungen handeln.

In der sozialen Netzwerkanalyse sind die Knoten tatsächlich jedoch nicht immer Akteure, beispielsweise wenn bimodale Netzwerke – auch als bipartite Netzwerke oder als Affiliationsnetzwerke bezeichnet – untersucht werden (Borgatti/Halgin 2011; Wasserman/Faust 1994: 30, 40, 291ff.). Sie zeichnen sich dadurch aus, dass unterschiedliche Typen von Knoten enthalten sind, beispielsweise sowohl Akteure als auch Veranstaltungen, an denen diese Akteure teilgenommen haben oder sowohl Akteure als auch Texte, in denen diese Akteure genannt werden. Die Beziehung zwischen diesen Knoten unterschiedlichen Typs besteht dann inhaltlich in der Teilnahme oder in der Nennung einer Person. Solche Netzwerke lassen sich in unimodale Netzwerke umformen. Unter der Annahme, dass die gemeinsame Teilnahme an einer Veranstaltung oder die gemeinsame Nennung in einem Text als Indikator für eine mögliche Beziehung steht, kann man Affiliationsnetzwerke in Kookkurrenznetzwerke zwischen den Akteuren überführen (Borgatti/Halgin 2011: 420ff.; Hanneman/Riddle 2005: Chapter 17; Jansen 2003: 102, 119).

Auch Konzepte können als Knoten konzipiert werden. Über semantische Netzwerke werden dann die Beziehungen zwischen Konzepten modelliert, beispielsweise die Verbindungen zwischen Themen, Konzepten oder Begriffen: „A network is called *semantic* when its nodes represent concepts or clauses and when these are linked to each other by more than one kind of binary relation" (Krippendorff 2013: 248). Semantische Netzwerke dieser Art werden etwa in der Form von Taxonomien zur Repräsentation von Wissen verwendet (Brachman 1977; Khoo/Na 2006) oder zur Untersuchung kultureller Konzepte (DiMaggio 2011: 294). Die Konzepte und deren Beziehung untereinander lassen sich durchaus direkt aus qualitativen Interviews gewinnen (z. B. Kim/Lim/Yun 2016). Sie können aber ebenso über die Umformung bimodaler in unimodale Netzwerke gewonnen werden: kommen zwei Begriffe gleichzeitig in einem Text vor, so besteht zwischen ihnen eine Kookkurrenzbeziehung, die gegebenenfalls als inhaltliche Nähe interpretiert werden kann (siehe auch Krippendorff 2013: 203f.; für ein ähnliches Verfahren siehe Weymann 1973).

In eben dieser Weise wird aus den Vignetten und den Merkmalen ein Eigenschaftsnetzwerk konstruiert. Die Knoten dieses Netzwerks bestehen aus Situationsmerkmalen, die Beziehungen zwischen den Merkmalen ergeben sich aus dem gemeinsamen Auftreten in einer Vignette. Die Beziehungen lassen sich darüber hinaus in ihrer Stärke quantifizieren: kommen zwei Merkmale in mehreren Vignetten gemeinsam vor, so liegt eine stärkere Verbindung vor, als wenn sie nur in einer einzigen Vignette in Beziehung gesetzt werden. Durch die textnahe Rekonstruktion der Vignetten spiegeln die Beziehungen wider, welche Situationsmerkmale die Befragten in einen Sinnzusammenhang setzen. Die Beziehungen des Netzwerks drücken damit das Ausmaß der Kombinierbarkeit von Merkmalen aus.

Nicht nur direkte Bezüge werden sichtbar, sondern auch: welche Merkmale sind mit welchen anderen Merkmalen verbunden, welche wiederum mit welchen anderen Merkmalen verbunden sind. Es ergibt sich daraus ein holistischer Blick, der einzelne Merkmale in der Gesamtheit aller Merkmale verortet. Die Identifizierung von Teilnetzen, die in sich stark und zu anderen Teilnetzen schwach vernetzt sind, führt dann zur Identifizierung von typischen Merkmalskombinationen. Solche Teilnetze lassen sich mit formalen netzwerkanalytischen Verfahren identifizieren. Mit entsprechenden Visualisierungstechniken werden sie aber auch graphisch sichtbar.[157] Die Visualisierung bringt den Vorteil mit sich, dass nicht nur einzelne Cluster von Merkmalen deutlich werden, sondern gleichzeitig die Verortung von Merkmalen in der Gesamtheit des Netzwerks interpretiert werden kann. Eine formale Identifizierung von Teilnetzen mit entsprechenden Kennwerten ist hier zudem überflüssig, da das visualisierte Netzwerk interpretativ mit dem Leseeindruck der Transkripte abgeglichen werden kann.

Zur Visualisierung werden aus Gründen der Übersichtlichkeit nur aussagekräftige Merkmale aufgenommen. Aussortiert werden zunächst diejenigen Kategorien, innerhalb derer mehr als die Hälfte aller Vignetten nicht verortet werden kann. Dies betrifft die soziodemographischen Merkmale, inhaltliche Bewertungen

---

157 Zur historischen Einordnung verschiedener Visualisierungstechniken siehe Freeman (2000).

und die Bestimmung der Modalitäten. Innerhalb der verbleibenden Kategorien werden außerdem Einzelfälle aussortiert, das heißt Merkmale, welche nur in einer einzigen Vignette vorkommen und damit kaum als typisches Situationsmerkmal gelten können (siehe Tabelle 14, Markierung mit Sternchen). Das verbleibende Netzwerk enthält 42 Merkmale mit 470 Verbindungen. Es handelt sich um ein recht dichtes Netzwerk, immerhin 55% aller möglichen Verbindungen werden realisiert (*density*). Im Durchschnitt ist ein Merkmal mit 22 anderen Merkmalen verbunden (*degree*).

Zur Anordnung der Knoten im zweidimensionalen Raum wird ein *force-directed* Layout gewählt, konkret der in der Software Gephi 0.8.2 eingebaute ForceAtlas2-Algorithmus.[158] Diese Art der Visualisierung simuliert physikalische Anziehungs- und Abstoßungskräfte zwischen den Knoten und sucht dann eine optimale Anordnung der Knoten, bei der die Kräfte möglichst ausgeglichen werden, das heißt möglichst wenig Spannung bzw. Energie im Netzwerk verbleibt. Zwischen allen Knoten wirken Abstoßungskräfte und zwischen den verbundenen Knoten Anziehungskräfte. Bildlich kann man sich die Anziehungskraft als Verbindung der Knoten durch Zugfedern vorstellen, wobei sich gleichzeitig alle Knoten durch Gravitationskräfte abstoßen. Das so konfigurierte Knäuel wird gewissermaßen losgelassen und nachdem sich die Bewegungen stabilisiert haben als Visualisierung verwendet: „Nodes repulse each other like charged particles, while edges attract their nodes, like springs. These forces create a movement that converges to a balanced state. This final configuration is expected to help the interpretation of the data"(Jacomy et al. 2014; siehe auch Fruchterman/Reingold 1991). Diese Art der Anordnung hat sich in vielen Studien als gute Interpretationsgrundlage erwiesen, da sie vergleichsweise intuitiv interpretiert werden kann (Kobourov 2013: 403).

Diese Vorgehensweise ist im vorliegenden Fall eine mögliche Lösung für das Problem, den durch eine Vielzahl von Merkmalen hochdimensional aufgespannten Merkmalsraum auf zwei Dimensionen zu reduzieren. Im Ergebnis stehen sich oft kombinierte Merkmale näher als selten kombinierte. Merkmale mit vielen

---

158 Gephi ist eine verbreitete Software zur Visualisierung von Netzwerken, siehe https://gephi.org/.

Kombinationen rücken ins Zentrum, wenig kombinierte Merkmale in die Peripherie. Gleichzeitig bilden sich Cluster von untereinander häufig und gegenüber anderen weniger häufig kombinierten Merkmalen (siehe auch Krempel 2011: 560f.).

Zusätzlich zu dieser Anordnung werden weitere visuelle Markierungen eingesetzt, um die Interpretation zu erleichtern:[159]

1. Die Größe der Knoten basiert auf dem *degree*, das heißt auf der Anzahl der Verbindungen, die ein Merkmal zu anderen Merkmalen aufweist. Die Größe drückt damit aus, mit wie vielen anderen Merkmalen ein Merkmal kombinierbar ist. Eine Voraussetzung für eine hohe Kombinierbarkeit ist, dass dieses Merkmal in vielen verschiedenen Vignetten vorkommt, womit die Größe gleichzeitig auch die Prominenz des Merkmals in den Situationsbeschreibungen widerspiegelt.

2. Die Stärke der Kanten basiert auf der Stärke der Verbindung zwischen den Merkmalen. Sie drückt damit aus, in wie vielen Vignetten die verbundenen Merkmale gemeinsam vorkommen.

3. Die Form und Farbe der Knoten wurde zur Differenzierung von Hauptkategorien verwendet. Alle Ortsmerkmale sind als orangene Kreise, alle Merkmale in Bezug auf die Beteiligten als grüne Dreiecke und die Merkmale des Inhalts als blaue Vierecke dargestellt. Auf diese Weise kann sich die Interpretation leichter auf Teilnetze stützen.

4. Die Kanten übernehmen die Farbe der verbundenen Knoten, bei unterschiedlich farbigen Knoten eine Mischfarbe.

6.2.2 Ergebnisse

Bei der Rekonstruktion der Situationsbeschreibungen wurden 68 Vignetten gebildet (siehe Tabelle 13 und Anhang B.1). Die meisten Vignetten enthalten mehr als zwei Varianten, über ein Viertel enthält genau zwei Varianten und nur sieben Vignetten beziehen sich auf eine einzige Situationsklasse. Als am produktivsten erwies

---

[159] Genau genommen wird der Merkmalsraum damit nicht mehr zweidimensional abgebildet, sondern durch Hinzunahme von Farbe bzw. Form und Größe vierdimensional.

sich gemessen an der Anzahl rekonstruierter Situationen die dritte Gruppe, obwohl sie im Gegensatz zu den anderen Gesprächsrunden aus nur zwei statt drei Teilnehmern bestand.

Tabelle 13: Anzahl der aus den Gesprächsrunden gewonnenen Vignetten

In der Vignette formulierte Varianten	Interviewgruppe				Summe
	1	2	3	4	
Eine	0	2	2	3	7
Zwei	2	4	8	5	19
Mehr	8	13	11	10	42
Summe	10	19	21	18	68

Insgesamt ist in den Situationsbeschreibungen vieles unspezifisch gehalten, zum Beispiel:

> „Sie hören einem Gespräch zu und bemerken, dass auch noch jemand anderes lauscht. Es entsteht mit diesem anderen mittels Blicken oder Lachen eine neue Kommunikation über das Gespräch" [3: 135].

Einige der konkreteren Situationen sind dagegen eindeutig im Alltag von Studierenden zu verorten (z. B. in einem Wohnheim oder in der Mensa), lassen sich aber durchaus auf andere Kontexte verallgemeinern. Gerade die unspezifischen oder verallgemeinerbaren Situationsklassen bergen Spielraum für eine experimentelle Variation.

Betrachtet man die Häufigkeitsverteilung der kategorisierten Merkmale unter Berücksichtigung des Gesamteindrucks beim Lesen der Transkripte, so beziehen sich die meisten der thematisierten Situationen auf mündliche Gespräche unter Präsenzbedingungen. Physikalisch-funktional sind diese Situationen vorrangig verortet in Verkehrsmitteln und Lokalen sowie Freizeiträumen, beispielsweise in Cafés oder am Strand. Entsprechend dieser räumlichen Verortung stehen die Beteiligten in der Rolle von Fahrgästen und Lokalgästen. Es werden darüber hinaus etliche unterschiedliche Funktionsrollen wie Ärzte, Arbeitgeber oder Polizisten thematisiert. Organisationen und Gruppen kommen deutlich seltener vor als Individuen. Bezug genommen wird auch häufig auf schriftliche Medien, hierbei vor allem auf Soziale Netzwerkseiten.

Nicht immer handelt es sich eindeutig um unklar-öffentliche Situationen – gerade dann nicht, wenn nur zwei Kommunikationspartner thematisiert werden. In den meisten Situationsbeschreibungen findet sich allerdings eine triadische Struktur. Diese Struktur ist dadurch gekennzeichnet, dass ein Kommunikationsvorgang durch Dritte beobachtet wird oder die Möglichkeit der Beobachtung besteht. Hierbei kommt einerseits die Beobachtung durch Unbekannte, andererseits aber auch die Rolle von Freunden, Familien und Bekannten zur Sprache.

Inhaltlich steht das Reden über Dritte und über persönliche Angelegenheiten im Vordergrund. Zu diesen persönlichen Angelegenheiten zählen zum Beispiel der Beziehungsstatus, Kontodaten oder Intimes. Dieser letzte Bereich deutet aber schon an, dass eine Konkretisierung der Inhalte oft nicht vorgenommen wird. Stattdessen werden etliche Kommunikationsinhalte als sensibel bewertet. Das bedeutet, die Inhalte werden pauschal dahingehend umschrieben, dass andere etwas nicht mitbekommen sollen.

Bei den Modalitäten bleibt vieles offen. In den wenigen spezifischen Vignetten wird die Emotionalität der Kommunikation angedeutet oder auch auf die Aufdringlichkeit referiert. Außerdem werden in einigen Fällen der Umfang der Kommunikation thematisiert und in einem Fall die Kommunikationskosten als Einfluss auf die Medienwahl. Am stärksten aber kommt die Lautstärke in Gesprächen zur Sprache, die sich als Indikator für die Wahrnehmbarkeit durch Dritte erweist.

Vorläufig kann festgehalten werden, dass a) Präsenzsituationen in Verkehrsmitteln oder Lokalen sowie internetvermittelte Kommunikation, b) die Kommunikation über Dritte und Persönliches, c) triadische Kommunikationssituationen mit der Beteiligung von Bekannten und Unbekannten und d) die Lautstärke wichtige Bezugspunkte darstellen.

Die kategorisierte Vignettenliste stellt damit eine Basis für die im Experiment verwendeten Vignetten dar. Allerdings ist die Liste noch zu umfangreich, die Anzahl der Situationen und Situationsmerkmale zu groß, um eine experimentelle

Studie darauf aufzubauen. Erst die netzwerkanalytische Visualisierung zeigt typische Merkmalskombinationen auf, so dass die Menge der Situationen weiter eingegrenzt werden kann (siehe Abbildung 9).

Ausgehend von der durch Kreise dargestellten Hauptkategorie Orte sind in der Visualisierung zwei räumliche Bereiche deutlich voneinander abgegrenzt: im oberen Bereich, etwas links von der Mitte befinden sich schriftliche Internetsituationen, weiter unten dagegen mündliche Präsenzsituationen. Betrachtet man die Größe der Knoten, so sind Präsenzsituationen vielfältiger und häufiger thematisiert worden. Hinsichtlich der Beteiligten ist der obere Bereich stärker mit monadischen Kommunikationssituationen assoziiert, der untere dagegen deutlich mit Triaden, zwischen diesen befinden sich Dyaden. Unter monadischen Kommunikationssituationen werden hier Beteiligungsstrukturen verstanden, die sich durch eine unspezifische Zahl von Rezipienten auszeichnen. Als Dyaden werden hier Situationen bezeichnet, in denen sich zwei Personen unterhalten, bei Triaden wird eine solche Kommunikationssituation von Dritten beobachtet. Inhaltlich ist Persönliches zwischen beiden Bereichen verortet, die Kommunikation über Dritte allerdings eindeutig dem Präsenzbereich zugeordnet. (Meta)kommunikation – beispielsweise das Kommentieren von Zeitungsartikeln – steht dem oberen Bereich dagegen näher. Gestützt durch die Visualisierung zeigen sich damit zwei abgrenzbare Typen von Situationen, mit denen die Interpretation zugespitzt werden kann.

Tabelle 14: Überblick über die Situationsmerkmale

Wer - Beteiligte		Wer - Beteiligte		Wo - Orte		Wie - Modalitäten	
Struktur		**Soziodemografie***		**Semiotisch**		**Lautstärke***	
- Triade	49	- Frauen	13	- Mündlich	54	- Laut	12
- Dyade	22	- Männer	9	- Schriftlich	22	- Leise	6
- Monade	13	- Kinder	4	- Bildlich	7	Nicht zugeordnet	52
Nicht zugeordnet	0	- Jugendliche	3	- Nonverbal	4		
		- Erwachsene	3	Nicht zugeordnet	0	**Affektivität***	
Soziale Distanz		- Ältere Personen*	1			- Erregt	5
- Unbekannte	17	Nicht zugeordnet	47	**Was - Inhalte**		- Unterhaltend	3
- Freunde	16					- Peinlich	3
- Familie	12			**Bewertung***		- Lästernd	3
- Bekannte	9			- Sensibles	16	- Leidvoll	2
- Pseudonyme	2	**Wo - Orte**		- Unangenehmes	8	- Gelangweilt	2
- Identifizierbare*	1			- Uninteressantes	6	- Freundlich*	1
Nicht zugeordnet	32	**Physikalisch-**		- Inakzeptables	4	- Unfreundlich*	1
		funktional		- Akzeptables	2	Nicht zugeordnet	52
Funktionsrolle		- Verkehrsmittel	12	- Abwertendes	2		
- Fahrgäste	12	- Lokal	10	- Aufregendes	2	**Aufdringlichkeit***	
- Lokalgäste und		- Freizeitraum	6	- Angenehmes*	1	- Störend	4
Servicekräfte	11	- Wohnung	5	- Unehrliches*	1	- Offensiv	4
- Veranstaltungsteilnehmer		- Arbeitsraum	4	- Ehrliches*	1	- Beiläufig	3
und -organisatoren	4	- Durchgangsraum	4	Nicht zugeordnet	39	- Unautorisiert	2
- Nachbarn	4	- Geschlossener				- Autorisiert*	1
- Arbeitnehmer		Raum	4	**Objekte**		Nicht zugeordnet	56
und -geber	3	- Geopolitischer		- Dritte	19		
- Kunden und Nutzer	3	Raum	4	- Persönliches	15	**Umfang***	
- Straftäter und Polizisten	2	- Funktionsraum	3	- Kommunikation	8	- Detailliert	5
- Ärzte- und Patienten*	1	Nicht zugeordnet	29	- Biografisches	5	- Andeutend*	1
- Strandbesucher*	1			- Veranstaltungen	5	Nicht zugeordnet	62
- Prominente*	1	**Medial**		- Alltägliches	3		
- Lehrer*	1	- Präsenz	47	- Illegales	3	**Kosten***	
Nicht zugeordnet	29	- Internet	21	- Unpersönliches	2	- Kostengünstig*	1
		- Telefon	11	Nicht zugeordnet	22	Nicht zugeordnet	67
Kollektivität		- Brief*	1				
- Individuen	61	Nicht zugeordnet	0				
- Organisation	5						
- Gruppe	2						
Nicht zugeordnet	0						

Die Zahlen geben die Anzahl der Vignetten mit entsprechenden Ausprägungen an. Vignetten können mehrere Merkmale innerhalb einer Unterkategorie enthalten, die Werte lassen sich damit weder aufsummieren noch unmittelbar zwischen den Unterkategorien vergleichen, sie geben eine Rangfolge innerhalb jeder Unterkategorie wieder. * Nicht in der folgenden Netzwerkanalyse berücksichtigte Kategorien (mehr als die Hälfte der Vignetten konnte nicht eingeordnet werden) und Merkmale (Einzelfälle) sind mit Sternchen gekennzeichnet. Basis: 68 Vignetten. Die Definitionen bzw. Kodierregeln finden sich in Anhang B.2.

Abbildung 9: Visualisierung des Eigenschaftsnetzwerks

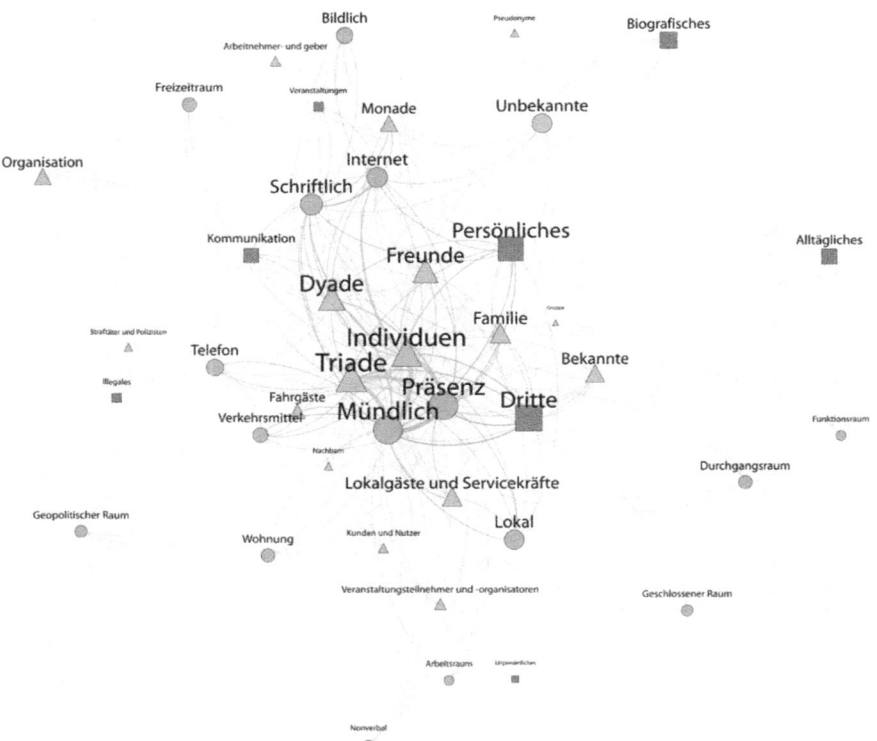

Die Knoten stellen Situationsmerkmale dar, die Verbindungen basieren auf Kookkurrenz in den Vignetten. Die Größe der Knoten spiegelt den Degree, die Stärke der Verbindungen die Anzahl gemeinsamer Vignetten wider. Die Hauptkategorie ist jeweils durch Form und in der PDF-Version auch durch Farbe markiert: Beteiligte = grüne Dreiecke, Orte=orangene Kreise, Inhalte = blaue Vierecke. Die Anordnung basiert auf dem ForceAtlas2-Algorithmus (Gephi 0.8.) Basis: 43 Merkmale, 470 Verbindungen.

Der erste Typ umfasst **triadische Präsenzsituationen**, in denen über Dritte geredet wird und dies von weiteren Anwesenden wahrgenommen wird, verortet insbesondere in Verkehrsmitteln oder Lokalen. Grenzt man die Vignetten auf diese Kriterien ein, ergibt sich eine engere Auswahl von vier Vignetten zur Verdeutlichung dieses Typs:

Tabelle 15: Vignetten vom Typ triadische Präsenzsituation

Nr	Interview	Vignette
23	2	Sie sitzen in einem Café und unterhalten sich über jemand anderen. Sie schauen sich erst einmal um, ob jemand in der Umgebung diese Person kennt oder ob sie sogar selbst anwesend ist.[2: 88-90]
32	3	Sie sind in der S-Bahn unterwegs und hören zu, wie andere Fahrgäste sich unterhalten / beobachten die anderen Fahrgäste. [3: 12-18, 81-82, 115]
38	3	Sie lästern über jemanden in der Bahn, den Sie nicht kennen (den andere Anwesende aber kennen). [3: 67]
67	4	Sie arbeiten in einer Großstadt in einem Restaurant. Die Servicekräfte verstehen sich alle untereinander sehr gut. Der Servicebereich ist nicht vom Gastbereich abgeschottet, die Gäste können die Gespräche der Servicekräfte hören. Sie und die anderen Servicekräfte lästern extrem über die Gäste. Sie bekommen nicht mit, dass die Gäste zuhören, erst über schlechte Internetbewertungen des Restaurants [4: 138]

Auswahlkriterien: triadische Beziehungsstruktur, mündliche Präsenzkommunikation in Lokalen oder Verkehrsmitteln, Dritte sind Wahrnehmungsgegenstand.

Die in den Beispielvignetten realisierte Kommunikationsstruktur ist typisch für eine spezifische Form unerwünschter Öffentlichkeit mit mindestens drei Beteiligten. Prototypisch unterhalten sich zwei Beteiligte miteinander, wobei von nichtöffentlicher Adressierung ausgegangen werden kann. Gleichzeitig besteht die Möglichkeit öffentlicher Zugänglichkeit oder Aufmerksamkeit durch andere Anwesende, die nicht als Teil des salienten Interaktionssystems aufgefasst werden.

Vignette 23, 38 und 67 repräsentieren eine solche Situation aus Sicht der Beteiligten am salienten Interaktionssystem, Vignette 32 dagegen aus Sicht eines Dritten. In zwei der Vignetten wird die Art der Kommunikation als Lästern beschrieben. Die ersten drei Vignetten sind sehr allgemein gehalten und lassen sich durch eine Vielzahl an Situationen realisieren. Die letzte Vignette geht dagegen auf ein konkretes Erlebnis zurück und ist damit komplexer aber auch konkreter aufgebaut. Hier werden zudem Konsequenzen der Situation angedeutet.

Der zweite Typ umfasst **monadische Internetsituationen**, in denen schriftliche Kommunikation kommentiert wird. Die monadische Struktur bedeutet eine Wahrnehmung von einem eher unspezifischen Publikum. Dabei ergibt sich eine engere Auswahl von drei Vignetten, die allesamt aus einem einzigen Interview stammen:

Tabelle 16: Vignetten vom Typ monadische Internetkommunikation

Nr	Interview	Vignette
40	3	Jemand postet etwas (ein Foto) auf Facebook. Sie schreiben darunter, dass das Foto sehr schön ist / liken den Beitrag / erzählen der Person später, dass Sie das Foto schön finden. [3: 75-76]
43	3	Jemand (Ihre Schwester) postet auf Facebook etwas (ehrlich) Schlechtes / melancholische Gefühle / Trennungsschmerz / traurige Lieder / (unehrlich) Tolles, Neues, Aufregendes über sich. Sie schreiben etwas darunter / rufen an / reden mit ihr darüber, als Sie sie treffen / klicken (nicht) „Gefällt mir". [3: 94, 101, 114, 168-173, 178-179, 181]
48	3	Weil Sie eine Zeitungsseite (Zeit Online) auf Facebook geliked haben, erhalten Sie die aktuellen Meldungen immer auf Ihre Pinnwand. Darunter posten Leute viele Kommentare, auch abseits vom Thema des Artikels oder unsinnige Kommentare [3: 147-157, 159, 161]

Auswahlkriterien: monadische Beziehungsstruktur, schriftliche Internetkommunikation, Kommunikation als Kommunikationsgegenstand.

Diese drei Beispielvignetten beschreiben Situationen auf Facebook, in denen jemand eine Statusmeldung verschickt, die dann automatisch bei mehreren anderen Nutzern erscheint. In den ersten beiden Situationen ist davon auszugehen, dass die Meldungen nur bei Nutzern in der eigenen Freundesliste erscheinen. Dennoch wird hier eine monadische Struktur mit unspezifischen Adressaten realisiert, denn zumindest in den Vignetten bleibt offen, wer konkret das adressierte, potenzielle und tatsächliche Publikum darstellt. Außerdem ist davon auszugehen, dass in einer typischen Freundesliste auf Facebook nicht nur enge Freunde, sondern auch flüchtige Bekanntschaften enthalten sind. Die dritte Situation unterscheidet sich dahingehend von den anderen, als dass ein publizistischer Akteur die Mitteilung verfasst und damit ganz eindeutig ein unspezifisches bzw. öffentliches Publikum adressiert wird. Jede der Vignetten ist aus Sicht eines tatsächlichen Rezipienten dieser Mitteilung formuliert.

Zu bedenken ist, dass es sich um eine starke Vereinfachung handelt, bei der weitere oft benannte Situationsmerkmale nicht berücksichtigt sind. Zum Beispiel sind zwischen den beiden abgegrenzten Typen in der Netzwerkvisualisierung die Merkmale Persönliches, Dyade und Freunde verortet, die anscheinend mit beiden Typen oft kombiniert werden. Selten vorkommende Merkmale landen dagegen zwangsläufig am Rand, obwohl diese möglicherweise zur Verdeutlichung der speziellen Eigenarten unklar-öffentlicher Situationen geeignet sein könnten. Gerade diese Komplexitätsreduktion aber ist das Ziel der Analyse. Die Vielzahl theoretisch möglicher Situationen ist empirisch durch typischerweise kombinierte Situationsmerkmale begrenzt. Berücksichtigt werden sollten in der Überprüfung der Vermeidungsthese einerseits triadische Präsenzsituationen und andererseits monadische Internetsituationen, in denen über Dritte geredet wird. In Bezug auf unklare Öffentlichkeit konzentrieren sich die Vignetten auf den Teilbereich unerwünschter Öffentlichkeit (siehe Kapitel 4.2.1). Darüber hinaus wird im Zusammenhang mit internetvermittelter Kommunikation unsichere Öffentlichkeit (siehe Kapitel 4.2.3) thematisiert, wenn keine vollständige Klarheit über das potenzielle und tatsächliche Publikum besteht.

Die vier Eigenschaften von Mitteilungen erweisen sich somit als brauchbare Heuristik für die Analyse von Situationen, sofern sie am empirischen Material konkretisiert werden. Durch die induktive Kategorienbildung auf Grundlage der transkribierten Gruppengespräche lässt sich eine Vielzahl von Merkmalen finden, die dann allerdings wieder zu handhabbaren Typen verdichtet werden muss. Das hierzu eingesetzte Verfahren ist aufgrund der Kleinteiligkeit nicht ohne Aufwand, führt aber in einem regelgeleiteten Prozess zur Reduktion von Komplexität. Eine Ausweitung der Komplexität erfolgt im nächsten Schritt, indem das Verhalten in diesen Situationen anhand der Gesprächsrunden konkretisiert wird.

6.3 Eingrenzung des Geltungsbereichs der Vermeidungsthese

6.3.1 Analyseverfahren

Entsprechend der empirischen Fragestellung dieser Arbeit, wie sich Individuen in unklar-öffentlichen Situationen verhalten, wird das Öffentlichkeitsverhalten in den geschilderten Situationen analysiert. Ziel ist der verstehende Nachvollzug des Wechselspiels von Markierungen, Erwartungen und Verhalten. Damit wird das bislang ausgearbeitete, theoretische Konzept überprüft. Hierbei geht es nicht um einen Hypothesentest im engeren Sinn, sondern um eine Verdeutlichung, inwiefern die bislang theoretisch und exemplarisch postulierten Konzepte Übereinstimmungen und Differenzen zu den Relevanzsystemen der Befragten aufweisen. Erprobt wird der heuristische Wert der Theorie.

Dementsprechend wird erkundet, unter welchen Rahmenbedingungen die Vermeidungsthese plausibel Geltung beanspruchen kann. Besonders wird darauf geachtet, was von den Befragten nicht oder widersprüchlich zur Sprache kommt. Ebenfalls werden Aussagen zur Häufigkeit bzw. Dominanz bestimmter Mechanismen und Konzepte interpretiert. Die Auswertungsstrategie orientiert sich an der von Kuckartz beschriebenen inhaltlich strukturierenden qualitativen Inhaltsanalyse (Kuckartz 2012: 77ff.). Im ersten Schritt werden einschlägige Textstellen in den Transkripten identifiziert, um im zweiten Schritt eine themenbasierte Zusammenfassung vorzunehmen.

Als Auswertungsheuristik dient das Prozessmodell mit den drei Komponenten Markierungen, Erwartungen und Kommunikation und den entsprechenden Unterkategorien. Die Gespräche werden zunächst sequentiell bearbeitet, um die entsprechenden Textstellen den Kategorien und Unterkategorien zuzuordnen (siehe Tabelle 17 und Anhang B.3). Die Kategorie **Markierungsverhalten** umfasst Textstellen, in denen eine Aussage über die Wahrnehmung oder die Kennzeichnung des Öffentlichkeitsstatus getroffen wird. Aussagen über Wünsche, Regelmäßigkeiten bzw. Häufigkeiten oder Gebote fallen in die Kategorie **Erwartungsverhalten**. Diese Erwartungen müssen nicht explizit geäußert werden, sondern sind interpretativ auch an emotionalen Äußerungen oder Sanktionen erkennbar. Der Kategorie **Kommunikatives Verhalten**[160] werden Textstellen zugerechnet, in denen Kommunikationsverhalten mit Bezug auf Öffentlichkeit zur Sprache kommt und dieses weder ausschließlich als Markierungsverhalten noch ausschließlich als Ausdruck von Erwartungen zu verstehen ist. Ebenfalls berücksichtigt werden dabei explizite Verweise auf Verhalten, das laut Äußerung der Befragten nicht realisiert wurde oder werden würde.

---

160 In der folgenden Darstellung wird diese Kategorie entgegen der Definition (siehe Kapitel 5.1.3 und 5.2.3) abkürzend auch als „Kommunikation" bezeichnet, selbst wenn nur vorkommunikative oder teilkommunikative Situationen vorliegen.

Tabelle 17: Das Kategoriensystem zur Exploration von Öffentlichkeitsverhalten

Markierungsverhalten	
Implizite Markierungen	Aussagen, die den Kontext einer Situation als Indikator für den Öffentlichkeitsstatus benennen, das heißt die Bindung von bestimmten Akteurskonstellationen an andere Situationsmerkmale. Zum Beispiel wird gemäß der Befragten auf Facebook mit Freunden und Bekannten kommuniziert, während über ICQ auch Kontakt mit Fremden aufgebaut wird.
Explizite Markierungen	Aussagen über das explizit vollzogene Markierungsverhalten. Dazu gehört die Wahrnehmung, wer anwesend ist und insbesondere Aussagen dazu, ob und wie die Anwesenheit festgestellt wird. Ebenfalls von Relevanz ist die Wahrnehmung der Beziehung zwischen den Beteiligten. Gleichzeitig fallen hierunter auch Aussagen darüber, welche Markierungen bewusst gesetzt werden.
Erwartungsverhalten	
Faktische Erwartungen	Alle Aussagen, die etwas über die Häufigkeiten, Wahrscheinlichkeiten oder Regelmäßigkeiten von Situationen aussagen. Dazu gehören auch Umstände, die die Realisierungswahrscheinlichkeit einer Situation beeinflussen sowie Folgen, die aus Sicht der Befragten normalerweise aus Situationen resultieren.
Desiderative Erwartungen	Alle Aussagen, die sich affektiv oder evaluativ auf eine Situation beziehen. Dies umfasst unter anderem Bewertungen als gewünschte oder ungewünschte, angenehme oder unangenehme, relevante oder irrelevante Kommunikation.
Deontische Erwartungen	Alle Aussagen zu Geboten. Dabei wird davon ausgegangen, dass nicht persönliche Wünsche im Vordergrund stehen, sondern Antizipationen von desiderativen Erwartungen anderer, insbesondere generalisierter Anderer. Es handelt sich damit um überindividuelle Wünsche. Explizite Indikatoren für Gebote sind die Wörter „muss" und „soll", teilweise sind Gebote aber nur indirekt über Sanktionen erschließbar.
Kommunikatives Verhalten	
Mitteilungsverhalten	Aussagen darüber, was wie wem wann und wo mitgeteilt oder nicht mitgeteilt wird.
Zugänglichkeitsverhalten	Aussagen darüber, wie und von wem die Zugänglichkeit einer Mitteilung verändert oder nicht verändert wird.
Rezeptionsverhalten	Aussagen darüber, was wie von wem wann und wo rezipiert oder nicht rezipiert wird.

Das Kategoriensystem findet sich inklusive Ankerbeispielen auch in Anhang B.3.

Diese Kategorisierung führt zu einer analytischen Zerlegung der auf Markierungen, Erwartungen und Kommunikation bezogenen Teilprozesse, auch wenn sie im Vollzug simultan oder fast simultan ablaufen. Tatsächlich beschreiben die Befragten diese Teilprozesse mitunter zwar getrennt, aber in anderer Reihenfolge, wie im folgenden Auszug:

> „Wie gesagt, ich komme aus der Kleinstadt, da <u>achtet man drei Mal drauf, ob man jetzt drumrum irgendwelche bekannten Gesichter hat</u>, am besten/ weil da ist jeder mit jedem verwandt und jeder war mit jedem schon zusammen. So ungefähr (lacht) und deswegen guckt man da schon ein bisschen mehr und <u>was man natürlich sagt</u>. Und wie gesagt, mir sind auch schon, glaube ich auch schon einige <u>peinliche Situationen</u> passiert" [3: 20].[161]

Das Umschauen, ob sich Bekannte im Wahrnehmungsraum befinden, kann als Wahrnehmung der Markierung des Öffentlichkeitsstatus verstanden werden. Der Hinweis auf peinliche Situationen zeigt im Sinne der desiderativen Dimension von Erwartungen auf, dass diese Situationen unerwünscht sind. Und die Andeutung, dass man darauf achtet, was man sagt, beschreibt die Vermeidung mitteilenden Verhaltens. Mit Blick auf das Konzept unklarer Öffentlichkeit ist an dieser Schilderung interessant, dass es nicht um Unbekannte im potenziellen Publikum geht. Potenziell unklare Öffentlichkeit entsteht hier nicht aus der Gleichzeitigkeit von persönlichen und unpersönlichen Beziehungen. Sie entsteht aus sozialer Distanz im oben definierten Sinn, indem Dritte aus einer Interaktionskonstellation, dem salienten Bezugssystem, ausgeschlossen werden.

Insgesamt kann das Ergebnis der Gespräche als erfolgreich bewertet werden. Es lassen sich auf dieser Grundlage Aussagen über alle drei interessierenden Aspekte – Markierungen, Erwartungen und Kommunikationsverhalten – treffen. Nicht über alle Teilaspekte wird aber in den Gesprächen gleich viel gesprochen (siehe Tabelle 18). Die meisten Textstellen beziehen sich auf desiderative Erwartungen. Die dargestellten Situationen werden umfangreich bewertet. Wesentlich

---

[161] Die Quellennachweise sind in eckigen Klammern angegeben. Dabei bezeichnet die Ziffer vor dem Doppelpunkt das Transkript (und damit die Gruppe) und die Zahl nach dem Doppelpunkt den Absatz innerhalb des Transkripts. Mit Unterstreichungen sind diejenigen Textteile hervorgehoben, auf die im Rahmen der Ergebnisinterpretation Bezug genommen wird.

weniger konnten dagegen deontische Erwartungen rekonstruiert werden. Am wenigsten beziehen sich die Textstellen aber auf kommunikatives Verhalten, insbesondere Zugänglichkeitsverhalten und Rezeptionsverhalten werden vergleichsweise wenig thematisiert. Auch zwischen den Interviewgruppen sind Unterschiede zu erkennen: beispielsweise lassen sich in Gruppe 3 in einer Vielzahl von Textstellen Hinweise auf faktische Erwartungen finden, während dies in den anderen Gruppen wesentlich seltener zur Sprache kommt. Obwohl dieses Gespräch nur zwischen zwei Personen geführt wird, erweist es sich als sehr produktiv. Die wenigsten relevanten Passagen können dagegen in Gruppe 1 identifiziert werden, diese Gruppe konzentriert sich auf desiderative Erwartungen.[162]

Ausgehend von den Kategorien und Unterkategorien erfolgt im zweiten Schritt der Analyse die Zusammenfassung der Interviews. Durch die Zusammenstellung aller Textstellen innerhalb einer Unterkategorie entsteht eine Profilmatrix ähnlich wie in Tabelle 18, in der anstelle der Zahlen die Textstellen stehen (Kuckartz 2012: 73f.). Diese Textstellen werden im Folgenden Kategorie für Kategorie zusammengefasst. Zur Illustration werden dabei Auszüge aus den Transkripten zitiert oder als Beleg angeführt. Die Gesamtheit der vier Gesprächsgruppen bildet einen einzelnen Fall, das heißt es wird von den Aussagen einzelner Personen abstrahiert. Ziel der Analyse und der folgenden Abschnitte ist damit die Zusammenfassung der ungefähr 50 Transkriptseiten auf die für das Forschungsinteresse wesentlichen Punkte. Aus der zunächst deskriptiven Zusammenfassung – eine solche Deskription wird als wichtige Grundlage qualitativer Forschung erachtet (Mayring 1996: 11) – sollen im Anschluss Konsequenzen in Bezug auf den Geltungsbereich der Vermeidungsthese gezogen werden.

---

162 Sie ist zudem durch den geringsten Selbstoffenbarungsindex gekennzeichnet (siehe Tabelle 11). Inwiefern dies eine Erklärung darstellt, muss angesichts der ebenfalls relativ geringen Anzahl an Textstellen in der Gruppe mit der höchsten Selbstoffenbarungsneigung offenbleiben.

Tabelle 18: Übersicht über die kodierten Textstellen zum Öffentlichkeitsverhalten

		Gruppe 1	Gruppe 2	Gruppe 3	Gruppe 4	Gesamt
Markierungen	Implizit	9	24	10	10	53
	Explizit	1	18	19	9	47
Erwartungen	Faktische Erwartungen	1	4	32	7	44
	Desiderative Erwartungen	26	24	29	20	99
	Deontische Erwartungen	3	3	1	8	15
Kommunikation	Rezeptionsverhalten	5	7	5	3	20
	Zugänglichkeitsverhalten	0	2	3	2	7
	Mitteilungsverhalten	10	15	18	9	52
Gesamt		**55**	**97**	**117**	**68**	**337**

6.3.2 Markierungsverhalten

Implizite Markierungen

Der Öffentlichkeitsstatus hängt gemäß dem theoretischen Konzept davon ab, wer adressiert ist und wer eine Mitteilung potenziell oder tatsächlich wahrnimmt. Als implizite Markierungen von Öffentlichkeit kommen in den Gesprächsrunden die vier grundlegenden Merkmale von Kommunikationssituationen unterschiedlich stark zur Sprache: die Modalität und der Inhalt einer Mitteilung, die räumlichen Gegebenheiten und die Identifizierung der Beteiligten.

Als Modalität von Äußerungen wird besonders die Lautstärke thematisiert [2: 86]. Insbesondere die Umgebungslautstärke ist relevant – eine höhere Lautstärke wird als Indikator dafür wahrgenommen, dass Dritte einem Gespräch *nicht* zuhören können [1: 28, 2: 154]: Inhalte einer Mitteilung gelten insofern als Indikatoren für Öffentlichkeit, als dass davon ausgegangen wird, dass ‚Normales' wenig interessant ist und auch keine Aufmerksamkeit auf sich zieht [3: 43]. Inhalte spielen eine große Rolle für die Entscheidung, wem wo und auf welche Weise etwas mitgeteilt wird (siehe Kapitel 6.3.4), sodass von impliziten Markierungen auszugehen ist.

Implizite Hinweise auf Markierungen gibt auch der räumliche Kontext. In Präsenzsituationen sind vor allem diejenigen Situationen von Unklarheit bedroht, in denen viele untereinander unbekannte Personen aufeinander treffen [2: 264, 4: 25]. Zur Sprache kommt hierbei eine Vielzahl unterschiedlicher Räume wie Wartezimmer beim Arzt, Cafés, der Strand und öffentliche Verkehrsmittel. Einige dieser Räume sind als soziale Treffpunkte vor allem dadurch gekennzeichnet, dass der Wahrnehmungsraum in sozialer und zeitlicher Hinsicht offen ist. Soziale Offenheit kommt dadurch zustande, dass die Anwesenheit an diesen Orten nicht individuell kontrollierbar ist. An öffentlichen Orten liegt insofern öffentliche Zugänglichkeit vor, als dass soziale Nähe (in allen drei Teildimensionen) der Anwesenden nicht vorausgesetzt wird. Das gilt auch für technisch-vermittelte Kommunikation auf Facebook oder WhatsApp. Hier ist den Befragten klar, dass sie es mit einem sehr heterogenen und rollenübergreifenden Publikum zu tun haben, beispielsweise wenn man mit ehemaligen Vorgesetzten auf Facebook befreundet ist [4: 17]. Zusätzlich führt die Persistenz schriftlicher Räume [3: 30] zu einer Offenheit nicht nur in sozialer, sondern auch in zeitlicher Hinsicht, wenn Kommunikate etwa in einem Chat auch noch später nachgelesen werden können [4: 135].

Doch technisch-vermittelte Kommunikation ist nicht grundsätzlich durch eine hohe Unsicherheit geprägt, hier kommt es auf das tatsächlich genutzte Medium an. Gerade das Telefon definiert einen eher eingeschränkten Wahrnehmungsraum [4: 22]. Insgesamt unterscheiden die Befragten klar zwischen den verschiedenen medialen Räumen, wenn es um die Einschätzung geht, wer potenziell oder tatsächlich beteiligt ist. Sie vertrauen dazu auf die technische Infrastruktur und die Anbieter von Kommunikationsmedien. Vertrauen auf eine Achtung von individuellen Kommunikationsabsichten besteht nicht nur gegenüber der technischen Infrastruktur, sondern ebenso gegenüber Freunden. Dieses Grundvertrauen überträgt sich dann auch auf die Freunde von Freunden [2: 112]. Voraussetzung ist eine Identifizierbarkeit von Fremdheit oder Bekanntheit, die in der technisch-vermittelten Kommunikation über Namen und Bilder hergestellt oder mittels Pseudonymen gegebenenfalls auch vermieden wird [1: 90, 4: 18].

Explizite Markierungen

In den Gesprächsrunden wird deutlich, dass Markierungen von Öffentlichkeit wahrgenommen werden, das Markierungsverhalten wird aber nur selten explizit thematisiert. Insbesondere dient der mediale Kontext als Indikator für das potenzielle Publikum, wobei internetvermittelte Gruppenkommunikation mit einer allgemeinen Unsicherheit einhergeht. Diese Unsicherheit kommt auf Plattformen wie Facebook dadurch zustande, dass das tatsächliche Publikum selbst nachträglich nicht eingeschätzt werden kann [3: 21, 4: 17]. Kommentare oder ähnliche Reaktionen sind zwar Hinweise auf eine Rezeption, tatsächlich wird aber in der Online-Kommunikation der Rezeptionsakt eher nicht markiert. Auch in Präsenzsituationen wie in Cafés oder in öffentlichen Verkehrsmitteln gibt man sich als zufälliger Zuhörer nicht zu erkennen [3: 129], explizites Markierungsverhalten wird also vermieden. Hier können die Mitteilenden sich dadurch zu versichern versuchen, dass sie sich zunächst umschauen und sich einen Eindruck über die anderen Anwesenden verschaffen [2: 88]. Auch explizite Markierungen sozialer Distanz sind von den Befragten nicht thematisiert worden, die persönliche soziale Nähe wird implizit aus der Geschichte einer Beziehung abgeleitet.

Die Wahrnehmung von Markierungen läuft somit vermutlich meist unbewusst und routiniert ab. Denn während die Wahrnehmungsprozesse eher wenig explizit thematisiert werden, kommen durchaus viele Situationen zur Sprache, in denen die Wahrnehmung der Beteiligten impliziert wird (siehe Kapitel 5.2.1). Einige der geschilderten Situationen zeigen diesen Widerspruch zwischen bewusstem und tatsächlichem Verhalten recht deutlich:

„Ich achte oft gar nicht darauf, was ich so/ Also klar, weiß ich, wenn ich jetzt jemanden ganz Fremden treffe, erzähl ich dem nicht sofort, weiß ich nicht, was ich meiner besten Freundin erzählen würde. Aber ich bin schon sehr offen mit so Dingen, die man manchmal vielleicht auch zurückhalten sollte." [3: 70]

Zunächst wird zwar festgestellt, dass das eigene Mitteilungsverhalten kaum von den Beteiligten abhängt. Dann wird aber durchaus ein Einfluss eingeräumt. Die Formulierung („also klar") deutet darauf hin, dass es sich um selbstverständliche Gegebenheiten handelt. Der letzte Teilsatz („sollte") verweist darauf, dass entsprechende Beurteilungsmaßstäbe existieren. Hier deuten sich routinierte und unbewusste Prozesse an.

Zusammenfassung

Insgesamt zeigt sich in Bezug auf das Markierungsverhalten, dass die Wahrnehmung des Öffentlichkeitsstatus eher routiniert stattfindet. Als Markierungen von Adressierung, Zugänglichkeit und Aufmerksamkeit fungieren meist implizite Merkmale der Situation, insbesondere die Normalität des Inhalts, die Lautstärke von Mitteilungen und Umgebung sowie der mediale oder physikalische Ort. Insbesondere der Rezeptionsakt ist in der Regel nicht markiert, was beispielsweise in der Online-Kommunikation zu einer Unsicherheit in Bezug auf tatsächliche Aufmerksamkeit führt. Diese Unsicherheit variiert in Abhängigkeit der Orte – etwa im Vergleich von Telefon als eher abgeschlossenem und Restaurant als eher offenem Wahrnehmungsraum.

Tabelle 19: Zusammenfassung des aus den Gesprächsrunden rekonstruierten Markierungsverhaltens

Kategorie		Zusammenfassung
Markierungen	Implizit	- Anhaltspunkte für Öffentlichkeit sind implizite Merkmale der Situation, insbesondere die Normalität des Inhalts, die Lautstärke von Mitteilungen und Umgebung sowie der mediale oder physikalische Ort. - Schriftliche Kommunikation erhöht die zeitliche Persistenz von Mitteilungen. - Voraussetzung zur Wahrnehmung sozialer Distanz ist in der Online-Kommunikation die Identifizierbarkeit über Namen oder Bilder.
	Explizit	- Öffentlichkeitsrelevante Indikatoren werden routiniert wahrgenommen, explizite Markierungen sind weniger relevant. - Rezeptionsakte sind in der Regel nicht explizit markiert. - Soziale Nähe wird implizit aus der Geschichte einer Beziehung abgeleitet.

6.3.3 Erwartungsverhalten

Faktische Erwartungen

Betrachtet man die Häufigkeit unklarer Öffentlichkeit als Hinweis auf Erwartungen, ergibt sich auf den ersten Blick ein widersprüchliches Bild. Einerseits wird gesagt, dass solche Situationen häufig vorkommen, weil gerade in Präsenzsituationen immer mit weiteren Anwesenden gerechnet werden muss [2: 123, 2: 166]. Andererseits wird aber auch geäußert, dass solche Situationen eher selten sind:

> „Also ich finde ehrlich gesagt so Situationen, wo man sich jetzt wirklich über etwas unterhält, wo das kein anderer mitkriegen soll. Das finde ich eher selten. In der Öffentlichkeit. Bei mir jetzt zumindest. Also ich unterhalte mich jetzt nicht so oft, wo ich mir jetzt wirklich denke, das wäre jetzt wirklich doof, //wenn das jemand anderes hört//, den das nichts angeht." [2: 140]

Dieser Widerspruch lässt sich in Übereinstimmung mit der Vermeidungsthese leicht auflösen: Zwar besteht potenziell häufig die Möglichkeit, dass unklare Öffentlichkeit entsteht. Sie entsteht tatsächlich aber selten, weil Individuen ihr Verhalten entsprechend anpassen und bestimmte Mitteilungen eher in kontrollierten Wahrnehmungsräumen vollziehen.

Ähnlich verhält es sich in Bezug auf Online-Kommunikation. Einerseits wird erstaunt und teilweise mit Unverständnis zur Kenntnis genommen, dass etwa auf Facebook häufig umfangreiche Selbstoffenbarung stattfindet [3: 241]. Andererseits gibt es Hinweise darauf, dass diese Selbstoffenbarung mit zunehmendem Alter und zunehmendem Bildungsniveau selektiver und kontrollierter abläuft [2: 41, 3: 94, 3: 161, 3: 234]. Dieser kontrollierte Umgang mit unklarer Öffentlichkeit beinhaltet nicht grundsätzlich eine Vermeidung, aber mitunter eine Abwägung verschiedener Ziele. Unklare Öffentlichkeit wird vor allem in Relation zu geringen Kommunikationskosten und auch für einen geringeren Aufwand bei der Beziehungspflege in Kauf genommen [3: 32, 3: 203].

Desiderative Erwartungen

In Bezug auf die Einstellung der Befragten zu den geschilderten Situationen werden verschiedene affektive Bereiche sichtbar. Einige Situationen, in denen man unfreiwillig persönliche Belange Dritter erfährt, werden als unangenehm oder sogar peinlich empfunden. Eine Befragte schildert die Situation in der Notaufnahme eines Krankenhauses, wo sie sich zwar hinter einem Sichtschutz befindet, aber dennoch alles mitbekommt, was ein anderer Patient mit dem Arzt bespricht und diese unfreiwillige Öffentlichkeit als unangenehm empfindet [4: 71].

Als deutlich unangenehmer werden allerdings Situationen empfunden, in denen Bekannte etwas mitbekommen, was nicht für sie bestimmt ist [4: 71]. Für die Wahrnehmung als unangenehm oder peinlich ist also nicht so sehr entscheidend, dass das potenzielle oder tatsächliche Publikum unbegrenzt ist. Als unangenehm werden Situationen dann empfunden, wenn sich ein diffuses Publikum in der Wahrnehmung konkretisiert und sich darunter unerwartet Bekannte, Arbeitskollegen oder sogar Personen, welche Gegenstand der Kommunikation waren, befinden [2: 216, 3: 44, 3: 67].

Grundsätzlich ist eine Einschränkung der eigenen Entscheidungsautonomie unerwünscht. Eine solche Einschränkung entsteht beispielsweise, wenn jemand ohne Nachfrage Fotos ins Internet stellt:

> „Was mich manchmal nervt, sind/ wenn so Leute bei Facebook irgendwelche Fotos hochladen und dann da einen Kommentar zu schreiben, wo ich halt selber drauf bin. Ohne dass ich das dann mitentscheiden kann, //wird das Foto hochgeladen.//" [3: 47]

Entscheidend für den Störungsgrad ist das Thema der Kommunikation [4: 37]. Persönliche Angelegenheiten sind hier im Vergleich zu allgemeinen Aussagen besonders sensibel. Was genau als persönlich oder privat eingestuft wird, kommt allerdings selten zur Sprache. Unter den wenigen konkreteren Hinweisen finden sich Aussagen über medizinische Belange [4: 74], sexuelle Angelegenheiten [2: 206], Beziehungen [3: 101] oder das Lästern über Dritte [4: 74]. Die Befragten bringen gegenüber Situationen, in denen solche persönlichen Dinge öffentlich bzw. gegenüber weniger gut Bekannten kommuniziert werden, wenig Verständnis auf [1: 60, 108]. Dazu gehört auch, wenn sehr detailliert über den Tagesablauf [2: 202] oder das eigene Empfinden [1: 104] berichtet wird. Hierbei spielt die Schriftlichkeit internetvermittelter Kommunikation eine Rolle, da ihr ein Enthemmungspotenzial für persönliche Anliegen zugeschrieben wird [1: 149, 3: 144]. Diese Situationen kommen aus Sicht der Befragten durchaus vor, werden aber von ihnen vermieden. Gerade in der Beziehungspflege wird direkte Kommunikation unter Ausschluss Dritter als wertvoller empfunden als eine für andere sichtbare Kommunikation [3: 178]. Die Medienwahl erfüllt also eine symbolische Funktion für die Beziehungsqualität.

Darüber hinaus kann unklare Öffentlichkeit unabhängig von bestimmten Inhalten als störend empfunden werden, wenn die Lautstärke von Gesprächen das eigene Bedürfnis nach Ruhe oder Entspannung stört [4: 109]. Mitunter werden Störungen aber auch toleriert, insbesondere wenn sie durch schwer kontrollierbare Affekte motiviert und die Folge akuter persönlicher Erregung zum Beispiel in einem Streit sind [2: 132, 1: 117, 4: 67]. Zudem ist unfreiwillige Rezeption nicht immer eine Störung. Das verdeckte Mithören von Gesprächen ist wie das Beobachten anderer Menschen durchaus unterhaltsam:

> „Also ich muss sagen, ich bin auch sehr neugierig. Und manchmal, wenn es Sachen gibt, da hört man ja auch einfach zu, weil es spannend ist." [2: 130]

Auch die direkte Interaktion mit Fremden, beispielsweise in Internetchats, ist mitunter ein angenehmes, durch Neugier motiviertes Unterfangen [1: 136].

Deontische Erwartungen

Eine weitere Form von Erwartungen sind Gebote. Während sich desiderative Erwartungen aus individuellen Wünschen und damit affektiven Zuständen speisen, kommen deontische Erwartungen aus der Umwelt eines Individuums. Sie werden damit als Antizipationen von desiderativen Erwartungen anderer verstanden. Diese Wünsche anderer können als allgemeine Formulierung dessen, was man darf und nicht darf, formuliert sein. Ganz konkret werden sie in Form von Sanktionen sichtbar. Äußere Reaktionen auf das Verhalten anderer verdeutlichen für diese anderen die eigenen Erwartungen (siehe Kapitel 5.2.2).

Sanktionen als Hinweis auf deontische Erwartungen werden in den Gesprächsrunden hauptsächlich in Reaktion auf Störungen durch die Lautstärke thematisiert [4: 83, 4: 105]. Beispielsweise im Kino werden andere Gäste gegebenenfalls um Ruhe gebeten [4: 104]. Hier wird gegenseitige Rücksichtnahme als allgemeine Norm unterstellt [4: 117]. Ein Normverstoß ist allerdings entschuldbar oder zumindest hinnehmbar, wenn er sich nicht vermeiden lässt oder auf eine schwierige emotionale Situation des Störenden rückführbar ist [4: 82, 1: 117, 4: 67].

In Bezug auf unerwünschte Öffentlichkeit wird die Verantwortung für die Wahrnehmbarkeit im Wesentlichen bei den Mitteilenden gesehen. Es wird erwartet, dass die Mitteilenden ihre Mitteilungen gegebenenfalls einfach unterlassen [2: 264, 2: 266]:

„Dann müssen die halt nicht dann über solche intimen Sachen sprechen. Wenn sie das Gefühl haben, gehört zu werden" [2: 266]

Trotzdem wird auch offensives Zuhören als nicht akzeptabel wahrgenommen und mit entsprechenden Reaktionen sanktioniert [4: 47]. Wenn interessanten Gesprächen absichtlich oder unabsichtlich verdeckt zugehört wird, stellt sich mitunter ein Gefühl der Peinlichkeit ein, was ebenfalls als Hinweis auf deontische Erwartungen verstanden werden kann [1: 116].

Im Vergleich zu desiderativen Erwartungen sind deontische Erwartungen deutlich weniger besprochen worden. Thematisiert werden einerseits gegenseitige Rücksichtnahme und andererseits die Frage, wer die Verantwortung für die Kontrolle der Wahrnehmbarkeit trägt.

Zusammenfassung

Fasst man die Ausführungen zu faktischen, desiderativen und deontischen Erwartungen zusammen, so scheinen Situationen mit unklarer Öffentlichkeit aufgrund eines kontrollierten Umgangs eher selten vorzukommen. Die Wahrscheinlichkeit hängt dabei von der Abwägung gegenüber anderen Bedürfnissen bzw. Kommunikationskosten ab. Die Verantwortung dafür, die Zugänglichkeit von Mitteilungen zu regulieren, wird vorrangig den Mitteilenden zugesprochen. Dennoch ist offensives Zuhören unangemessen, wenn die zuhörende Person nicht zu den Adressaten gehört. Erwartet wird ganz allgemein eine Rücksichtnahme auf die Bedürfnisse anderer. Diese Rücksichtnahme hat dort ihre Grenzen, wo Verhalten nicht kontrollierbar bzw. nicht sichtbar ist.

Die Einstellungen gegenüber unklarer wie klarer Öffentlichkeit überspannen ein insgesamt breites Spektrum. Öffentlichkeit ist mal angenehm, mal irrelevant, dann aber auch wieder unangenehm. Wesentlich scheint zu sein, welche Konsequenzen für das eigene Verhalten davon ausgehen und um welche Inhalte es sich handelt. Eine Verletzung von Rezeptions- oder Mitteilungsautonomie wird anscheinend eher als Störung empfunden, wenn damit ein Bedürfnis nach Ruhe eingeschränkt wird. Als Peinlichkeit werden diese Einschränkungen insbesondere dann empfunden, wenn persönliche oder intime Inhalte von nichtadressierten Bekannten aber auch Fremden wahrgenommen werden. Sind negative Konsequenzen allerdings nicht zu erwarten, kann öffentliche wie unklar-öffentliche Kommunikation ein Bedürfnis nach Unterhaltung befriedigen.

Tabelle 20: Zusammenfassung des aus den Gesprächsrunden rekonstruierten Erwartungsverhaltens

Kategorie		Zusammenfassung
Erwartungen	Faktische	- Situationen unklarer Öffentlichkeit werden eher selten realisiert, weil sie routiniert reguliert werden. - Die Wahrscheinlichkeit unklarer Öffentlichkeit hängt von der Abwägung gegenüber anderen Bedürfnissen bzw. Kommunikationskosten ab.
	Desiderative	- Die Verletzung von Rezeptions- oder Mitteilungsautonomie wird als Störung empfunden. - Als Peinlichkeit wird unklare Öffentlichkeit bei persönlichen oder intimen Inhalten empfunden, insbesondere wenn nichtadressierte Bekannte im tatsächlichen Publikum sind. - Als unterhaltsam wird unklare Öffentlichkeit empfunden, wenn keine negativen Konsequenzen zu erwarten sind, insbesondere bei verdeckter Rezeption.
	Deontische	- Erwartet wird Rücksichtnahme auf die Bedürfnisse anderer. Die Rücksichtnahme ist eingeschränkt, wenn Verhalten nicht kontrollierbar bzw. nicht sichtbar ist. - Mitteilende tragen Verantwortung für die Wahrnehmbarkeit ihrer Mitteilungen. - Offensives Zuhören durch nichtadressierte Rezipienten ist unangemessen.

6.3.4 Kommunikationsverhalten

Rezeptionsverhalten

Rezeptives Verhalten, das zu unklarer Öffentlichkeit führt, tritt aus Sicht der Befragten im Alltag häufig nebenläufig auf, ohne dass es absichtlich herbeigeführt wird, beispielsweise in öffentlichen Verkehrsmitteln [4: 38]. Zum Umgang mit solchen Situationen thematisieren die Befragten verschiedene Verhaltensweisen. Mitunter wird die verdeckte Rezeption als unterhaltend wahrgenommen, sie befriedigt ein Bedürfnis nach Neugier und wird dann einfach verdeckt fortgesetzt [2: 130]. Kommt es stattdessen zu einer nicht hinnehmbaren Störung, scheint sich das Verhalten darauf zu richten, eine entsprechende Rezeption zu vermeiden. In Verkehrsmitteln etwa wird dazu der Platz gewechselt, um so die Wahrnehmungsdistanz zu erhöhen, oder die Konzentration wird auf eine andere Tätigkeit gelenkt [4: 85].

Dies bezieht sich allerdings vor allem auf solche Situationen, in denen man sich gestört fühlt. In denjenigen Situationen dagegen, in denen ein Mithören als sozial unangemessen wahrgenommen wird, kommt es auf die Beobachtbarkeit der Rezeption an. Sind die Rezeptionshandlungen beobachtbar, kommen sowohl passive als auch aktive Strategien zur Anwendung. Entweder wird passiv die Illusion der Nichtbeteiligung erzeugt, indem entsprechende Markierungen zum Anzeigen von Nichtwahrnehmung gesetzt werden:

> „Na ich denke, man sollte die Situation für denjenigen, den es betrifft, so angenehm wie möglich machen und halt, wenn er merkt, ok, er wird beobachtet, sollte man wahrscheinlich weggucken und ihm eben nicht das Gefühl geben, dass er beobachtet wird, damit er sich quasi wieder in Sicherheit wiegt." [2: 242]

Oder aber die Beteiligung an der Situation wird aktiv verändert, indem man in das Gespräch mit einsteigt und der Situation die Unklarheit nimmt [3: 130]. Eine aktive Möglichkeit besteht auch darin, in Metakommunikation überzugehen und mit weiteren Anwesenden verdeckt verbal oder nonverbal über das Mitgehörte zu kommunizieren [3: 135].

Zugänglichkeitsverhalten

Die Vermeidung von Rezeption durch Weggehen oder durch das Schließen eines Fensters impliziert Zugänglichkeitshandlungen, die nicht selbst rezeptive oder mitteilende Handlungen sind. Zugänglichkeitshandlungen liegen immer dann vor, wenn der notwendige Aufwand der Rezeption erhöht oder verringert wird, ohne dass es sich dabei um symbolvermittelte kommunikative Handlungen handeln muss (siehe Kapitel 5.2.3). Der Unterschied zwischen rezeptivem und mitteilendem Verhalten auf der einen und Zugänglichkeitsverhalten auf der anderen Seite wird besonders dann deutlich, wenn Dritte die Wahrnehmungsmöglichkeiten zwischen zwei Beteiligten beeinflussen:

> „Und dann haben sie eine Trennwand reingeschoben, damit man sich nicht gegenseitig sieht." [4: 41]

Die beschriebene Handlung ist in der Notaufnahme eines Krankenhauses situiert. Während das Krankenhauspersonal hier eine Zugänglichkeitshandlung ausführt, ohne selbst etwas mitzuteilen oder zu rezipieren, fallen Zugänglichkeitsverhalten und Mitteilungsverhalten in anderen Situationen häufig zusammen, beispielsweise wenn in Präsenzsituationen die Lautstärke beim Sprechen reduziert und durch diese Änderung der Modalität die Zugänglichkeit für Dritte verringert wird [4: 31].

Neben der Einschränkung physikalischer Wahrnehmbarkeit in Präsenzsituationen, kommen in Bezug auf Online-Kommunikation technische Zugänglichkeitshandlungen zur Sprache, beispielsweise in der Fortsetzung der bereits oben zitierten Textstelle:

> „B2: Was mich manchmal nervt, sind/ wenn so Leute bei Facebook irgendwelche Fotos hochladen und dann da einen Kommentar zu schreiben, wo ich halt selber drauf bin. Ohne dass ich das dann mitentscheiden kann, //wird das Foto hochgeladen.//
> B1: //Das kannst du aber einstellen.//" [3: 47-48]

Die Einstellung einer Genehmigungspflicht für die Verknüpfung von Personen und Bildern bzw. Kommentaren zu einem Bild verringert indirekt die Zugänglichkeit. In der Folge dürfte die Wahrscheinlichkeit sinken, dass weitere Personen das Bild in ihrem Newsfeed zur Kenntnis nehmen.[163]

In Bezug auf Soziale Netzwerkseiten wird von einer Befragten die Möglichkeit der zukünftigen Depublizierung angesprochen, um unerwünschte Publika wie einen potenziellen Arbeitgeber auszuschließen:

> „Ich hab auch schon überlegt, wenn ich irgendwie später anfange zu arbeiten, dass ich mich erstmal schön, also irgendwie unsichtbar mache und erstmal schau." [3: 52]

Ebenfalls als Zugänglichkeitshandlung kann das Weitererzählen gelten. Eine Befragte schildert, wie sie ein Gespräch mithört, in dem zwei Personen sich über eine gerade begangene Straftat unterhalten. Sie ruft die Polizei an und indem Sie den Inhalt des Gesprächs widergibt, macht sie das Gespräch Dritten zugänglich [4: 38].

---

163 Auch das Verbreiten und Rezipieren von Bildern kann als Mitteilung verstanden werden, sofern diesen Bildern Mitteilungscharakter zugesprochen wird, etwa das Bild als eine Aussage über eine darin dargestellte Person verstanden wird (siehe Kapitel 5.2).

Mitteilungsverhalten

Betrachtet man Mitteilungsverhalten hinsichtlich der Frage, wer was wie wo und wann wem mitteilt und nicht mitteilt, wird die wechselseitige Abhängigkeit von a) Inhalten, b) Beteiligten, c) Modalitäten und d) Orten deutlich. Diese vier Komponenten hängen derart zusammen, dass die Änderung einer Komponente in der Regel auch Änderungen der anderen Komponenten nach sich zieht. Was gesagt wird, hängt davon ab, wer anwesend ist. Wer als anwesend angesehen wird, hängt von den physikalischen und medialen Umständen ab. Diese räumlichen Umstände können durch Modalitäten wie die Lautstärke geändert werden und beeinflussen wiederum, was gesagt werden kann.

a) Ganz eindeutig hat der Öffentlichkeitsstatus einen Einfluss darauf, **über welche Dinge** in einer Situation gesprochen oder geschrieben wird. Während viele Gesprächsgegenstände trivial und unproblematisch sind, werden „Liebesgeschichten oder wirklich harte Privatlebensachen" [2: 148-150] öffentlich eher vermieden. Wo allerdings konkret die Grenze zwischen weniger oder mehr brisanten bzw. weniger oder mehr privaten Angelegenheiten verläuft, ist auf Grundlage der Gesprächsrunden nicht eindeutig zu bestimmen (siehe auch Kapitel 6.3.2). Als zu vermeidende Inhalte werden insbesondere Kontodaten [2: 57, 3: 32] und partnerschaftliche Beziehungen [3: 205] angesprochen, aber auch das Sexualleben [2: 202-206]. Möglicherweise hängt die Grenze des Machbaren davon ab, welche Konsequenzen potenziell eintreten können. Im Fall von Kontodaten sind finanzielle Schäden zu befürchten, in anderen Fällen Verletzungen des eigenen Images bzw. der Integrität der eigenen Identität.

Allerdings lässt sich gerade auch mit dem Bruch von Erwartungen Aufmerksamkeit erzeugen. Eine Beteiligte berichtet von einem Post auf Twitter, den sie aufgrund des intimen Inhalts als problematisch empfindet:

> „Und letztens hat sie ein Post gepostet, da habe ich wirklich geschluckt. <u>Weil ich mir dachte, okay, wie kannst du das posten.</u> Und zwar, ich weiß gar nicht, ob ich den wiedergeben kann. Ich glaube ich kann den wiedergeben. Und zwar hieß der irgendwie: ‚Ich habe zwar nicht mehr den Körper einer Zwanzigjährigen, aber ich kann <u>blasen wie eine Professionelle</u>.'" [2: 202-206]

Einerseits empfindet die Befragte diesen Inhalt anscheinend als unangemessen. Andererseits verschafft sich die Autorin des Posts damit Aufmerksamkeit. Nicht nur erinnert sich die Befragte an diesen Post, die Autorin betreibt gemäß der Befragten einen Twitter-Account mit immerhin 1800 Abonnenten. Und gerade diese Aufmerksamkeit kann dann wieder als positive Sanktion wirken. Diese dürfte die Wahrscheinlichkeit zur öffentlichen Thematisierung von Themen, welche vor einem normativen Hintergrund als öffentlich problematisch gelten, erhöhen. In den Gesprächsrunden wird betont, dass einige Personen mit öffentlicher Selbstdarstellung ein (Geltungs-)Bedürfnis befriedigen würden. Inwiefern solche Themen öffentlich kommunizierbar sind, hängt somit von der eigenen Persönlichkeit ab [2: 209; 3: 171].

b) Der Zusammenhang zwischen Kommunikationsinhalten und den **Beteiligten einer Situation** zeigt sich dann, wenn Menschen in eine Situation ein- oder austreten. Verändert sich die Konstellation der Beteiligten, dann ändert sich die Kommunikation. Besonders deutlich wird dies in Situationen, in denen über Nichtanwesende gesprochen wird, die dann unerwartet in den Wahrnehmungsraum eintreten:

> „Und man hat aber das dann gerade noch so g/ mit Schleudern die Kurve bekommen, ohne irgendwie Namen zu nennen." [4: 71]

Hierbei findet eine Regulierung der Kommunikationsinhalte – Nichtnennung von Namen – statt. In dieser Situation ist die Anpassung direkt von der sozialen Distanz zwischen Neuankömmling und den anderen abhängig. Gerade weil diese sich kennen, wird die Kommunikation verändert. Wenn die Dritten dagegen Fremde und vor allem nicht Gegenstand der Kommunikation sind, dann ist eine geringere Regulierungsaktivität zu erwarten [2: 103].

c) Gerade persönliche bzw. intime Themen werden anscheinend aber auch gegenüber Fremden eher vermieden, wenn etwa in einem Restaurant Dritte in Hörweite sind. In diesen Situationen werden dann **der Ort und der Zeitpunkt** gewechselt, beispielsweise wird das Restaurant verlassen:

> „Und da war halt so ein Pärchen am Nebentisch. Und dann habe ich gesagt, ‚Okay, dann lass uns mal das, was wir gerade besprechen, dann draußen besprechen.'" [2: 17]

Vor allem die eigene Wohnung hat einen besonderen Status als geschützter Raum und wird bei bestimmten Themen bevorzugt [2: 143]. Ortswechsel können darüber hinaus auch medial vollzogen werden. Der fast schon prototypische Fall für die Verdeutlichung von Medienwahlregeln (Höflich 1996: 81ff.) – eine Beziehungstrennung über technische Medien statt von Angesicht zu Angesicht – kommt auch in den Gesprächsrunden indirekt zur Sprache. Die Befragten halten es für eher unangemessen, den veränderten Beziehungsstatus auf Facebook sichtbar zu machen. Gerade unter Verwandten und engen Freunden werden andere Medien wie das Telefon zur Besprechung von persönlichen Beziehungen bzw. Beziehungsproblemen bevorzugt [3: 168, 3: 185-187]. Hierbei geht es nicht unbedingt um unklare Öffentlichkeit, sondern eher um die Wertschätzung der persönlichen Beziehung.

In Bezug auf mediale Orte wird insbesondere ein Unterschied zwischen Mündlichkeit und Schriftlichkeit gesehen, der direkt potenzielle sowie tatsächliche unklare Öffentlichkeit betrifft:

> „Aber ich finde man achtet schon mehr darauf. Was man genau sagt oder was man genau schreibt. Weil wie gesagt, das steht ja da dann. Und das kann jeder nachlesen auch noch fünf Tage danach in diesem Chat. Oder noch länger. Und wenn man so mündlich etwas sagt, dann gerät es ja auch schnell in Vergessenheit. Deswegen ist man da dann oft ein bisschen unbefangener, wenn man mündlich irgendetwas sagt als wenn man etwas schreibt." [4: 135]

Dabei wird durchaus innerhalb schriftlicher Medien weiter differenziert. Beispielsweise wird der SMS eine höhere Datensicherheit zugesprochen als internetvermittelter Kommunikation. Gerade in Bezug auf internetvermittelte Kommunikation besteht eine grundsätzliche Unsicherheit über das potenzielle Publikum [3: 32].

d) Statt eines Ortswechsels lässt sich Wahrnehmbarkeit über die **Modalität von Mitteilungen** verändern. Allein die Benutzung des Telefons anstelle schriftlicher Medien schließt nicht aus, dass Dritte unerwünscht zu Beteiligten werden, gerade wenn in öffentlichen Verkehrsmitteln telefoniert wird. Insofern kommt es auch am Telefon zur Regulierung von Zugänglichkeit über die Lautstärke [1: 36]. Umgekehrt wird aber auch eine hohe Umgebungslautstärke als Begrenzung des Wahrnehmungsraums angesehen [1: 28].

Zusammenfassung

Die Betrachtung kommunikativen Verhaltens zeigt, wie Öffentlichkeit in Kommunikationssituationen reguliert wird (siehe Kapitel 5.3). Dieses Regulierungsverhalten wird durch Rezeptions-, Zugänglichkeits- und Mitteilungshandlungen vollzogen.

In Präsenzsituationen wird die unfreiwillige **Rezeption** über eine Veränderung der Wahrnehmbarkeit reguliert, wenn sie als Störung empfunden wird. Spätestens wenn ein nicht absichtlich herbeigeführter Rezeptionsakt beobachtbar ist, stellt sich die Frage des Umgangs mit der Situation. Einerseits ist eine aktive kommunikative Bewältigung der Situation möglich, indem sie metakommunikativ zum Gegenstand gemacht oder indem in das Gespräch mit eingestiegen wird. Andererseits besteht eine passive Praxis darin, eine Illusion der Nichtwahrnehmbarkeit aufzubauen und aufrechtzuerhalten. All dies deutet darauf hin, dass unabsichtliche Rezeption als sozial unangemessen wahrgenommen und entsprechend reguliert wird.

Insgesamt werden darüber hinaus drei Arten von **Zugänglichkeitsverhalten** deutlich. Erstens kann die physikalische Wahrnehmbarkeit in Präsenzsituationen durch Sichtschutz oder Veränderung der Lautstärke beeinflusst werden. Zweitens lassen sich in der Online-Kommunikation die Mitteilungsmöglichkeiten durch präventive Genehmigungsmechanismen oder postkommunikatives Löschen reduzieren. Und drittens ist Metakommunikation eine Möglichkeit, anderen Mitteilungen zugänglich zu machen.

Auf Grundlage der Gesprächsrunden kann aber vor allem davon ausgegangen werden, dass das **Mitteilungsverhalten** vom Öffentlichkeitsstatus abhängt. Nicht alles ist jedem gegenüber mitteilbar und dementsprechend ändert sich das Mitteilungsverhalten bei einer Veränderung der potenziellen oder tatsächlichen Rezipienten. Persönliche Angelegenheiten werden öffentlich eher nicht kommuniziert bzw. gelten als unangemessen. Dementsprechend werden für die Kommunikation persönlicher Inhalte beschränkte Wahrnehmungsräume oder mündliche Situationen bevorzugt. Denn die schriftliche Kommunikation erhöht die zeitliche Persistenz von Mitteilungen. Gleichzeitig lässt sich durch den Bruch dieser Regel aber auch Aufmerksamkeit erreichen und ein Bedürfnis nach Aufmerksamkeit befriedigen.

Tabelle 21: Zusammenfassung des aus den Gesprächsrunden rekonstruierten Kommunikationsverhaltens

Kategorie		Zusammenfassung
Kommunikation	Rezeptionsverhalten	- Unfreiwillige Rezeption wird über Veränderung von Wahrnehmbarkeit reguliert. - Rezeption durch nichtadressierte Dritte ist tendenziell unangemessen. - Der Umgang mit unerwünschter Rezeption hängt von der Beobachtbarkeit ab: ggf. kommunikative Bewältigung oder Illusion der Nichtwahrnehmbarkeit
	Zugänglichkeitsverhalten	- Regulierung physikalischer Wahrnehmbarkeit durch Sichtschutz, Veränderung der Lautstärke oder technische Möglichkeiten - Postkommunikativ: Löschen von Inhalten in der internetvermittelten Kommunikation, Republikation über Metakommunikation bzw. Weitererzählen
	Mitteilungsverhalten	- Persönliche Inhalte (Kontodaten, Beziehungen, Intimes, Kommunikation über Dritte) werden eher nicht öffentlich mitgeteilt. Wenn doch, dann erzeugen sie Aufmerksamkeit. - Für die Kommunikation persönlicher Inhalte werden beschränkte Wahrnehmungsräume bevorzugt. - Das Mitteilungsverhalten hängt vom Selbstdarstellungsbedürfnis ab.

6.4 Zwischenfazit

Die Rekonstruktion von Situationen und von öffentlichkeitsrelevantem Verhalten aus den Gesprächsrunden zeigt zunächst, dass die theoretische Differenzierung von Kommunikationssituationen (Beteiligte, Ort, Inhalte, Modalitäten) und die Modellierung des Öffentlichkeitsprozesses (Markierungen, Erwartungen, Kommunikation) als Heuristiken einer qualitativen Analyse tauglich sind, sofern sie anhand des Materials konkretisiert werden. Aus dieser Analyse ergeben sich in zwei Richtungen Konsequenzen für die Fortführung der Untersuchung und für die Formulierung der Theorie.

Erstens ist der Bereich von Situationen, in dem die Vermeidungsthese überprüft werden kann, weiter eingegrenzt. Es zeigen sich zwei typische Bereiche: a)

Präsenzsituationen in Verkehrsmitteln und Lokalen, in denen über Dritte geredet wird, und b) Situationen auf Sozialen Netzwerkseiten, in denen vorangegangene Kommunikate kommentiert werden. In Bezug auf diese Situationen sind vorrangig unerwünschte Öffentlichkeit und die Unsicherheit des Öffentlichkeitsstatus thematisiert worden. Zweitens ergeben sich aus der Rekonstruktion von Öffentlichkeitsverhalten Hinweise auf Einschränkungen der Vermeidungsthese. Diese Konsequenzen werden in den folgenden Abschnitten noch einmal zusammengefasst.

6.4.1 Typische Situationen unklarer Öffentlichkeit

Im Anschluss an die Analyse der Gesprächsrunden lässt sich festhalten: Die vier Situationseigenschaften Beteiligte, Orte, Inhalte und Modalitäten formieren ein ‚magisches Viereck'. Die Änderung einer dieser Koordinaten zieht mitunter die Änderung anderer Koordinaten nach sich. Das bedeutet in Bezug auf den Öffentlichkeitsstatus, der sich aus der Beteiligungsstruktur ergibt, dass bestimmte Orte, Modalitäten und Inhalte typischerweise an bestimmte Ausprägungen des Öffentlichkeitsstatus gebunden sind:

- **Nichtöffentlichkeit:** In Präsenzsituationen ist im Vergleich zur technisch-vermittelten Kommunikation das potenzielle Publikum leichter kontrollierbar. Deshalb werden vor allem die eigene Wohnung und geschlossene Räume eher dem nichtöffentlichen Bereich zugeordnet. In anderen Räumen wird nichtöffentliche Kommunikation durch geringe Lautstärke beim Reden und hohe Umgebungslautstärke unterstützt. Eine Ausnahme bildet das Telefon, welches ebenfalls als geschützter Wahrnehmungsraum empfunden wird. Inhaltlich wird Unangenehmes, Persönliches und Kommunikation über Dritte eher nichtöffentlich kommuniziert.

- **Unklare Öffentlichkeit:** In der internetvermittelten Kommunikation wird oft öffentliche Zugänglichkeit unterstellt, beispielsweise auf Facebook. Selbst bei nichtöffentlich adressierter Kommunikation besteht hier eine höhere Unsicherheit über das potenzielle und tatsächliche Publikum. Das liegt schon daran, dass internetvermittelte Kommunikation häufig schriftliche Kommunikation ist und damit raumzeitlich weniger stark gebunden ist als mündliche Kommunikation. Weitere Situationen, in denen es am ehesten zu unklarer

Öffentlichkeit kommt, sind öffentliche Verkehrsmittel, Lokale und Freizeiträume. Denn hier ist die Anwesenheit anderer nicht individuell kontrollierbar. Diese Situationsbereiche sind im ersten Schritt der Analyse als typische Situationen unklarer Öffentlichkeit identifiziert worden. Sie werden dementsprechend im Weiteren für die Prüfung der Vermeidungsthese verwendet.

- **Öffentlichkeit:** Innerhalb der verschiedenen Möglichkeiten internetvermittelter Kommunikation gibt es deutliche Unterschiede in Bezug auf den Öffentlichkeitsstatus. Während persönliche E-Mails – sieht man einmal von Unsicherheiten ab, die sich durch Schriftlichkeit und durch die Betreiber ergeben – eher der nichtöffentlichen Kommunikation zugerechnet werden, ist Twitter in den Gesprächsrunden als einer der wenigen eindeutig öffentlichen Kommunikationsorte benannt worden. Im Gegensatz zu nichtöffentlichen Situationen sind die Thematisierung von Persönlichem und die Kommunikation über Dritte aus Sicht der Befragten hier eher unangemessen.

Die Auswertung der Situationsbeschreibungen legt dabei nahe, zwei Arten von Situationen zu untersuchen. Als typisch für eine potenzielle unklare Öffentlichkeit haben sich erstens mündliche Präsenzsituationen in öffentlichen Verkehrsmitteln, Lokalen oder an ähnlichen Orten herausgestellt, in denen über Dritte geredet wird. Im Anschluss an die Analyse der Gesprächsrunden erscheint es sinnvoll, die Überprüfung der Vermeidungsthese auf den Teilbereich unerwünschter Öffentlichkeit zu fokussieren, das heißt auf Situationen mit nichtöffentlicher Adressierung bei öffentlicher Zugänglichkeit und Aufmerksamkeit. Denn über diese Situationen wurden in der qualitativen Teilstudie die meisten Erkenntnisse gewonnen, die in eine experimentelle Überprüfung einfließen können. Um einen Einfluss von unerwünschter Öffentlichkeit auf Erwartungen und Kommunikationsverhalten festzustellen, lassen sich diese Situationen – wie auch von den Befragten in den Gesprächsrunden – mit entsprechenden Situationen eindeutiger Nichtöffentlichkeit vergleichen.

Zweitens sind Situationen auf Facebook besonders deutlich zur Sprache gekommen, in welchen vorangegangene Kommunikation kommentiert wird. Diese beiden Situationsklassen unterscheiden sich vor allem in ihrer Medialität, wobei Schriftlichkeit im Vergleich zur Mündlichkeit mit einer höheren Unsicherheit über das potenzielle und tatsächliche Publikum einhergeht. Nimmt man beide Situationsklassen in das Experiment auf, so ergibt sich daraus die Möglichkeit, nicht nur Unerwünschtheit, sondern auch Unsicherheit von Öffentlichkeit zu untersuchen.

Als Schwierigkeit könnte sich dabei die notwendige Variation des Öffentlichkeitsstatus bei Konstanthaltung der anderen Situationsmerkmale erweisen. Wenn Orte, Inhalte und Modalitäten mit der Wahrnehmung des Öffentlichkeitsstatus zusammenhängen, so muss die Variation des Öffentlichkeitsstatus so eindeutig vorgenommen werden, dass sie nicht von diesen anderen Situationsmerkmalen ‚überstrahlt' wird. Dementsprechend muss die Beteiligungsstruktur eindeutig markiert sein, insbesondere sollte das saliente Interaktionssystem eindeutig sein.

6.4.2 Rahmenbedingungen der Vermeidungsthese

Das Setzen und Wahrnehmen von Markierungen des Öffentlichkeitsstatus kann aufgrund der idealisierten Zuordnungen zu Orten, Inhalten und Modalitäten in der Regel routiniert ablaufen. Indem nicht öffentlich adressierbare Mitteilungen in Situationen unklarer oder eindeutiger Öffentlichkeit vermieden werden, tritt unerwünschte Öffentlichkeit anscheinend eher selten bewusst auf. Dieser Befund deckt sich mit der Analyse der Diskurse zu Beginn der Arbeit und der Formulierung der Theorie unklarer Öffentlichkeit. Jeweils war ein Teil des Ergebnisses, dass die Idealtypen öffentlicher und nichtöffentlicher Kommunikation wesentliche Orientierungspunkte für individuelles Verhalten darstellen. Diese Idealisierung zeigt sich hier in der Zuordnung entsprechender Situationsklassen.

Darüber hinaus lassen sich Verhaltensweisen in Bezug auf den Öffentlichkeitsstatus konkretisieren. In der Folge kann man die Grenze der Vermeidungsthese besser konturieren. Gesucht sind dabei solche Faktoren, die mit dem Einfluss des Öffentlichkeitsstatus auf Erwartungen und Kommunikation interagieren, das heißt die Vermeidungsthese potenziell außer Kraft setzen, abschwächen, verstärken oder umkehren. In den Gruppengesprächen werden einige Faktoren deutlich, die auf eine durchaus komplexe Beziehung zwischen Öffentlichkeitsstatus, Erwartungen und Kommunikationsverhalten hinweisen:

a) **Inhaltliche Bedingungen:** Umso trivialer die Kommunikationsinhalte sind, das heißt umso weniger persönliche Relevanz damit verbunden ist, umso weniger wird unerwünschte Öffentlichkeit als unangenehm empfunden. Der

Vermeidungsmechanismus wird außer Kraft gesetzt oder zumindest abgeschwächt.[164]
Besonders stark scheint der Vermeidungsmechanismus dagegen bei personenbezogener Kommunikation über Dritte zu greifen. Hier zeigt sich eine Verbindung mit dem Autonomiegedanken im Privatheitsdiskurs (Kapitel 3.2): solche nichttrivialen Inhalte schränken die Entscheidungsautonomie ein, etwa indem die Kontrolle über die eigene und fremde Selbstdarstellung schwindet. Gleichzeitig besteht damit eine Verbindung zum Selbstoffenbarungsdiskurs (Kapitel 3.3), wo oberflächliche Selbstoffenbarung erst im Verlauf der Entwicklung persönlicher Beziehungen weniger trivialen Inhalten weicht.

Darüber hinaus wird einer expliziten öffentlichen Adressierung von Kommunikationsinhalten, die keine Relevanz für andere besitzen, mit Unverständnis begegnet, unabhängig von potenzieller Zugänglichkeit oder tatsächlicher Aufmerksamkeit. Dieser Punkt findet sich auch in der Öffentlichkeitsforschung wieder (Kapitel 3.1), wenn öffentlich zugängliche Äußerungen normativ an ein öffentliches Interesse gebunden werden.

b) **Persönliche Bedingungen:** In den Gesprächsrunden kommt ein auch im Selbstoffenbarungsdiskurs (siehe Kapitel 3.3.1) thematisiertes, individuelles Bedürfnis nach Selbstdarstellung zur Sprache. Dementsprechend ist davon auszugehen, dass die Vermeidung unklarer Öffentlichkeit von Persönlichkeitsmerkmalen abhängt.

Zudem spielt die aktuelle Bedürfnislage eine Rolle. Eine Form unklarer Öffentlichkeit entsteht, wenn man nicht zu den Adressaten gehört, sich der Rezeption aber nicht unmittelbar entziehen kann oder will. Beispiele dafür waren in den Gesprächsrunden Telefonate in öffentlichen Verkehrsmitteln, streitende Wohnungsnachbarn oder die Gespräche anderer Badegäste am Strand. Dies wird mal als Störung empfunden, mal als peinlich, ist dann aber auch wieder unterhaltsam. Das Empfinden scheint davon abzuhängen, wie stark die persönliche Autonomie eingeschränkt wird bzw. als eingeschränkt

---

164 Eine Konkretisierung des Trivialitätsbegriffs wird in Kapitel 7.1 vorgenommen.

empfunden wird. Die Bedeutung von Autonomie, wie sie im Privatsphärediskurs diskutiert wird (siehe Kapitel 3.2), zeigt sich hier also in Bezug auf die Rezeptionsautonomie. Besteht ein Bedürfnis nach Ruhe, dem nicht nachgegangen werden kann, ist die Autonomie eingeschränkt und die Situation wird als unangenehm empfunden, das heißt es werden desiderative Vermeidungserwartungen aktualisiert. Andernfalls können diese Situationen auch als unterhaltend wahrgenommen werden. Dies erinnert an die Konzeption von Privatheit als Regulierungsprozess, der von der aktuellen persönlichen Bedürfnislage abhängt (Kapitel 3.3.2).

c) **Situative Bedingungen:** Eine Reaktion auf unklare Öffentlichkeit hängt in verschiedener Weise davon ab, wie stark und mit welchem Aufwand eine Situation kontrollierbar bzw. steuerbar ist. In Bezug auf Mitteilungshandlungen wird unklare Öffentlichkeit angesichts höherer Kosten für alternative Kommunikationswege durchaus in Kauf genommen. Der Vermeidungsmechanismus steht also rationalen Zweck-Mittel-Erwägungen gegenüber. Auch bei wenig kontrollierbaren Affekten spielt der Öffentlichkeitsstatus eine geringere Rolle, etwa beim Streiten oder bei spontanen Gefühlsäußerungen. In diesen Fällen werden Störungen der Rezeptionsautonomie toleriert.

Erst wenn Rezeptionshandlungen beobachtbar sind, lassen sie sich auch durch Sanktionen kontrollieren. Tatsächlich können Situationen uneindeutiger Öffentlichkeit unterhaltend sein, wenn nichtadressierte Rezipienten sich unbeobachtet wähnen. In diesen Fällen kann es sogar zur Umkehrung der Vermeidungsthese kommen, Neugier ist erwartbar.

d) **Soziale Bedingungen:** Aufgrund der Definition von Öffentlichkeit stellt der Umgang mit sozialer Distanz in Kommunikationssituationen einen wichtigen Erkenntnisgegenstand dar. Soziale Distanz wurde theoretisch in drei Dimensionen zerlegt (Kapitel 4.1.2), die sich alle auch in den Gesprächsrunden wiederfinden. Unspezifische Beziehungen erhöhen etwa in der Internetkommunikation die Heterogenität der Akteure, was zu komplexer Öffentlichkeit führt. Ebenfalls geht damit eine Unsicherheit in Bezug auf die soziale Distanz einher. In diesen Situationen wird anscheinend sicherheitshalber auf die Verhaltensmuster öffentlicher Kommunikation zurückgegriffen und dementsprechend werden eher triviale Inhalte kommuniziert. Unpersönliche Beziehungen bergen die Möglichkeit uneindeutiger Öffentlichkeit, wenn über Persönliches kommuniziert wird, das in der Regel nicht an Fremde gerichtet ist. Die Salienz eines Bezugssystems kommt insbesondere dann zum Tragen, wenn über Dritte kommuniziert wird, beispielsweise beim Lästern. Hierbei zeigt sich deutlich, dass problematische Situationen im Bereich unerwünschter Öffentlichkeit vor allem durch die Anwesenheit *bekannter* Dritter entstehen. Hier ist statt der Bekanntschaft zwischen den Beteiligten die Zugehörigkeit zum salienten Interaktionssystem der ausschlaggebende Punkt.

Eine Situation, in der von der Geltung der Vermeidungsthese ausgegangen werden kann, ist damit durch a) nichttriviale Kommunikationsinhalte, b) ein geringes Selbstdarstellungsbedürfnis der Beteiligten und ein hohes Autonomiebedürfnis, c) geringe Kosten für alternative Kommunikationswege, die Abwesenheit unkontrollierter affektiver Zustände und die Beobachtbarkeit der Rezeption sowie d) die Salienz eines Interaktionssystems, aus dem andere ausgeschlossen sind, gekennzeichnet. Diese Bedingungen sollten bei der Überprüfung der Vermeidungsthese soweit wie möglich beachtet werden – etwa durch Konstanthaltung innerhalb der Untersuchungsanlage oder indem diese Faktoren zur Überprüfung der Grenzen nutzbar gemacht werden.

Da der Einfluss von Persönlichkeitseigenschaften auf das Kommunikationsverhalten nicht nur in den Gesprächsrunden, sondern auch im Selbstoffenbarungsdiskurs angenommen wird, bietet es sich an, die individuelle Selbstoffenbarungsbereitschaft als Kontrollvariable in die Untersuchung aufzunehmen. In den Gesprächsrunden wird zudem deutlich, dass Vermeidungserwartungen stark vom Inhalt der Kommunikation abhängen. Während insbesondere die Kommunikation über Dritte gemäß der Darstellung der Befragten zu starken Vermeidungserwartungen führt, wird potenzielle oder tatsächliche Öffentlichkeit bei trivialen bzw. alltäglichen Inhalten kaum als problematisch wahrgenommen. Es bietet sich daher an, die Grenze der Vermeidungsthese zu überprüfen, indem unterschiedlich triviale Inhalte in das Experiment aufgenommen werden.

7 Empirie unklarer Öffentlichkeit II – Die Überprüfung der Vermeidungsthese

Die im vorangegangenen Kapitel dargestellte Analyse von Gesprächsrunden oder auch andere qualitative Verfahren reichen allein nicht aus, um einen theoretisch behaupteten Zusammenhang zu belegen. Das liegt schon an der geringen Stichprobengröße, die eine Verallgemeinerung behindert.[165] Der Vorteil dieser Verfahren liegt stärker in der besonderen Nähe zum Gegenstand und bietet eine Offenheit für neue, auch unerwartete Erkenntnisse. Diese Offenheit bedeutet gleichzeitig, dass einzelne Einflussfaktoren innerhalb eines Zusammenhangs nur schwer bestimmt werden können. Für jede interpretative Erklärung lassen sich Alternativerklärungen finden. Gerade der Ausschluss von Alternativerklärungen und der Nachweis eines konkret bestimmten Zusammenhangs ist dagegen die Stärke experimenteller Studien.

Für die Prüfung der Vermeidungsthese ist eine experimentelle Untersuchungsanlage auch deshalb besonders geeignet, weil der vermutete Mechanismus von außen nur schwer beobachtbar ist. Im Experiment kann dagegen gezielt eine Beeinflussung innerer Zustände angestrebt werden. Das gezielte Treatment bietet gerade auch bei der Analyse situativer Einflüsse im Gegensatz zu anderen Verfahren den Vorteil, dass möglichst vergleichbare Situationen miteinander verglichen werden. Eine solche Vergleichbarkeit ist durch kein anderes Verfahren zu leisten, insbesondere nicht, wenn Situationen im Feld beobachtet oder nachträglich inhaltsanalysiert werden. Weil damit Alternativerklärungen (siehe Campbell/Stanley 1967: 5f.) weitgehend ausgeschlossen werden, wird Experimenten für die Überprüfung von Wirkbeziehungen eine hohe interne Validität zugesprochen (Klimmt/Weber 2013: 131).

Trotz der Durchführung eines Experiments verortet sich die vorliegende Arbeit in der Nähe des interpretativen Paradigmas (Wilson 1973). Auch Handlungsgründe werden dabei im Anschluss an Giddens (1984) als Ursachen angesehen,

---

165 Verallgemeinerungen sind dennoch nicht ausgeschlossen, insbesondere wenn es um typische Muster geht, die mehrfach reproduziert werden (Lamnek 2005: 180ff.). Allerdings ist argumentativ zu klären, mit welchen anderen Fällen der ausgewählte Fall vergleichbar ist (Mayring 1996: 23).

welche experimentell prüfbar sind. Hier geht es nicht um den Nachweis mehr oder weniger deterministischer Ereigniskausalität[166], weder im Gewand von Naturgesetzen noch im Gewand normativer Dispositionen, sondern um die einer Situation interpretativ zugeschriebenen Eigenschaften und entsprechend interpretierte Konsequenzen. Die weitgehend standardisierte Erhebung dieser Zuschreibung schränkt zwar die Rekonstruktion individueller Interpretationsprozesse ein, vermag aber zu Aussagen über die Verbreitung geteilter Interpretationen führen. Damit wird aufgedeckt, inwiefern die Befragten in einem interpretativen Prozess die vom Forscher gesetzten und konstruierten Markierungen aus Sicht des Forschers nachvollzogen haben. Die quantitativen Daten sind wie schon die Auswertung der Gesprächsrunden als Interpretationshilfe zu verstehen, die zur Konstruktion einer Theorie beitragen sollen.

Die hier angestrebte Umsetzung sieht ein Fragebogenexperiment vor. Solche Fragebogenexperimente werden in der Literatur auch als faktorielle Surveys bezeichnet (Auspurg/Hinz 2015; Rossi/Anderson 1982; Wallander 2009). Diese Form der Befragung zeichnet sich dadurch aus, dass den Befragten Vignetten zur Beurteilung vorgelegt werden. Die Vignetten enthalten Situationsbeschreibungen, die in den verschiedenen interessierenden Merkmalen variiert werden. Auf diese Weise können komplexe Beurteilungsstrukturen aufgedeckt werden (Rossi 1979: 176).

Eine Besonderheit dieser Vorgehensweise im Vergleich zu anderen Methoden besteht darin, dass die interessierenden Einflussvariablen kontextualisiert werden. Insbesondere bei der Untersuchung von Normen ist eine Kontextualisierung relevant, denn: „Normen gelten normalerweise unter bestimmten Bedingungen, d. h. sie sind konditional. Obwohl z. B. jeder spontan der Forderung zustimmen dürfte, dass man nicht lügen soll, so wird man doch nach kurzer Überlegung zugestehen, dass es Situationen gibt, in denen man lügen darf und in denen man

---

[166] Anders formuliert: Ereigniskausalität wird als ein hilfreiches Interpretationsschema zur Orientierung in der Welt verstanden, womit versucht wird, die Frage nach der Gültigkeit von Determinismus ebenso wie die Frage der Gültigkeit von Realismus zu umgehen. Für einen knappen Überblick über Perspektiven auf Kausalitäten siehe Cook/Campbell (1979: 9ff.). Die dort eingenommene Position wird auch hier geteilt, insbesondere die Aktivitätsperspektive. Interpretativ gewendet lässt sich diese Position wie folgt zusammenfassen: Gründe sind etwas, von dem wir glauben, dass wir mit Veränderung etwas geschehen lassen können.

sogar lügen muss" (Beck/Opp 2001: 286). Da die Untersuchung von Erwartungen, damit auch von normativen Erwartungen, eine zentrale Komponente der Analyse darstellt, eignet sich diese Form des Experiments besonders gut.

Die Rahmenbedingungen eines Fragebogens führen auf der anderen Seite allerdings zu künstlichen Situationen. So kann schon die Aufforderung zur Bewertung einer Situation eine nachträgliche Rationalisierung auslösen, weil die Personen vorher noch nie über die Bewertung einer bestimmten Situation nachgedacht haben (Beck/Opp 2001: 304; Hughes 1998: 383). Eine Vignette ist auch deshalb nur bedingt mit selbst erlebten Situationen vergleichbar, weil das Verhalten der Befragten ohne Konsequenzen bleibt. Grundsätzlich ist bei der Untersuchung normativer Erwartungen zudem mit sozialer Erwünschtheit zu rechnen. Vergleicht man etwa Beobachtung und Befragung, so treten bei Beobachtungen weniger soziale Erwünschtheit und nachträgliche Rationalisierungen auf (Groß/Börensen 2009). Ergebnisse von Befragungen sind aus diesen Gründen nur bedingt zur Vorhersage von tatsächlichem Verhalten geeignet. Sie weisen aber zwei ganz entscheidende Vorteile auf: erstens ist der Aufwand im Vergleich zu Beobachtungsverfahren oder Inhaltsanalysen wesentlich geringer. Zweitens kann die Interpretation von Verhalten teilweise den Befragten überlassen werden und muss nicht vom Forschenden rekonstruiert werden, was die Validität ebenfalls in Frage stellen würde. Denn das zentrale Erkenntnisinteresse bezieht sich nicht auf beobachtbares äußeres Verhalten, sondern auf innere Erwartungen als Vorstufe bei der Vorhersage von äußerem Verhalten. Trotz der Nachteile wird deshalb an der Vignettentechnik festgehalten. Der eingeschränkten externen Validität wird hier dadurch begegnet, dass zumindest das Stimulusmaterial durch ein interpretatives Verfahren gewonnen wurde und damit (hoffentlich) alltagsrelevant ist. Da auch die Auswertung der Gesprächsrunden die Plausibilität der Vermeidungsthese – innerhalb der angesprochenen Grenzen – unterstreicht, kann von einer methodischen Triangulation gesprochen werden (siehe oben, Kapitel 6).

Im Gesamtzusammenhang mit dem Theorievorschlag und der qualitativen Studie besteht das Erkenntnisinteresse des im Folgenden beschriebenen Experiments aus mehreren Teilen:

- Erstens wird ein Vorschlag zur Operationalisierung der theoretischen Konzepte geprüft. Hierzu werden Messinstrumente zum Einsatz in Fragebögen entwickelt und getestet.

- Zweitens wird überprüft, ob sich das in der Vermeidungsthese unterstellte Zusammenspiel von Markierungen, Erwartungen und Kommunikationsverhalten empirisch nachweisen lässt. Betrachtet werden dabei alle drei Prozesselemente, im Mittelpunkt stehen aber Erwartungsaktualisierungen, weil sie gemäß der Theorie das Bindeglied zwischen Wahrnehmung und äußerem Verhalten sind.
- Drittens werden Grenzen der Vermeidungsthese überprüft. Dazu finden Situationen mit unterschiedlichen Kommunikationsinhalten an unterschiedlichen Orten Berücksichtigung. Neben einer binären Prüfung von Hypothesen geht es einerseits darum, die Höhe einzelner Einflussfaktoren miteinander zu vergleichen und danach zu fragen, ob zum Beispiel der Inhalt einen größeren Einfluss nimmt als Öffentlichkeit. Andererseits stellt sich die Frage, ob der vermutete Vermeidungsmechanismus in unterschiedlichen Kontexten gleichermaßen greift.
- Viertens wird überprüft, inwiefern die auf Grundlage von Gesprächen mit Studierenden identifizierten Situationen auch in anderen gesellschaftlichen Bereichen ähnlich interpretiert werden, das heißt die Validität der qualitativen Studie wird abschätzbar.

7.1 Theoretische Ausgangslage

Ausgangspunkt der experimentellen Überprüfung ist ein Verbund von Forschungshypothesen, die aus der Theorie unklarer Öffentlichkeit und der qualitativen Studie abgeleitet sind. Alle diese Hypothesen sind Spezifizierungen der Vermeidungsthese, die aussagt, dass unklare Öffentlichkeit vermieden wird. Im Zentrum stehen hierbei die zwei zentralen Zusammenhänge des Prozessmodells – einerseits der Zusammenhang zwischen Markierungen und Erwartungen sowie andererseits der Zusammenhang zwischen Erwartungen und Kommunikation.

7.1.1 Vermeidungserwartungen

Zuerst gilt es, den Zusammenhang zwischen unklarer Öffentlichkeit und Vermeidungserwartungen in den Blick zu nehmen. Hierbei wird vermutet, dass unklare Öffentlichkeit aufgrund von tatsächlicher oder potenzieller Inkongruenz zwischen den Teildimensionen von Öffentlichkeit zu einer Aktualisierung von Vermeidungserwartungen führt (siehe Kapitel 5.3). Im Anschluss an die qualitative Studie soll diese Hypothese erstens am Beispiel unerwünschter und zweitens am Beispiel unsicherer Öffentlichkeit geprüft werden (siehe Kapitel 6.4). Damit lauten die Hypothesen in Bezug auf den ersten Zusammenhang:

H1a: Unerwünschte Öffentlichkeit führt zu einer stärkeren Aktualisierung von Vermeidungserwartungen als Nichtöffentlichkeit.

H1b: Unsichere Öffentlichkeit führt zu einer stärkeren Aktualisierung von Vermeidungserwartungen als sichere Öffentlichkeit.

Um die Untersuchungsanlage und die Operationalisierung vorzubereiten, wird zunächst noch einmal eine begriffliche Präzisierung der in den Hypothesen verwendeten Konstrukte vorgenommen, indem die wesentlichen theoretischen Annahmen rekapituliert werden.

Zielgröße (statistisch formuliert: abhängige Variable) stellt die Aktualisierung von **Vermeidungserwartungen** dar (siehe Kapitel 5). Erwartungen sind definiert als Antizipationen von Vorgängen, deren Realisierung subjektiv als wahrscheinlich, erwünscht oder geboten erscheint. Vermeidungserwartungen sind der negative Pol von Erwartungen, das heißt Antizipationen unwahrscheinlicher, unerwünschter oder unangemessener Vorgänge. Mit der Aktualisierung von Vermeidungserwartungen in Bezug auf Kommunikationssituationen ist der Vorgang gemeint, dass Situationen als unwahrscheinlich, unerwünscht oder unangemessen evaluiert werden. Das Aktualisieren von Vermeidungserwartungen bedeutet demnach, dass das Eintreten einer Situation nicht erwartet wird. Erwartungen sind mehrdimensional, wobei allerdings von einem starken Zusammenhang zwischen der faktischen, desiderativen und deontischen Dimension auszugehen ist.

Als zentrale Einflussgröße (statistisch formuliert: unabhängige Variable) gilt der Öffentlichkeitsstatus (siehe Kapitel 4), wobei in den Hypothesen zwei Bereiche unterschieden werden. **Unerwünschte Öffentlichkeit** wird definiert als die Eigenschaft einer Situation, unerwünscht öffentlich zu sein. Nichtöffentlichkeit ist entsprechend die Eigenschaft einer Situation, nichtöffentlich zu sein. Eine Situation ist nichtöffentlich, wenn nichtöffentliche Adressierung, Zugänglichkeit und Aufmerksamkeit vorliegen. Bei öffentlicher Zugänglichkeit und/oder Aufmerksamkeit und gleichzeitig nichtöffentlicher Adressierung ist eine Situation dagegen unerwünscht öffentlich. Ob öffentliche bzw. nichtöffentliche Adressierung, Zugänglichkeit oder Aufmerksamkeit vorliegen, hängt von der Beziehung zwischen dem Mitteilenden und den Rezipienten ab. Als öffentlich respektive nichtöffentlich wird diese Beziehung definiert, wenn soziale Distanz respektive soziale Nähe besteht. Soziale Distanz wiederum ist gegeben bei unpersönlichen Beziehungen zu den (adressierten, potenziellen oder tatsächlichen) Rezipienten, bei unspezifischen Rezipienten und wenn die Rezipienten nicht als Teil des salienten Interaktionssystems aufgefasst werden. Zwischen sozialer Distanz und sozialer Nähe lässt sich ein mehrdimensionales Kontinuum aufspannen. In der Folge kann auch die Unterscheidung von Nichtöffentlichkeit und unerwünschter Öffentlichkeit allenfalls als idealtypisch gelten, das heißt graduelle Übergänge sind eingerechnet.

Unsichere Öffentlichkeit liegt immer dann vor, wenn die Öffentlichkeit einer Kommunikationsbeziehung oder die Art der Kommunikationsbeziehung selbst nicht sicher eingeschätzt werden können. Das bedeutet beispielsweise: a) unsichere Öffentlichkeit ist gegeben, wenn nicht klar ist, ob sich die Beteiligten untereinander kennen oder b) sobald sich jemand nicht sicher ist, ob er adressiert ist oder wenn die Anzahl potenzieller Rezipienten nicht eingeschätzt werden kann.

Ergänzend wird davon ausgegangen, dass dieser Einfluss nicht bei allen Inhalten gleichermaßen relevant ist und triviale Kommunikationsinhalte davon weniger betroffen sind. Zum einen sind triviale Kommunikationsinhalte wohl grundsätzlich weniger problematisch und deshalb weniger mit Vermeidungserwartungen behaftet. Zum anderen dürfte gerade dann Öffentlichkeit einen geringeren Einfluss auf Vermeidungserwartungen nehmen.

Dieser Zusammenhang ist in den oben analysierten Gesprächsrunden, aber beispielsweise auch in einer Untersuchung von Mitteilungen auf Facebook in ähnlicher Weise bereits herausgestellt worden (Bazarova 2012: 823). Die idealtypische Bindung von Kommunikationsinhalten an bestimmte Ausprägungen von Öffentlichkeit ist insbesondere auch aus der Perspektive normativer Öffentlichkeitstheorien selbstverständlich und stark mit den semantischen Dimensionen des Öffentlichkeitsbegriffs verbunden. Gerade die kollektive Dimension legt eine Verbindung von Öffentlichkeit mit kollektiv oder politisch bedeutsamen Kommunikationsinhalten nahe. Ebenso kann die semantische Dimension der Allgemeinheit dahingehend interpretiert werden, dass nur für viele Personen relevante Inhalte legitime Inhalte in der öffentlichen Kommunikation sind (siehe Kapitel 2.1). Aus Sicht des Privatheitsdiskurses sind vor allem autonomiegefährdende Inhalte relevant (siehe Kapitel 3.2). Und auch die Selbstoffenbarungsforschung lässt vermuten, dass vor allem potenziell imageverletzenden Aussagen vorgebeugt wird (siehe Kapitel 3.3). Die Hypothesen lauten demgemäß:

H2a: Triviale Kommunikationsinhalte aktualisieren im Vergleich zu nichttrivialen Kommunikationsinhalten geringere Vermeidungserwartungen.

H2b: Triviale Kommunikationsinhalte verringern im Vergleich zu nichttrivialen Kommunikationsinhalten den Einfluss von unerwünschter Öffentlichkeit auf die Aktualisierung von Vermeidungserwartungen.

H2c: Triviale Kommunikationsinhalte verringern im Vergleich zu nichttrivialen Kommunikationsinhalten den Einfluss von unsicherer Öffentlichkeit auf die Aktualisierung von Vermeidungserwartungen.

Als intervenierende Einflussgröße (statistisch: unabhängige Variable bzw. Moderatorvariable) wird somit die **Trivialität** des Kommunikationsinhalts berücksichtigt. In den Gesprächsrunden hat sich gezeigt, dass die Kommunikationsinhalte wesentlich dafür sind, ob unklare Öffentlichkeit eine Rolle für die Wahrnehmung von Situationen spielt. Auch wenn eine umfassende Systematisierung von Inhalten nicht im Fokus der Theoretisierung stand, lassen sich einige Gegenstände (auf empirischer Grundlage) idealtypisch als trivial versus nicht trivial einordnen.

Als nichttrivial werden Inhalte dann verstanden, wenn sie eine hohe persönliche Relevanz besitzen. Das betrifft in erster Linie identitätsbezogene Aussagen mit potenziell negativen Konsequenzen, beispielsweise Aussagen über das Sexualleben, über persönliche Beziehungen, aber auch die Preisgabe der eigenen Kontoverbindung. Als kennzeichnend wird hierbei angenommen, dass eine individuell beanspruchte Entscheidungsautonomie durch Konsequenzen aus entsprechenden Aussagen eingeschränkt werden kann, was den Begriff in die Nähe des Privatheitskonzeptes rückt. Dies trifft auch zu, wenn Dritte Gegenstand der Kommunikation sind, womit diesen Dritten prinzipiell Autonomie genommen wird. Im Gegensatz dazu sind Kommunikationsinhalte wie das Wetter weitgehend losgelöst von der eigenen Identität. Auch Informationen über den Tagesablauf oder die allgemeine Lebenslage sind unproblematisch, so lange davon auszugehen ist, dass es sich hierbei um Aussagen handelt, die wenig relevant für die eigene Identität sind, weil sie auf eine Vielzahl von Personen gleichermaßen zutreffen können.

Mit den ersten beiden Hypothesen (H1a und H1b) wird die Theorie unklarer Öffentlichkeit in einem ausgewählten Teilbereich überprüft. Beide Hypothesen sind Spezifizierungen der Vermeidungsthese, wonach Individuen unklare Öffentlichkeit vermeiden. Zur Disposition steht hier die Relevanz der theoretischen Unterscheidungen für das Verhalten von Individuen. Die Geltung dieser Hypothesen wurde oben konsistenztheoretisch begründet und durch die qualitative Studie mit Evidenz versorgt. Diese Hypothesen sind eine direkte Antwort auf die eingangs formulierte Forschungsfrage, wie sich Individuen in Bezug auf unklare Öffentlichkeit verhalten. Die Definition verschiedener Öffentlichkeitsstatus ist zunächst nicht normativ zu verstehen und impliziert auch keine Begründung für die Vermeidungsthese. Allerdings deutet die Konnotation des Wortes „unerwünscht" bereits auf die konsistenztheoretische Begründung hin. Dass unklare Öffentlichkeit und damit unerwünschte sowie unsichere Öffentlichkeit zu Vermeidungserwartungen führen, wird zusätzlich zu den Definitionen postuliert. Es wird davon ausgegangen, dass unklare Öffentlichkeit zu einem unbalancierten, inkonsistenten bzw. dissonanten kognitiven Zustand führt, der von Individuen wenn möglich vermieden wird.

Die darauf folgenden Hypothesen (H2a, H2b und H2c) überprüfen dagegen den Geltungsbereich der Theorie bzw. der ersten Hypothesen. Insbesondere die qualitative Studie hat verdeutlicht, dass die Bewertung von Kommunikationssituationen davon abhängt, was gesagt wird. Besonders deutlich thematisiert wurde dabei, dass persönliche oder intime Inhalte wie auch Kommunikation über Dritte in unklarer Öffentlichkeit zu problematischen Situationen führen können, während Small Talk oder Alltägliches weitgehend unabhängig von der Anwesenheit Dritter kommuniziert wird (siehe Kapitel 6.3.4). Diese Unterscheidung wird vorläufig unter dem Begriff der Trivialität subsummiert.

In statistischer Terminologie formulieren die ersten beiden Hypothesen jeweils einen Haupteffekt von Öffentlichkeit. Die folgenden Hypothesen lassen sich dagegen erstens als Haupteffekt von Trivialität und zweitens als Interaktionseffekt zwischen Öffentlichkeit und Inhalt verstehen.

7.1.2 Kommunikationsvermeidung

Im zweiten Schritt geht es um den Zusammenhang von Erwartungen und Kommunikation. Hier wird davon ausgegangen, dass Erwartungen einen wesentlichen Einfluss darauf nehmen, ob und wie eine Mitteilung vollzogen wird. Durch unklare Öffentlichkeit aktualisierte Vermeidungserwartungen sollten entsprechend zu Kommunikationsvermeidung führen. Die Hypothese lautet entsprechend:

H3a: Eine stärkere Aktualisierung von Vermeidungserwartungen führt zu einer stärkeren Kommunikationsvermeidung.

Kommunikationsvermeidung bedeutet im Extremfall, etwas absichtlich nicht zu sagen, die Situation also nicht fortzusetzen. In sozialen Situationen würde völlige Nichtkommunikation allerdings häufig mit der Reziprozitätsnorm brechen: in der

Regel wird erwartet, dass auf eine Äußerung auch eine Antwort erfolgt.[167] Insofern meint Kommunikationsvermeidung nicht zwangsläufig Nichtkommunikation, sondern kann auch als ausweichende oder distanzierende Kommunikation verstanden werden. Ein Beispiel für diese Form der Kommunikationsvermeidung wurde in den Gesprächsrunden dargestellt:

„Ja, da es immer nicht so einfach ist zu entkommen, sage ich mal, höre ich mir das an. Aber meistens versuche ich zu sagen, dass ich keine Zeit habe. Aber wenn sie da ist und mir Sachen erzählt, versuche ich zuzuhören, aber kommentiere es nicht, damit nicht der Eindruck entsteht, dass mich das stark interessiert." [1: 128]

Hierbei wird zwar kommuniziert, aber mit dem Ziel, die Kommunikationssituation zu beenden oder zumindest abzuwandeln. Insofern wird Kommunikationsvermeidung durch Vermeidungskommunikation[168] realisiert, die sich in unterschiedlich stark responsiven Antworten äußert. Responsivität wird in der Selbstoffenbarungsforschung in zwei Dimensionen unterschieden. Konversationale Responsivität meint, dass Kommunikation performativ durch mehr oder weniger ausführliches Signalisieren von Interesse und Verstehen fortgesetzt wird. Unter relationaler Responsivität wird dagegen eine Form der Beziehungspflege verstanden, in der wechselseitig auf Bedürfnisse eingegangen wird. Hier spielt der propositionale Gehalt von Äußerungen eine größere Rolle (siehe Kapitel 3.3.1; Berg 1987; Miller/Berg 1984: 191ff.).

---

167 Zu verschiedenen Spielarten der Reziprozitätsnorm siehe Stegbauer (2011). Die Umstände, unter denen Reziprozität in Kommunikationssituationen greift, thematisiert auch Goffman (2009b). Speziell in Bezug auf die gesprochene Sprache sind die Ausführungen zu den Regeln des *turn taking* aufschlussreich, wie sie insbesondere von Sacks/Schegloff/Jefferson (1974) herausgestellt wurden. Eine dieser Regeln lautet: „If the turn-so-far is so constructed as to involve the use of a ‚current speaker select next' technique, then the party so selected has the right and **is obliged** to take next turn to speak" (Sacks/Schegloff/Jefferson 1974: 704; Hervorhebung ergänzt). Diese Regel greift in der unten vorgeschlagenen Operationalisierung des Konstrukts – übertragen auf schriftliche Kommunikation – allein durch die Aufforderung, die Fragebogenfrage zu beantworten.
168 In Kapitel 5.3.3 wurde antizipative Kommunikationsvermeidung von reaktiver Vermeidungskommunikation unterschieden. Wenn dagegen im Folgenden im Rahmen der Experimentalstudie auf das theoretisches Konstrukt Kommunikationsvermeidung Bezug genommen wird, so wird dieser Begriff vereinfachend als Oberbegriff für beide Vermeidungstendenzen verwendet.

Darüber hinaus ist davon auszugehen, dass Erwartungen allein nicht ausreichen, um die Realisierung tatsächlicher Kommunikation vorherzusagen. Insbesondere in der Selbstoffenbarungsforschung, aber auch in der vorangegangenen qualitativen Studie hat sich gezeigt, dass es individuell unterschiedliche Prädispositionen zu geben scheint (siehe Kapitel 3.3.1 und 6.4). Die im Folgenden zur Überprüfung der Zusammenhänge konstruierten Situationen enthalten jeweils selbstoffenbarende Mitteilungen, mit denen theoretisch im Sinne der Reziprozität von Selbstoffenbarung ebenfalls mit Selbstoffenbarung geantwortet werden kann. Deshalb wird als Kontrollvariable der Einfluss von Selbstoffenbarungsbereitschaft berücksichtigt. Die Hypothese lautet entsprechend:

H3b: Umso geringer die individuelle Selbstoffenbarungsbereitschaft ist, umso geringer ist die Kommunikationsbereitschaft.

Alle Hypothesen sollten Plausibilität beanspruchen, andernfalls wäre der Aufwand einer empirischen Überprüfung nicht gerechtfertigt. Gleichzeitig sollten die Hypothesen aber so gewagt sein, dass die Prüfung zur Erweiterung von Erkenntnis führt. Plausibilität wird auf Grundlage der theoretischen Ausführungen und der qualitativen Studie beansprucht. Eine Erkenntniserweiterung wird dahingehend erwartet, dass die empirische Geltung der Theorie und die heuristische Brauchbarkeit der Unterscheidungen nach einem Überprüfungsversuch besser eingeschätzt werden können. Im Kontext der Gesamtargumentation dieser Arbeit geht es um den Nachweis, dass sich der Vermeidungsmechanismus mehr oder weniger unabhängig vom Medienwandel in verschiedenen Kontexten gleichermaßen findet.

7.2 Methodische Umsetzung

7.2.1 Untersuchungsanlage

Zur Überprüfung der Hypothesen wird ein experimentelles Untersuchungsdesign gewählt. Durch den kontrollierten Aufbau lassen sich Einflussfaktoren besonders gut isoliert betrachten. Eine verbreitete Sicht auf Experimente formulieren Thomas Cook und Donald Campbell, wonach mit Experimenten durch gezielte Manipulation und die Beobachtung von Folgen auf Ursachen geschlossen wird:

„All experiments involve at least a treatment, an outcome measure, units of assignment, and some comparison from which change can be inferred, and hopefully attributed to the treatment" (Cook/Campbell 1979: 5). Wesentlich für Experimente im engeren Sinn ist die randomisierte Zuteilung des Treatments. Durch diese Randomisierung wird, ausreichend große Stichproben vorausgesetzt, die Gleichheit der Experimentalgruppen in Bezug auf *alle* Drittvariablen bzw. Störgrößen sichergestellt (Cook/Campbell 1979: 5; Klimmt/Weber 2013: 131). Auf experimentelle Weise lassen sich im Gegensatz zu Quasiexperimenten oder Ex-Post-Facto-Untersuchungen wesentlich mehr Alternativerklärungen für einen beobachteten Zusammenhang ausschließen (Weaver 2008).[169] Das heißt die Sicherheit, dass Unterschiede in der Zielgröße tatsächlich auf das Treatment zurückgeführt werden können, steigt. Dieser Ausschluss von Alternativerklärungen wird als interne Validität bezeichnet (Campbell/Stanley 1967: 5; Klimmt/Weber 2013: 130).

Die Komponenten des Experiments sind durch die Hypothesen weitgehend vorgegeben. Die Zielgröße der ersten fünf Hypothesen besteht im Grad aktualisierter Vermeidungserwartungen. Mit dem Treatment sollen die drei Faktoren Unerwünschtheit, Unsicherheit und Trivialität gezielt manipuliert werden. Dieses Treatment wird Individuen randomisiert zugeteilt. Da tatsächliche Situationen nur schwer mit vertretbarem Aufwand kontrolliert erzeugt werden können, wird stattdessen auf die Imaginationskraft der Befragten gesetzt. Das Treatment besteht aus verbalen und bildlichen Situationsbeschreibungen (Vignetten), die sich in Bezug auf die Einflussfaktoren unterscheiden, ansonsten aber vergleichbar sind.[170] Die Zielgröße dieses ersten Experiments in Form von Vermeidungserwartungen ist dann wiederum die Ausgangsgröße für die Untersuchung von Kommunikationsvermeidung.

---

[169] Diese Art der künstlichen Zuteilung unterscheidet Experimente von Quasiexperimenten, welche auf einer natürlichen Gruppenzuteilung basieren, etwa wenn die Einflussgröße forschungspraktisch nicht manipuliert werden kann. Quasiexperimentelle Einflussfaktoren wären beispielsweise das Geschlecht und Persönlichkeitsmerkmale, die bereits vor der Untersuchung gegeben sind (Klimmt/Weber 2013: 129).
[170] Diese Vorgehensweise ist unter anderem durch den sogenannten Eisenbahntest inspiriert, der bei der Prüfung der Theorie der Schweigespirale eingesetzt wurde (siehe Kapitel 3.3.5).

Bei der Umsetzung eines Experimentaldesign ist zu entscheiden, ob die Faktoren zwischen den Befragten variiert werden (Between-Subjects Design) oder ob jeder Befragte[171] mehrere Treatments mit unterschiedlichen Ausprägungen vorgelegt bekommen sollte (Within-Subjects Design). Bei faktoriellen Untersuchungen stellt sich diese Frage oft aus praktischen Gründen nicht, da die Anzahl der möglichen Vignetten (Vignettenuniversum) meist deutlich zu groß ist, um tatsächlich entsprechend viele parallele Experimentalgruppen zu bilden. Deshalb werden jedem Befragten nach einander mehrere zufällige oder bewusst ausgewählte Vignetten vorgelegt, womit insgesamt ein Teil des Vignettenuniversums so abgebildet wird, dass alle relevanten Faktorkombinationen ausreichend häufig vorkommen (Dülmer 2007). In der vorliegenden Untersuchung ist die Anzahl unterschiedlicher Kombinationen durch die drei jeweils zweifach gestuften Faktoren allerdings überschaubar, so dass eine Entscheidung durchaus möglich ist.

Bei dieser Entscheidung spielen sowohl statistische und methodische als auch theoretische Erwägungen eine Rolle (Keren 1993). Während Within-Subjects Designs in der Regel eine höhere Teststärke[172] und damit niedrigere Anforderungen an die Anzahl der Untersuchungsteilnehmer mit sich bringen, ergeben sich durch Kontexteffekte einige methodische Probleme. So können die Befragten im Verlauf der Befragung lernen oder es übertragen sich Effekte vorangegangener Treatments auf nachfolgende Messungen (Keren 1993: 260ff.). Außerdem ist der Aufwand für jeden einzelnen Befragten recht hoch, da immer mehrere Vignetten bearbeitet werden müssen. Aus theoretischer Sicht bieten sich Within-Subjects Designs bei der Untersuchung psychologischer Mechanismen an, während Between-Subjects Designs eher allgemeine Muster aufdecken (Keren 1993: 264ff.). Insbesondere bei sozialpsychologischen Fragestellungen sind aus diesem Grund Between-Subjects Designs üblich (Keren 1993: 257). Da auch die hier verfolgte Studie mit dem Bezug auf Erwartungen bzw. Normen eher einer sozialpsychologischen als einer individualpsychologischen Perspektive zugeordnet werden kann, fällt die Entscheidung an dieser Stelle für ein Between-Subjects Design.

---

171 Aus Gründen der Einfachheit wird hier und im Folgenden die männliche Wortform verwendet, sie umfasst gleichermaßen weibliche wie männliche Befragte.
172 Die Teststärke oder Power einer Studie ist die Wahrscheinlichkeit, einen tatsächlichen Zusammenhang auch nachzuweisen (Bortz/Schuster 2010: 108).

Dies hat für die Interpretation der Befunde zur Konsequenz, dass es sich dabei um Gruppeneffekte und nicht um Wirkungen auf einzelne Personen handelt. Dementsprechend geht es um die Wahrscheinlichkeit, dass die gewählten Faktoren innerhalb der Stichprobe insgesamt zu den vermuteten Effekten führen. Nicht nachzuweisen ist damit, ob jede einzelne Person sich immer entsprechend der Hypothesen verhält.

Um dabei eine möglichst hohe interne Validität zu erreichen, wird ein 2x2x2faktorielles, randomisiertes Kontrollgruppendesign gewählt (siehe Tabelle 22). Dieses Design benötigt acht Experimentalgruppen, die jeweils untereinander als Kontrollgruppe fungieren. Die damit angestrebte interne Validität geht unter Laborbedingungen in der Regel zu Lasten der externen Validität, womit die Möglichkeit zur Verallgemeinerung auf Kontexte außerhalb der Untersuchung gemeint ist. Um aber die externe Validität nicht außer Acht zu lassen, wird erstens das Stimulusmaterial auf Grundlage der qualitativen Untersuchung konstruiert. Zweitens werden die Effekte an mehreren unterschiedlichen Situationen getestet.[173]

Das Experiment wird zudem an den gleichen Personen wiederholt, um durch eine höhere Anzahl an Messungen die Teststärke der Studie zu steigern. Dabei werden nicht alle Faktorkombinationen an allen Individuen untersucht, da dies eine sehr hohe Belastung der Probanden bedeuten würde. Stattdessen wird jede Person jeweils gegensätzlichen Faktorenkombinationen ausgesetzt. Insgesamt ist das gewählte Design damit zwischen einem vollständigen 2x2x2faktoriellen, randomisierten Between-Subjects Design und einem fraktionellen faktoriellen Design zu verorten (Dülmer 2007: 386). Diese Untersuchungsanlage bringt es mit sich, dass auf Ebene der Situationen mehr Daten vorhanden sind als auf Ebene der Befragten, da jeder Befragte nacheinander zwei Situationen bearbeitet. Diese Vorgehensweise ist dahingehend ökonomisch, dass die Fallzahl auf Ebene der Situationen bei gleicher Anzahl der Befragten deutlich erhöht wird. Dadurch verringert

---

173 Für die Prüfung eines jeden Hauptfaktors stehen in jeder Faktorstufe vier unterschiedliche Situationen zur Verfügung. So wird die Prüfung des Hauptfaktors Unerwünschtheit an zwei unterschiedlich verorteten Situationen (Faktor Unsicherheit) mit jeweils zwei unterschiedlichen Kommunikationsinhalten (Faktor Trivialität) durchgeführt.

sich der Fehler zweiter Art und es erhöht sich die Power, das heißt die Wahrscheinlichkeit, tatsächlich vorhandene Unterschiede zu finden und Hypothesen korrekterweise zu bestätigen.

Gleichzeitig ergibt sich daraus eine Besonderheit in der Datenstruktur, die für die Überprüfung statistischer Signifikanz von Bedeutung ist. Geht man davon aus, dass sich Befragte selbst ähnlicher sind als anderen Befragten, so sollte die Varianz zwischen den Urteilen einer Person geringer sein als zwischen den Urteilen verschiedener Personen. Die Standardverfahren zur Überprüfung statistischer Signifikanz unterstellen jedoch statistische Unabhängigkeit zwischen den verschiedenen Messungen. Da zwar die Befragten zufällig einer Untersuchungsgruppe zugeordnet, dabei aber gleichzeitig zwei Situationen zugeteilt wurden, sind die Messungen auf Ebene der Situationen nicht vollständig unabhängig voneinander. Für die Analyse derartiger Datenstrukturen werden deshalb oft angepasste Verfahren wie die Mehrebenenanalyse oder auch Permutationstests verwendet (siehe zum Beispiel Jasso 2006).

Um die Auswertung jedoch übersichtlich zu halten, wird im Folgenden auf diese Verfahren verzichtet. Stattdessen bietet sich ein anderer Weg an. Zunächst wird in den einzelnen Analysen die Paarung der Daten ignoriert, das heißt alle Situationen werden gemeinsam einer Analyse unterzogen. Dies hat zur Folge, dass die Irrtumswahrscheinlichkeiten möglicherweise unterschätzt und Konfidenzintervalle zu eng werden. Deshalb werden im zweiten Schritt immer auch Analysen an Teildatensätzen durchgeführt, bei denen die Unabhängigkeit der Messungen durch die Randomisierung garantiert ist. Hierfür bietet es sich an, die Facebook-Situationen und die Bushaltestellen-Situationen (siehe unten) getrennt zu betrachten – kein Befragter hat entsprechend der Untersuchungsanlage mehrere Situationen am gleichen Ort bearbeitet. Diese Vorgehensweise hat den Vorteil, dass die Befunde an Teilstichproben (bzw. mehreren gleichzeitigen Experimenten) kreuzvalidiert werden.

Tabelle 22: Untersuchungsanlage: zwei Experimente in einem jeweils vollständigen 2x2x2faktoriellen, randomisierten Between-Subject Design

Faktor 1	Faktor 2	Faktor 3	Messung 1	Messung 2
Unerwünscht-öffentlich	Unsicher	Nicht trivial	A	H
		Trivial	B	G
	Sicher	Nicht trivial	C	F
		Trivial	D	E
Nicht-öffentlich	Unsicher	Nicht trivial	E	D
		Trivial	F	C
	Sicher	Nicht trivial	G	B
		Trivial	H	A

Die Experimentalgruppen sind mit den Buchstaben A-H bezeichnet. Lesebeispiel: Gruppe A erhält als Treatment zunächst die Kombination unerwünscht-öffentlich + unsicher + nicht trivial und anschließend die entgegengesetzte Kombination.

Tabelle 23: Aufbau des Fragebogens

Fragen	Vorgang			Experiment
	Einleitung, zeitlicher und organisatorischer Rahmen, Aufklärung zum Datenschutz			
1-2	Messung	Kontrollvariable	Situationserfahrung 1 & 2	1 & 2
	Treatment	Unabhängige Variable	Situation 1	1
3	Messung	Abhängige Variable	Erwartungen 1	1
4	Messung	Stimulus-Check	Öffentlichkeit 1	1
5-7	Messung	Abhängige Variable	Kommunikations-verhalten 1	1
	Treatment	Unabhängige Variable	Situation 2	2
8	Messung	Abhängige Variable	Erwartungen 2	2
9	Messung	Stimulus-Check	Öffentlichkeit 2	2
10-12	Messung	Abhängige Variable	Kommunikations-verhalten 2	2
13	Messung	Kontrollvariable	Selbstoffenbarungs-bereitschaft	1 & 2
14	Messung	Stimulus-Check	Trivialität 1 & 2	1 & 2
15-16	Messung	Stimulus-Check	Unsicherheit 1 & 2	1 & 2
17-20	Messung	Kontrollvariablen	Soziodemographie	1 & 2
	Frage nach Anmerkungen, Einladung zum Gewinnspiel, Dank und Verabschiedung			

Diese Untersuchungsanlage wird mit einem Online-Fragebogen realisiert (siehe Tabelle 23 und Anhang C.1). Der Aufbau des Fragebogens orientiert sich einerseits an dramaturgischen Anforderungen und andererseits an der Relevanz der jeweiligen Teile für die Studie:

- Nach der Einleitung werden zunächst zwei vergleichsweise einfache und doch relevante Fragen gestellt, um einen einfachen Einstieg in die Befragung zu erreichen. Gefragt wird nach der Nutzungshäufigkeit öffentlicher Verkehrsmittel und Sozialer Netzwerkseiten. Die als Treatment verwendeten Situationen (siehe unten Kapitel 7.2.2) sind an diesen beiden Orten situiert, so dass die Situationen thematisch vorbereitet werden, ohne das Treatment bereits vorweg zu nehmen. Diese Fragen können in der Auswertung einen Einblick geben, inwiefern die Befragten in der Stichprobe mit entsprechenden Situationen vertraut sind.

- Sodann werden die Probanden zufällig den Experimentalgruppen zugeordnet.[174] Es folgen die für die Studie wichtigsten Teile: das zufällig ausgewählte Treatment, gefolgt von einer Messung der Erwartungen. Direkt im Anschluss wird erhoben, inwiefern die Situation als nichtöffentlich oder unerwünschtöffentlich wahrgenommen wird. Um nicht nur Wahrnehmung und Erwartungen, sondern auch Kommunikationsverhalten zu ergründen, werden die Befragten mit einer offenen Frage aufgefordert, die Situation kommunikativ fortzusetzen. Anschließend werden sie darum gebeten, einmal auf einer standardisierten Skala die Vermeidungstendenz ihrer Antwort zu bewerten und zum anderen mit einer offenen Frage die Intention der Antwort zu beschreiben.

Diese Struktur aus Treatment, Erwartungsmessung, Öffentlichkeitsmessung und Erfassung von Kommunikationsvermeidung wird einmal wiederholt, wobei das Treatment hinsichtlich der Einflussfaktoren das genaue Gegenteil des ersten Experiments darstellt.

---

174 Um eine gleichmäßige Verteilung auf die Gruppen zu erreichen, wird als Verfahren das Ziehen aus einer Urne ohne Zurücklegen angewendet. Die Urne enthält die acht Möglichkeiten und wird nach vollständiger Leerung immer wieder neu aufgefüllt.

- Da von einer Ermüdung der Teilnehmer oder auch vom Abbruch der Befragung ausgegangen werden kann, werden weniger wichtige Teile am Ende platziert. Am Ende wird die wahrgenommene Trivialität des Inhalts überprüft und die Unsicherheit von Öffentlichkeit in den jeweiligen Situationen erhoben. Diese Fragen dienen der Überprüfung, ob das Treatment entsprechend der Hypothesen wahrgenommen wurde. Die Unerwünschtheit wird im Gegensatz zu diesen beiden Faktoren bereits direkt nach dem Treatment abgefragt, da hierfür der konkrete Situationsbezug nötig ist.
- Ebenfalls am Ende des Fragebogens werden persönliche Daten erhoben, zum einen die individuelle Selbstoffenbarungsbereitschaft, zum anderen Fragen nach Alter, Geschlecht, Bildung und Beschäftigung. Zudem wird hier die Möglichkeit für Anmerkungen gegeben. Zur Erhöhung der Rücklaufquote und als Dank für die Unterstützung werden vier Amazon-Gutscheine in Höhe von jeweils 15 Euro verlost und eine schriftliche Zusammenfassung der Studie angeboten. Sollte ein Befragter daran interessiert sein, wird am Ende um die Eingabe einer E-Mail-Adresse gebeten.

In diesen Aufbau und die im Folgenden ausgeführte Operationalisierung sind die Erkenntnisse aus insgesamt sieben Face-2-Face-Pretests und 38 Online-Pretests sowie die Anmerkungen von drei Gutachtern des SoSci-Panels eingegangen.[175] Während der wesentliche Aufbau des Experiments sich in Folge der Pretests kaum verändert hat, sind durchaus einige Verbesserungen im Detail ermöglicht worden.[176]

7.2.2 Treatment

Wesentlich für die Umsetzung eines Experimentaldesigns ist die Konstruktion des Treatments, wobei hier auf die Vignettentechnik zurückgegriffen wird. Dementsprechend werden acht unterschiedliche Situationsbeschreibungen formuliert, um alle Kombinationen der drei je zweifach gestuften Faktoren abzubilden. Während

---

[175] Ein kurzer Bericht über die Daten des Online-Pretests findet sich in Anhang C.2.
[176] An dieser Stelle sei allen Pretestern und Gutachtern ein herzliches Dankeschön für die konstruktiven Hinweise ausgesprochen.

Vignetten oft nur verbal formuliert werden, soll hier eine Kombination aus verbaler und bildlicher Darstellung verwendet werden (siehe Tabelle 24, Tabelle 25, Tabelle 26; siehe Anhang C.1). Zwar würde eine verbale Operationalisierung durchaus zur Beschreibung aller Faktorenstufen ausreichen, eine Verbildlichung erscheint dennoch aus mehreren Gründen vorteilhaft. Erstens wird davon ausgegangen, dass eine Verbildlichung der Situationen für die Befragten leichter zu erfassen ist als eine ausschließlich verbale Beschreibung. Zweitens kann davon ausgegangen werden, dass auch in natürlichen Situationen visuelle Hinweise die wichtigsten Indikatoren für eine Wahrnehmung von Öffentlichkeit darstellen. Es erscheint beispielsweise nicht realistisch zu sein, dass sich in jeder Situation alle Beteiligten zunächst verbal vorstellen. Vielmehr ist davon auszugehen, dass die Identifizierung der Anwesenden insbesondere in Präsenzsituationen soweit möglich visuell vorgenommen wird. Geht man drittens davon aus, dass die Wahrnehmung von Markierungen routiniert und unbewusst geschieht, so sind visuelle Indikatoren einer verbalen Beschreibung auch deshalb vorzuziehen, weil einer zu starken Rationalisierung vorgebeugt wird.

Tabelle 24: Verbale Kontextualisierung der Situation bei Variation des Öffentlichkeitsstatus

	Nichtöffentlich	**Unerwünscht-öffentlich**
Sicher	Sie warten an einer Haltestelle gemeinsam mit einer Freundin auf den Bus. Niemand sonst ist da. Ihre Freundin sagt zu Ihnen:	Sie warten an einer Haltestelle gemeinsam mit einer Freundin auf den Bus. Ihre Freundin sagt zu Ihnen:
Unsicher	Sie haben auf Facebook viele Kontakte und benutzen regelmäßig die Möglichkeit, über Facebook direkt an einzelne Freunde oder Bekannte Privatnachrichten zu schreiben. Eine Freundin schreibt Ihnen eine solche Nachricht:	Sie haben auf Facebook viele Kontakte und lesen regelmäßig, was diese auf ihren Facebook-Seiten schreiben. Diese Facebook-Seiten sind für alle Kontakte sichtbar. Dabei gibt es zwei Möglichkeiten, etwas mitzuteilen: entweder man schreibt auf seiner eigenen Seite etwas für alle oder man schreibt direkt auf die persönliche Seite einer bestimmten Person. Eine Freundin schreibt Ihnen direkt auf Ihrer persönlichen Seite:

Methodische Umsetzung 283

Tabelle 25: Bildliche Kontextualisierung der Situation bei Variation des Öffentlichkeitsstatus

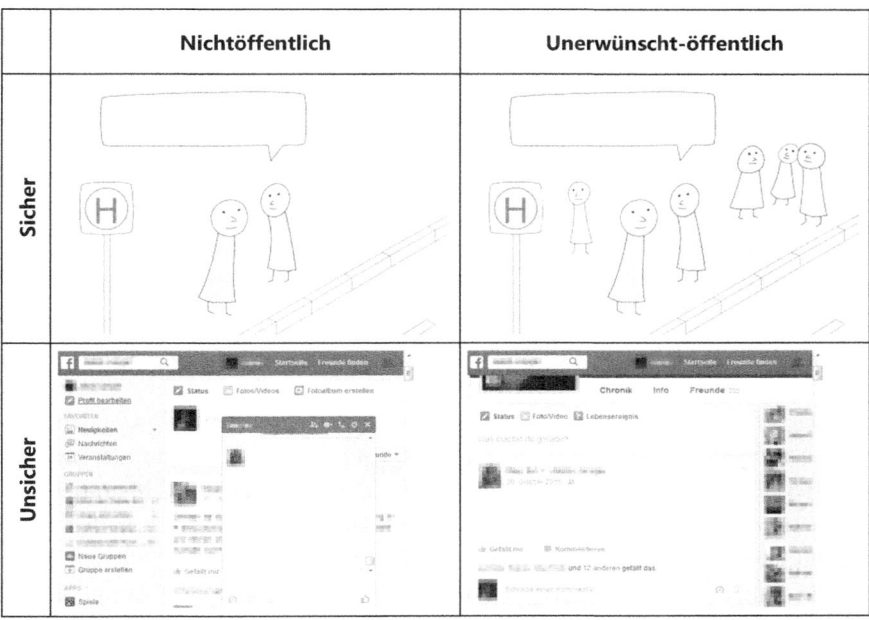

Größere Abbildungen sowie alle acht Kombinationen sind in Anhang C.1 zu finden.

Tabelle 26: Operationalisierung von Trivialität

Nicht trivial	Trivial
Meine Nachbarn von oben nerven schon wieder mit ihrem Sexgestöhne. Zum Kotzen.	So ein sonniger Tag heute. Endlich ist das Regenwetter vorbei.

Die Operationalisierung des **Faktors Unsicherheit** wird durch die Variation des Ortes realisiert. In den Gesprächsrunden hat sich gezeigt, dass einerseits mündliche Präsenzsituationen in Lokalen, öffentlichen Verkehrsmitteln und Freizeiträumen sowie andererseits schriftliche Kommunikation auf Sozialen Netzwerkseiten wie Facebook alltagsrelevante Situationen darstellen, in denen es zu unklarer Öffentlichkeit kommt. Mit der Berücksichtigung dieser beiden Situationsklassen kann nicht nur der externen Validität Rechnung getragen werden, sondern gleichzeitig wird beiden Bereichen unterschiedliche Unsicherheit zugeschrieben, woraus sich die experimentelle Variationsmöglichkeit dieses Faktors ergibt. Die unterschiedliche Unsicherheit ergibt sich einerseits aus der Semiotik dieser Orte: während mündliche Kommunikation stark raumzeitlich begrenzt ist, führt Schriftlichkeit durch die Persistenz und Duplizierbarkeit zu einer Ausweitung des potenziellen Publikums. Zudem ist das Publikum in den angesprochenen Präsenzsituationen weitgehend überschaubar, während auf Facebook eine wesentlich größere Anzahl an Personen zum Publikum werden kann (siehe Kapitel 4.2.3; Boyd 2008: 26).

Der Bereich mündlicher Präsenzsituationen ist ausgehend von den Gesprächsrunden allerdings noch nicht ausreichend eindeutig bestimmt, er umfasst die drei physikalisch-funktionalen Orte Lokale, Öffentliche Verkehrsmittel und Freizeiträume. Das verbindende und entscheidende Merkmal dieser drei Orte scheint die potenzielle Anwesenheit unspezifischer und unbekannter Rezipienten zu sein. Auch sind diese Situationen dadurch gekennzeichnet, dass Aufmerksamkeit bzw. Zeit für die Wahrnehmung der Umgebung und für Kommunikation vorhanden ist. Als Stellvertreter für Situationen mit dieser Merkmalsstruktur scheinen Wartesituationen geeignet zu sein, wie auch die Referenz auf Wartezimmer beim Arzt in den Gesprächsrunden verdeutlicht. Insbesondere die Situation an einer Bushaltestelle kann die Merkmale dieser drei Situationen vereinen: Bushaltestellen gehören zur Infrastruktur öffentlicher Verkehrsmitteln, sie sind physikalisch unbegrenzt wie die als Freizeiträume thematisierten Orte und hier sind vielfältige Konstellationen von Anwesenden denkbar wie in Lokalen. Zudem steht an diesen Orten in der Regel Zeit zur Kommunikation und zur Beobachtung der Umgebung zur Verfügung. Die Situation an einer Bushaltestelle als Experimentalsituation bringt zudem den Vorteil mit sich, dass die Umgebung kontrolliert werden kann, um eindeutige Nichtöffentlichkeit herzustellen. Dagegen würden Lokale hier das Problem mit sich bringen, dass das Personal nicht ohne Weiteres unberücksichtigt bleiben kann und eine Variation zwischen unklar-öffentlichem und nichtöffentlichem Kontext damit schwierig wird.

Um an diesen beiden Orten **nichtöffentliche und unerwünscht öffentliche Situationen** zu erzeugen, werden die Beteiligten jeweils variiert. Voraussetzung ist in allen Situationen die Markierung nichtöffentlicher Adressierung, welche eine geringe soziale Distanz voraussetzt. Die soziale Distanz zwischen Personen wird unter anderem – das haben die Gesprächsrunden verdeutlicht – aus der Beziehungsgeschichte zwischen diesen Personen abgeleitet. Eine Beziehungsgeschichte lässt sich bildlich nur umständlich darstellen, weshalb die persönliche Beziehung mittels einer verbalen Beschreibung der Situation markiert wird. Die mitteilende Person wird deshalb als „Freundin" bezeichnet. Gleichzeitig wird die Adressierung mit den Formulierungen „sagt zu Ihnen" bzw. „schreibt Ihnen" festgelegt. Die Adressierung wird in der Bushaltestellensituation weiterhin verbildlicht durch die räumliche Zuwendung (Richtung und Distanz) zwischen der mitteilenden Person und der Person im Vordergrund. In der Facebook-Situation ist die Adressierung bildlich dadurch angedeutet, dass die Nachricht in der eigenen Wall bzw. dem eigenen Chatfenster erscheint, erkennbar am Menü (Chronik, Neuigkeiten) sowie an der Statusbox (Status, Was machst du gerade?). Verbal wird dies mit den Formulierungen „Privatnachricht" und „auf Ihrer persönlichen Seite" verdeutlicht. Um in den Facebook-Situationen die soziale Nähe und die persönliche Adressierung weiter zu unterstreichen, wird die Mitteilung durch die persönliche Anrede „Hey" eingeleitet.[177] Zudem ist in den Facebook-Situationen eine persönliche Beziehung zumindest nicht abwegig, weil technische Voraussetzung für diese Form der Darstellung eine Mitgliedschaft in der Kontaktliste ist.

In allen Experimentalgruppen wird deshalb davon ausgegangen, dass die soziale Distanz zwischen Mitteilendem und Adressaten gering ist – das heißt eine persönliche Beziehung besteht, eine konkrete Person ist adressiert und diese ist Teil des salienten Kommunikationssystems. Unerwünschte Öffentlichkeit als

---

[177] Die Rolle der Anrede für das Herstellen von Privatheit thematisiert zum Beispiel Judy Burgoon als Ausprägung formaler oder informeller Kommunikationsmuster (Burgoon 2012: 242).

zentraler Erkenntnisgegenstand des Experiments entsteht theoretisch immer dann, wenn Zugänglichkeit oder Aufmerksamkeit nicht gleichermaßen auf persönlich bekannte, konkrete und beteiligte Personen bezogen ist. Unterstellt man, dass die Wahrscheinlichkeit für nichtöffentliche Beziehungen größer wird, umso mehr Personen das Publikum umfasst, so lässt sich allein durch eine höhere Anzahl an Beteiligten unerwünschte Öffentlichkeit umsetzen. In der Bushaltestellensituation ist dies leicht dadurch zu erreichen, dass weitere Personen in Wahrnehmungsreichweite dargestellt werden. Da keine weiteren Informationen zur Identität dieser Personen gegeben werden, kann von Unbekanntheit ausgegangen werden. Verstärkt wird dies dadurch, dass die räumliche Distanz zu den nicht weiter identifizierten anderen Personen höher ist als zwischen den beiden Freunden. Zusätzlich werden die beiden Gesprächspartner farblich von den anderen Personen abgehoben.

Auf Facebook ist die Wahrnehmungsreichweite technisch vorgegeben. Während Privatnachrichten (*private messages*) über den Messaging-Dienst ausschließlich an vordefinierte Personen gelangen, werden Nachrichten über Statusmeldungen auf den eigenen Seiten angezeigt und in den Newsfeed der eigenen Kontakte eingespielt. Eine entsprechend hohe Anzahl von Kontakten erhöht damit die Wahrscheinlichkeit unpersönlicher und auch unspezifischer Beziehungen. Dafür sprechen auch Erkenntnisse aus Studien zur Nutzung Sozialer Netzwerkseiten (z. B. mpfs 2014: 38). Hierbei lässt sich allerdings weiter zwischen Statusaktualisierungen (*status updates*), die auf der eigenen Facebook-Seite formuliert werden, und Mitteilungen auf den Seiten anderer Personen unterscheiden (*wall posts*). Während Statusaktualisierungen nicht an konkrete adressierte Personen gebunden sind, stellen Wall-Posts eine direkte Verbindung zu der Seite einer anderen Person her (siehe auch Bazarova 2012: 819) und sind hier das Mittel der Wahl, um soweit wie möglich die nichtöffentliche Adressierung beizubehalten. Deshalb werden einerseits die Abbildung einer Privatnachricht bzw. Chat-Situation und andererseits die Abbildung eines Wall-Posts zur Operationalisierung von Öffentlichkeit verwendet.

Da insbesondere Nicht- oder Wenignutzer von Facebook mit diesen Unterschieden möglicherweise nicht vertraut sind, aber auch um die Erkennbarkeit für alle anderen Probanden zu unterstützen, wird diese Funktionalität zusätzlich verbalisiert. Dabei wird das Facebook-spezifische Wort „Freunde" zur Bezeichnung von Kontakten vermieden, um nicht doch eine persönliche Beziehung zu suggerieren. Die unterschiedliche Anzahl von Personen in den beiden Facebook-Situationen wird weiterhin bildlich dadurch unterstützt, dass in der unerwünscht-öffentlichen Kondition im Gegensatz zur nichtöffentlichen Kondition die Kontaktliste dargestellt wird. In beiden Situationen werden allerdings identifizierende Bilder und Namen verpixelt, um erstens die Vorstellungskraft der Probanden nicht zu behindern und zweitens eine verringerte Identifizierbarkeit als Indikator für nichtöffentliche Beziehungen sowie erhöhte Unsicherheit über den Beziehungsstatus zu unterstützen.

In die so konstruierten Situationen lassen sich verschiedene Kommunikationsinhalte integrieren, um den **Faktor Trivialität** zu operationalisieren. Grundsätzlich ist es bei Experimenten zur Maximierung der Primärvarianz ratsam, möglichst eindeutige Stimuli zu verwenden (Sarris 1992: 214). Insofern sollten die Kommunikationsinhalte so formuliert sein, dass sie möglichst idealtypisch und aber dennoch nicht unrealistisch erscheinen. Aus den Gesprächsrunden gehen zwar kaum konkrete Formulierungen für mögliche Inhalte hervor. Aus der Analyse der thematisierten Situationen ergeben sich aber durchaus mehrere Eigenschaften von Inhalten, die mit einer besonders starken oder einer besonders geringen Reaktion auf Öffentlichkeit einhergehen. Diese Eigenschaften werden bei der Formulierung der Aussagen berücksichtigt (Tabelle 26): die nicht triviale Aussage wird persönlich formuliert, indem sie sich auf das Intimleben von konkreten Personen bezieht und eine persönliche Bewertung enthält. Gleichzeitig wird negativ über Dritte kommuniziert und diesen damit die Autonomie einer positiven Selbstdarstellung genommen. Dagegen wird als triviale Aussage eine positive Äußerung über das Wetter verwendet. Diese Äußerung kann als Small Talk eingeordnet werden, welcher hier weder negative Konsequenzen für irgendeine Person mit sich bringt noch überhaupt einen Personenbezug aufweist.

Das so konstruierte Stimulusmaterial realisiert eine Möglichkeit unter vielen, das heißt die erzeugten Situationen werden als Stellvertreter für eine Vielzahl von Situationen verwendet. Dass diese Stellvertreterfunktion möglichst erfüllt ist, sollte durch die interpretative und argumentative Ableitung aus der qualitativen Studie erreicht werden. Dennoch ist die Operationalisierung der drei Faktoren nicht unproblematisch. Gerade die qualitative Studie hat gezeigt, wie stark Inhalt, Modalität, Ort und Beteiligte im Handlungsvollzug miteinander verwoben sind.

Die idealtypische Zuspitzung führt deshalb möglicherweise zu nicht vorhergesehenen Nebenwirkungen und Validitätsproblemen. In der Operationalisierung muss ein Kompromiss aus Realismus und Kontrolle gefunden werden. Während komplexe Situationen die Gefahr der Konfundierung von Einflüssen mit sich bringen, führt eine starke Kontrolle aller möglichen Störvariablen zu unrealistischen Untersuchungsbedingungen und behindert damit die externe Validität (Brosius/Haas/Koschel 2012: 202). Deshalb wäre weder ein Nachweis der Vermeidungsthese auf dieser Grundlage eine abschließende Bestätigung, noch wäre die Nichtbestätigung der Hypothesen eine abschließende Widerlegung der Theorie unklarer Öffentlichkeit. Das Experiment kann aber dazu beitragen, in die eine oder in die andere Richtung Evidenz zu erzeugen. Und es stellt einen ersten Versuch der Operationalisierung dieser Theorie dar, der fruchtbar für die Fortführung in weiteren Studien sein kann.

7.2.3 Messinstrumente

Alle eingesetzten Instrumente sind soweit wie möglich an anderen Studien (Kapitel 3), den bisherigen theoretischen Differenzierungen (Kapitel 4 und 5) und den Erkenntnissen aus den Gesprächsrunden (Kapitel 6) orientiert. In Folge der Pretests wurden Verständlichkeit und Konsistenz überarbeitet. Insgesamt wird damit ein Kompromiss aus Handhabbarkeit, Vergleichbarkeit mit anderen Studien und Spezifizierung für den konkreten Fall umgesetzt. Die Instrumente dienen dabei neben der Überprüfung der Hypothesen dem Stimulus-Check, dem Vergleich von Subgruppen oder der Kontrolle von Drittvariablen:

- **Öffentlichkeit** stellt im Rahmen der Untersuchung eine unabhängige Variable dar und wird über das Treatment in den zwei Faktoren Unerwünschtheit und Unsicherheit mit jeweils zwei Stufen variiert. Zur Überprüfung, ob diese Manipulation funktioniert hat, wird ein vereinfachtes Instrument zur Messung von Öffentlichkeit eingesetzt. Gleichzeitig wird damit eine grundlegende Annahme der Theorie überprüft: die in den Treatments verwendeten Markierungen von Öffentlichkeit werden auch als solche wahrgenommen. Zur Überprüfung des Treatments wird weiterhin ein Instrument zur Messung von **Trivialität** entwickelt.

- Die zentralen abhängigen Variablen **Vermeidungserwartungen** und **Kommunikationsvermeidung** werden mittels eigens konstruierter Skalen erfasst, deren Teildimensionen theoretisch begründet wurden. Die Eignung der Instrumente wurde im Pretest eingeschätzt.
- Als weitere unabhängige Variable wird die individuelle **Selbstoffenbarungsbereitschaft** mit einer in anderen Studien verbreiteten Skala erhoben, um den Einfluss auf Kommunikationsvermeidung zu testen.
- Darüber hinaus werden die **Vertrautheit** mit den Situationen **und soziodemografische** Angaben erhoben, um Subgruppenvergleiche zu ermöglichen.

Unerwünschtheit

Will man den Öffentlichkeitsstatus im Sinne der Theorie vollständig erheben, so würde ein recht komplexes Messinstrument nötig sein. Abgefragt werden müsste die soziale Beziehung mit den drei Dimensionen Konkretheit, Persönlichkeit und Salienz eines Bezugssystems in Kombination mit den drei Kommunikationsbeziehungen Adressierung, Zugänglichkeit und Aufmerksamkeit unter Berücksichtigung von Unsicherheit (siehe Kapitel 4.1.2, 4.1.3 und 4.2.3). Eine minimale Realisierung etwa über Rating-Skalen würde mindestens neun Items (3x soziale Distanz mal 3x Kommunikationsbeziehung) mit mindestens drei Antwortoptionen (trifft zu, trifft nicht zu, unsicher) erfordern. Der Umfang der Items und der Antwortoptionen müsste noch mindestens verdoppelt werden, um eine ausreichende Messgenauigkeit zu erreichen. Nicht nur der Umfang eines solchen Instruments könnte die Befragten möglicherweise überfordern. Auch dürfte die Item-Schwierigkeit bei einer expliziten Urteilsbildung in einem Bereich, in dem normalerweise von unbewusster Urteilsbildung ausgegangen wird, relativ hoch sein. Auf jeden Fall würde der Aufwand für die Befragten in einem ohnehin schon aufwändigen Befragungsprozess steigen. Aus diesen Gründen wird auf eine vollständige Messung und die Entwicklung eines entsprechenden Instruments verzichtet. Eine Vereinfachung wird möglich, wenn ausschließlich die für die Hypothesen relevanten bzw. die in den Treatments operationalisierten Dimensionen abgefragt werden.

In allen Experimentalgruppen wird davon ausgegangen, dass die soziale Distanz zwischen Mitteilendem und Adressaten gering ist, denn die Beziehung wird als Freundschaftsbeziehung dargestellt. Wie schon bei der Konstruktion des Stimulusmaterials wird unterstellt, dass die Wahrscheinlichkeit für soziale Distanz zu potenziellen und tatsächlichen Rezipienten steigt, umso mehr Personen anwesend sind. Unter dieser Voraussetzung reicht es aus zu erheben, ob neben der adressierten Person noch weitere Personen potenzielle oder tatsächliche Rezipienten sind. Auch die Voraussetzung, dass tatsächlich nur eine Person adressiert ist, kann über eine solche Messung geprüft werden. Das so begründete Instrument wird mit jeweils einer Frage je Dimension im Anschluss an die Präsentation des jeweiligen Treatments eingesetzt (siehe Tabelle 27). Für jede dieser Fragen wird eine fünfstufige Skala mit den benannten Endpunkten „Nur für mich" bzw. „Nur ich" und „Auch an andere" bzw. „Auch andere" als Antwortmöglichkeit vorgegeben.

Tabelle 27: Messung von Unerwünschtheit

Dimension	Frage
Adressierung	An wen ist die Äußerung <u>gerichtet</u>?[178]
Zugänglichkeit	Wer <u>kann</u> die Mitteilung ohne großen Aufwand zur Kenntnis nehmen?
Aufmerksamkeit	Wer hat die Mitteilung <u>tatsächlich</u> wahrgenommen?

Die Messung von Adressierung kann dann als Vergleichspunkt zur Prüfung auf unerwünschte Öffentlichkeit verwendet werden. Sobald sich auf diesen Skalen die Werte für potenzielle oder tatsächliche Rezipienten vom Wert der adressierten Rezipienten unterscheiden, kann zumindest von Inkongruenz ausgegangen werden.

---

178 Die Formulierung dieses Items orientiert sich an einer Studie von Eden Litt und Eszter Hargittai (2016), in der individuelle Vorstellungen von adressierten Publika auf Sozialen Netzwerkseiten untersucht wurde: „They often thought about the individuals they were 'speaking to' or 'trying to get through to.' This was at whom the post was 'directed' at and 'meant for.' It was at whom they were 'targeting' or 'aiming' it at. This was their 'intended audience.' It was the people who they 'wanted,' and '[looked] forward to' seeing the post" (Litt/Hargittai 2016: 7; siehe Kapitel 4.1.3).

Unerwünschte Öffentlichkeit unterliegt zwar im Vergleich zu inkongruenter Öffentlichkeit weiteren Bedingungen. Unerwünschte Öffentlichkeit im engeren Sinn würde in diesem Fall etwa nicht vorliegen, wenn zwar weitere Personen als die adressierte Person im Publikum sind, diese aber ebenfalls in sozialer Nähe zur mitteilenden Person stehen. Diese Ungenauigkeit wird zu Gunsten der Einfachheit des Instruments in Kauf genommen.

Unsicherheit

Der Faktor Unsicherheit wird über Kommunikation an zwei verschiedenen Orten operationalisiert: Es wird im Anschluss an die Gesprächsrunden davon ausgegangen, dass Adressierung, Zugänglichkeit und Aufmerksamkeit an Bushaltestellen besser eingeschätzt werden können als auf Sozialen Netzwerkseiten. Dementsprechend wird Unsicherheit für jeden dieser Orte mittels jeweils eines Items je Dimension erhoben. Dazu wird eine fünfstufige, endpunktebenannte Zustimmungsskala eingesetzt (siehe Abbildung 10).

Abbildung 10: Messung von Unsicherheit

Wenn Sie ganz allgemein an die Kommunikation an einer Bushaltestelle denken, inwiefern stimmen Sie dabei den folgenden Aussagen zu?

An einer Bushaltestelle kann man im Allgemeinen sehr gut einschätzen...	Ganz und gar nicht				Voll und ganz
...wer eine Mitteilung hören kann.	o	o	o	o	o
...wer eine Mitteilung tatsächlich hört.	o	o	o	o	o
...an wen eine Mitteilung gerichtet ist.	o	o	o	o	o

Die Formulierungen werden für Soziale Netzwerkseiten entsprechend angepasst. Um den Fokus auf die Situationen im zentralen Teil des Fragebogens nicht zu verlieren und aber gleichzeitig eine möglichst bis auf den Ort situationsinvariante Einschätzung zu erhalten, werden diese Messungen am Ende des Fragebogens durchgeführt. Aus den drei Items wird in der Auswertung ein gleichgewichteter Index gebildet.

Trivialität

Die Messung von Trivialität dient ebenfalls dem Stimulus-Check. Dieses Konstrukt ist aus der qualitativen Studie hervorgegangen und dementsprechend weder theoretisch ausdifferenziert noch operational definiert. Das verwendete Messinstrument wurde auf Grundlage der Gesprächsrunden neu entwickelt. Ausgangspunkt für die Unterscheidung trivialer und nichttrivialer Inhalte sind Äußerungen der Befragten, dass Öffentlichkeit bei persönlichen und intimen bzw. auf Dritte bezogene Inhalte eine stärkere Rolle spielt als bei alltäglichen oder ‚normalen' Inhalten (siehe Kapitel 6.3.4 und 6.4.2). Die verschiedenen Äußerungen wurden idealtypisch zu den zwei Polen trivial und nichttrivial verdichtet. Dahinter steht die Vermutung, dass persönliche Relevanz, mögliche Einschränkungen von Entscheidungsautonomie und Risiken der Selbstdarstellung eine Rolle spielen.

Als Instrument zur Messung von Trivialität wird ein semantisches Differenzial eingesetzt. Ein solches Differenzial erscheint hier angemessen, weil damit besonders gut evaluative Polaritäten abgebildet werden können. Das semantische Differenzial wurde durch Studien prominent, in denen Dimensionen von Wortbedeutungen über Assoziationen erhoben wurden (Osgood/Suci/Tannenbaum 1957). Mittlerweile werden diese Differenziale vielfältig abgewandelt für ganz unterschiedliche Zwecke eingesetzt, beispielsweise in der Einstellungsforschung zur Messung von Images (siehe zum Beispiel Möll 2007: 114ff.). Besonders gut lassen sich damit mehrdimensionale Assoziationen mit einem Bewertungsgegenstand abfragen. Verschiedene Assoziationen werden dann in der Auswertung zu einzelnen Faktoren verdichtet.[179] Hierbei wird eine Indikator-Konzept-Beziehung derart vorausgesetzt, dass kognitive Beziehungen zwischen Wörtern als Zeichen und ih-

---

[179] In Folge der explorativen Studien von Osgood und Kollegen hat sich vor allem eine analytische Dreiteilung von Emotion verbreitet: die Valenz erfasst positive oder negative Konnotationen (z. B. gut vs. schlecht), das Arousal die Stärke der affektiven Erregung (z. B. schnell vs. langsam) und die Potenz die Stärke des Affekts selbst (z. B. stark vs. schwach) (Osgood/Suci/Tannenbaum 1957: 44ff.). Auch die hier geplante Messung lässt sich durchaus auf emotionale Bewertungen beziehen. Während die Verbindung zwischen Trivialität einer Aussage einerseits und deren Valenz oder Arousalpotenzial andererseits nicht unbedingt einleuchtend ist, dürfte die Dominanz im Sinne von Beherrschbarkeit stark mit der Bewertung von Trivialität zusammenhängen.

ren Bedeutungen bestehen, die sich in einem mehrdimensionalen Bedeutungsraum relativ universellen Bedeutungsachsen zuordnen lassen (Osgood/Suci/Tannenbaum 1957: 25f.). Angesichts der noch nicht endgültig fixierten theoretischen Definition ist diese relative Offenheit des Instruments hilfreich. Es werden dabei mehrere Indikatoren eingesetzt, die in der Datenauswertung auf Konsistenz untersucht werden können, um Trivialität als Bewertungsdimensionen herauszuarbeiten.

Aufgrund dieser Überlegungen wurden zur Entwicklung eines Messinstruments verschiedene Begriffe formuliert, die in den Gesprächsrunden zur Sprache kamen und mit persönlicher Relevanz oder einer potenziellen Einschränkung von Autonomie assoziiert sind.[180] Im zweiten Schritt wurden zu diesen Begriffen Gegensätze formuliert. Die so entstandene Liste wurde im dritten Schritt konsolidiert, indem schwer verständliche Begriffe und nur schwach mit persönlicher Relevanz und Entscheidungsautonomie assoziierte Begriffe aussortiert wurden. Als Instrument kommt die folgende, konsolidierte Liste von Gegensatzpaaren mit einer fünfstufigen Antwortskala zum Einsatz (siehe Tabelle 28).[181]

Die Reihenfolge der Items wird randomisiert, um Effekte der Reihenfolge auszuschließen. Im Rahmen der Experimentalstudie wird dieses Instrument erstmals getestet. Inwiefern es zur Messung von Trivialität aus statistischer Sicht geeignet ist, wird im Rahmen der Auswertung evaluiert.

---

[180] Diese Vorgehensweise der Konstruktion eines semantischen Differenzials wird ähnlich bei Osgood/Suci/Tannenbaum beschrieben: „he simply uses ‚good judgment' with respect to his problem" (Osgood/Suci/Tannenbaum 1957: 77). Als Anforderungen an die Begriffe werden genannt, dass diese differenzieren sollen sowie möglichst gut verständlich und verbreitet sein sollten (Osgood/Suci/Tannenbaum 1957: 78).

[181] Eine ähnliche Skala wurde in einer Studie von Natalya Bazarova (2012) eingesetzt, um zu erheben, wie intim und persönlich eine Mitteilung ist. Diese Skala wurde hier nicht übernommen, um erstens theoretisch Trivialität nicht mit Intimität gleichzusetzen und zweitens eine Konfundierung mit dem Öffentlichkeitsstatus durch das dort verwendete Item ‚public-private' zu vermeiden.

Tabelle 28: Gegensatzpaare zur Operationalisierung von Trivialität

Trivial	Nicht trivial
Unpersönlich	Persönlich
Alltäglich	Außergewöhnlich
Folgenlos	Folgenreich
Unkritisch	Kritisch
Unbedeutend	Bedeutend
Unpolitisch	Politisch
Betrifft viele	Betrifft wenige
Normal	Nicht normal
Unwichtig	Wichtig

Erwartungen

Erwartungen stellen die wesentliche Zielgröße der Untersuchung dar. Bei der Messung dieses Konzepts werden deshalb die drei Teildimensionen Erwünschtheit, Gebotenheit und Wahrscheinlichkeit vollständig berücksichtigt. Das Messinstrument muss zwar auch hier neu entwickelt werden, lehnt sich aber an ein Instrument zur Messung von sozialer Angemessenheit (Canary/Spitzberg 1987) an, welches bereits mehrfach eingesetzt und weiterentwickelt wurde (siehe Bazarova 2012; Munz 2007; Weisel/King 2007). Eine Auswahl der Items zur sozialen Angemessenheit wird als Operationalisierung der deontischen Dimension von Erwartungen verwendet. Die Autoren des Ausgangsinstruments haben die dort verwendeten 40 Items einer Faktorenanalyse unterzogen und dabei unter anderem die hier relevanten Faktoren allgemeine Angemessenheit und spezielle Angemessenheit identifiziert. Übernommen werden aus dem Instrument vier Items, die besonders stark auf diese Faktoren laden, sich gut ins Deutsche übersetzen lassen und sich nicht ausschließlich auf den Kommunikationsinhalt beziehen. Die Formulierungen wurden dahingehend angepasst, dass die gesamte Situation bewertet und keine persönliche Perspektive eingenommen wird (siehe Tabelle 29).

Tabelle 29: Operationalisierung deontischer Vermeidungserwartungen

#	Item[182]
1	Es ist etwas geschehen, das nicht passieren sollte. (8)
2	Die Situation ist vollkommen in Ordnung. (3)
3	Die Situation ist peinlich. (12)
4	Die Situation ist einfach unangebracht. (18)

Alle vier Aussagen zeichnen sich dadurch aus, dass sie durch objektivierende Formulierungen die Sicht eines generalisierten Anderen darstellen. Dagegen wird die desiderative Dimension durch vier weitere, neu formulierte Aussagen abgebildet, welche sich auf das subjektive Empfinden beziehen. Dabei wurden in Anlehnung an das Einstellungskonzept Aussagen formuliert, die jeweils der kognitiven, konativen und affektiven Teildimension entsprechen. Zusätzlich wurde eine Aussage formuliert, die direkt Desideration ausdrückt (siehe Tabelle 30).

Tabelle 30: Operationalisierung desiderativer Vermeidungserwartungen

#	Item[183]
5	Eine solche Situation könnte für mich unangenehme Folgen haben (kognitiv).
6	Eine solche Situation würde ich unbedingt vermeiden (konativ).
7	In einer solchen Situation würde ich mich wohl fühlen (affektiv).
8	Eine solche Situation würde ich mir wünschen (desiderativ).

Die Wahrscheinlichkeit von Situationen wird ebenfalls mit vier neu formulierten Zustimmungsitems erhoben. Dabei wird unterstellt, dass eine Einschätzung von

---

182 Die Zahlen in Klammern geben an, welchem Item in der Studie von Canary/Spitzberg (1987) die Aussage entspricht. Diese Items wurden bereits in anderen vom Autor dieser Studie im Rahmen von Seminaren durchgeführten Experimenten eingesetzt, sie haben sich dabei als verständlich und reliabel erwiesen (Cronbachs Alpha rangiert in diesen Studien zwischen 0,76 und 0,92).
183 In Klammern ist die Teildimension des Einstellungskonzepts angegeben.

Wahrscheinlichkeiten auf Grundlage der vermuteten Häufigkeit und des wahrgenommenen Realismus vorgenommen wird (siehe Tabelle 31).

Tabelle 31: Operationalisierung faktischer Vermeidungserwartungen

#	Item
9	Ich kann mir eine solche Situation gut vorstellen.
10	Solche Situationen kommen oft vor.
11	Die Situation ist realistisch.
12	Eine solche Situation ist sehr unwahrscheinlich.

Die gesamte Skala umfasst damit zwölf unterschiedlich gepolte Items, zu denen die Zustimmung erfragt wird. Die Reihenfolge der Items wird im Fragebogen randomisiert, um Positionseffekte auszuschließen. Es wird davon ausgegangen, dass die Teildimensionen für den hier untersuchten Gegenstandsbereich stark miteinander korrelieren, so dass ein gemeinsamer Indexwert gebildet werden kann.[184]

Kommunikation

Die Theorie postuliert, dass sich Kommunikationsverhalten an Erwartungen orientiert. Diese Orientierung bedeutet, dass Vermeidungserwartungen auch mit Kommunikationsvermeidung einhergehen. Um Kommunikationsvermeidung feststellen zu können, muss zunächst zumindest die Möglichkeit der Kommunikation bestehen. Deshalb wird im Fragebogen mit einer offenen Frage zunächst darum gebeten, eine Reaktion auf die im Treatment vorgelegte Situation zu formulieren: „Versetzen Sie sich bitte weiterhin in die gleiche Situation. Überlegen Sie dann bitte, was Sie in dieser Situation antworten würden." Die Antwort kann

---

[184] Genau genommen unterliegt dem Instrument für die Zusammenfassung der drei Dimensionen zum Erwartungskonstrukt ein formatives Messmodell, für die Zusammenfassung der Items zur jeweiligen Erwartungsdimension dagegen ein reflektives Messmodell. Zur Vereinfachung der Auswertung wird ein gemeinsamer Indexwert gebildet und damit effektiv ein reflektives Messmodell unterstellt.

dann in ein Feld eingetragen werden, das mit der Beschriftung „Sie antworten" versehen ist.

Anschließend geht es darum, die Intention der Äußerung hinsichtlich einer Vermeidungstendenz zu erfassen. Die Befragten wurden einerseits mit einer wiederum offenen Frage darum gebeten, das Ziel ihrer Aussage kurz in eigenen Worten zu formulieren. Zusätzlich wurde eine Skala mit sechs Zustimmungsitems eingesetzt, um die Vermeidungstendenz standardisiert zu erfassen (siehe Tabelle 32). Grundlage dieser Skala ist die Unterscheidung von konversationaler und relationaler Responsivität (siehe Kapitel 3.3.1 und 7.1.2):

- Die konversationale Dimension erfasst wie oben im Beispiel aus der Gesprächsrunde dargestellt, inwiefern eine Kommunikationssituation auf der Handlungsebene, das heißt performativ, fortgesetzt oder beendet wird. Dies beinhaltet neben dem direkten Abbruch oder Fortführen eines Gesprächs auch das Signalisieren von Interesse und Verstehen. Grundlage dieser Form von Responsivität ist, dass an den vorherigen Inhalt angeschlossen wird.[185]
- Unterscheiden lässt sich davon relationale Responsivität, bei der auf Bedürfnisse des Interaktionspartners eingegangen, in das Gespräch investiert bzw. die Beziehung bestätigt wird. Hier geht es also um die inhaltlich-bestätigende, das heißt propositionale, Fortsetzung einer Situation. Vor allem ein offener Widerspruch schafft nicht nur eine neue Situation statt die bisherige zu bestätigen, sondern stellt mitunter auch eine Belastung für die Beziehung dar.

Operationalisiert wird jede Dimension durch jeweils zwei unterschiedlich gepolte Items. Zusätzlich wurde der Pretest mit 38 Studierenden dazu genutzt, um aus den offenen Antworten weitere Intentionen zu gewinnen, die diesen beiden Dimensionen nahestehen (siehe Anhang C.2). In der Folge wurden zwei weitere Items ergänzt. Das erste dieser Items (Item 5 in Tabelle 32) thematisiert die Fokussierung des Gesprächs bzw. einen Themenwechsel und wird deshalb als konversational eingeordnet. Das zweite Item (Item 6 in Tabelle 32) deutet darauf hin, dass in das Gespräch und damit in die Beziehung investiert wird, womit es vorläufig eher der

---

185 Dass ein Themenwechsel als Strategie zur Regulierung von Privatheit eingesetzt werden kann, thematisiert zum Beispiel Judee Burgoon (Burgoon 2012: 243).

relationalen Dimension zugerechnet wird. Die Eignung dieser zusätzlichen Items muss sich in der Auswertung erweisen.

Tabelle 32: Operationalisierung von Kommunikationsvermeidung

#	Item	Dimension / Polung[186]
1	Ich setze das Gespräch damit fort.	konversational / negativ
2	Ich habe gerade kein Interesse an diesem Gespräch.	konversational / positiv
3	Ich stimme meiner Freundin damit zu.	relational / negativ
4	Ich zeige, dass ich es anders sehe als meine Freundin.	relational / positiv
5	Ich lenke das Gespräch in eine andere Richtung.	konversational / positiv
6	Ich will das Gespräch damit auflockern.	relational / negativ

Alle Items werden zu einem gleichgewichteten Index verrechnet, der die Stärke von Kommunikationsvermeidung ausdrückt.[187] Die offene Frage nach der Intention wird zur interpretativen Validierung des Index verwendet.

Selbstoffenbarung

Nicht alle Menschen gleichen sich in der Bereitschaft, Dinge über sich selbst zu offenbaren (siehe Kapitel 3.3.1 und 6.4.1). Schaut man sich in der Literatur nach Skalen um, die zur Messung von Selbstoffenbarungsbereitschaft eingesetzt werden, so unterscheiden sich diese unter anderem dahingehend, ob eine allgemeine Selbstoffenbarungsbereitschaft gemessen wird oder ob es um die Kommunikation mit spezifischen Zielpersonen geht, zum Beispiel:

---

186 Die angegebene Polung mag zunächst kontraintuitiv erscheinen, wenn etwa Zustimmung als negativ deklariert wird. Die Polung ist hier aber auf Kommunikations*vermeidung* bezogen, in diesem Sinne ist Zustimmung keine Vermeidung und das Item nicht positiv, sondern negativ gepolt.
187 Hier werden wie bei der Erwartungsmessung sowohl ein reflektives als auch ein formatives Messmodell zu Grunde gelegt, die aus Gründen der Einfachheit aber auf ein reflektives Modell reduziert werden, siehe Fußnote 184.

- Das **Self-Disclosure Inventory** (Miller/Berg/Archer 1983) ist als eine verkleinerte Alternative zum Jourard Self Disclosure Questionary (Jourard 1971: 213) entwickelt worden. Es erfasst die Selbstoffenbarungsbereitschaft relativ auf typisierte Kommunikationspartner wie etwa Fremde oder Freunde des gleichen oder eines anderen Geschlechts. Hierzu wird für zehn ausgewählte Themen danach gefragt, wie umfangreich man sich mit einer solchen Person darüber unterhalten würde. Diese Skala ist in vielen verschiedenen Studien eingesetzt worden, in deutscher Übersetzung beispielsweise bei Reinecke/Trepte (2008), wo sie in Bezug auf fremde Personen eine sehr gute interne Konsistenz aufweist (Cronbachs Alpha beträgt 0,97).
- Nicht an bestimmte Kommunikationspartner gebunden ist dagegen die Skala zur Messung der **General Willingness for Self-Disclosure** (Buss 2001). Diese Skala ist explizit zur Messung von Selbstoffenbarungsbereitschaft als Persönlichkeitsmerkmal ausgelegt und umfasst sechs Aussagen, zu denen nach der Zustimmung gefragt wird. Die erste Aussage lautet beispielsweise „It is difficult for me to talk about myself". In deutscher Übersetzung wurde dieses Instrument bei Taddicken (2014) eingesetzt und erreicht dort eine mäßige interne Konsistenz (Cronbachs Alpha beträgt 0,66).

Diesen beiden Instrumenten liegt eine unterschiedliche Sicht zugrunde, einmal wird die Selbstoffenbarungsbereitschaft als Persönlichkeitseigenschaft und einmal als situationsabhängiger Zustand verstanden (zur Unterscheidung von *trait* und *state* siehe auch Chelune 1979: 4f.). Darüber hinaus ist eine Vielzahl weiterer, ähnlicher Instrumente zu finden, die allerdings oft sehr umfangreich oder auf einen spezifischen inhaltlichen Bereich bezogen sind (z. B. Magno/Cuason/Figueroa o. J.; McCroskey 1992; Snell/Miller/Belk 1988; Wheeless 1978; Wheeless/Grotz 1976). Die beiden genannten Instrumente sind zudem bereits in ähnlichen Studien im deutschsprachigen Raum eingesetzt worden, weshalb sie auch hier präferiert werden.

Eingesetzt wird im endgültigen Fragebogen das übersetzte Self-Disclosure Inventory. Die Befragten wurden gebeten, für zehn Items auf einer fünfstufigen, endpunktebenannten Skala mit den Polen „überhaupt nicht" und „sehr umfangreich" anzugeben, wie umfangreich sie über diese Dinge mit einer nur flüchtig bekannten Person sprechen würden (siehe Tabelle 33).

Tabelle 33: Self Disclosure Inventory

#	Item
1	Meine persönlichen Gewohnheiten
2	Dinge, die ich getan habe, bei denen ich mich schuldig fühle
3	Dinge, die ich nicht in der Öffentlichkeit tun würde
4	Meine tiefsten Gefühle
5	Was ich an mir mag und nicht mag
6	Was mir im Leben wichtig ist
7	Was mich zu der Person macht, die ich bin
8	Meine schlimmsten Ängste
9	Dinge, die ich getan habe, auf die ich stolz bin
10	Meine engen Beziehungen zu anderen Menschen

Quelle: Eigene Übersetzung auf Grundlage von Miller/Berg/Archer (1983)

Mit der Entscheidung für das Self-Disclosure Inventory wird der Argumentation gefolgt, dass Selbstoffenbarung immer abhängig von der Zielperson ist und somit bei der Messung spezifisch angepasste Instrumente eingesetzt werden sollten (Miller/Berg/Archer 1983: 1237, 1241). Auch in den Face-to-Face-Pretests ergab sich im Vergleich der Instrumente durch die Pretester eine Präferenz für diese Variante der Messung. Mit der Anpassung der Frageformulierung an eine flüchtig bekannte Person wird dem Umstand Rechnung getragen, dass im Rahmen der eingesetzten Treatments Öffentlichkeit über Zugänglichkeit und Aufmerksamkeit durch Dritte hergestellt wird, insbesondere in den Facebook-Situationen aber nicht unbedingt von vollkommen fremden Personen ausgegangen werden kann. Die so durchgeführte Messung dürfte zumindest einen Indikator für die individuelle Selbstoffenbarungsbereitschaft in den hier relevanten Situationen liefern.

Nutzung und Soziodemographie

Mit zwei einfachen Fragen am Anfang des Fragebogens wird erhoben, inwiefern die Befragten über Erfahrung mit öffentlichen Verkehrsmitteln und Sozialen

Netzwerkseiten verfügen, um in der Auswertung bei Bedarf die Beurteilungskompetenz berücksichtigen zu können und eine Übersicht über die Struktur der Stichprobe zu erhalten:

1. Wie häufig nutzen Sie öffentliche Verkehrsmittel, zum Beispiel Bus oder Bahn?
2. Wie häufig nutzen Sie Soziale Netzwerkseiten, zum Beispiel Facebook?

Die Befragten werden aufgefordert, aus den Optionen täglich, wöchentlich, monatlich, halbjährlich, jährlich, seltener als jährlich und nie die am besten passende Antwort auszuwählen. Damit wird die Nutzung sicher nicht in allen möglichen Dimensionen erhoben, es liegt aber ein einfacher Indikator für die Vertrautheit mit entsprechenden Situationen vor. Gleichzeitig dienten diese Fragen als thematischer Einstieg in die Befragung. Sie sind zudem mit der Aufforderung verbunden, den Fragebogen auch dann zu bearbeiten, wenn man keine Sozialen Netzwerkseiten oder Öffentlichen Verkehrsmittel nutzt. Damit ist die Hoffnung verbunden, einem Ausstieg aus der Befragung aufgrund von geringer Vertrautheit mit den Treatment-Situationen vorbeugen zu können.

Zur Einordnung der Stichprobe und zum Vergleich von Subgruppen werden am Ende des Fragebogens Alter und Geschlecht erfragt. Zudem werden Fragen nach dem formalen Bildungsstand und nach der aktuellen Beschäftigung gestellt. Zur Verlosung der Gutscheine und um den Befragten eine Zusammenfassung der Studie zusenden zu können, wird darüber hinaus die Angabe einer E-Mail-Adresse[188] ermöglicht.

7.2.4 Stichprobenplanung

Um die Untersuchung durchführen zu können, müssen zwei Entscheidungen über die Stichprobe getroffen werden. Erstens ist zu entscheiden, wer befragt werden soll bzw. aus welcher Grundgesamtheit die Befragten stammen sollen. Zwei-

---

188 Aus Datenschutzgründen wurde die E-Mailadresse technisch getrennt von den anderen Befragungsdaten abgespeichert, so dass eine Verknüpfung der Antworten mit der E-Mailadresse nicht möglich ist.

tens ist zu entscheiden, wie viele Personen befragt werden sollen. Wird Repräsentativität für einen bestimmten Teil der Gesellschaft angestrebt, so kommt man um eine echte Zufallsstichprobe oder eine entsprechend quotierte Stichprobe nicht herum. Repräsentativität wird in Experimenten aber in der Regel und auch hier nicht verfolgt. Es geht vielmehr um den Nachweis von Effekten in zumeist bewusst ausgewählten Zielgruppen. Eine Verallgemeinerung auf eine Grundgesamtheit ist damit nicht möglich, wohl aber die Identifizierung von Effekten: „Während das generelle Ziel von repräsentativen Bevölkerungsumfragen verallgemeinerbare Aussagen über eine bestimmte Population ist, will das Experiment relative Aussagen machen: Wie hat sich eine Variable aufgrund eines experimentellen Stimulus verändert?" (Brosius/Haas/Koschel 2012: 205). Echte repräsentative Befragungen sind zudem sehr aufwändig. Ein Großteil sozialwissenschaftlicher Forschung basiert deshalb auf *convenience samples*, das heißt auf nichtzufälligen Stichproben (Leiner 2014: 5). Gerade für Experimente sind *convenience samples* geeignet, da es hier nicht um eine Beschreibung von Wirklichkeit oder die Verallgemeinerung von Aussagen geht. Vielmehr geht es um das Testen bereits in allgemeiner Form vorliegender Aussagen, das durch die zufällige Zuordnung von Untersuchungsteilnehmern zu Experimentalbedingungen ermöglicht wird (Leiner 2014: 5). Ziel statistischer Signifikanztests ist damit nicht in erster Linie eine Beantwortung der Frage, ob der Befund auf eine Grundgesamtheit übertragbar ist.[189] Vielmehr können die Signifikanztests eine Einschätzung ermöglichen, ob der Befund überzufällig ist. Im Rahmen der durchgeführten Experimentalstudie mit randomisierter Gruppenzuteilung würde dies bedeuten, dass die beobachteten Unterschiede zwischen den Treatmentgruppen stärker sind, als sie es bei einer Reaktion der Befragten unabhängig von den Treatments wären.

Die Befragten werden für die vorliegende Untersuchung aus dem SoSci-Panel rekrutiert. Dieses nichtkommerzielle Panel wurde zur Unterstützung wissenschaftlicher Forschung eingerichtet und setzt sich vorwiegend aus Personen zusammen, die sich im Zuge vorangegangener Studien zu einer weiteren Teilnahme an Befragungen bereit erklärt haben. Die Teilnehmer haben ihren Wohnsitz vor-

---

189 Die Übertragung auf eine Grundgesamtheit ist dennoch möglich, wenn die Inferenzpopulation nachträglich als Grundgesamtheit angesehen wird (Bortz/Döring 2006: 401).

wiegend in Deutschland und verfügen über einen relativ hohen formalen Bildungsgrad (SoSci 2015). Zur Nutzung des Panels ist eine Bewerbung nötig, bei der das Befragungsprojekt entsprechend den Qualitätskriterien des Panels von drei Gutachtern evaluiert wird (SoSci 2013).

Die Stärke dieses Panels liegt in Bezug auf die vorliegende Untersuchung in einer Ausweitung der Heterogenität. Während die bisherigen Erkenntnisse bislang im Rahmen der qualitativen Studie ausschließlich auf den Aussagen von Studierenden beruhen, werden die Hypothesen hiermit an einer weitergehenden Stichprobe auf die Probe gestellt. Dies wird zum einen durch die Heterogenität der Befragten ermöglicht, zum anderen wird ein direkter Vergleich zwischen studentischen und nichtstudentischen Subgruppen angestrebt. Weiterhin wird ein Vergleich der Geschlechter verfolgt. Dieser Vergleich erscheint sinnvoll, da das Stimulus-Material nicht geschlechtsneutral formuliert ist und in der Selbstoffenbarungsforschung, die einen der theoretischen Ausgangspunkte der Untersuchung darstellt, von Geschlechterunterschieden ausgegangen wird (Dindia/Allen 1992; siehe auch Kapitel 3.3). Auch wenn weitere explorative Fragen – etwa nach dem Einfluss von Nutzung bzw. Vertrautheit oder nach dem Einfluss des Alters – denkbar erscheinen, sind die Möglichkeiten hierfür durch die Struktur des Panels beschränkt. Die entsprechenden Subgruppen würden sehr klein ausfallen, weshalb auf weitere Exploration an dieser Stelle verzichtet wird.

Als zweite Entscheidung muss schon aus organisatorischen Gründen eine angezielte Stichprobengröße festgelegt werden. Das SoSci-Panel sichert den Teilnehmern zu, nur eine begrenzte Anzahl an Einladungen zu verschicken (SoSci 2013), so dass nicht immer alle Teilnehmer angeschrieben werden. Die Planung der Stichprobengröße ist darüber hinaus auch erkenntnistheoretisch bedeutsam: ein sinnvoller Hypothesentest ist nur dann gegeben, wenn die Hypothese auch ernsthaft überprüft wird. Ist die Stichprobe zu klein, dann ist die Wahrscheinlichkeit, einen tatsächlich vorhandenen Effekt nachzuweisen zu gering, die Untersuchung hätte man sich in diesem Fall von vornherein sparen können. Eine zu große Stichprobe dagegen bedeutet einen unnötig großen Aufwand. Denn inferenzstatistisch ist ab einer gewissen Stichprobengröße kein weiterer Erkenntnisgewinn zu erwarten. Signifikanztests dienen gerade dazu, mit Stichproben die Verallgemeinerbarkeit bzw. Überzufälligkeit abzusichern, ohne dass eine Vollerhebung notwendig ist (Bortz/Döring 2006: 602ff.).

Wichtig für diese Absicherung ist eine Berücksichtigung von Fehldiagnosen, die durch die Stichprobenziehung entstehen können. Setzt man eine zufällige Stichprobenziehung voraus, dann werden zwei Fehlerarten unterschieden. Der Fehler erster Art (alpha-Fehler) bezeichnet die Wahrscheinlichkeit, zu Unrecht von einer bestätigten Hypothese auszugehen. Dies kann dadurch passieren, dass zufällig passende Probanden ausgewählt wurden, obwohl diese nicht repräsentativ für die Grundgesamt sind. Im randomisierten Experiment würde dies einer zufällig passenden Zuordnung zu den Experimentalgruppen entsprechen. Der Fehler zweiter Art (beta-Fehler) bezeichnet komplementär dazu die Wahrscheinlichkeit, die Hypothese unberechtigt zu verwerfen, etwa weil zu wenige Probanden untersucht wurden (Bortz/Döring 2006: 498).

In der Konsequenz sollte von vornherein eine möglichst hohe, aber ausreichende Teststärke bzw. Power angestrebt werden. Die Teststärke lässt sich immer auf ein konkretes statistisches Auswertungsverfahren beziehen und ist dann definiert als die Wahrscheinlichkeit, keinen beta-Fehler zu begehen (Bortz/Döring 2006: 602). Das Signifikanzniveau sollte dagegen niedrig angesetzt werden, um die Wahrscheinlichkeit fälschlich positiver Diagnosen zu verringern. Für diese beiden Größen haben sich Konventionen ausgebildet, die bei der Stichprobenplanung und -auswertung zu Grunde gelegt werden können (Bortz/Döring 2006: 604). Das Signifikanzniveau ist konventionell mindestens auf den Wert 0,05 festgelegt. Die Teststärke sollte mindestens 0,8 betragen. Für die folgenden Betrachtungen wird eine eher konservative Schätzung angestrebt und dementsprechend ein etwas niedrigeres Signifikanzniveau von 0,01 bei gleichzeitig höherer Teststärke von 0,95 zu Grunde gelegt. Die Teststärke lässt sich für konkrete statistische Verfahren vorab rechnerisch schätzen, sie steigt mit höherem Stichprobenumfang, mit höherer Effektstärke und mit höherem Signifikanzniveau (Bortz/Döring 2006: 603).

Voraussetzung zur Abschätzung des optimalen Stichprobenumfangs ist damit eine Schätzung der Effektstärke. Grundlage der folgenden Teststärkeanalyse ist das Erwartungskonstrukt, da es das zentrale Konstrukt der Studie darstellt. Zur Abschätzung plausibler Effektstärken wurde einerseits auf eine ähnliche Studie zurückgegriffen und andererseits wurden Daten aus dem Pretest mit 38 Studierenden ausgewertet. Weiterhin muss das statistische Testverfahren festgelegt werden. Hierfür wird der einfachste Fall eines Signifikanztests ausgewählt: eine einfaktorielle Varianzanalyse mit zwei Gruppen. Diese Form der Varianzanalyse basiert wie andere gängige statistische Auswertungsverfahren auf der Grundidee des Allgemeinen Linearen Modells (Moosbrugger 2011; Moosbrugger/Mildner/Schweizer 2010). Eine Abschätzung über ein solch grundlegendes Verfahren sollte damit in etwa auch auf komplexere Analysen übertragbar sein, wobei die benötigten Gruppengrößen beim Vergleich von mehr als zwei Experimentalgruppen sinken (siehe die Tabelle in Bortz/Döring 2006: 628). Unter diesen Annahmen erweist sich eine Mindestgruppengröße von 31 als zielführend:

- Bazarova (2012) kommt mit einer Stichprobe von n=295 bei einer ähnlichen Fragestellung und einer ähnlichen Untersuchungsanlage zu statistisch aussagekräftigen Ergebnissen. Dabei wird soweit erkennbar ein 2x3-faktorielles Design eingesetzt, das heißt die gesamte Stichprobe enthält sechs Teilgruppen mit durchschnittlich ca. 50 Teilnehmern. Die statistisch signifikanten und inhaltlich zentralen Effektstärken sind dabei recht hoch, sie bewegen sich zwischen $\eta^2=0.24$ und $\eta^2=0.70$ (zur Einordnung siehe Bortz/Döring 2006: 606). Mit der geringsten dieser Effektstärken würde eine einfaktorielle Varianzanalyse mit zwei Gruppen bezogen auf ein Signifikanzniveau von 0,01 und eine Power von 0,95 eine Gruppengröße von jeweils n=30 erfordern (berechnet mit GPower 3.1.3, siehe Anhang C.3). Insofern sind die Gruppengröße und damit die Power bei Bazarova (2012) großzügig bemessen. Einige der dort untersuchten Unterschiede sind jedoch nicht signifikant. Neben inhaltlichen Gründen kann dies auch daran liegen, dass es sich um sehr kleine Unterschiede handelt, die eine wesentlich höhere Power erfordern würden, um einen verlässlichen Nachweis zu erbringen. Insofern kann die so errechnete Gruppengröße eine Orientierung geben, sollte aber auch nicht unterschritten werden. Insgesamt empfiehlt sich damit eine Gruppengröße von jeweils mindestens 30 Teilnehmern.

- Eine Schätzung auf Basis des Pretests kommt zu ähnlichen Ergebnissen. Der größte Gruppenunterschied in Bezug auf Vermeidungserwartungen besteht zwischen den nichtöffentlichen (m=3,07; sd=1,13; n=17) und den unerwünscht öffentlichen (m=4,48; sd=0,9; n=18) Situationen bei nichttrivialem Inhalt. Dies betrifft eine der zentralen Hypothesen. Unter der optimistischen Annahme einer mittleren Standardabweichung (sd=1,01) ergibt sich eine Effektgröße von $\eta^2=0,30$. Die gleiche Poweranalyse wie oben führt zu einer Gruppengröße von jeweils 23 Befragten (siehe Anhang C.3), was in etwa dem im Allgemeinen empfohlenen Stichprobenumfang für mittlere Effektstärken in einem dreifaktoriellen Versuchsplan entspricht (Bortz/Döring 2006: 632). Allerdings ist diese Schätzung höchst optimistisch, die Unterschiede zwischen den anderen getesteten Situationen sind im Pretest sehr viel geringer und führen selbst bei verringerter Power von 0,8 und erhöhtem Signifikanzniveau von 0,05 zu geschätzten Gruppengrößen mit mehr als 300 Teilnehmern. Insofern stellt die Zahl 23 das Minimum dar.

- Allgemein wird für den t-Test (und damit ähnlich auch für äquivalente Verfahren, die auf dem Allgemeinen Linearen Modell basieren) eine Mindestgruppengröße von 31 Fällen empfohlen, damit die Normalverteilung der Merkmale nicht mehr entscheidend für das Testergebnis ist (Bortz/Schuster 2010: 126). Da die Verteilung der Variablen vorab nicht mit Sicherheit bekannt ist, sollte dieses Kriterium eingehalten werden.

Insgesamt scheint damit eine Mindestanzahl von 31 Befragten je Experimentalgruppe angemessen zu sein. Mit acht Gruppen ergibt dies eine Gesamtzahl der Befragten von 248. Allerdings besteht ein Ziel darin, auch Subgruppen zu analysieren, das heißt wenn möglich insbesondere Studierende und Nichtstudierende sowie Männer und Frauen zu vergleichen. Wenn wenigstens ein gruppierendes Merkmal einbezogen wird, dann verdoppelt sich die Gruppenanzahl auf 16 und damit die Größe der anvisierten Stichproben auf ungefähr 500 Personen. Diese Zahl erhöht sich weiter, wenn man die Struktur des Panels hinsichtlich der soziodemografischen Merkmale berücksichtigt. So sind im Panel mehr Frauen als Männer vertreten (SoSci 2015). Zudem ist nicht davon auszugehen, dass alle Befragten vollständige Angaben zu ihrer Person machen und dann auch in die Subgruppenanalyse einbezogen werden können. Deshalb wurde zunächst ein Stichprobenumfang von 750 Personen anvisiert. Die Größe der Teilgruppen wurde während der Befragung kontrolliert und entsprechend nacherhoben, um eine Mindestgruppengröße von 31 sicher zu stellen.

7.2.5 Effektive Stichprobe

Rücklauf

Die Befragung wurde im März 2016 durchgeführt. Insgesamt wurden dazu per E-Mail 4.542 Einladungen zum Fragebogen an die Teilnehmer des SoSci-Panels versendet.[190] Der Fragebogen war für jeden Teilnehmer zwei Wochen lang erreichbar. Von den Eingeladenen haben 1.115 Personen den Fragebogen zumindest geöffnet. Der effektive Datensatz umfasst schließlich 974 Einträge mit insgesamt ausreichend vollständigen Daten, die in die folgende Auswertung eingehen. Das entspricht einem effektiven Rücklauf von 21 Prozent. Die angestrebten Gruppengrößen wurden damit erreicht.[191]

Soziodemografie

Etwa zwei Drittel derjenigen Befragten, die ihr Geschlecht angaben, sind weiblich und etwa ein Drittel ist männlich (siehe Anhang C.4). Die Befragten sind, sofern angegeben, zwischen 17 und 80 Jahre alt. Dabei bilden die 20-29jährigen mit 384 Befragten die größte Teilgruppe. Das Durchschnittsalter beträgt 36,6 Jahre bei einer Standardabweichung von 14,4. Mehr als die Hälfte verfügt über einen Hochschulabschluss und ein weiteres Drittel hat als höchsten Bildungsabschluss das

---

190 In einer ersten Welle wurden 3.792 Einladungen verschickt. Nach einer Woche wurden die erreichten Gruppengrößen überprüft. Um in jeder Experimentalgruppe über eine für Subgruppenvergleiche (Geschlecht, Bildungsphase) ausreichend hohe Teilnehmerzahl zu verfügen, wurden anschließend zwei weitere Wellen mit 500 Einladungen gezielt an Studierende und 250 Einladungen gezielt an Männer verschickt.

191 Um eine ausreichend hohe Datenqualität sicher zu stellen, wurden diejenigen Befragten nicht berücksichtigt, die den Fragebogen außergewöhnlich schnell oder bei den zentralen Teilen nicht ausreichend vollständig bearbeitet hatten: Befragte, die sich weniger als fünf Minuten mit dem Fragebogen beschäftigt oder den Fragebogen nicht bis zur letzten inhaltlich relevanten Seite bearbeitet haben, werden in der effektiven Stichprobe nicht berücksichtigt. Zudem wurden nur diejenigen Befragten berücksichtigt, die sich mit mindestens einer Situationsbeschreibung und der zugehörigen Erwartungsskala wenigstens eine halbe Minute beschäftigt haben. Außerdem durften in der Erwartungsskala maximal drei Items fehlen. Die Fallzahlen der folgenden Analysen sind teilweise etwas geringer, wenn Antworten zu weiteren Fragen nicht vollständig beantwortet wurden. Darauf wird jeweils gesondert hingewiesen.

Abitur oder einen vergleichbaren Abschluss angegeben. Ein Großteil der Befragten ist selbständig (9%) oder angestellt (44%) erwerbstätig. Wiederum etwa ein Drittel studiert.

Damit ist die Stichprobe wie auch das SoSci-Panel insgesamt von noch studierenden oder fertig studierten Akademikern geprägt und umfasst deutlich mehr Frauen als Männer (siehe SoSci 2015). Für bevölkerungsrepräsentative Aussagen taugt die folgende Analyse damit nicht. Das aber ist auch nicht das Ziel, sondern die Beantwortung der Frage, inwiefern die theoretischen Vermutungen überhaupt in verschiedenen Teilgruppen der Gesellschaft experimentell nachweisbar sind. Die Stichprobe umspannt verschiedene Bildungsschichten und Altersgruppen, so dass neben dem allgemeinen Test der Hypothesen auch ein Vergleich von Subgruppen möglich ist. Während sich die qualitativen Gesprächsrunden (siehe Kapitel 6) auf eine ausschließlich studentische Stichprobe beschränken, geht die experimentelle Überprüfung damit einen entscheidenden Schritt weiter und riskiert das Scheitern der Vermutungen in einer heterogenen Stichprobe.

Auf Grundlage der soziodemografischen Angaben wird die Stichprobe in Subgruppen unterteilt (siehe Tabelle 34). Diese Subgruppen werden im Folgenden hinsichtlich der zentralen Zusammenhänge von Markierungen und Vermeidungserwartungen sowie Vermeidungserwartungen und Kommunikationsvermeidung miteinander verglichen. Dabei setzt die Struktur des Panels den effektiv möglichen Gruppierungen Grenzen. Ausreichend große Subgruppen lassen sich einerseits mit Blick auf das Geschlecht und andererseits hinsichtlich der Bildungsphase ausweisen:

- Die Einteilung nach dem Geschlecht wird direkt aus der entsprechenden Frage im Fragebogen abgeleitet. 336 Personen sind männlichen und 622 Personen weiblichen Geschlechts. 16 Personen konnten keiner der beiden Gruppen zugeordnet werden.

- Zur Unterscheidung der Bildungsphase werden die Angaben zum Bildungsabschluss und zur Beschäftigung zusammengeführt. Als *studierte* Akademiker werden im Gegensatz zu studierenden Akademikern nur diejenigen Personen aufgefasst, die über einen Hochschulabschluss verfügen und aktuell nicht studieren. Andernfalls würden Masterstudierende, die bereits über einen Bachelorabschluss verfügen, nicht mehr den Studierenden zugerechnet werden.

Insgesamt umfasst die Gruppe der studierten Akademiker damit 390 Personen und die Gruppe der Studierenden umfasst 326 Personen. Weitere 258 Personen können keiner der beiden Gruppen zugeordnet werden.

Tabelle 34: Einteilung der Subgruppen

Subgruppe[192]	Männlich	Weiblich	Anderes / Keine Angabe	Gesamt
Im Studium	95 (10%)	228 (23%)	3 (0%)	326 (33%)
Abgeschlossenes Studium	153 (16%)	233 (24%)	4 (0%)	390 (40%)
Anderes / Keine Angabe	88 (9%)	161 (17%)	9 (1%)	258 (26%)
Gesamt	336 (34%)	622 (64%)	16 (2%)	974 (100%)

Anzahl der Befragten je Gruppe; in Klammern ist der Anteil an der Gesamtstichprobe angegeben. Die grau hervorgehobenen Gruppen werden für den Subgruppenvergleich herangezogen. Basis: n=974 Befragte.

Vertrautheit mit den Situationen

Darüber hinaus wurde mit einer allgemeinen Frage danach gefragt, wie häufig die Personen einerseits öffentliche Verkehrsmittel und andererseits Soziale Netzwerkseiten nutzen. Die später im Fragebogen als Treatment eingesetzten Situationen sind zum einen an Haltestellen und zum anderen auf Facebook verortet. Somit geben die Antworten auf die Nutzungsfrage einen Hinweis darauf, inwiefern die Personen über eigene Erfahrungen in entsprechenden Situationen verfügen (siehe Tabelle 35).

---

[192] Insgesamt haben vergleichsweise wenige studierende Männer an der Befragung teilgenommen. Die Subgruppen sind deshalb statistisch nicht unabhängig voneinander.

Drei Viertel der Befragten nutzen laut eigener Angabe öffentliche Verkehrsmittel mindestens monatlich. Somit dürfte der überwiegende Anteil auch mit Haltestellensituationen vertraut sein. Lediglich zwei Prozent gaben an, niemals öffentliche Verkehrsmittel zu nutzen. Ähnlich verhält es sich in Bezug auf Soziale Netzwerkseiten. Mit einem Anteil von 78% sind Befragte mit mindestens monatlicher Nutzung vertreten. Selbst wenn hierunter nicht ausschließlich die Nutzung von Facebook zu verstehen ist, kann davon ausgegangen werden, dass die meisten Befragten zumindest über eine allgemeine Vorstellung von den Kommunikationsformen auf Sozialen Netzwerkseiten verfügen. Immerhin 19% der Befragten geben dagegen an, niemals Soziale Netzwerkseiten zu nutzen. Insofern sind durchaus auch Nichtnutzer und Wenignutzer von öffentlichen Verkehrsmitteln und Sozialen Netzwerkseiten in der Stichprobe vertreten. Die einzelnen Subgruppen sind zwar zu klein für einen direkten Vergleich. Die Heterogenität stellt aber die Hypothesen wie gewünscht auf die Probe – geht es doch um allgemeine Mechanismen, hier entsprechend der Hypothesen unter anderem um den Unterschied zwischen mündlicher und schriftlicher Kommunikation.

Tabelle 35: Nutzung von Öffentlichen Verkehrsmitteln und Sozialen Netzwerkseiten

Nutzung	Öffentliche Verkehrsmittel		Soziale Netzwerkseiten	
	Anzahl	Anteil (%)	Anzahl	Anteil (%)
Täglich	358	37	572	59
Wöchentlich	181	19	122	13
Monatlich	188	19	57	6
Halbjährlich	120	12	17	2
Jährlich	43	4	3	0
Seltener als jährlich	66	7	21	2
Nie	17	2	182	19
Keine Angabe	1	0	0	0
Gesamt	**974**	**100**	**974**	**100**

Basis: n=974 Befragte.

Selbstoffenbarungsbereitschaft

Auch hinsichtlich der Selbstoffenbarungsbereitschaft ist die Stichprobe einigermaßen heterogen. Die Teilnehmer wurden danach gefragt, wie umfangreich sie mit einer nur flüchtig bekannten Person über verschiedene Bereiche wie eigene Gefühle oder persönliche Gewohnheiten sprechen würden. Diese aus zehn Fragen bestehende Skala verfügt über eine gute interne Konsistenz; Cronbachs Alpha beträgt 0,85. Aus den zehn Antworten wurde über die Berechnung des arithmetischen Mittels ein gleichgewichteter Index gebildet. Dabei wurden acht Datensätze aufgrund vollständig fehlender Antworten nicht berücksichtigt, weitere 17 Fälle mit maximal drei fehlenden Antworten wurden dagegen in die Indexbildung einbezogen. Der Wertebereich dieses Index reicht von 0 (=überhaupt nicht) bis 1 (sehr umfangreich) (siehe Anhang D.4).

Der Index umfasst innerhalb der Stichprobe nahezu den vollständigen Wertebereich, das Minimum liegt bei 0 und das Maximum bei 0,95. Insgesamt ist die Selbstoffenbarungsbereitschaft in Relation zur maximal möglichen Ausprägung aber eher gering. Für 90 Prozent der Befragten liegt der Indexwert unter 0,5. Dies ist zwar als Messung der Selbstoffenbarungsbereitschaft gegenüber flüchtig Bekannten nicht überraschend. Die Werte liegen aber mit einem Mittelwert von 0,28 und einer Standardabweichung von 0,16 noch unterhalb von den in anderen Studien berichteten Indizes.[193] Insofern kann davon ausgegangen werden, dass die Selbstoffenbarungsbereitschaft in der vorliegenden Stichprobe insgesamt geringer ist als in anderen Studien.

---

193 Die Skala wurde in Anlehnung an Miller/Berg/Archer (Miller/Berg/Archer 1983: 1236) konstruiert. Die dort berichteten Indizes betragen umgerechnet auf den Wertebereich von 0 bis 1 für die Offenbarung gegenüber Fremden des gleichen Geschlechts 0,39 (Männer; sd=0,24) und 0,38 (Frauen; sd=0,23). In einer angepassten Version wurde die Skala auch von Reinecke/Trepte (2008) eingesetzt, die Indexwerte betragen dort umgerechnet auf den Wertebereich 0 bis 1 gegenüber fremden Personen in verschiedenen Kontexten und Teilgruppen zwischen 0,47 (sd=0,19) und 0,67 (sd=0,19). Beide Studien basieren ebenfalls auf *convenience samples*.

7.2.6 Zusammenfassung

Die allgemeine Vermeidungsthese wird – aufgeteilt auf einen Verbund von sieben einzelnen Hypothesen – durch ein Fragebogenexperiment evaluiert. Hierzu werden acht unterschiedliche verbale und bildliche Situationsbeschreibungen konstruiert, die als Stellvertreter für die jeweils zweifach gestuften Faktoren Unerwünschtheit, Unsicherheit und Trivialität dienen. Jedem Befragten werden zwei gegensätzliche Vignetten zugelost, womit sich die durchgeführte Studie zwischen einem fraktionellen, faktoriellen Design und einem vollständigen 2x2x2faktoriellen, randomisierten Between-Subjects Design verorten lässt.

Diese konstruierten Situationen sind Ausgangspunkt für eine Messung von wahrgenommener Öffentlichkeit, Vermeidungserwartungen und Kommunikationsvermeidung. Damit sind alle drei Stufen des Prozessmodells berücksichtigt. Zudem gehen die Erkenntnisse aus den drei zu Beginn der Arbeit besprochenen Forschungsbereichen und aus der qualitativen Studie in die Formulierung der Hypothesen, in die Konstruktion des Stimulus-Materials und in die Entwicklung der Messinstrumente ein. Eine Besonderheit der vorliegenden Untersuchung besteht darin, dass die Befragten offen um eine mögliche Antwort auf die konstruierte Kommunikationssituation gebeten werden, womit eine Kommunikationssituation simuliert wird, die dann zur Analyse von Kommunikationsvermeidung verwendet werden kann.

Die effektive Stichprobe umfasst insgesamt 974 Personen und ist durch weibliche Akademikerinnen geprägt. Die allgemeine Selbstoffenbarungsbereitschaft ist eher gering und die Vertrautheit mit Sozialen Netzwerkseiten sowie öffentlichen Verkehrsmitteln eher hoch. Sowohl hinsichtlich der soziodemografischen Merkmale Geschlecht, Bildung und Beschäftigung als auch hinsichtlich der inhaltlich interessierenden Merkmale Selbstoffenbarungsbereitschaft und Vertrautheit mit den Situationen weist die Stichprobe eine Heterogenität auf, mit der die Hypothesen auf die Probe gestellt werden können. Diese Probe lässt sich getrennt für die Subgruppen Männer, Frauen, Studierende und studierte Akademiker durchführen. Das Ziel der Untersuchung besteht darin, die Stärke verschiedener Einflussfaktoren im Vergleich untereinander und im Vergleich von Subgruppen sichtbar zu machen (zu dieser Auswertungsstrategie siehe auch Rossi/Anderson 1982: 24).

7.3 Ergebnisse

7.3.1 Markierungen des Öffentlichkeitsstatus

Jeder befragten Person wurden im Rahmen des Experimentaldesigns nacheinander zwei von acht Situationen bildlich und textlich beschrieben. Diese Situationen unterschieden sich in den drei Faktoren Unerwünschtheit, Unsicherheit und Trivialität mit jeweils zwei Ausprägungen, wobei jeder Person zwei in allen Merkmalen unterschiedliche Situationen vorgelegt wurden. Insgesamt liegen damit Messungen für 1932 Situationen vor. Die Größe der Experimentalgruppen ist einigermaßen ausgeglichen und umfasst je Messung zwischen 116 und 127 bzw. insgesamt für beide Messungen zwischen 237 und 246 Befragte (siehe Tabelle 36).[194]

Während die Theorie unklarer Öffentlichkeit und die Hypothesen allgemein formuliert sind, können im Rahmen eines einzelnen Experiments nicht alle möglichen Situationen untersucht werden. Die acht verschiedenen Situationsbeschreibungen stellen eine einzige, theoretisch und aus den Erkenntnissen der Gesprächsrunden begründete Möglichkeit der Operationalisierung dar. Diese Operationalisierung baut auf der theoretischen Annahme auf, dass Individuen Markierungen unklarer Öffentlichkeit wahrnehmen und daraufhin Erwartungen aktualisieren. Um zu prüfen, inwiefern die Operationalisierung über die ausgewählten Markierungen funktioniert hat, wurden im Fragebogen entsprechend der drei Konstrukte Unerwünschtheit, Unsicherheit und Trivialität drei verschiedene Instrumente eingesetzt. Auch wenn diese Instrumente nur auf vereinfachten Indikatoren basieren, geben sie erste Hinweise darauf, inwiefern die eingesetzten Markierungen als Markierungen der drei Wahrnehmungsbereiche plausibel sind. Insofern wird mit diesem Stimulus-Check die erste Phase der aufgestellten Theorie geprüft, auch wenn dieser Teil nicht den zentralen Fokus des Experiments darstellt. Gleichzeitig wird ausgelotet, ob der Operationalisierungsvorschlag zielführend ist und ein solches Fragebogenexperiment sich zur empirischen Untersuchung unklarer Öffentlichkeit eignet.

---

194 Schwankungen in den Gruppengrößen ergeben sich aus der Bereinigung der Stichprobe von nicht ausreichend vollständigen Datensätzen (Dropout, siehe Tabelle 36).

Tabelle 36: Übersicht über die Größe der Experimentalgruppen

#	Untersuchungskondition			Anzahl			Drop-out[195]
	Unerwünscht-heit	Unsi-cherheit	Triviali-tät	Messung 1	Messung 2	Gesamt	
1	Nichtöffentlich	Sicher	Nicht trivial	127	119	246	25
2	Nichtöffentlich	Sicher	Trivial	119	118	237	33
3	Nichtöffentlich	Unsicher	Nicht trivial	120	124	244	27
4	Nichtöffentlich	Unsicher	Trivial	118	120	238	33
5	Unerwünscht-öffentlich	Sicher	Nicht trivial	120	119	239	32
6	Unerwünscht-öffentlich	Sicher	Trivial	123	116	239	32
7	Unerwünscht-öffentlich	Unsicher	Nicht trivial	119	121	240	30
8	Unerwünscht-öffentlich	Unsicher	Trivial	123	126	249	22
Gesamt				**969**	**963**	**1932**	**234**

Jedem Befragten wurden nacheinander zwei Situationen zugelost, so dass bezüglich der zentralen Konstrukte jeweils zwei Messungen vorliegen. Basis: n=1932 Situationen; 974 Befragte.

---

[195] Aufgrund fehlender Daten (z. B. durch Abbruch der Befragung) nicht in der effektiven Stichprobe enthaltene Datensätze auf Ebene der Situationen. Ein statistisch signifikanter Zusammenhang zwischen Untersuchungsbedingung und Dropout ist nicht feststellbar (Chi^2=4,61; df=7; p=0,71).

Unerwünschtheit

Unerwünschte Öffentlichkeit liegt vor, wenn bei nichtöffentlicher Adressierung öffentliche Zugänglichkeit oder Aufmerksamkeit gegeben sind. In der Bushaltestellensituation wurden deshalb einmal eine Situation mit und einmal eine Situation ohne umstehende Leuten gezeigt – mit der Idee, dass sich wahrgenommene Zugänglichkeit und Aufmerksamkeit in Richtung Öffentlichkeit verschieben, bei möglichst gleichbleibend wahrgenommener nichtöffentlicher Adressierung. Ähnlich wurden die Facebook-Situationen konzipiert. Eine Statusmitteilung auf der Pinnwand einer Freundin sollte im Vergleich zu einer Privatnachricht bei möglichst gleichbleibender nichtöffentlicher Adressierung eher als öffentlich zugänglich und öffentlich rezipiert wahrgenommen werden.

Die wahrgenommene Adressierung, Zugänglichkeit und Aufmerksamkeit wurden mit einem vereinfachten Instrument, bestehend aus drei Fragen, erfasst. Zur Vereinfachung der folgenden Interpretation wurden die Antworten auf den fünfstufigen endpunktebenannten Skalen dichotomisiert.[196]

Im Ergebnis ist eindeutig zu erkennen, dass Aufmerksamkeit und Zugänglichkeit sich in die vermutete Richtung verschieben. Während in der nichtöffentlichen Kondition nur 26% der Befragten davon ausgehen, die Nachricht sei auch für andere zugänglich, erhöht sich dieser Anteil in der unerwünscht-öffentlichen Kondition auf 88%. Für die Dimension Aufmerksamkeit ergibt sich eine Verschiebung von 12 % auf 67%. Allerdings ist auch die Dimension Adressierung von einer Verschiebung betroffen, wenn auch in weit geringerem Ausmaß. Während in der ersten Kondition 13 % eher von einer Adressierung auch an andere ausgehen, sind es in der zweiten Kondition 32 % (siehe Anhang D.5).

---

196 Die mittlere Antwortoption wurde der Kategorie „nur ich" zugerechnet, so dass die Kategorie „auch andere" die Tendenz in Richtung einer öffentlichen Kommunikationsbeziehung ausdrückt, siehe Anhang D.5.

Abbildung 11: Veränderung des Öffentlichkeitsstatus

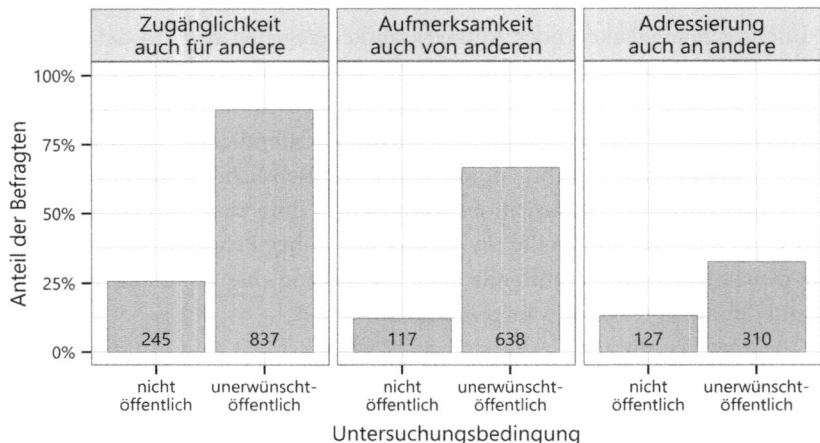

Die Zahl auf dem Balken gibt die absolute Anzahl der Befragten an. Basis: 956 Befragte mit vollständigen Antworten.

Betrachtet man die Quotenverhältnisse, so erhöht sich die Wahrscheinlichkeit wahrgenommener öffentlicher Adressierung um den Faktor 3 ($p<0{,}001$; Fisher-Test) während sich die Wahrscheinlichkeiten wahrgenommener öffentlicher Zugänglichkeit erwartungsgemäß um den wesentlich höheren Faktor 20 ($p<0{,}001$; Fisher-Test) bzw. in Bezug auf Aufmerksamkeit um den Faktor 14 ($p<0{,}001$; Fisher-Test) erhöhen (siehe Anhang D.5) .

Auch bei der getrennten Betrachtung der Facebook- und der Bushaltestellensituationen ergeben sich ähnliche signifikante Zusammenhänge. Auffällig ist jedoch, dass in der unerwünscht-öffentlichen Facebook-Situation, operationalisiert über eine Mitteilung auf der Pinnwand einer Freundin, lediglich 48% der Befragten von einer Adressierung nur an die Freundin ausgehen. Hier folgt somit etwas mehr als die Hälfte der Befragten nicht der versuchten möglichst eindeutigen Verbalisierung von Adressierung, stattdessen werden anscheinend andere Markierungen stärker wahrgenommen. Hier zeigt sich die Schwierigkeit, für alle Individuen gleichermaßen interpretierbare Situationsbeschreibungen zu konstruieren.

Insgesamt kann trotz der geringen Verschiebung von Adressierung davon ausgegangen werden, dass das Treatment erfolgreich war. Die deutliche Veränderung in der Wahrnehmung von Zugänglichkeit und Aufmerksamkeit deutet darauf hin, dass die eingesetzten verbalen und bildlichen Markierungen auch aus Sicht der Befragten relevante Markierungen sind, die einen Unterschied machen. Gleichzeitig wird deutlich, dass die drei Dimensionen nicht vollständig unabhängig voneinander sind. Tatsächlich korreliert Adressierung über alle Situationen und Befragte hinweg mit Zugänglichkeit (r=0,44; p<0,001; n=1912) und mit Aufmerksamkeit (r=0,51; p<0,001; n=1912). Eine Erklärung für diesen Zusammenhang könnte darin bestehen, dass Zugänglichkeit auch als Markierung von Adressierung gilt.

Unsicherheit

Es wurde davon ausgegangen, dass die Kommunikation auf Facebook unter anderem aufgrund der Schriftlichkeit im Vergleich zu Situationen an Bushaltestellen stärker als unsicher-öffentlich angesehen wird. Zur Überprüfung dieser Annahme wurden am Ende des Fragebogens zu beiden Orten danach gefragt, wie gut man im Allgemeinen einschätzen kann, a) wer eine Mitteilung lesen kann, b) wer sie tatsächlich liest und c) an wen eine Mitteilung gerichtet ist. Diese insgesamt sechs Fragen nicht vollständig beantwortet haben 17 von 974 Personen in der effektiven Stichprobe, die deshalb in der folgenden Analyse nicht berücksichtigt werden. Aus den drei Fragen je Ort wurde ein gleichgewichteter Mittelwertindex (Bortz/Döring 2006: 145) gebildet, der im Wertebereich von 1 (sicher) bis 5 (unsicher) die Stärke von Unsicherheit ausdrückt. Cronbachs Alpha beträgt auf Ebene der insgesamt 1914 Messungen 0,79. Die interne Konsistenz ist damit akzeptabel, insbesondere wenn man die geringe Anzahl an Items berücksichtigt (siehe Anhang D.6).

Die Einschätzung von Unsicherheit unterscheidet sich erwartungsgemäß signifikant zwischen den Situationen (t=19,7; df=956; p<0,001; gepaarter t-Test). Während der Unsicherheitsindex im Durchschnitt für Bushaltestellen einen Wert von m=2,4 (sd=0,9) erreicht, liegt er für Facebook um fast einen Punkt höher bei m=3,3 (sd=1,0). Insofern wird davon ausgegangen, dass die gewählten Situationen als Operationalisierung des Faktors Unsicherheit verwendet werden können, auch wenn keiner der Bereiche extreme Werte erreicht (siehe Abbildung 12).

Abbildung 12: Einschätzung von Unsicherheit im Vergleich

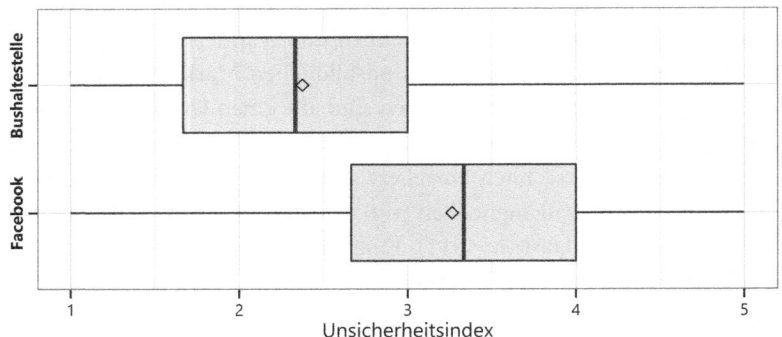

Unsicherheitsindex berechnet aus den Dimensionen Adressierung, Zugänglichkeit und Aufmerksamkeit mit einem Wertebereich von 1 (voll und ganz einschätzbar) bis 5 (ganz und gar nicht einschätzbar). Der Mittelwert ist im Boxplot durch eine Raute gekennzeichnet. Basis: 957 Befragte.

Trivialität

Analog zum Vorgehen in Bezug auf Unsicherheit wurde auch die Trivialität der beiden Kommunikationsinhalte abgefragt. Dazu wurde ein semantisches Differenzial mit jeweils neun Gegensatzpaaren eingesetzt. Vollständige Angaben zu allen der insgesamt 18 Fragen liegen von 951 Befragten vor, nur diese vollständigen Datensätze gehen in die folgende Analyse ein. Aus den Gegensatzpaaren wurde ein gleichgewichteter Mittelwertindex (Bortz/Döring 2006: 145) mit einem Wertebereich von 1 (trivial) bis 5 (nicht trivial) gebildet.

Bei der Analyse der einzelnen Items fällt auf, dass die Gegensatzpaare Politisch/Unpolitisch und Wichtig/Unwichtig in Bezug auf den Index eine vergleichsweise geringe Trennschärfe von 0,28 bzw. 0,31 aufweisen. Der Grund dürfte darin liegen, dass sowohl die Mitteilung über das Wetter als auch die Aussage über die Nachbarn eher als unpolitisch und unwichtig eingeordnet werden (siehe Anhang D.7). Das deutet darauf hin, dass die beiden Inhalte sich vor allem in Bezug auf die persönliche Betroffenheit unterscheiden, nicht so sehr aber in Bezug auf eine kollektive Relevanz. Die Skala müsste an weiteren Kommunikationsinhalten getestet und weiterentwickelt werden. Vorläufig werden die beiden fraglichen Items beibehalten, da sie die Konsistenz der Skala insgesamt nicht in Frage stellen (Cronbachs Alpha = 0,83). Der Indexwert drückt damit insbesondere aus, inwiefern den Inhalten eine persönliche Relevanz zugeschrieben wird. Die gute Konsistenz der Skala deutet darauf hin, dass die Verdichtung der Items zu einer gemeinsamen Bedeutungsdimension entsprechend der theoretischen Annahmen zum semantischen Differenzial sinnvoll ist (siehe Kapitel 7.2.3).

Mit einem signifikanten durchschnittlichen Unterschied von 1,35 Punkten (t=58,8; df=950; p<0,001; gepaarter t-Test) wird die Aussage über das Wetter (m=4,4; sd=0,5) deutlich trivialer eingeordnet als die Aussage über die Nachbarn (m=3,0; sd=0,6). Die Wetteraussage wird als höchst trivial angesehen, die Aussage über die Nachbarn ist dagegen im mittleren Bereich des Index verortet, es bliebe Raum für relevantere Inhalte. Angesichts des deutlichen Unterschieds wird von der Eignung der ausgewählten Kommunikationsinhalte als Operationalisierung des Faktors Trivialität ausgegangen.

Abbildung 13: Trivialität der Kommunikationsinhalte im Vergleich

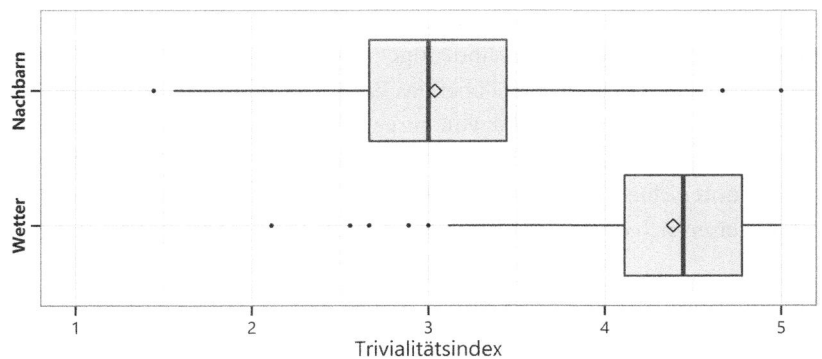

Der Index wurde aus neun Gegensatzpaaren eines semantischen Differenzials berechnet. Wertebereich 1 (nicht trivial) bis 5 (trivial). Der Mittelwert ist im Boxplot durch eine Raute gekennzeichnet. Basis: 951 Befragte.

Zwischenfazit

Die effektive Stichprobe umfasst Messungen für 1932 Situationen, die sich entsprechend den Untersuchungsbedingungen in den Faktoren Unerwünschtheit, Unsicherheit und Trivialität unterscheiden. Auffallend ist, dass sich insbesondere in den Facebook-Situationen nicht nur Zugänglichkeit und Aufmerksamkeit, sondern auch die Adressierung in der unerwünscht-öffentlichen Kondition leicht in Richtung einer öffentlichen Kommunikationsbeziehung verschiebt. Vor dem Hintergrund der postulierten Theorie lässt sich dieser Befund dahingehend deuten, dass Zugänglichkeit – sofern steuerbar – als ein Indikator für Adressierung gilt. Denkbar ist jedoch auch, dass die im Folgenden gefundenen Unterschiede nicht nur auf die Diskrepanz zwischen den Dimensionen von Öffentlichkeit zurückzuführen sind, sondern auch auf den Anstieg von Öffentlichkeit in allen drei Dimensionen. Vielleicht wecken nichttriviale Inhalte nicht nur in Bezug auf öffentliche Zugänglichkeit und Aufmerksamkeit höhere Vermeidungserwartungen, sondern sie sind darüber hinaus nicht öffentlich adressierbar. Dieser Zusammenhang bedarf weiterer empirischer Untersuchungen und einer Verfeinerung des Instruments zur Erhebung des Öffentlichkeitsstatus.

Die Facebook-Situationen weisen wie erwartet einen höheren Unsicherheitswert als die Bushaltestellensituationen auf, sie liegen dabei im mittleren Bereich des Index. Ebenso lässt sich ein eindeutiger Unterschied in der Trivialität nachweisen, wobei die triviale Aussage über das Wetter im mittleren Bereich des Index zu verorten ist. Insgesamt wird davon ausgegangen, dass das Treatment zielführend war. Es zeigt sich allerdings, dass ein und dieselbe Situationsbeschreibung durchaus unterschiedlich wahrgenommen wird. Die verwendeten Messinstrumente erweisen sich dabei als tauglich, um Unterschiede nachzuweisen.

7.3.2 Vermeidungserwartungen

Indexbildung

Ein zentrales Ziel des Experiments ist die Untersuchung von Erwartungen. Dementsprechend besteht die unabhängige Variable der vier Kernhypothesen im Umfang der Aktualisierung von Vermeidungserwartungen. Zu jeder Situation wurden deshalb mit einer Skala – bestehend aus zwölf Items mit je vier unterschiedlich gepolten Items für die desiderative, deontische und faktische Dimension – der Umfang von aktualisierten Erwartungen gemessen. Die Skala weist hinsichtlich Cronbachs Alpha mit einem Wert von 0,93 eine ausgezeichnete interne Konsistenz auf.[197] Aus den einzelnen Antworten wurde deshalb ein gleichgewichteter Mittelwertindex (Bortz/Döring 2006: 145) mit einem Wertebereich von 0 (keine Vermeidungserwartungen) bis 1 (vollständige Vermeidungserwartungen) gebildet.

Der Index schöpft über alle Experimentalgruppen bzw. Befragten hinweg den Wertebereich vollständig aus, liegt aber im Gesamtdurchschnitt mit einem Wert von m=0,34 (sd=0,24) eher im unteren Bereich (siehe Abbildung 14 und Anhang D.2). Die einzelnen Gruppen unterscheiden sich dabei deutlich in ihren Mittelwerten. Die geringsten Werte werden in den Situationen erreicht, die ein Gespräch über das Wetter an der Bushaltestelle beinhalten (m=0,12 bzw. 0,13; sd=0,12 bzw. 0,12). Schaut man sich die Verteilungen innerhalb dieser Gruppen an, so sind diese deutlich rechtsschief. Die Vermeidungserwartungen stoßen hier an die untere Grenze des Messinstruments, durchaus aber auch an die untere theoretische Grenze. Derartig geringe Werte bedeuten, dass die Befragten diese Situationen weder als unwahrscheinlich, noch als unangenehm, noch als unangemessen bewerten. Die höchsten Werte werden in den Facebook-Situationen mit Äußerungen über die Nachbarn erreicht (m=0,45 bzw. 0,66 und sd=0,2 bzw. 0,2). Hier sind deutlich höhere Vermeidungserwartungen als in den anderen Situationen aktualisiert worden, eine ganz und gar vollständige faktische, desiderative und deontische Ablehnung der Situationen ist aber nur in wenigen Fällen zu beobachten.

---

[197] Die effektive Stichprobe wurde wie oben beschrieben dahingehend bereinigt, dass innerhalb der Vermeidungsskala maximal drei Antworten fehlen. In die Berechnung von Cronbachs Alpha gehen ausschließlich Datensätze mit vollständigen Antworten ein, das sind 1928 von 1932 Datensätzen.

Abbildung 14: Vermeidungserwartungen innerhalb der Experimentalgruppen

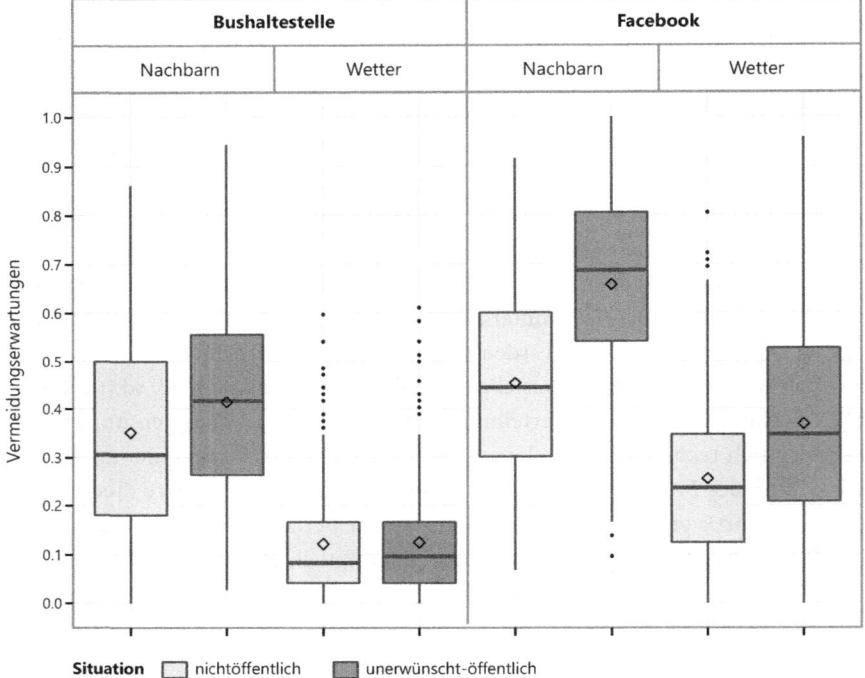

Der Vermeidungsindex wurde aus zwölf Items berechnet, Wertebereich 0 (keine Vermeidungserwartungen) bis 1 (vollständige Vermeidungserwartungen). Der Gruppenmittelwert ist jeweils mit einer Raute markiert. Faktor 1: nichtöffentlich (nicht zugänglich für Dritte) vs. unerwünschtöffentlich (zugänglich für Dritte). Faktor 2: nicht trivial (über die Nachbarn) vs. trivial (über das Wetter). Faktor 3: sicher (Bushaltestelle) vs. unsicher (Facebook). Basis: 1932 Situationen.

Modellierung

Auf dieser Grundlage wird die Überprüfung der Hypothesen angegangen. Die vier Kernhypothesen enthalten alle den Umfang von Vermeidungserwartungen und damit den Vermeidungsindex als abhängige Variable, während die unabhängigen Variablen über die Treatments in den Experimentalgruppen operationalisiert wurden. Zusammengenommen lassen sich die Hypothesen damit als ein Modell im Sinne des Allgemeinen Linearen Modells begreifen und auswerten.[198] Zu diesem Zweck wurde eine multiple Regressionsanalyse durchgeführt, in die als Regressoren die dummykodierten Variablen Unerwünschtheit (H1a) und Unsicherheit (H1b) aufgenommen wurden. Zusätzlich wurden entsprechend den Hypothesen die Interaktionsterme Unerwünschtheit x Trivialität (H2b) sowie Unsicherheit x Trivialität (H2c) sowie zur Ermöglichung einer sinnvollen Interpretation der Interaktionen der Haupteffekt Trivialität (H2a) in das Modell eingeführt. Anstelle einer getrennten Analyse der Hypothesen bringt diese Vorgehensweise den Vorteil mit sich, dass erstens das gesamte Modell in einem Zug geprüft werden kann und zweitens aus den Regressionskoeffizienten direkt die Veränderung der Vermeidungserwartungen für die einzelnen Effekte unter rechnerischer Gleichhaltung aller anderen Effekte ablesbar ist. Die inferenzstatistischen Voraussetzungen des Allgemeinen Linearen Modells (Moosbrugger/Mildner/Schweizer 2010: 484) wurden im Zuge der Regressionsanalyse vorrangig graphisch überprüft. Es wird davon ausgegangen, dass die entsprechenden Voraussetzungen nicht wesentlich verletzt sind, so dass eine ausreichend genaue Modellierung vorgenommen werden kann (siehe Anhang D.8).[199]

---

198 Gemeinhin werden Experimente varianzanalytisch ausgewertet. Die Varianzanalyse ist wie auch die Regressionsanalyse als Spezialfall des Allgemeinen Linearen Modells zu verstehen. Insofern führt eine Regressionsanalyse bei entsprechender Kodierung der Variablen zu den gleichen Befunden wie eine Varianzanalyse. Die Verfahren unterscheiden sich vor allem in der Art, wie die Ergebnisse berichtet werden (Quadratsummen vs. Regressionskoeffizienten). Im Folgenden werden Regressionskoeffizienten den Quadratsummen vorgezogen, da sich hieraus direkt die Veränderung der abhängigen Variablen ablesen lässt. Für eine Einführung in das Allgemeine Lineare Modell siehe Moosbrugger/Mildner/Schweizer (2010) und Moosbrugger (2011).
199 Zu den wesentlichen inferenzstatistischen Voraussetzungen des Allgemeinen Linearen Modells zählen a) keine Multikollinearität der Prädiktoren, b) Linearität des Zusammenhangs, c) Normalverteilung der Residuen, d) Homoskedastizität der Residuen, e) Unabhängigkeit der Fehler (Moosbrugger/Mildner/Schweizer 2010: 484). Die theoretischen Annahmen des Allgemeinen Linearen Modells wie auch anderer Modellierungstechniken sind in der Praxis selten ganz und gar vollständig erfüllt. Zudem werden bei jeder Modellierung wissentlich Ungenauigkeiten zugunsten von Vereinfachung in Kauf genommen: „The most that can be expected from any model is that it can supply a useful approximation to reality: All models are wrong; some models are useful" (Box/Hunter/Hunter 2005: 440). Die eingesetzten Verfahren gelten aber als robust gegenüber Verletzungen der Annahmen (Moosbrugger/Mildner/Schweizer 2010: 484).

Tabelle 37: Kennwerte des Regressionsmodells für Vermeidungserwartungen

Faktor	Koeffizient	Standardfehler	t-Wert	p-Wert	Partielles η^2
Interzept	0,32	0,010	31,39	< 0,001	
Unerwünschtheit	0,13	0,012	11,44	< 0,001	0,064
Unsicherheit	0,17	0,012	14,76	< 0,001	0,102
Trivialität	-0,22	0,014	-15,46	< 0,001	0,110
Unerwünschtheit x Trivialität	-0,08	0,017	-4,55	< 0,001	0,011
Unsicherheit x Trivialität	0,02	0,017	1,00	0,315	0,001

Modellpassung: angepasstes $R^2=0,44$ (F=307,8; df=5/1926; p<0,001). Das Interzept gibt den mittleren Indexwert in der Ausprägung Nichtöffentlich + Sicher + Nichttrivial an. Die Koeffizienten geben die mittlere Veränderung des Wertes unter der jeweiligen Bedingung an. Basis: 1932 Situationen.

Als Ausgangsbasis für die Interpretation des Modells dient gemäß der in den Hypothesen formulierten Perspektive und der entsprechenden Dummykodierung der Variablen die Kombination nichtöffentlich, nichttrivial und sicher. Dies entspricht dem Gespräch an einer Bushaltestelle über die Nachbarn ohne Anwesenheit umstehender Leute. Der geschätzte mittlere Vermeidungsindex, abzulesen am Interzept des Regressionsmodells, beträgt in dieser Situation 0,32 und liegt damit im unteren Drittel des Wertebereichs (0 bis 1) (siehe Tabelle 37). Erwartungsgemäß steigt der Index signifikant um einen durchschnittlichen Wert von 0,13 unter der Bedingung unerwünschter Öffentlichkeit, das heißt bei Zugänglichkeit für Dritte (t=11,4; p<0,001). Die Bedingung unsicherer Öffentlichkeit – operationalisiert über die Facebook-Situationen – führt zu einer noch stärkeren, signifikanten Steigerung von 0,17 (t=14,8; p<0,001). Damit können die ersten beiden Hypothesen als vorläufig bestätigt angesehen werden, wobei der Wechsel des Gesprächs von der Bushaltestelle zu Facebook zu etwas stärkeren Vermeidungserwartungen führt als die Anwesenheit Dritter.

Betrachtet man den Faktor Trivialität und damit den Unterschied zwischen dem Gespräch über die Nachbarn und dem Gespräch über das Wetter über alle Situationen hinweg, so ergibt sich daraus zunächst eine signifikante mittlere Verringerung des Vermeidungsindex um 0,22 ($t=-15{,}5$; $p<0{,}001$). Von Interesse sind für die Hypothesen jedoch vorrangig die Interaktionseffekte. Zusätzlich zur allgemeinen Verringerung des Vermeidungsindex sinkt der Wert signifikant um weitere mittlere 0,08 ($t=-4{,}6$; $p<0{,}001$) in Situationen mit unerwünschter Öffentlichkeit. Damit kann auch Hypothese 2a als bestätigt angesehen werden – sobald es sich um ein triviales Gespräch handelt, verringert sich der Unterschied zwischen der nichtöffentlichen und der unerwünscht-öffentlichen Situation bei statistischer Konstanthaltung der anderen Effekte im Mittel von 0,13 auf 0,05. Ein Blick auf die Mittelwerte der einzelnen Situationen zeigt, dass der Unterschied insbesondere in den Bushaltestellensituationen fast verschwindet. Die zweite Hypothese zu einem Interaktionseffekt von Trivialität und Unsicherheit bestätigt sich dagegen nicht, der Interaktionsterm ist nicht signifikant ($t=1{,}0$; $p=0{,}315$). Trivialität hat damit über eine allgemeine Verringerung von Vermeidungserwartungen hinaus keine überzufällige Verringerung des Unterschieds zwischen der unsicher-öffentlichen und der sicher-öffentlichen Situation zur Folge.

Damit sprechen die Daten deutlich für die Annahme von drei der vier Kernhypothesen. Das Gesamtmodell kann immerhin 44% der Varianz in den gemessenen Erwartungen erklären (angepasstes $R^2=0{,}44$; $F=307{,}8$; $df=5/1962$; $p<0{,}001$). Diese erklärte Varianz ist unter der Annahme eines gelungenen Experimentaldesigns nicht auf Unterschiede in der Persönlichkeit der Befragten, sondern auf das Treatment bzw. auf zwischen den Befragten geteilte Mechanismen zurückzuführen. Allerdings ist zu beachten, dass unter den Hauptfaktoren der Koeffizient für Unerwünschtheit am geringsten ausfällt. Unsicherheit und insbesondere Trivialität haben einen deutlich stärkeren Einfluss auf Vermeidungserwartungen. Bei den Interaktionseffekten weisen dagegen beide Koeffizienten die geringsten Beträge mit den größten Standardfehlern auf, was für eine untergeordnete Bedeutung spricht.

Angesichts dessen, dass die Operationalisierung von Unsicherheit über den Unterschied zwischen Bushaltestellen und Facebook umgesetzt wurde, sind jedoch sowohl die Zurückweisung der vierten Hypothese als auch die Bestätigung der zweiten Hypothese mit Vorsicht zu interpretieren. Bushaltestellen und Facebook unterscheiden sich vermutlich in weiteren Eigenschaften als lediglich der Unsicherheit von Öffentlichkeit, dies mag möglicherweise Effekte verdecken oder verstärken. Die gewählten Situationen stehen in der aktuellen Studie als Repräsentanten für eine Vielzahl weiterer Situationen. Die Effekte müssten für alle Faktoren, insbesondere aber für den Faktor Unsicherheit, durch eine Untersuchung weiterer Situationen überprüft werden.

Am besten vergleichbar sind die Bushaltestellensituationen, da hier lediglich die An- und Abwesenheit Dritter manipuliert wurde. Der dadurch operationalisierte Faktor Unerwünschtheit steht gleichzeitig im Zentrum des Erkenntnisinteresses. Die unten durchgeführte Analyse des Teilexperiments sowie die deutlich sichtbaren Unterschiede zwischen den einzelnen Situationen sprechen hierbei für die aufgestellten Hypothesen. Vorläufig wird deshalb insgesamt davon ausgegangen, dass die empirischen Befunde für die allgemeine Hypothese sprechen, dass unklare Öffentlichkeit zu einer Aktualisierung von Vermeidungserwartungen führt. Im experimentell geprüften Beispiel bedeutet dies: allein die durch Anwesenheit Dritter hergestellte unklare Öffentlichkeit verändert die Erwartungshaltung. Gleichfalls wird angesichts der recht eindeutigen Unterschiede davon ausgegangen, dass diese Form der Untersuchung von Vermeidungserwartungen und unklarer Öffentlichkeit methodisch ein gangbarer Weg ist. Im Ergebnis lässt sich die Relevanz einzelner Einflussfaktoren untereinander vergleichen. Dabei ergibt sich, dass der Inhalt bedeutsamer ist als die Unklarheit von Öffentlichkeit, Unklarheit aber bei nichttrivialen Inhalten einen Unterschied macht.

Subgruppenanalyse

Zur Kreuzvalidierung der Befunde und zur Exploration von Personenunterschieden wurde das Modell für verschiedene Teildatensätze angepasst und geschätzt. Hierbei findet in zweifacher Hinsicht ein Vergleich des bislang besprochenen Gesamtmodells mit Teildatensätzen statt:

- Erstens wurde die Analyse für vier **Teilexperimente** durchgeführt, die jeweils nur einen Teil der Hypothesen adressieren und dabei sicherstellen, dass jeder Befragte mit nur einer Situation berücksichtigt wird. Hierdurch sinken zwar die Fallzahl und damit die Power der Analyse. Im Gegenzug wird aber der möglichen Überschätzung von Signifikanz und Konfidenzintervallen durch das Gesamtmodell begegnet. Die vier Teilexperimente umfassen jeweils ausschließlich a) die Bushaltestellensituationen und b) die Facebooksituationen zur Überprüfung des Einflusses unerwünschter Öffentlichkeit sowie c) die nichtöffentlichen Situationen und d) die unerwünscht-öffentlichen Situationen zur Überprüfung des Einflusses von Unsicherheit.

- Zweitens wurden **Subgruppen der Befragten** miteinander verglichen. Hierdurch wird erkundet, welche Rolle über den allgemeinen Mechanismus hinaus personengebundene Merkmale spielen. Die vergleichbaren Subgruppen sind durch die Struktur der Stichprobe begrenzt, da die Größe der einzelnen Experimentalgruppen nicht zu klein ausfallen sollte, um zu statistisch abgesicherten Aussagen gelangen zu können. Der Vergleich beschränkt sich deshalb auf die Kategorien a) Frauen, b) Männer, c) Studierende und d) Studierte.

Abbildung 15: *Vermeidungserwartungen: Die Koeffizienten der Regressionsmodelle in den Teilexperimenten*[200]

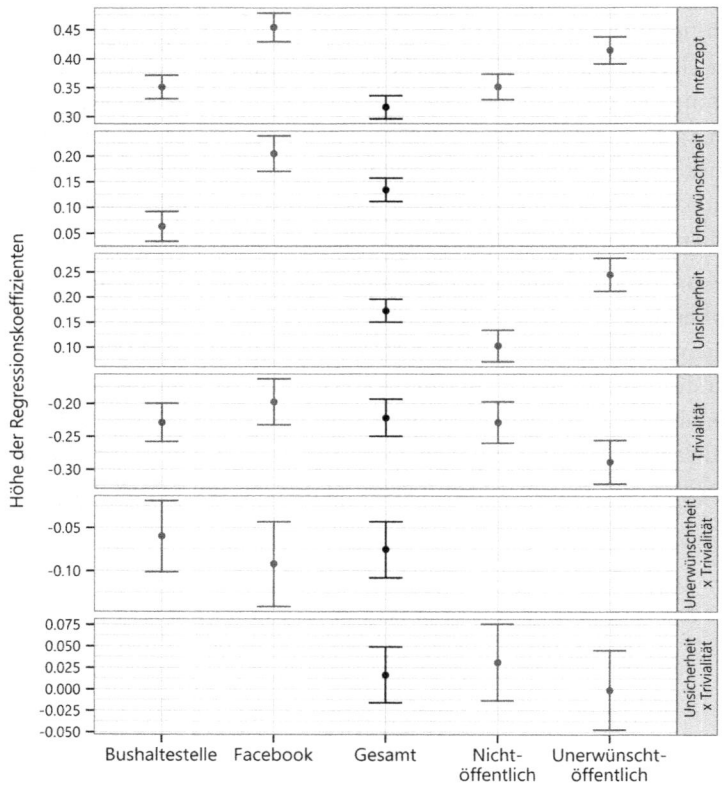

Die Fehlerindikatoren geben das 95%-Konfidenzintervall an. Basis: n-Bushaltestelle=961; n-Facebook=971; n-Gesamt=1932; n-Nichtöffentlich=965; n-Unerwünscht-öffentlich=967.

---

200 Lesebeispiel: die mittlere Vermeidungserwartung beträgt in den Bushaltestellensituationen ca. 0,35 (links oben), in Facebooksituationen dagegen ca. 0,45 (direkt daneben). Die entsprechenden Konfidenzintervalle überschneiden sich nicht, es kann deshalb von einem signifikanten Unterschied ausgegangen werden. Gleichzeitig unterscheidet sich auch der Einfluss von Unerwünschtheit auf

Abbildung 16: Vermeidungserwartungen: die Koeffizienten der Regressionsmodelle in den Subgruppen

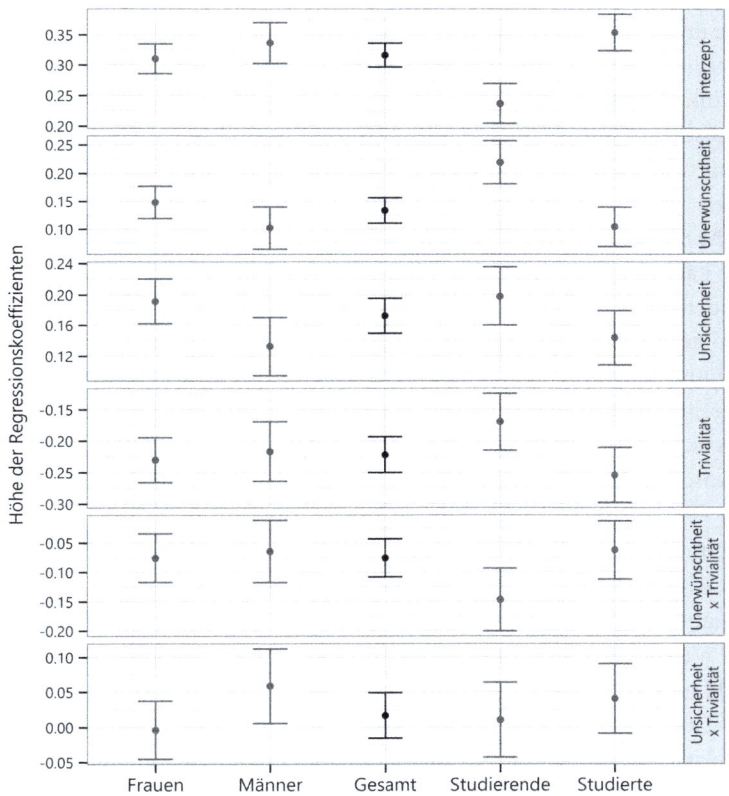

Die Fehlerindikatoren geben das 95%-Konfidenzintervall an. Basis: n-Frauen=1235; n-Männer=670; n-Gesamt=1932; n-Studierende=650; n-Studierte=775.

Vermeidungserwartungen signifikant (zweite Zeile). In Bushaltestellensituationen kann ein Anstieg um ca. 0,06, an Facebooksituationen aber sogar ein Anstieg um ca. 0,20 erwartet werden, wenn eine Mitteilung für nichtadressierte Dritte zugänglich wird.

Die Analyse der Teilexperimente führt zunächst zu ähnlichen Ergebnissen wie schon die Analyse des gesamten Datensatzes. Die Koeffizienten des Regressionsmodells bewegen sich in ähnlichen Bereichen, weiterhin bleiben die gleichen Koeffizienten wie im Gesamtdatensatz signifikant. Insofern wird davon ausgegangen, dass die bisherige Auswertungsstrategie nicht zu einer bedeutsamen Überschätzung der Signifikanz geführt hat.

Die durchschnittliche Vermeidungserwartung, erkennbar am Interzept, ist weiterhin erwartungsgemäß für Bushaltestellensituationen geringer als für Facebooksituatonen sowie für unerwünscht-öffentliche Situationen höher als für nichtöffentliche Situationen (erste Reihe in Abbildung 15). In Bezug auf die Interaktionseffekte kann trotz leichter Schwankungen angesichts der sich überschneidenden Konfidenzintervalle nicht von signifikanten Unterschieden zwischen den Teilexperimenten ausgegangen werden (fünfte und sechste Reihe in Abbildung 15). Der Haupteffekt von Trivialität ist zwar in der unerwünscht-öffentlichen Kondition augenscheinlich stärker als in den anderen Konditionen, die Konfidenzintervalle überschneiden sich aber auch hier, so dass nicht von signifikanten Unterschieden zwischen den Experimenten ausgegangen wird (vierte Reihe in Abbildung 15).

Auffällig sind dagegen die Unterschiede der Hauptfaktoren Unerwünschtheit und Unsicherheit (zweite und dritte Reihe in Abbildung 15). Betrachtet man die Facebook-Situationen, so ist Unerwünschtheit hier mit einer durchschnittlichen Erhöhung der Vermeidungserwartungen um 0,20 (t=11,6; p<0,001) deutlich einflussreicher als in den Bushaltestellensituationen, wo die Veränderung lediglich 0,06 (t=4,3; p<0,001) beträgt. Gleichzeitig ist der Wechsel von einer Bushaltestelle zu Facebook, das heißt der Faktor Unsicherheit, in unerwünscht-öffentlichen Situationen mit einer Erhöhung der Vermeidungserwartungen um 0,24 (t=14,6; p<0,001) deutlich einflussreicher als in nichtöffentlichen Situationen, in denen die Veränderung 0,10 (t=6,5; p<0,001) beträgt. Dies spricht dafür, dass der Vermeidungsmechanismus auf Facebook stärker greift als an Bushaltestellen.

Schaut man weiterhin auf die nach soziodemografischen Merkmalen unterteilten Subgruppen, so bleiben die Koeffizienten angesichts sich überschneidender Konfidenzintervalle beim Vergleich von Männern und Frauen auf ähnlichem Niveau (Spalten 1 und 2 in Abbildung 16). Dass hier kein Unterschied nachgewiesen werden kann, überrascht im ersten Moment durchaus, da in der Selbstoffenbarungsforschung von Geschlechterunterschieden ausgegangen wird. Im zweiten Moment fallen eine theoretische und eine methodische Erklärung allerdings nicht schwer. Alle Treatments waren als Kommunikation mit einer weiblichen Person ausgelegt, so dass sich unabhängig vom Geschlecht des Befragten die Erwartungshaltung stets auf die Mitteilung einer Frau beziehen. Zudem sind in der Stichprobe wesentlich weniger Männer als Frauen vertreten, womit die Konfidenzintervalle in der männlichen Subgruppe breiter werden und ein Nachweis erschwert wird. Die erkennbaren Schwankungen der Erwartungswerte könnten somit in einer entsprechend großen Stichprobe durchaus zu signifikanten Unterschieden führen.

Deutliche Unterschiede sind dagegen zu erkennen, wenn man Studierende mit der Gesamtstichprobe oder auch den Studierten in Relation setzt (Spalten 3-5 in Abbildung 16). Während die mittlere Vermeidungserwartung bei Studierenden auf einen Indexwert von 0,24 fällt, wird vor allem der Einfluss von Unerwünschtheit mit einem Koeffizienten von 0,22 viel stärker als in den anderen Subgruppen und auch stärker als alle anderen Faktoren. Das Modell weist hier zudem insgesamt mit einem angepassten R^2 von 0,52 (F=138,9; df=5/644; p<0,001) eine stärkere Erklärungskraft auf. Diese Befunde sprechen dafür, dass die studentische Teilstichprobe zu deutlicheren Effekten führt als andere Stichproben. Für das vorliegende Experiment ist das dahingehend plausibel, dass die eingesetzten Vignetten aus einer Studie mit Studierenden resultieren. Grundsätzlich stellt sich hier aber für die Sozialforschung die Frage, wie aussagekräftig Erkenntnisse aus den vielfach eingesetzten studentischen *convenience samples* in Bezug auf andere Teile der Gesellschaft sind. Immerhin: selbst wenn sich Unterschiede dann deutlicher zeigen, spricht dies eher dafür, erste Tests mit Studierenden durchzuführen. Angenommen es ließen sich schon dort keine Effekte nachweisen, so ist eine Ausweitung auf andere Gruppen wenig Erfolg versprechend. Für das hier verfolgte Erkenntnisinteresse ergibt sich, dass weitere theoretische und empirische Studien nötig sind, um die Relevanz soziodemografischer Faktoren begreifen zu können.

Zwischenfazit

Die Hypothesen zum Faktor Unerwünschtheit bestätigen sich. Unerwünschtheit führt bei der Kommunikation über die Nachbarn im Mittel zu einer Erhöhung der

Vermeidungserwartungen um 13 Prozentpunkte (Koeffizient 0,13; Wertebereich 0 bis 1). Dieser Einfluss verringert sich deutlich, wenn das Thema zum Wetter gewechselt wird. In der Bushaltestellensituation ist dann sogar überhaupt kein Unterschied zwischen der nichtöffentlichen und der unerwünscht-öffentlichen Kondition nachweisbar. Unter der Annahme, dass der Wechsel in die Facebook-Situationen zu einer stärker unsicher-öffentlichen Situation führt, ist auch ein Einfluss des Unsicherheitsfaktors mit einem mittleren Anstieg der Vermeidungserwartungen um 17 Prozentpunkte (Koeffizient 0,17; Wertebereich 0 bis 1) deutlich ausgeprägt. Hier geht der Anstieg allerdings unter statistischer Konstanthaltung aller anderen Faktoren nicht zurück, wenn der Inhalt trivialisiert wird.

Insgesamt sind Erwartungen am stärksten vom Inhalt und vom Ort abhängig, am geringsten von der Anwesenheit Dritter. Dabei bestätigt sich die Annahme, dass unklare Öffentlichkeit zu einer Aktualisierung von Vermeidungserwartungen führt. Wie stark der Einfluss ausgeprägt ist, hängt vom Kontext ab, insbesondere auf Facebook und unter Studierenden scheint der Vermeidungsmechanismus am stärksten zu greifen. Keine der untersuchten Situationen wird aber im Durchschnitt als vollkommen unangemessen, unangenehm und unwahrscheinlich angesehen. Hier bleibt also Spielraum für weitere Untersuchungen.

7.3.3 Kommunikationsvermeidung

Indexbildung

Die dritte Komponente im Prozessmodell unklarer Öffentlichkeit besteht in der Anpassung von Kommunikation an Erwartungen. Unter der Prämisse, dass unklare Öffentlichkeit vermieden wird, sollte sich im Experiment ein Zusammenhang von Vermeidungserwartungen und Kommunikationsvermeidung zeigen. Um diesen Zusammenhang sichtbar zu machen, wurden die Befragten darum gebeten, eine Antwort auf die in der jeweiligen Situation vollzogene Mitteilung einer Freundin zu geben. Daraufhin wurde mit einer kurzen Skala danach gefragt, inwiefern die eigene Mitteilung konversational und relational als Fortsetzung oder Vermeidung der Situation gilt.

Eine Analyse der sechs eingesetzten Items zeigt, dass die beiden nach dem Pretest neu hinzugefügten Items eine geringe Trennschärfe in Bezug auf die Skala aufweisen (r=0,2 bzw. 0,33), während die Konsistenz der übrigen vier Items recht gut ausfällt (Cronbachs Alpha = 0,79) (siehe Anhang D.3). Da auch inhaltlich die Zuordnung zur konversationalen oder relationalen Dimension von Kommunikationsvermeidung für diese vier Items wesentlich eindeutiger ist, werden nur diese zur Indexbildung herangezogen.[201] Für insgesamt 1676 von 1932 Situationsmessungen liegen vollständige Antworten für diese vier Items vor. Der gleichgewichtete, auf einen Wertebereich von 0 (=keine Kommunikationsvermeidung) bis 1 (hohe Kommunikationsvermeidung) umgerechnete Index weist einen Mittelwert von 0,34 (sd=0,29) auf und liegt damit etwas über dem unteren Drittel des gesamten Wertebereichs. Mit einem Minimum von 0,0 und einem Maximum von 1,0 wird der Wertebereich vollständig ausgeschöpft.

Zur Verdeutlichung der Bedeutung niedriger und hoher Werte können die offenen Antworten der Befragten herangezogen werden (siehe Tabelle 38). Diese Antworten unterscheiden sich deutlich. Auf der einen Seite wird Verständnis signalisiert („du Arme") und zugestimmt („Ja, endlich."), auf der anderen Seite überhaupt keine Antwort gegeben („ich antworte nicht"), teilweise sehr scharf Desinteresse ausgedrückt („interessiert mich nicht") oder auch widersprochen („ich mag Regen"). Diese Beispiele deuten auf eine ausreichend valide Messung durch den Indexwert hin. Für die Validität spricht noch ein weiteres Kriterium: die Länge der Antworten korreliert signifikant negativ mit dem Indexwert (Spearmans Rangkorrelation -0,18; p<0,001; n=1390). Zur Berechnung der Korrelation wurde die Anzahl an Wörtern derjenigen Antworten ausgewertet, die sich direkt in der Situation verorten lassen.[202] Umso höher der Vermeidungsindex ist, umso kürzer

---

[201] Die Befunde der folgenden Analyse ändern sich allerdings nur unwesentlich, wenn stattdessen alle sechs Items einbezogen werden. Insofern ist diese Entscheidung für den Ausgang der Analyse wenig relevant. Für folgende Studien wäre eine Erweiterung der Skala wünschenswert.

[202] Nicht berücksichtigt wurden Antworten, die sich als metakommunikative Beschreibung des eigenen Antwortverhaltens an den Fragebogenersteller richten („ich antworte nicht") oder bei denen nicht eindeutig erkennbar war, ob es sich um eine metasprachliche oder eine in der Situation verortete Antwort handelt. Auch leere Antworten wurden aussortiert. Dazu wurden alle Antworten von einem Kodierer entsprechend kodiert (siehe Anhang D.1). Die Kodierung wurde von einem zweiten Kodierer an einer Zufallsstichprobe von 100 Antworten überprüft; nur bei zwei Antworten stimmt die Kodierung nicht überein (metasprachlich vs. nicht kodierbar), insofern kann von einer

fallen die Antworten aus. Die Länge der Antworten kann als Indikator für die Elaboriertheit der Antwort und damit für das Eingehen auf die Bedürfnisse des Gegenübers betrachtet werden. Hier bestätigt sich, dass Antworten unterschiedlich responsiv (*responses* vs. *responsiveness*) sein können (Berg 1987: 104; Miller/Berg 1984: 191). Als drittes Kriterium zur Einschätzung der Validität wurden die Antworten dahingehend ausgewertet, ob sie Kommunikationsverweigerung ausdrücken. Dazu wurden Antworten wie „ich antworte nicht" oder „den Post von meiner Seite löschen" identifiziert.[203] Im Ergebnis finden sich in den Datensätzen, für die auch ein Kommunikationsvermeidungsindex vorliegt, 141 eindeutige Verweigerungen und 1510 eindeutige Antworten. Der Indexwert zwischen den beiden Gruppen unterscheidet sich mit Mittelwerten von einerseits 0,76 (sd=0,21) und andererseits 0,29 (sd=0,27) signifikant (p<0,001; Welch-Test), was erneut für die Validität des Index spricht. Insgesamt wird deshalb trotz der nur vier Items angesichts der guten Konsistenz und angesichts der Zusammenhänge mit den drei Validierungskriterien von einem ausreichend aussagekräftigen Index ausgegangen. Der Indexwert drückt damit auf Basis von vier unterschiedlich gepolten Items aus, inwiefern die Konversation performativ aufrechterhalten wird (konversational) und wie sehr das Gespräch inhaltlich bestätigt wird bzw. wie stark in die Beziehung investiert wird (relational).

---

hohen Reliabilität ausgegangen werden. Zur Berechnung der Wortanzahl wurden alle nicht alphabetischen Zeichen durch Leerzeichen ersetzt und jede zusammenhängende alphabetische Zeichenkette als ein Wort gezählt. Extrem lange Antworten wurden aussortiert, so dass die Antworten zwischen 1 und 19 Wörtern enthalten. Berücksichtigt wurden außerdem nur Datensätze, für die auch ein Wert im Kommunikationsvermeidungsindex vorliegt. Auf diese Weise gehen 1390 von 1932 bereinigten Datensätzen in die Analyse ein.

203 Es wurde kodiert, ob eine Antwort a) als eindeutig keine Antwort in der Situation verstanden werden kann, b) eine verbale oder nonverbale Antwort enthält oder c) nicht kodierbar ist. Die Überprüfung dieser Kodierung wurde an einer Zufallsstichprobe von 100 Antworten vorgenommen. Zwei Codes stimmen nicht überein, der erste Kodierer bewertete diese Antworten im Gegensatz zum zweiten Kodierer als nicht kodierbar. Damit wird von einer ausreichenden Reliabilität der Kodierung ausgegangen (siehe Anhang D.1).

Tabelle 38: Beispiele für geringe und hohe Kommunikationsvermeidung

Situation	Geringe Kommunikationsvermeidung	Hohe Kommunikationsvermeidung
nichtöffentlich nichttrivial sicher	Ja, frag mich mal. Mein Mitbewohner hatte gestern auch wieder Frauen Besuch.... [0,00]	Sry, aber das interessiert mich bei aller Freundschaft gerade überhaupt nicht. [1,00]
nichtöffentlich nichttrivial unsicher	Haha das kenne ich :D [0,00]	ich antworte nicht [1,00]
nichtöffentlich trivial sicher	Wurde auch langsam Zeit, warm ist es doch angenehmer. [0,00]	- nichts- [0,81]
nichtöffentlich trivial unsicher	Gott sei Dank! Ich bin schon ganz aufgeweicht! [0,00]	Ich würde nicht antworten. Da ist nur jemandem langweilig. [1,00]
unerwünscht-öffentlich nichttrivial sicher	Ach du Arme. Hast du schon mal versucht zu klopfen? [0,00]	kein kommentar [1,00]
unerwünscht-öffentlich nichttrivial unsicher	:D du arme. Kannst ja mal gegen die Wand hauen ;) [0,00]	interessiert mich nicht - dreh doch das Radio lauter, dann hörst du sie nicht [1,00]
unerwünscht-öffentlich trivial sicher	Ja, endlich. Die Sonne tut mir richtig gut. [0,00]	Ich mag Regen, da gibt es kaum Pollen in der Luft [0,94]
unerwünscht-öffentlich trivial unsicher	Ich glaub es wird endlich Frühling [0,00]	spar dir den Kommentar [1,00]

Es wurde für jede Situation die Antwort mit dem jeweils höchsten bzw. niedrigsten Kommunikationsvermeidungsindex ausgewählt. Die Indexwerte sind in Klammern angegeben; Wertebereich 0 (geringe Kommunikationsvermeidung) bis 1 (hohe Kommunikationsvermeidung).

Modellierung

Zur Überprüfung des Zusammenhangs von Erwartungen und Kommunikation wurde wie schon beim Zusammenhang von Markierungen und Erwartungen eine

Regressionsanalyse im Sinne des Allgemeinen Linearen Modells durchgeführt. Zusätzlich zu den Vermeidungserwartungen wird als Kontrollvariable die Selbstoffenbarungsbereitschaft inklusive dem Interaktionsterm in das Modell aufgenommen. Der Kommunikationsvermeidungsindex stellt die abhängige Variable dar. Was jemand unter welchen Umständen auf welche Art und Weise äußert, hängt sicher von vielen Faktoren ab. Hier wird ein Teilbereich von möglichen Einflussfaktoren herausgegriffen und versucht, das Kommunikationsverhalten zum einen durch situationsspezifische Wahrnehmungen und zum anderen durch eine allgemeine persönliche Disposition zu erklären. Grundlage der Modellierung sind 1673 Situationsmessungen, für die vollständige Indexwerte vorliegen. Die graphische Überprüfung der Voraussetzungen des Allgemeinen Linearen Modells deutet nicht auf wesentliche Verletzungen der Annahmen hin (siehe Anhang D.9 und Fußnote 199).

Das Modell erklärt im vorliegenden Datensatz immerhin fast die Hälfte der Varianz (angepasstes $R^2=0,46$; $F=468,4$; $df=3/1669$; $p<0,001$). Dabei geht die Erklärungskraft zum Großteil auf den Zusammenhang zwischen Vermeidungserwartungen und Kommunikationsvermeidung zurück, was die Hypothese H3a bestätigt. Der Koeffizient für die Variable Vermeidungserwartungen beträgt 1,05 und ist hochsignifikant ($t=13,8$; $p<0,001$). Selbst wenn man allein die Korrelation zwischen Vermeidungserwartungen und Kommunikationsvermeidung ohne weitere Einflussfaktoren betrachtet, ergibt sich eine erklärte Varianz von 45% ($r=0,67$; $p<0,001$).

Dagegen liegt der Koeffizient für die Variable Selbstoffenbarungsbereitschaft mit einem Wert von 0,03 bei Annahme eines 5%-Signifikanzniveaus außerhalb des signifikanten Bereichs ($t=1,8$; $p=0,076$), was gegen Hypothese H3b spricht. Bemerkenswert erscheint jedoch, dass der Interaktionsterm mit einem Koeffizienten von -0,11 signifikant ($t=-3,3$; $p=0,001$), wenn auch vergleichsweise klein ist. Dementsprechend sinkt der Einfluss von Vermeidungserwartungen bei höherer Selbstoffenbarungsbereitschaft leicht, ohne dass die Selbstoffenbarungsbereitschaft einen direkten nachweisbaren Einfluss hat. Insofern wird die Selbstoffenbarungshypothese nicht in der vorliegenden Formulierung bestätigt, es deutet sich aber ein indirekter Einfluss an.

Tabelle 39: Kennwerte des Regressionsmodells für Kommunikationsvermeidung

Faktor	Koeffizient	Standardfehler	t-Wert	p-Wert	Partielles η^2
Interzept	0,01	0,032	0,45	0,650	
Vermeidungserwartungen	1,05	0,076	13,85	<0,001	0,103
Selbstoffenbarungsbereitschaft	0,03	0,014	1,78	0,076	0,002
Vermeidungserwartungen x Selbstoffenbarungsbereitschaft	-0,11	0,035	-3,26	0,001	0,006

Modellpassung: $R^2=0,46$ (F=468,4; df=3/1669; p<0,001). Alle Variablen haben einen Wertebereich von 0 bis 1. Basis: 1673 Situationen.

Subgruppenanalyse

Der Gesamteindruck, dass Erwartungen und Kommunikation deutlich zusammenhängen, dagegen Selbstoffenbarungsbereitschaft eine untergeordnete Rolle spielt, bestätigt sich auch, wenn man die Analyse für einzelne Subgruppen oder Teilexperimente wiederholt. In den Teilexperimenten überschneiden sich alle 95%-Konfidenzintervalle der Koeffizienten, womit keine signifikanten Unterschiede erkennbar sind (siehe Abbildung 17). Insofern scheint der Zusammenhang unabhängig von verschiedenen Orten wie Bushaltestellen oder Facebook und auch unabhängig von der Konstellation der Beteiligten zu bestehen. Lediglich Tendenzen lassen sich erkennen. So sind die Beträge der Koeffizienten in den unerwünscht-öffentlichen Situationen etwas höher, hier steigt die Erklärungskraft auf 52% (angepasstes $R^2=0,52$; F=298,3; df=3/809; p<0,001).

Vergleicht man die Subgruppen miteinander, so deutet sich ein Geschlechterunterschied an. Die Koeffizienten der Haupteffekte fallen bei Männern im Vergleich zu Frauen etwas höher aus. Der Einfluss von Selbstoffenbarungsbereitschaft liegt hier trotz des kleineren Umfangs der männlichen Subgruppe im signifikanten Bereich (95%-Konfidenzintervall Männer: 0,02 bis 0,12; Frauen: -0,02 bis 0,04). Das gilt auch für den Interaktionseffekt, der zudem zwischen den Geschlechtern knapp signifikant unterschiedlich ausfällt (95%-Konfidenzintervall Männer: -0,38 bis -0,14; Frauen: -0,13 bis 0,03). Eine höhere Selbstoffenbarungsbereitschaft verringert bei Männern also den Einfluss von Vermeidungserwartungen, wohingegen dieser Einfluss bei Frauen nicht signifikant außer Kraft gesetzt wird. Es sinkt zwar gleichzeitig die Erklärungskraft (Männer: angepasstes $R^2=0,42$; $F=142,1$; $df=3/581$; $p<0,001$. Frauen: angepasstes $R^2=0,48$; $F=330,0$; $df=3/1070$; $p<0,001$), aber es lässt sich festhalten: ein Einfluss der Selbstoffenbarungsbereitschaft auf die Kommunikation in den untersuchten Situationen lässt sich nur für männliche Befragte nachweisen.

Davon abgesehen ist der Befund eines insgesamt augenscheinlich weitgehend stabilen Zusammenhangs zwischen Erwartungen und Kommunikation nicht nur eine Bestätigung der theoretischen Annahmen, sondern darüber hinaus methodisch interessant. Selbst wenn in vielen Studien lediglich Handlungsabsichten abgefragt werden, so erscheint der Rückschluss auf tatsächliches Verhalten nicht vollkommen unhaltbar zu sein. In der vorliegenden Studie kann zwar angesichts der hochgradig konstruierten Situationen und der willkürlichen Stichprobe nur von eingeschränkter externer Validität ausgegangen werden. Es wurden aber innerhalb der künstlichen Situationen durchaus tatsächliche Kommunikationshandlungen vollzogen, auf die sich die Antworten der Befragten und die Analyse des Zusammenhangs beziehen.

Ergebnisse

Abbildung 17: Kommunikationsvermeidung: die Koeffizienten der Regressionsmodelle in den Teilexperimenten

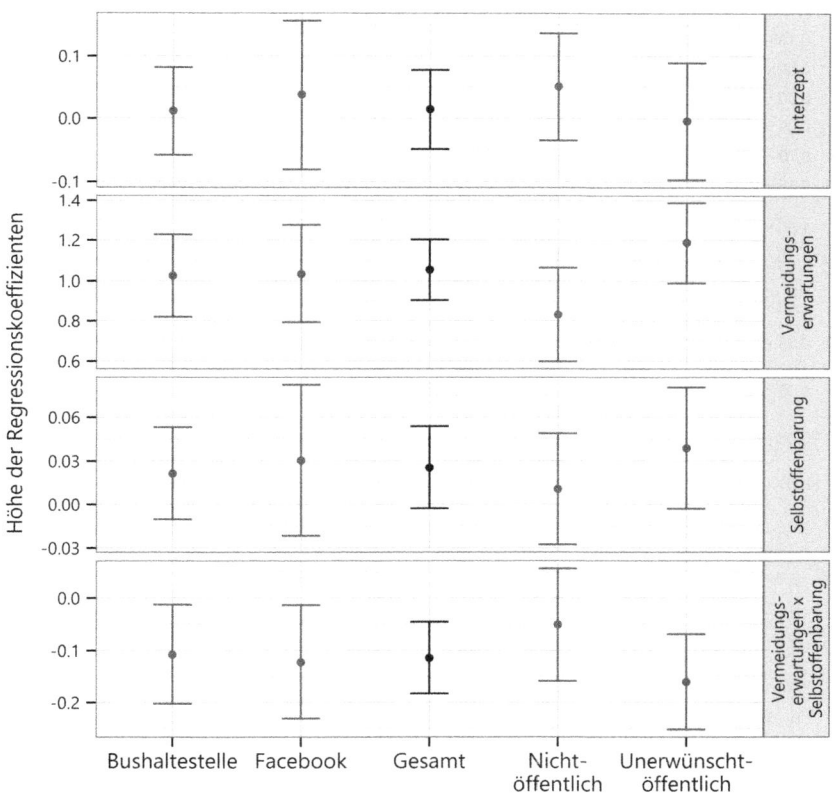

Die Fehlerindikatoren geben das 95%-Konfidenzintervall an. Basis: n-Bushaltestelle=876; n-Facebook=797; n-Gesamt=1673; n-Nichtöffentlich=860; n-Unerwünscht-öffentlich=813.

Abbildung 18: Kommunikationsvermeidung: die Koeffizienten der Regressionsmodelle in den Subgruppen

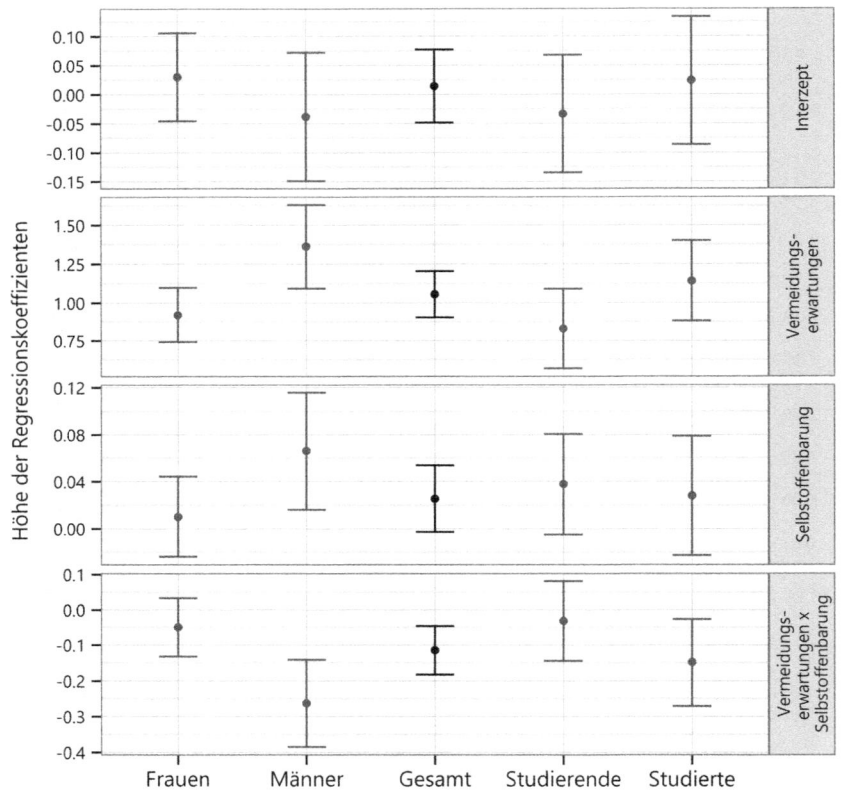

Die Fehlerindikatoren geben das 95%-Konfidenzintervall an. Basis: n-Frauen=1074; n-Männer=585; n-Gesamt=1673; n-Studierende=570; n-Studierte=687.

Zwischenfazit

Vermeidungserwartungen führen sehr deutlich auch zu Kommunikationsvermeidung, dafür spricht die hochsignifikante Korrelation in Höhe von 0,67. Was Kommunikationsvermeidung bedeutet, wird anhand der Reaktionen der Befragten deutlich: durch Widerspruch oder Signalisierung von Desinteresse wird eine distanzierte Haltung eingenommen oder es wird überhaupt nicht geantwortet. Auf Facebook wird im Extremfall der ursprüngliche Post gelöscht. Ob dieses Verhalten auch außerhalb einer Fragebogensituation tatsächlich realisiert wird, kann nicht eingeschätzt werden. Doch die Aufforderung, die Befragten selbst Antworten formulieren zu lassen, erscheint als eine durchaus zielführende Alternative zur reinen Abfrage von Kommunikationsintentionen. Dies zeigt auch die Validierung der eingesetzten Skala durch eine inhaltsanalytische Untersuchung der Länge von Antworten und der Kommunikationsinhalte.

Die allgemeine Selbstoffenbarungsbereitschaft, so wie sie hier gemessen wurde, spielt dagegen eine untergeordnete Rolle. Ein direkter Effekt scheint ausschließlich in der männlichen Subgruppe vorzuliegen, insgesamt ist nur die Interaktion mit Vermeidungserwartungen signifikant. Insofern wird die Hypothese in der hier vorliegenden Formulierung nicht bestätigt, sie müsste umformuliert werden: Eine höhere Selbstoffenbarungsbereitschaft verringert den Einfluss von Vermeidungserwartungen auf Kommunikationsvermeidung. Eine höhere Selbstoffenbarung schwächt also den Vermeidungsmechanismus leicht ab.

7.4 Zwischenfazit

Mit einem dreifaktoriellen Experimentaldesign wurde der Vermutung nachgegangen, dass Menschen unklare Öffentlichkeit, wenn möglich, eher vermeiden. Dazu wurden erstens der Faktor Unerwünschtheit (weitere Personen sind anwesend oder nicht), zweitens Unsicherheit (Bushaltestelle oder Facebook) und drittens die Trivialität der Inhalte (über die Nachbarn oder über das Wetter) variiert. Aus den drei Kriterien lassen sich acht unterschiedliche Kombinationen bilden. Jeder teilnehmenden Person wurden unterschiedliche Situationen zufällig zugelost und textlich und bildlich beschrieben. Anschließend wurde um eine Einschätzung gebeten, inwiefern diese Situationen angemessen sind und wie darauf reagiert werden könnte.

Im Kern der Studie stand die Vermutung, dass eine Situation in unerwünschter Öffentlichkeit eher vermieden wird als in Nichtöffentlichkeit. Allerdings wurde gleichzeitig vermutet, dass es auf den Inhalt ankommt: triviale Inhalte wie das

Wetter machen hier vielleicht keinen so großen Unterschied wie persönliche Äußerungen über die Nachbarn. Zudem wurde vermutet, dass die Situationen auf Facebook eher Vermeidungserwartungen wecken als Situationen an einer Bushaltestelle, weil potentielle und tatsächliche Öffentlichkeit in mündlichen Präsenzsituationen besser eingeschätzt werden können. Damit wird im Gesamtkontext dieser Arbeit der Frage nachgegangen, inwiefern sich das Handeln von Menschen unabhängig vom Medienwandel an allgemeinen Mechanismen orientiert.

Die Vermutungen haben sich innerhalb der Stichprobe bestehend aus 974 Teilnehmern des SoSci-Panels im Wesentlichen bestätigt (siehe Tabelle 40). Die unerwünscht-öffentlichen Situationen wurden insgesamt als unangemessener, unwahrscheinlicher und unangenehmer bewertet als die nichtöffentlichen Situationen. Die Antworten auf zwölf Fragen wurden zu einem Vermeidungsindex verrechnet – umgerechnet auf eine Skala von 0 bis 1 liegen die Vermeidungserwartungen hier im Durchschnitt um 0,08 Punkte höher. Dies trifft auf die Situationen mit persönlichem Inhalt wie erwartet wesentlich stärker zu als auf die anderen Situationen. Im ersten Fall beträgt der Unterschied 0,14, im zweiten Fall dagegen nur 0,06 Punkte. Auch zwischen Haltestellen mit einem Vermeidungswert von 0,20 und Facebook mit einem Vermeidungswert von 0,34 ergibt sich wie erwartet ein deutlicher Unterschied. Gleichzeitig zeigt sich, dass unerwünschte Öffentlichkeit bei trivialen Inhalten an Bushaltestellen eher keinen Einfluss hat. Die Vermeidungsthese scheint dagegen besonders bei persönlichen Inhalten auf Facebook zu gelten. Diese Befunde sind statistisch signifikant, sie sind also sehr wahrscheinlich auf die unterschiedlichen Situationen zurückzuführen und nicht einfach nur zufällig zustande gekommen.

Im zweiten Schritt wurden alle Befragten darum gebeten, die Kommunikation in der dargestellten Situation fortzusetzen, also selbst eine mögliche Antwort auf die dargestellte Äußerung zu formulieren. Damit sollte herausgefunden werden, ob Vermeidungserwartungen auch zu Kommunikationsvermeidung führen. Tatsächlich zeigte sich eine deutliche Korrelation in Höhe von 0,67 zwischen diesen beiden Aspekten, wobei wiederum aus mehreren Antworten ein Index für Kommunikationsvermeidung berechnet wurde. Kommunikationsvermeidung bedeutet dabei, dass ausweichend oder auch mit einem Widerspruch reagiert wird. Die Antworten fallen zudem kürzer aus. Im Extremfall wird gar nicht geantwortet oder auf Facebook die Nachricht einfach gelöscht.

Die Befunde sprechen insgesamt dafür, dass unklare Öffentlichkeit wie vermutet eher vermieden wird. Es kann davon ausgegangen werden, dass der Öffentlichkeitsstatus tatsächlich das Handeln beeinflusst, wenn auch nicht unter allen Umständen gleichermaßen. Schaut man sich den Einfluss der untersuchten Faktoren im Vergleich an, so sind Vermeidungserwartungen am stärksten vom Ort und vom Inhalt der Kommunikation abhängig, erst danach spielt die Anwesenheit Dritter eine Rolle.

In Bezug auf die drei Komponenten des Prozessmodells lassen sich die Ergebnisse wie folgt zusammenfassen:

- Bei der Wahrnehmung von **Markierungen** für Öffentlichkeit scheint es einen Zusammenhang zwischen Adressierung, Zugänglichkeit und Aufmerksamkeit zu geben. Eine stärkere öffentliche Zugänglichkeit geht mit einer stärkeren wahrgenommenen öffentlichen Adressierung einher. Die ist einerseits theoriekonform, andererseits erschwert es aber auch eine experimentelle Trennung der Dimensionen. In der Folge ist nicht ganz klar, ob die Unterschiede in den Vermeidungserwartungen ausschließlich auf die Diskrepanz zwischen den Dimensionen von Öffentlichkeit zurückzuführen sind oder aber allgemein auf einen höheren Grad an Öffentlichkeit.

- Unerwünschte Öffentlichkeit und auch unsichere Öffentlichkeit gehen wie erwartet mit erhöhten **Vermeidungserwartungen** einher. Dieser Zusammenhang schwächt sich zumindest in den untersuchten Präsenzsituationen bei trivialen Inhalten deutlich ab. Es handelt sich hierbei eher um kleine bis mittlere Effekte. Zudem weisen nur wenige Befragte die dargestellten Situationen als vollkommen unwahrscheinlich, unangemessen und unangenehm zurück.

- Zwischen Vermeidungserwartungen und **Kommunikationsvermeidung** besteht ein deutlicher Zusammenhang. Dabei konnte kein direkter Einfluss der Selbstoffenbarungsbereitschaft nachgewiesen werden. Es deutet sich aber an, dass eine höhere Selbstoffenbarung bei den männlichen Befragten den Zusammenhang zwischen Vermeidungserwartungen und Kommunikationsvermeidung abschwächt.

Auch wenn die Modelle mit einem angepassten Determinationskoeffizienten von 0,44 (Vermeidungserwartungen) bzw. 0,46 (Kommunikationsvermeidung) eine gute Passung aufweisen, verbleibt doch viel Varianz in den Antworten der Befragten, die Effektstärken sind entsprechend niedrig. Die Situationen werden von den Befragten durchaus sehr unterschiedlich wahrgenommen, insofern sollten auch Persönlichkeitsmerkmale eine Rolle spielen. Dabei zeigt sich, dass die Effekte in der studentischen Teilstichprobe deutlicher ausgeprägt sind. Die Selbstoffenbarungsbereitschaft, so wie sie in der Studie gemessen wurde, ist allerdings kein besonders bestimmender Faktor.

Aus methodischer Sicht hat das Experiment gezeigt, dass eine solche Form der Befragung sich zur Untersuchung unklarer Öffentlichkeit im Teilbereich unerwünschter und unsicherer Öffentlichkeit eignet. Insbesondere das Instrument zur Erhebung von Vermeidungserwartungen weist eine gute interne Konsistenz auf und differenziert erwartungsgemäß. Aber auch die recht kurze Skala zur Messung von Kommunikationsvermeidung erscheint tauglich und lässt sich durch Kriterien wie die Länge von Kommunikation validieren. In weiteren Studien können nun andere Situationen vergleichend untersucht werden, um die Instrumente weiter zu verbessern, Vergleichsmaßstäbe auszuarbeiten und damit mehr über die Bedeutung von Öffentlichkeit für das Handeln von Menschen zu erfahren.

Tabelle 40: Überblick über die Befunde der Hypothesentests in der Experimentalstudie

Hypothese		Partielles Eta² / Eta²	Befund[204]
Öffentlichkeit -> Vermeidungserwartungen			
H1a	Unerwünschte Öffentlichkeit führt zu einer stärkeren Aktualisierung von Vermeidungserwartungen als Nichtöffentlichkeit.	0,064 / 0,038	Ja – kleiner Effekt
H1b	Unsichere Öffentlichkeit führt zu einer stärkeren Aktualisierung von Vermeidungserwartungen als sichere Öffentlichkeit.	0,102 / 0,063	Ja – mittlerer Effekt
Trivialität -> Vermeidungserwartungen			
H2a	Triviale Kommunikationsinhalte aktualisieren im Vergleich zu nichttrivialen Kommunikationsinhalten geringere Vermeidungserwartungen.	0,110 / 0,069	Ja – mittlerer Effekt
H2b	Triviale Kommunikationsinhalte verringern im Vergleich zu nichttrivialen Kommunikationsinhalten den Einfluss von unerwünschter Öffentlichkeit auf die Aktualisierung von Vermeidungserwartungen.	0,011 / 0,006	Ja – kleiner Effekt
H2c	Triviale Kommunikationsinhalte verringern im Vergleich zu nichttrivialen Kommunikationsinhalten den Einfluss von unsicherer Öffentlichkeit auf die Aktualisierung von Vermeidungserwartungen.	0,001 / 0,0003	Nein – kein signifikanter Effekt
Vermeidungserwartungen -> Kommunikationsvermeidung			
H3a	Eine stärkere Aktualisierung von Vermeidungserwartungen führt zu einer stärkeren Kommunikationsvermeidung.	0,103 / 0,062	Ja – mittlerer Effekt
H3b	Umso geringer die individuelle Selbstoffenbarungsbereitschaft ist, umso geringer ist die Kommunikationsbereitschaft.	0,002 / 0,001	Nein – kein signifikanter Effekt[205]

---

204 Grundlage für die Entscheidung ist die Signifikanz der Koeffizienten im Regressionsmodell. Die Einschätzung der Effektstärke basiert auf den Typ-III-Quadratsummen. Zur Interpretation der Effektstärke siehe Bortz/Döring (2006: 606) und Cohen (1988: 285ff.).

205 Der Interaktionseffekt erweist sich dagegen mit einem Eta² von 0,006 als signifikant. Dies würde für die hier nicht formulierte Hypothese sprechen, dass eine höhere Selbstoffenbarungsbereitschaft den Einfluss von Vermeidungserwartungen auf Kommunikationsvermeidung leicht verringert.

8 Zusammenfassung, Fazit und Ausblick

Ausgangspunkt der vorliegenden Untersuchung war die Feststellung, dass eine Abgrenzbarkeit öffentlicher und nichtöffentlicher sozialer Bereiche im Zuge des Medienwandels immer wieder in Frage gestellt wird. Bezweifelt wurde jedoch, dass das Abgrenzungsproblem tatsächlich ein Resultat historischer Wandlungen ist. Als Alternativerklärung für die Abgrenzungsprobleme wurde angeboten, dass die wissenschaftliche Betrachtung des Öffentlichkeitsbegriffs unterkomplex sein könnte. Ein Grund dafür schien zu sein, dass in der gesellschaftstheoretischen Beschäftigung mit Öffentlichkeit die Bedeutung individuellen Handelns marginalisiert wird, obwohl das Abgrenzungsproblem genau auf dieser Ebene auftritt. Möglicherweise verhilft der Medienwandel den Phänomenen lediglich zu größerer Sichtbarkeit (Kapitel 1).

Daraus ergeben sich die zwei Forschungsfragen dieser Arbeit. Zum einen wurde danach gefragt, wie sich unklar-öffentliche Situationen theoretisch beschreiben lassen. Diese Frage fordert zu einer Begriffsklärung und zur Entwicklung von Analysekategorien auf. Dem heuristischen Wert der Kategorien sollte mit einer zweiten Forschungsfrage auf den Grund gegangen werden, indem nach dem Verhalten von Individuen unter Bedingungen unklarer Öffentlichkeit gefragt wurde. Während die erste Forschungsfrage vorrangig deskriptiv ausgerichtet ist, verlangt die zweite Frage nach Erklärungsmodellen. Die verschiedenen Kapitel der Arbeit tragen zu diesen beiden Aspekten unterschiedlich bei (siehe Tabelle 41).

Tabelle 41: Überblick über die Kapitel der Arbeit

Kapitel	Forschungsfrage 1: Deskriptive Aspekte	Forschungsfrage 2: Erklärende Aspekte
1	FF1: Wie lassen sich unklar-öffentliche Situationen theoretisch beschreiben?	FF2: Wie verhalten sich Individuen in Bezug auf unklare Öffentlichkeit?
2	Der Öffentlichkeitsbegriff lässt sich in semantische Dimensionen (Allgemeinheit, Kollektivität, Legitimation) und strukturelle Dimensionen (Privatheit, Zugänglichkeit, Personalisierung) zerlegen.	Privates ist normativ und idealtypisch an Nichtöffentlichkeit und an Medien interpersonaler Kommunikation gebunden. Kollektiv Relevantes ist an Öffentlichkeit und Massenmedien gebunden.
3	Öffentlichkeit wird durch Handeln konstituiert (entsteht z. B. durch rationale Kommunikation, durch Bezug auf kollektive Gebilde, durch Selbstoffenbarung).	Öffentlichkeit nimmt Einfluss auf Handeln (führt z. B. zu Vergesellschaftung, Autonomieverlust, Sprache der Distanz oder Isolationsfurcht).
4	Öffentlichkeit, Nichtöffentlichkeit und unklare Öffentlichkeit entstehen aus Adressierung, Zugänglichkeit und Aufmerksamkeit in Kombination mit verschiedenen Ausprägungen sozialer Distanz.	Die Definition der Begriffe kann zunächst nichts erklären. Die vielfältigen Kombinationen der Kriterien verdeutlichen aber, dass eindeutige (Nicht)öffentlichkeit theoretisch unwahrscheinlich ist.
5	Kommunikationssituationen werden beschrieben durch die Beteiligten, den Ort, den Inhalt und die Modalität. Sie umfassen Markierungs-, Erwartungs- und Kommunikationsverhalten.	Entwicklung der Vermeidungsthese: Der Öffentlichkeitsstatus wird durch Öffentlichkeitsverhalten so reguliert, dass unklare Öffentlichkeit vermieden wird.
6	Typische Situationen unerwünschter Öffentlichkeit finden sich einerseits in Präsenzsituationen (Verkehrsmittel, Lokale) und andererseits auf Sozialen Netzwerkseiten.	Der Vermeidungsmechanismus wird unter anderem durch die Trivialität des Inhalts und die persönliche Bedürfnislage beeinflusst.
7	Zur Messung von Markierungen, Erwartungen und Kommunikation werden Fragebogeninstrumente entwickelt.	Eine experimentelle Überprüfung bestätigt die Vermeidungsthese vor allem im Teilbereich unerwünschter Öffentlichkeit.

Die klassische Öffentlichkeitsforschung trägt wenig zur Aufklärung des Abgrenzungsproblems bei. Das Verhältnis zwischen Individuen und Öffentlichkeit gestaltet sich in diesem Diskurs so, dass einerseits individuelles Handeln Öffentlichkeit konstituiert und andererseits Öffentlichkeit als normativer Anspruch an das Handeln begriffen wird. Insbesondere aus deliberativer und liberaler Perspektive erfüllt Öffentlichkeit gesellschaftliche Funktionen. Stets geht es um das Verhältnis von Individuen und Kollektiven, mitunter wird der Begriff öffentliche Kommunikation ausschließlich für kollektiv relevante Kommunikation reserviert. Unklare Öffentlichkeit passt nicht in das Konzept, denn eine Abgrenzbarkeit öffentlicher und nichtöffentlicher sozialer Bereiche wird nicht erklärt, sondern theoretisch vorausgesetzt. Insofern müssen Fälle unklarer Öffentlichkeit pathologisch erscheinen. Abgrenzungsprobleme werden beispielsweise von Habermas und Sennett als Indizien für den Verfall von Öffentlichkeit als gesellschaftstragender Institution gedeutet, nicht aber als Hinweise auf eigenständige Formen sozialer Handlungskomplexe anerkannt und entsprechend analytisch näher untersucht (Kapitel 3.1).

Im komplementär dazu geführten Privatheitsdiskurs stellt sich die Lage ähnlich dar, wenn auch der Bezug zu individuellem Verhalten deutlicher wird. Hier geht es vor allem um einen Schutz individueller Autonomie vor kollektiven Ansprüchen oder aber um die Legitimierung kollektiver Eingriffe in diese Autonomie. Wieder ist das Verhältnis von Individuen und Öffentlichkeit auf das Verhältnis von Individuen und Kollektiven konzentriert. Das Abgrenzungsproblem ergibt sich aus diesem Spannungsverhältnis, indem laufend die legitimen Grenzen von Öffentlichkeit und Privatheit ausgehandelt werden müssen. Zwischenbereiche unklarer Öffentlichkeit sind anscheinend Anstoß für diese Aushandlungsprozesse, ohne dass es zu einer systematischen theoretischen Differenzierung kommen muss (Kapitel 3.2).

Vielversprechend erscheint dagegen die Selbstoffenbarungsforschung, weil hier nicht nur explizit individuelles Verhalten zu erklären versucht wird, sondern auch die Konzepte Privatheit und Öffentlichkeit in die Erklärungszusammenhänge aufgenommen werden. Wann und auf welche Weise personenbezogene Aussagen öffentlich kommuniziert werden und wann dagegen Privatheit gesucht wird, hängt aus dieser Perspektive von individuellen Prädispositionen und sozialen Bedürfnissen ab. Diese Bedürfnisse können auf andere bezogen sein und bringen dann strategische Selbstdarstellung hervor. Öffentlichkeit kann aber auch als hemmender Faktor gesehen werden, wenn Isolationsfurcht zur Vermeidung von Äußerungen führt. Während diese Perspektive also Individuen und Öffentlichkeit zusammenbringt, fehlt eine systematische Auseinandersetzung mit den Kommunikationsformen zwischen eindeutiger Öffentlichkeit und eindeutiger Nichtöffentlichkeit (Kapitel 3.3).

Um diese Phänomene besser beschreiben und dann möglicherweise auch Verhalten von Individuen unter Bedingungen unklarer Öffentlichkeit erklären zu können, wurde der Versuch unternommen, den Öffentlichkeitsbegriff zu differenzieren. In der Betrachtung verschiedener semantischer Dimensionen zeigen sich zunächst historisch gewachsene Mehrdeutigkeiten: der Begriff vereinigt Bezüge auf allgemeine Zugänglichkeit, auf kollektive Relevanz und impliziert gleichzeitig legitimierend-normative Wirkungen auf Handlungen. Diese Dimensionen wurden bereits von anderen Autoren zur Desambiguierung herangezogen, um so das Feld öffentlicher Kommunikation zu kartieren (Kapitel 2). Diese Kartierungen zeichnen sich dadurch aus, dass sie vorrangig die verschiedenen historisch begründeten, semantischen Dimensionen abzudecken versuchen.

In der vorliegenden Arbeit wurde dagegen ein anderer Weg eingeschlagen: statt einer alles inkludierenden Begriffsbildung wurde ausgehend von der Dimension Zugänglichkeit eine kommunikationsstrukturelle Differenzierung angestrebt, die sich direkt auf das Verhalten von Individuen beziehen lässt. Die kollektive und die legitimierende Begriffsdimension wurden bewusst außen vor gelassen, da sie im Öffentlichkeits- und Privatsphärediskurs nicht auf individuelles Verhalten, sondern vorrangig auf gesellschaftliche Funktionen und die gesellschaftliche Relevanz von Kommunikationsinhalten verweisen und damit möglicherweise erst zur Überdeckung von handlungstheoretischen Differenzierungsmöglichkeiten führen. Die vorgeschlagene Definition des Öffentlichkeitsbegriffs sollte dagegen klären können, ob es sich bei einem konkreten Handlungsakt um öffentliche oder nichtöffentliche Kommunikation handelt. Gleichzeitig sollten damit Möglichkeiten eröffnet werden, das Feld zwischen eindeutig öffentlicher und eindeutig nichtöffentlicher Kommunikation zu beschreiben. Deshalb wurde ausgehend vom Idealtyp publizistischer Massenkommunikation eine drei Kriterien umfassende Definition vorgeschlagen, bei der öffentliche Zugänglichkeit allein nicht ausreicht:

Eine Kommunikationssituation ist genau dann öffentlich, wenn die Mitteilung erstens öffentlich adressiert ist, zweitens öffentlich zugänglich ist und drittens öffentliche Aufmerksamkeit erfährt.

Damit verschiebt sich der Explikationsbedarf auf Kriterien, mit denen öffentliche Adressierung, Zugänglichkeit oder Aufmerksamkeit festgestellt werden kann. Als wesentliche Bedingung wurde im Anschluss an die Literatur die soziale Distanz zwischen den Beteiligten herangezogen: öffentliche Kommunikationssituationen entstehen durch unspezifische Publika, persönliche Fremdheit und die Überschreitung von salienten Interaktionssystemen, wobei diese drei Kriterien je nach Kontext unterschiedlich wichtig werden (Kapitel 4.1).

Die soziale Distanz lässt sich ausgehend vom Kommunikator getrennt für das adressierte, potenzielle und tatsächliche Publikum feststellen – woraus sich die Möglichkeit zur Differenzierung verschiedener Formen unklarer Öffentlichkeit ergibt. Der erste Typ, uneindeutige Öffentlichkeit, entsteht, wenn Adressierung, Zugänglichkeit und Aufmerksamkeit nicht gleichermaßen öffentlich oder nichtöffentlich ausfallen. Dabei ist unerwünschte Öffentlichkeit durch nichtöffentliche Adressierung, unterdrückte Öffentlichkeit durch nichtöffentliche Zugänglichkeit und unerreichte Öffentlichkeit durch nichtöffentliche Aufmerksamkeit gekennzeichnet. Als Verallgemeinerungen uneindeutiger Öffentlichkeit wurden inkongruente, unsichere und komplexe Öffentlichkeit definiert. Mit all diesen Unterscheidungen lässt sich der Bereich zwischen eindeutiger Öffentlichkeit und eindeutiger Nichtöffentlichkeit auf der Ebene individuellen Verhaltens beschreiben (Kapitel 4.2).

Bei dem Versuch, auch eine Erklärung von Verhalten zu ermöglichen, wurde nach der Einbettung des Öffentlichkeitskonzeptes in eine handlungstheoretische Kommunikationstheorie die Vermeidungsthese aufgestellt: unklare Öffentlichkeit führt zur Aktualisierung von Vermeidungserwartungen und diese zu Kommunikationsvermeidung. Statt eine Erklärung auf situationsspezifische individuelle Bedürfnisse oder auf gesellschaftliche Funktionen zu stützen, wurde mit einem allgemeinen, konsistenztheoretischen Mechanismus argumentiert. Letztendlich führt diese Argumentation zurück zum Ausgangspunkt: unabhängig vom Medienwandel sind öffentliche und nichtöffentliche Kommunikation nicht nur theoretische Idealtypen, sondern wesentliche Orientierungspunkte im praktischen Handlungsvollzug (Kapitel 5).

Inwiefern sich dieser Mechanismus empirisch belegen oder widerlegen lässt, war Gegenstand von zwei aufeinander aufbauenden Studien. Diese Studien verdeutlichen zudem den heuristischen Wert und zeigen, wie die theoretischen Konzepte operationalisiert werden können. Die Gesprächsrunden mit insgesamt elf Teilnehmern deuten auf eine Geltung der Vermeidungsthese für den Teilbereich unerwünschter Öffentlichkeit unter bestimmten Umständen hin: vorausgesetzt sind persönliche Faktoren wie ein geringes Selbstdarstellungsbedürfnis, inhaltliche Bedingungen, hier vor allem nichttriviale Themen, und situative Umstände wie unter anderem die Beobachtbarkeit von Rezeption. Die Wahrnehmung des Öffentlichkeitsstatus läuft dabei routiniert ab und die Öffentlichkeit von Situationen wird ebenso routiniert reguliert, beispielsweise durch Anpassung der Lautstärke. Die routinierte Regulierung ist dadurch erleichtert, dass bestimmte Formen von Öffentlichkeit idealtypisch an bestimmte Situationen und vor allem an bestimmte Orte gebunden sind. Die eigene Wohnung wird zum Beispiel als nichtöffentlich wahrgenommen, der Internetdienst Twitter dagegen eindeutig als öffentlich. Unklare Öffentlichkeit entsteht vor allem an Orten, die für viele unterschiedliche Menschen zugänglich sind, etwa in öffentlichen Verkehrsmitteln. Aber auch in der internetvermittelten Kommunikation besteht aufgrund der Persistenz schriftlicher Mitteilungen und Unsicherheiten über das potenzielle und tatsächliche Publikum zum Beispiel auf Facebook mitunter unklare Öffentlichkeit (Kapitel 6).

Die experimentelle Überprüfung der Vermeidungsthese baute auf den Erkenntnissen der qualitativen Studie auf, indem einerseits Situationen auf Facebook und andererseits Situationen an einer Haltestelle als Treatment eingesetzt wurden. Die Hypothesen werden weitgehend bestätigt. Unerwünschte und unsichere Öffentlichkeit verstärken die Aktualisierung von Vermeidungserwartungen, dieser Zusammenhang gilt aber weniger für triviale Kommunikationsinhalte. Vermeidungserwartungen korrelieren im zweiten Schritt mit dem Ausmaß an Kommunikationsvermeidung, das sich zum Beispiel in der Länge von Antworten niederschlägt. Allerdings zeigt das Experiment auch, dass Adressierung, Zugänglichkeit und Aufmerksamkeit zusammenhängen. Eine experimentelle Erhöhung von öffentlicher Zugänglichkeit führt zu einer erhöhten Einschätzung öffentlicher Adressierung. Dies ist zwar theoriekonform, erschwert jedoch die Interpretation der Befunde, da nicht zweifelsfrei festgestellt werden kann, ob ein Einfluss von

Öffentlichkeit oder ein Einfluss von unklarer Öffentlichkeit vorliegt. Hier besteht Bedarf an weiteren Untersuchungen, die zudem auch auf individuelle Effekte und nicht nur wie in der durchgeführten Untersuchung auf Gruppeneffekte abstellen. Die durch die Untersuchungsanlage (Between-Subject Design) hervorgebrachten Gruppeneffekte deuten zwar deutlich auf allgemeine soziale Orientierungsmuster hin, können aber den konkreten Mechanismus nicht nachzeichnen. Vorläufig wird aufgrund der Befunde an der Vermeidungsthese festgehalten, wobei weitere Kontextbedingungen zu klären wären. Zu diesen Kontextbedingungen gehört, das zeigen die beiden empirischen Studien, ganz sicher der Inhalt von Mitteilungen. Nicht wo, nicht wie, nicht zu wem – am wichtigsten für die Aktualisierung von Erwartungen und die kommunikativen Konsequenzen ist anscheinend, was gesagt wird (Kapitel 7).

Dies deutet bereits darauf hin, dass es sowohl in der empirischen als auch in der theoretischen Auseinandersetzung mit unklarer Öffentlichkeit in dieser Arbeit einige blinde Flecken gibt. Zum einen fehlt eine empirische Auseinandersetzung mit unerreichter und unterdrückter Öffentlichkeit, die Untersuchung konzentriert sich vorrangig auf den Teilbereich unerwünschter Öffentlichkeit. Gerade unterdrückte Öffentlichkeit, gekennzeichnet durch Zensur, dürfte die Vermeidungsthese auf die Probe stellen und könnte zu ganz anderen Befunden und theoretischen Erweiterungen führen. Denn hier geht es ganz offensichtlich um die Vermeidung von Öffentlichkeit und die Umgehung von Vermeidungsmechanismen. Dabei könnte noch wesentlich stärker eine Rezeptionssicht in Anschlag kommen, während unerwünschte Öffentlichkeit eher aus der Sicht eines Mitteilenden untersucht wurde.

Aus theoretischer Sicht fehlt ein Rückbezug auf die Makroebene des Öffentlichkeitskonzepts. Der legitimierende und der kollektive Bedeutungsaspekt des Öffentlichkeitsbegriffs wurden bewusst ausgeklammert. Diese Aspekte ließen sich möglicherweise in Ergänzung zum Trivialitätskonzept als inhaltliche Kontextbedingungen in die Theorie einführen. Und auch hier könnte unterdrückte Öffentlichkeit eine besondere Rolle spielen, wenn man Zensur als legitimationsbedürftigen, kollektiven Einwirkungsversuch auf individuelles Handeln begreift, der zur Vermeidung bestimmter Kommunikationsinhalte führt.

Der Ausgangspunkt der Arbeit waren Abgrenzungsprobleme zwischen öffentlichen und nichtöffentlichen sozialen Bereichen. Es wurde behauptet, dass der wissenschaftliche Blick auf Öffentlichkeit unterkomplex sei, die Abgrenzungsschwierigkeiten durch den Medienwandel nicht hervorgebracht, sondern nur sichtbar gemacht werden würde. Die Auseinandersetzung mit diesem Phänomen lief zunächst folgerichtig auf eine Komplexitätssteigerung hinaus, indem aus einer Definition des Öffentlichkeitsbegriffs verschiedene Formen unklarer Öffentlichkeit abgeleitet wurden. Die Einbettung in einen handlungstheoretischen Rahmen hat diese Komplexität dann nach und nach wieder abgebaut. Die Vermeidungsthese beruht auf der Annahme, dass unklare Öffentlichkeit zwar ein alltägliches Phänomen ist, aber durch fortlaufende Regulierung verringert wird. Die Idealtypen eindeutig öffentlicher und eindeutig nichtöffentlicher Kommunikation sind gemäß dieser Annahme im praktischen Handlungsvollzug wesentliche Orientierungspunkte.

Wenn im Zusammenhang mit der Medienentwicklung in der Diskussion über die gesellschaftlichen Folgen von Öffentlichkeit, über die Funktionalität von Privatheit oder über individuelle Selbstoffenbarung auf eine schwierige Abgrenzbarkeit öffentlicher und nichtöffentlicher sozialer Bereiche hingewiesen wird, dann ist das also nicht verwunderlich. Hier werden gesellschaftliche Aushandlungsprozesse sichtbar, die sich an den Idealtypen Öffentlichkeit und Nichtöffentlichkeit orientieren. Die Untersuchung solcher Prozesse mit Bezug auf die hier vorgetragenen Konzepte könnte im nächsten Schritt eine Möglichkeit sein, auch die kollektiven und legitimierenden Aspekte des Öffentlichkeitsbegriffs wieder einzufangen.

Sowohl die analytische Differenzierung als auch die empirische Untersuchung verdeutlichen, dass Öffentlichkeit weder an Massenmedien noch an eine besondere gesellschaftliche Relevanz gebunden sein muss. Öffentlichkeit ist eine grundlegende kommunikationsstrukturelle Kategorie, die ebenso in der interpersonalen Kommunikation oder bei persönlich relevanten Themen eine Rolle spielt. Unklarheit ist dabei der theoretische Normalfall. Die analytische Zerlegung des Öffentlichkeitsbegriffs zeigt: Nicht alles, was nicht öffentlich ist, ist nichtöffentlich, sowie auch nicht alles, was nicht nichtöffentlich ist, öffentlich ist.

Literatur

Abels, Heinz (2010): Interaktion, Identität, Präsentation. Kleine Einführung in interpretative Theorien der Soziologie. 5. Aufl. Wiesbaden: VS-Verlag.

Acquisti, Alessandro/Gross, Ralph (2006): Imagined communities: Awareness, information sharing, and privacy on the Facebook. Pre-proceedings version. Privacy Enhancing Technologies Workshop (PET), 2006. http://www.heinz.cmu.edu/~acquisti/papers/acquisti-gross-facebook-privacy-PET-final.pdf (21.09.2016).

Adelung, Johann Christoph (1811): Grammatisch-kritisches Wörterbuch der hochdeutschen Mundart mit beständiger Vergleichung der übrigen Mundarten, besonders aber der oberdeutschen. Dritter Theil, von M-Scr. Wien: Bauer.

Adolf, Marian (2015): Öffentliche Kommunikation und kommunikative Öffentlichkeiten. Zur Konstitution von Öffentlichkeit im Zeitalter der digitalen Medien. In: Hahn, Oliver/Hohlfeld, Ralf/Knieper, Thomas (Hg.): Digitale Öffentlichkeit(en). Konstanz u. a.: UVK, S. 51-63.

Aeschlimann, Lea Sophie/Harasgama, Rehana/Kehr, Flavius/Lutz, Christoph/Milanova, Vaselina/Müller, Severina et al. (2015): Re-setting the stage for privacy. A multi-layered privacy interaction framework and its application. In: Brändli, Sandra/Harasgama, Rehana/Schister, Roman/Tamò, Aurelia (Hg.): Mensch und Maschine – Symbiose oder Parasitismus. Bern: Stämpfli, S. 1-39.

AGOF (Arbeitsgemeinschaft Online Forschung e.V.) (2016): Reichweitenwährung der AGOF. https://www.agof.de/studien/digital-facts/methode/ (13.07.2016).

Ajzen, Icek (1991): The theory of planned behavior. In: *Organizational Behavior and Human Decision Processes,* 50 (2), S. 179-211.

Albrecht, Richard (2007): Für alle Jahreszeiten. Elisabeth Noelle-Neumanns unbewältigte Vergangenheit. In: Albrecht, Richard (Hg.): Demoskopie als Demagogie: Kritisches aus den achtziger Jahren. Aachen: Shaker, S. 15-21.

Altman, Irwin (1973): Reciprocity of interpersonal exchange. In: *Journal for the Theory of Social Behavior,* 3 (2), S. 249-261.

Altman, Irwin (1975): The environment and social behavior. Privacy, personal space, territory, crowding. Monterey: Brooks/Cole.

Altman, Irwin (1976): Privacy. A conceptional analysis. In: *Environment and Behavior,* 8 (1), S. 7-29.

Altman, Irwin (1977): Privacy regulation: culturally universal or culturally specific? In: *Journal of Social Issues,* 33 (3), S. 66-84.

Altman, Irwin/Taylor, Dalmas A. (1973): Social penetration. The development of interpersonal relationships. New York u. a.: Holt Rinehart and Winston.

APA (American Psychological Association) (2016): About APA. Frequently asked questions about the American Psychological Association. http://www.apa.org/support/about-apa.aspx (27.07.2016).
Apple (2010): iPhone developer program license agreement. https://www.eff.org/files/20100127_iphone_dev_agr.pdf (15.09.2016).
Archer, Richard L. (1980): Self-disclosure. In: Wegner, Daniel M./Vallacher, Robin R. (Hg.): The self in social psychology. New York: Oxford University Press, S. 183-205.
Arendt, Hannah (2010): Vita activa oder Vom tätigen Leben. 8. Aufl. München: Piper.
Arnhold, Katja (2003): Digital Divide. Zugangs- oder Wissenskluft? München: Fischer.
Attac (2014): Häufige Fragen zu Mailinglisten. http://www.attac-netzwerk.de/kommunikation/mailinglisten/mailinglisten-faq/ (06.08.2014).
Attrill, Alison (2012): Sharing only parts of me: Selective categorical self-disclosure across internet arenas. In: *International Journal of Internet Science,* 7 (1), S. 55-77.
Auspurg, Katrin/Hinz, Thomas (2015): Factorial survey experiments. Thousand Oaks: Sage.
Austin, John Langshaw (2002): Zur Theorie der Sprechakte. 2. Aufl. Stuttgart: Reclam.
Averbeck, Stefanie (2005): Ernst Manheims Träger der öffentlichen Meinung: Eine Theorie der Öffentlichkeit 30 Jahre vor Jürgen Habermas. In: Baron, Frank/Smith, David Norman/Reitz, Charles (Hg.): Authority, culture, and communication. The sociology of Ernest Manheim. Heidelberg: Synchron, S. 43-69.
Baecker, Dirk (1996): Oszillierende Öffentlichkeit. In: Maresch, Rudolf (Hg.): Medien und Öffentlichkeit. Positionierungen, Symptome, Simulationsbrüche. München: Boer, S. 89-107.
Barlow, John Perry (1996): Unabhängigkeitserklärung des Cyberspace. In: *Telepolis*, 29.02.1996. http://www.heise.de/tp/artikel/1/1028/1.html (26.09.2011).
Barnes, Susan B. (2006): A privacy paradox: Social networking in the United States. In: *first monday*, 11 (9). doi: 10.5210/fm.v11i9.1394.
Barter, Christine/Renold, Emma (1999): The use of vignettes in qualitative research. In: *Social Research Update* (28). http://sru.soc.surrey.ac.uk/SRU25.html (21.08.2016).
Bazarova, Natalya N. (2012): Public intimacy: Disclosure interpretation and social judgments on Facebook. In: *Journal of Communication,* 62 (5), S. 815-832.
Bazarova, Natalya N. (2015): Online disclosure. In: Berger, C. R./Roloff, M. E. (Hg.): The international encyclopedia of interpersonal communication. Hoboken: Wiley-Blackwell, S. 1-10.
Bazarova, Natalya N./Taft, Jessie G./Choi, Yoon Hyung/Cosley, Dan (2012): Managing impressions and relationships on Facebook: Self-presentational and relational concerns revealed through the analysis of language style. In: *Journal of Language and Social Psychology* (online first), S. 1-21. doi: 10.1177/0261927X12456384.

BGG (2016): Gesetz zur Gleichstellung von Menschen mit Behinderungen (Behindertengleichstellungsgesetz - BGG), vom 27.04.2002, zuletzt geändert 19.07.2016. http://www.gesetze-im-internet.de/bgg (17.09.2016).

Beck, Klaus (2007): Kommunikationswissenschaft. Stuttgart: UTB.

Beck, Michael/Opp, Karl-Dieter (2001): Der faktorielle Survey und die Messung von Normen. In: *Kölner Zeitschrift für Soziologie und Sozialpsychologie,* 53 (2), S. 283-306.

Becker, Barbara (1998): Fragmentierung und Zerfall? Anmerkungen zu möglichen Auswirkungen elektronischer Medien. http://sammelpunkt.philo.at:8080/784/1/12673.0.Becker98.3.pdf (03.03.2016).

Berg, John H. (1987): Responsiveness and self-disclosure. In: Derlega, Valerian J./Berg, John H. (Hg.): Self-disclosure. Theory, research, and therapy. New York: Plenum Press, S. 101-130.

Berg, John H./Derlega, Valerian J. (1987): Themes in the study of self-disclosure. In: Derlega, Valerian J./Berg, John H. (Hg.): Self-disclosure. Theory, research, and therapy. New York: Plenum Press, S. 1-8.

Bergmann, Jörg Reinholf (1987): Klatsch. Zur Sozialform der diskreten Indiskretion. Berlin u. a.: De Gruyter.

Berlinghoff, Marcel (2013): Computerisierung und Privatheit – Historische Perspektiven. In: *Aus Politik und Zeitgeschichte,* 15-16, S. 14-19.

Bimber, Bruce/Flanagin, Andrew J./Stohl, Cynthia (2005): Reconceptualizing collective action in the contemporary media environment. In: *Communication Theory,* 15 (4), S. 365-388.

BITV (2016): Verordnung zur Schaffung barrierefreier Informationstechnik nach dem Behindertengleichstellungsgesetz (Barrierefreie-Informationstechnik-Verordnung - BITV 2.0), vom 12.09.2011, zuletzt geändert 19.07.2016. http://www.gesetze-im-internet.de/bitv_2_0 (17.09.2016).

Blumer, Herbert (1966): Sociological implications of the thought of George Herbert Mead. In: *American Journal of Sociology,* 71 (5), S. 535-544.

Blumer, Herbert (1973): Der methodologische Standort des symbolischen Interaktionismus. In: Arbeitsgruppe Bielefelder Soziologen (Hg.): Alltagswissen, Interaktion und gesellschaftliche Wirklichkeit, Band 1, Symbolischer Interaktionismus und Ethnomethodologie. Reinbek: Rowohlt, S. 80-146.

Brosius, Hans-Bernd (2016): Warum Kommunikation im Internet öffentlich ist. Zu Andreas Hepps Beitrag „Kommunikations- und Medienwissenschaft in datengetriebenen Zeiten" (Publizistik, Heft 3, 2016). In: *Publizistik,* 61 (4), S. 363-372. doi: 10.1007/s11616-016-0304-6.

BMELV (Bundesministerium für Ernährung, Landwirtschaft und Verbraucherschutz) (2009): Umfrage zu Haltung und Ausmaß der Internetnutzung von Unternehmen zur Vorauswahl bei Personalentscheidungen. http://www.bmel.de/SharedDocs/Downloads/Verbraucherschutz/InternetnutzungVorauswahlPersonalentscheidungen.html (06.08.2014).

BMI (Bundesministerium des Innern) (2010): Entwurf eines Gesetzes zur Regelung des Beschäftigtendatenschutzes. www.bmi.bund.de/SharedDocs/Downloads/DE/Gesetzestexte/Entwuerfe/Entwurf_Beschaeftigtendatenschutz.pdf (06.08.2014).

BMVI (Bundesministerium für Verkehr und digitale Infrastruktur) (2016): Breitbandstrategie. http://www.zukunft-breitband.de/Breitband/DE/Breitbandstrategie/Massnahmen/massnahmen_node.html (19.07.2016).

Bohnsack, Ralf (2000): Gruppendiskussion. In: Flick, Uwe/Kardorff, Ernst von/Steinke, Ines (Hg.): Qualitative Forschung. Ein Handbuch. Reinbek: Rowohlt, S. 369-384.

Bohnsack, Ralf (2007): Dokumentarische Methode und praxeologische Wissenssoziologie. In: Schützeichel, Rainer (Hg.): Handbuch Wissenssoziologie und Wissensforschung. Konstanz: UVK, S. 180-190.

Bohnsack, Ralf (2014): Rekonstruktive Sozialforschung. Einführung in qualitative Methoden. 9., überarb. und erw. Aufl. Opladen: Budrich.

Böning, Holger (1997): Aufklärung und Presse im 18. Jahrhundert. In: Jäger, H. W. (Hg.): Öffentlichkeit im 18. Jahrhundert. Göttingen: Wallstein, S. 151-163.

Borgatti, Stephen P./Halgin, Daniel S. (2011): Analyzing affiliation networks. In: Scott, John/Carrington, Peter J. (Hg.): The SAGE handbook of social network analysis. London: Sage, S. 417-433.

Bortz, Jürgen/Döring, Nicola (2006): Forschungsmethoden und Evaluation für Human- und Sozialwissenschaftler. 4., überarb. Aufl. Heidelberg: Springer.

Bortz, Jürgen/Schuster, Christof (2010): Statistik für Human- und Sozialwissenschaftler. 7., vollst. überarb. und erw. Aufl. Berlin u. a.: Springer.

Bosse, Heinrich (1997): Die gelehrte Republik. In: Jäger, H. W. (Hg.): Öffentlichkeit im 18. Jahrhundert. Göttingen: Wallstein, S. 51-76.

Bourdieu, Pierre (2005): Ökonomisches Kapital – Kulturelles Kapital – Soziales Kapital. In: Steinrücke, Margareta (Hg.): Die verborgenen Mechanismen der Macht. Hamburg: VSA-Verlag, S. 49-79.

Box, George E. P./Hunter, J. Stuart/Hunter, William Gordon (2005): Statistics for experimenters. Design, innovation, and discovery. 2. Aufl. Hoboken: Wiley.

Boyd, Danah (2008): Taken out of context. American teen sociality in networked publics. www.danah.org/papers/TakenOutOfContext.pdf (29.09.2014).

Boyd, Danah/Hargittai, Eszter (2010): Facebook privacy settings: who cares? In: *first monday*, 15 (8). http://journals.uic.edu/ojs/index.php/fm/article/view/3086/2589 (09.05.2016).
Boyd, Danah/Marwick, Alice (2011): Social steganography. Privacy in networked publics. Conference papers, International Communication Association. 2011 annual meeting, Boston. http://www.danah.org/papers/2011/Steganography-ICAVersion.pdf (29.09.2014).
BPB (Bundeszentrale für politische Bildung) (2016): Die bpb. http://www.bpb.de/die-bpb/ (19.07.2016).
Brachman, Ronald J. (1977): What's in a concept. Structural foundations for semantic networks. In: *International Journal of Man-Machine Studies*, 9 (2), S. 127-152.
Branahl, Udo (1998): Der Schutz des Privaten im öffentlichen Diskurs. In: Imhof, Kurt/Schulz, Peter (Hg.): Die Veröffentlichung des Privaten, die Privatisierung des Öffentlichen. Opladen: Westdeutscher Verlag, S. 180-191.
Brin, David (1996): The transparent society. In: *Wired*, 12.01.1996. https://www.wired.com/1996/12/fftransparent/ (22.09.2016).
Brin, David (1998): The transparent society. Will technology force us to choose between privacy and freedom? Reading: Perseus Books.
Brinker, Klaus (2001): Linguistische Textanalyse. Eine Einführung in Grundbegriffe und Methoden. 5., durchges. und erg. Aufl. Berlin: Erich Schmidt Verlag.
Brosius, Hans-Bernd/Haas, Alexander/Koschel, Friederike (2012): Methoden der empirischen Kommunikationsforschung. Eine Einführung. 6., erw. und aktual. Aufl. Wiesbaden: Springer VS.
Bühler, Karl (1982): Sprachtheorie. Die Darstellungsfunktion der Sprache. Stuttgart u. a.: Fischer.
Burgoon, Judee K. (2012): Privacy and communication. In: Burgoon, Michael (Hg.): Communication yearbook 6. Neuausgabe der Originalausgabe von 1982. New York u. a.: Routledge, S. 206-249.
Burkart, Günter (2002a): Stufen der Privatheit und die diskursive Ordnung der Familie. In: *Soziale Welt*, 53, S. 397-414.
Burkart, Roland (2002b): Kommunikationswissenschaft. Grundlagen und Problemfelder; Umrisse einer interdisziplinären Sozialwissenschaft. 4., überarb. und aktual. Aufl. Wien: Böhlau.
Buss, Arnold H. (2001): Psychological dimensions of the self. Thousand Oaks: Sage.
BVerfGE (1983): Volkszählung, Urteil des Bundesverfassungsgerichts vom 15.12.1983. 65,1. http://www.servat.unibe.ch/dfr/bv065001.html (17.09.2016).

Campbell, Donald Thomas/Stanley, Julian Cecil (1967): Experimental and quasi-experimental designs for research. 2. Aufl. Boston: Houghton Mifflin Company.
Canary, DAniel J./Spitzberg, Brian H. (1987): Appropriateness and effectiveness perceptions of conflict strategies. In: *Human Communication Research,* 14 (1), S. 93-118.
Chaiken, Shelly (1980): Heuristic versus systematic information processing and the use of source versus message cues in persuasion. In: *Journal of Personality and Social Psychology,* 39 (5), S. 752-766.
Chalmers, Alan F. (2007): Wege der Wissenschaft. Einführung in die Wissenschaftstheorie. 6., verbesserte Aufl. Berlin u. a.: Springer.
Chelune, Gordon J. (1979): Measuring openness in interpersonal communication. In: Chelune, Gordon J. (Hg.): Self-disclosure. Origins, patterns, and implications of openness in interpersonal relationships. San Francisco u. a.: Jossey-Bass Publishers, S. 1-27.
Cho, Hichang/Rivera-Sánchez, Milagros/Lim, Sun Sun (2009): A multinational study on online privacy: global concerns and local responses. In: *New Media & Society,* 11 (3), S. 395-416. doi: 10.1177/1461444808101618.
Cohen, Jacob (1988): Statistical power analysis for the behavioral sciences. 2. Aufl. Hove u. a.: Lawrence Erlbaum.
Cook, Thomas D./Campbell, Donald Thomas (1979): Quasi-experimentation. Design & analysis issues for field settings. Boston: Houghton Mifflin Company.
Coseriu, Eugenio (1980): "Historische Sprache" und "Dialekt". In: Göschel, Joachim (Hg.): Dialekt und Dialektologie. Wiesbaden: Steiner, S. 106-122.
Coseriu, Eugenio (1988): Sprachkompetenz. Grundzüge der Theorie des Sprechens. Tübingen: Francke.
Dahlgren, Peter (2005): The internet, public spheres, and political communication: Dispersion and deliberation. In: *Political Communication,* 22 (2), S. 147-162.
Dahlgren, Lincoln (2014): The Habermasian public sphere and exclusion. In: *Communication Theory,* 24 (1), S. 21-41.
Dahrendorf, Ralf (2006): Homo sociologicus. Ein Versuch zur Geschichte, Bedeutung und Kritik der Kategorie der sozialen Rolle. 16. Aufl. Wiesbaden: VS-Verlag.
Debatin, B./Lovejoy, J. P./Horn, A. -K/Hughes, B. N. (2009): Facebook and online privacy. Attitudes, behaviors, and unintended consequences. In: *Journal of Computer-Mediated Communication,* 15 (1), S. 83-108. doi: 10.1111/j.1083-6101.2009.01494.x/full.
Derlega, Valerian J./Berg, John H. (Hg.) (1987): Self-disclosure. Theory, research, and therapy. New York: Plenum Press.
Derlega, Valerian J./Chaikin, Alan L. (1977): Privacy and self-disclosure in social relationships. In: *Journal of Social Issues,* 33 (3), S. 102-115.

Derlega, Valerian J./Grzelak, Janusz (1979): Appropriateness of self-disclosure. In: Chelune, Gordon J. (Hg.): Self-disclosure. Origins, patterns, and implications of openness in interpersonal relationships. San Francisco u. a.: Jossey-Bass Publishers, S. 151-176.

Derlega, Valerian J./Metts, Sandra/Petronio, Sandra/Margulis, Stephen T. (1993): Self-Disclosure. Newbury Park: Sage Publications.

Derlega, Valerian J./Wilson, Midge/Chaikin, Alan L. (1976): Friendship and disclosure reciprocity. In: *Journal of Personality and Social Psychology,* 34 (4), S. 578-582.

DGPs (Deutsche Gesellschaft für Psychologie e.V.) (2016): Allgemeine Psychologie: Was ist das eigentlich? https://www.dgps.de/index.php?id=2000673 (27.07.2016).

Dienlin, Tobias (2013): The privacy process model. https://www.researchgate.net/publication/266078921_The_privacy_process_model (21.09.2016).

Dienlin, Tobias/Trepte, Sabine (2015): Is the privacy paradox a relic of the past? An in-depth analysis of privacy attitudes and privacy behaviors. In: *European Journal of Social Psychology,* 45 (3), S. 285-297.

DiMaggio, Paul (2011): Cultural networks. In: Scott, John/Carrington, Peter J. (Hg.): The SAGE handbook of social network analysis. London: Sage, S. 286-300.

Dindia, Kathryn/Allen, Mike (1992): Sex differences in self-disclosure: A meta-analysis. In: *Psychological Bulletin,* 112 (1), S. 106-124.

Doemeland, Doerte/Trevino, James (2014): Which world bank reports are widely read? http://www-wds.worldbank.org/external/default/WDSContent-Server/WDSP/IB/2014/05/01/000158349_20140501153249/Rendered/PDF/WPS6851.pdf (07.08.2014).

Dreitzel, Hans Peter (1980): Die gesellschaftlichen Leiden und das Leiden an der Gesellschaft. Eine Pathologie des Alltagslebens. 3., neubearb. Aufl. München: Deutscher Taschenbuch Verlag.

Dresing, Thorsten/Pehl, Thorsten (2013): Praxisbuch Interview, Transkription & Analyse. Anleitungen und Regelsysteme für qualitativ Forschende. 5. Aufl. Marburg: Dr. Dresing und Pehl GmbH.

DSGVO (2016): Verordnung (EU) 2016/679 des Europäischen Parlaments und des Rates vom 27. April 2016 zum Schutz natürlicher Personen bei der Verarbeitung personenbezogener Daten, zum freien Datenverkehr und zur Aufhebung der Richtlinie 95/46/EG (Datenschutz-Grundverordnung). In: *Amtsblatt der Europäischen Union* (L119/1). http://data.europa.eu/eli/reg/2016/679/oj (17.09.2016).

Dülmer, Hermann (2007): Experimental plans in factorial surveys. Random or quota design? In: *Sociological Methods & Research,* 35 (3), S. 832.

Dürscheid, Christa (2003): Medienkommunikation im Kontinuum von Mündlichkeit und Schriftlichkeit. Theoretische und empirische Probleme. In: *Zeitschrift für Angewandte Linguistik* (38), S. 37-56.

Dürscheid, Christa (2007): Private, nicht-öffentliche und öffentliche Kommunikation im Internet. http://www.ds.uzh.ch/lehrstuhlduerscheid/docs/Private_oeffentliche_Kommunikation.pdf (30.04.2011).

Dutton, William H./Blank, Grant (2014): The emergence of next generation internet users. In: *International Economics and Economic Policy*, 11 (1), S. 29-47. doi: 10.1007/s10368-013-0245-8.

Eagly, Alice H./Chaiken, Shelly (1993): The psychology of attitudes. Belmont: Wadsworth.

Eikenberg, Ronald (2012): WhatsApp-Accounts fast ungeschützt. In: *heiseSecurity*, 14.09.2012. http://www.heise.de/security/meldung/WhatsApp-Accounts-fast-ungeschuetzt-1708132.html (13.07.2016).

Eilders, Christiane (1997): Nachrichtenfaktoren und Rezeption. Eine empirische Analyse zur Auswahl und Verarbeitung politischer Information. Opladen: VS-Verlag.

EK (Europäische Kommission) (2012): Vorschlag für Verordnung des Europäischen Parlaments und des Rates zum Schutz natürlicher Personen bei der Verarbeitung personenbezogener Daten und zum freien Datenverkehr (Datenschutz-Grundverordnung). http://ec.europa.eu/justice/data-protection/document/review2012/com_2012_11_de.pdf (18.07.2016).

Elliot, Thomas/Earl, Jennifer (2016): Online protest participation and the digital divide: Modeling the effect of the digital divide on online petition-signing. In: *New Media & Society* (online first), S. 1-22. doi: 10.1177/1461444816669159.

Etzioni, Amitai (1995): Die Entdeckung des Gemeinwesens. Ansprüche, Verantwortlichkeiten und das Programm des Kommunitarismus. Stuttgart: Schäffer-Poeschel.

Etzioni, Amitai (1997): Die Verantwortungsgesellschaft. Individualismus und Moral in der heutigen Demokratie. Frankfurt a. M. u. a.: Campus-Verlag.

Etzioni, Amitai (1999): The limits of privacy. New York: Basic Books.

Ferree, Myra Marx/Gamson, Wialliam A./Gerhards, Jürgen/Rucht, Dieter (2002): Four models of the public sphere in modern democracies. In: *Theory and Society*, 31 (3), S. 289-324.

Festinger, Leon (2012): Theorie der kognitiven Dissonanz. 2. Aufl. Bern: Huber.

FFG (2013): Gesetz über Maßnahmen zur Förderung des deutschen Films (Filmförderungsgesetz - FFG), vom 25.06.1979, neugefasst 24.08.2004, zuletzt geändert 07.08.2013. http://www.gesetze-im-internet.de/ffg_1979/ (17.09.2016).

Flick, Uwe (2007): Qualitative Sozialforschung. Eine Einführung. Vollst. überarb. und erw. Neuausgabe. Reinbek: Rowohlt.

Flick, Uwe (2011): Triangulation. Eine Einführung. 3., aktual. Aufl. Wiesbaden: VS-Verlag.
Flusser, Vilém (1991): Räume. In: Seblatnig, Heidemarie (Hg.): außen räume innen räume. Der Wandel des Raumbegriffs im Zeitalter der elektronischen Medien. Wien: WUV, S. 75-83.
Flusser, Vilém (1998): Durchlöchert wie ein Emmentaler. Über die Zukunft des Hauses. In: *Telepolis*, 04.03.1998. http://www.heise.de/tp/artikel/2/2285/1.html (06.09.2011).
Franck, Georg (1998): Ökonomie der Aufmerksamkeit. Ein Entwurf. München: Hanser.
Fraser, Nancy (1996): Öffentlichkeit neu denken. Ein Beitrag zur Kritik real existierender Demokratie. In: Scheich, Elvira (Hg.): Vermittelte Weiblichkeit. Feministische Wissenschafts- und Gesellschaftstheorie. Hamburg: Hamburger Edition, S. 151-182.
Freeman, Linton (2000): Visualizing social networks. In: *Journal of Social Structure,* 1 (1). http://www.cmu.edu/joss/content/articles/volume1/Freeman.html (24.08.2016).
Freeman, Linton C. (2011): The development of social network analysis – with an emphasis on recent events. In: Scott, John/Carrington, Peter J. (Hg.): The SAGE handbook of social network analysis. London: Sage, S. 26-39.
Fretwurst, Benjamin (2008): Nachrichten im Interesse der Zuschauer. Eine konzeptionelle und empirische Neubestimmung der Nachrichtenwerttheorie. Konstanz: UVK.
Friedrichs, Jürgen (1974): Situation als soziologische Erhebungseinheit. In: *Zeitschrift für Soziologie,* 3 (1), S. 44-53.
Frohman, Larry (2013): Rethinking privacy in the age of the mainframe. Integrated information systems, the changing logic of privacy, and the problem of democratic politics in surveillance societies. In: Ackermann, Ulrike (Hg.): Im Sog des Internets. Öffentlichkeit und Privatheit im digitalen Zeitalter. Frankfurt a. M.: Humanities Online, S. 71-91.
Fruchterman, Thomas M.J./Reingold, Edward M. (1991): Graph drawing by force-directed placement. In: *Software – Practice and Experience,* 21 (11), S. 1129-1164.
Früh, Werner (2015): Inhaltsanalyse. Theorie und Praxis. 8., überarb. Aufl. Konstanz: UVK.
Gal, Susan (2002): A semiotics of the public-private distinction. In: *Differences: a journal of feminist cultural studies,* 13 (1), S. 77-95.
Galtung, Johan/Ruge, Mari Holmboe (1965): The structure of foreign news: The Presentation of the Congo, Cuba and Cyprus crises in four Norwegian newspapers. In: *Journal of Peace Research,* 2 (1), S. 64-91.
Garfinkel, Harold (1967): Studies in ethnomethodology. Englewood Cliffs: Prentice Hall.
Gerhards, Jürgen (1992): Dimensionen und Strategien öffentlicher Diskurse. In: *Journal für Sozialforschung,* 32 (3/4), S. 307-318.

Gerhards, Jürgen (1994): Politische Öffentlichkeit. Ein system- und akteurstheoretischer Bestimmungsversuch. In: Neidhardt, Friedhelm (Hg.): Öffentlichkeit, öffentliche Meinung, soziale Bewegungen. Opladen: Westdeutscher Verlag, S. 77-105.

Gerhards, Jürgen (1996): Reder, Schweiger, Anpasser und Missionare. Eine empirische Typologie öffentlicher Kommunikationsbereitschaft. Auch ein Beitrag zur Theorie der Schweigespirale. In: *Publizistik,* 41 (1), S. 1-14.

Gerhards, Jürgen (1997): Diskursive versus liberale Öffentlichkeit: Eine empirische Auseinandersetzung mit Jürgen Habermas. In: *Kölner Zeitschrift für Soziologie und Sozialpsychologie,* 49, S. 1-39.

Gerhards, Jürgen (2002): Öffentlichkeit. In: Jarren, Otfried/Sarcinelli, Ulrich/Saxer, Ulrich (Hg.): Politische Kommunikation in der demokratischen Gesellschaft. Ein Handbuch mit Lexikonteil. Opladen: Westdeutscher Verlag, S. 268-274.

Gerhards, Jürgen/Neidhardt, Friedhelm (1991): Strukturen und Funktionen moderner Öffentlichkeit. Fragestellungen und Ansätze. In: Müller-Doohm, Stefan/Neumann-Braun, Klaus (Hg.): Öffentlichkeit, Kultur, Massenkommunikation. Beiträge zur Medien- und Kommunikationssoziologie. Oldenburg: Bis, S. 31-89.

Gerhards, Jürgen/Neidhardt, Friedhelm/Rucht, Dieter (1998): Zwischen Palaver und Diskurs. Strukturen öffentlicher Meinungsbildung am Beispiel der deutschen Diskussion zur Abtreibung. Opladen: Westdeutscher Verlag.

Gerrig, Richard J./Zimbardo, Philip G. (2008): Psychologie. 18., aktual. Aufl. München: Pearson Studium.

GG (2014): Grundgesetz für die Bundesrepublik Deutschland, vom 23.05.1949, zuletzt geändert 23.12.2014. http://www.gesetze-im-internet.de/gg/ (17.09.2016).

Giddens, Anthony (1984): Interpretative Soziologie. Eine kritische Einführung. Frankfurt a. M.: Campus-Verlag.

Goffman, Erving (1981): Strategische Interaktion. München: Hanser.

Goffman, Erving (2004): Rahmen-Analyse. Ein Versuch über die Organisation von Alltagserfahrungen. 6. Aufl. Frankfurt a. M.: Suhrkamp.

Goffman, Erving (2009a): Das Individuum im öffentlichen Austausch. Mikrostudien zur öffentlichen Ordnung. 5. Aufl. Frankfurt a. M.: Suhrkamp.

Goffman, Erving (2009b): Interaktion im öffentlichen Raum. Neuausgabe. Frankfurt a. M.: Campus-Verlag.

Goffman, Erving (2010a): Wir alle spielen Theater. 8. Aufl. München: Piper.

Goffman, Erving (2010b): Interaktionsrituale. Über Verhalten in direkter Kommunikation. 9. Aufl. Frankfurt a. M.: Suhrkamp.

Goffman, Erving (2012): Stigma. Über Techniken der Bewältigung beschädigter Identität. 21. Aufl. Frankfurt a. M.: Suhrkamp.

Goldhaber, Michael H. (1997): The attention economy and the net. In: *first monday*, 2 (4). http://firstmonday.org/ojs/index.php/fm/article/viewArticle/519/440 (03.03.2016).

Granovetter, Mark S. (1973): The strength of weak ties. In: *American Journal of Sociology*, 78 (6), S. 1360-1380.

Greene, Kathryn/Derlega, Valerian J./Mathews, Alicia (2006): Self-disclosure in personal relationships. In: Vangelisti, Anita L./Perlman, Daniel (Hg.): The Cambridge handbook of personal relationships. Cambridge: Cambridge University Press, S. 409-427.

Grimm, Jacob/Grimm, Wilhelm (1889): Deutsches Wörterbuch, Band 13. Leipzig: Verlag von S. Hirzel.

Grimm, Petra/Krah, Hans (2014): Ende der Privatheit? Eine Sicht der Medien- und Kommunikationswissenschaft. http://www.digitale-ethik.de//showcase//2014/11/Ende_der_Privatheit_Grimm_Krah.pdf (22.09.2016).

Grimmelmann, James (2010): Things Mark Zuckerberg has not said. http://laboratorium.net/archive/2010/02/06/things_mark_zuckerberg_has_not_said (25.04.2016).

Groß, Jochen/Börensen, Christina (2009): Wie valide sind Verhaltensmessungen mittels Vignetten? Ein methodischer Vergleich von faktoriellem Survey und Verhaltensbeobachtung. In: Kriwy, Peter/Gross, Christiane (Hg.): Klein aber fein! Quantitative empirische Sozialforschung mit kleinen Fallzahlen. Wiesbaden: VS-Verlag, S. 149-178.

Habermas, Jürgen (1973): Wahrheitstheorien. In: Fahrenbach, Helmut (Hg.): Wirklichkeit und Reflexion. Festschrift für Walter Schulz. Pfullingen: Neske, S. 211-265.

Habermas, Jürgen (1991): Moralbewusstsein und kommunikatives Handeln. 4. Aufl. Frankfurt a. M.: Suhrkamp.

Habermas, Jürgen (1995): Vorstudien und Ergänzungen zur Theorie des kommunikativen Handelns. Frankfurt a. M.: Suhrkamp.

Habermas, Jürgen (1996): Strukturwandel der Öffentlichkeit. Untersuchungen zu einer Kategorie der bürgerlichen Gesellschaft. 5. Aufl. Frankfurt a. M.: Suhrkamp.

Habermas, Jürgen (2001): Theorie des kommunikativen Handelns. Band 1. Handlungsrationalität und gesellschaftliche Rationalisierung. 9. Aufl. Frankfurt a. M.: Suhrkamp.

Habermas, Jürgen (2009): Faktizität und Geltung. Beiträge zur Diskurstheorie des Rechts und des demokratischen Rechtsstaats. 4. Aufl. Frankfurt a. M.: Suhrkamp.

Häcker, Hartmut/Stapf, Kurt H. (1998): Vorwort zur 13. Auflage. In: Häcker, Hartmut/Stapf, Kurt H. (Hg.): Dorsch Psychologisches Wörterbuch. 13., überarb. und erw. Aufl. Bern: Huber, S. V.

Haddock, Geoffrey/Maio, Gregory R. (2014): Einstellungen. In: Jonas, Klaus/Stroebe, Wolfgang/Hewstone, Miles (Hg.): Sozialpsychologie. 6., vollst. überarb. Aufl. Berlin: Springer, S. 197-229.

Hanneman, Robert A./Riddle, Mark (2005): Introduction to social network methods. http://faculty.ucr.edu/~hanneman/ (24.08.2016).

Hargittai, Eszter (2002): Second-level digital divide. Differences in people's online skills. In: *first monday*, 7 (4). http://firstmonday.org/htbin/cgiwrap/bin/ojs/index.php/fm/article/view/942/864 (06.11.2011).

Hartley, John/Green, Joshua (2006): The public sphere on the beach. In: *European Journal of Cultural Studies*, 9 (3), S. 341-362.

Hartmann, Tilo/Schramm, Holger/Klimmt, Christoph (2004): Personenorientierte Medienrezeption: Ein Zwei-Ebenen-Modell parasozialer Interaktion. In: *Publizistik*, 49 (1), S. 25-47.

Hasebrink, Uwe/Rohde, Wiebke/Brüssel, Thomas (2011): Die Social Web-Nutzung Jugendlicher und junger Erwachsener: Nutzungsmuster, Vorlieben und Einstellungen. In: Schmidt, Jan-Hinrik/Paus-Hasebrink, Ingrid/Hasebrink, Uwe (Hg.): Heranwachsen mit dem Social Web. Zur Rolle von Web 2.0-Angeboten im Alltag von Jugendlichen und jungen Erwachsenen. 2. Aufl. Berlin: Vistas, S. 83-120.

Hass, Berthold H./Willbrandt, Klaus W. (2011): Targeting von Online-Werbung: Grundlagen, Formen und Herausforderungen. In: *MedienWirtschaft* (1), S. 12-21.

Heesen, Jessica (2008): Medienethik und Netzkommunikation. Öffentlichkeit in der individualisierten Mediengesellschaft. Frankfurt a. M.: Humanities Online.

Heider, Fritz (1946): Attitudes and cognitive organization. In: *The Journal of Psychology*, 21, S. 107-112.

Heider, Fritz (1959): The psychology of interpersonal relations. 2. Aufl. New York: Wiley.

Heise Online (2010): Googles Street-View-Autos schnappten auch E-Mails auf, 23.10.2010. https://heise.de/-1124149 (15.09.2016).

Heller, Mária (2006): New ICTs and the problem of 'publicness'. In: *European Journal of Communication*, 21 (3), S. 311-329.

Heller, Christian (2013): Post-privacy. In: Haupter, Ralph (Hg.): Der digitale Dämon. Informations- und Kommunikationstechnologien zwischen Alltag und Ängsten. München: Redline, S. 91-99.

Hemels, Joan (1982): Pressezensur im Reformationszeitalter (1475-1648). In: Fischer, Heinz-Dietrich (Hg.): Deutsche Kommunikationskontrolle des 15. bis 20. Jahrhunderts. München: Saur, S. 13-35.

Hennig, Beate (2011): Kleines Mittelhochdeutsches Wörterbuch. 5., durchges. Aufl. Online-Ausgabe. o.O.: De Gruyter.

Himmelfarb, Samuel (1993): The measurement of attitudes. In: Eagly, Alice H./Chaiken, Shelly (Hg.): The psychology of attitudes. Belmont: Wadsworth, S. 23-87.

Höflich, Joachim R. (1996): Technisch vermittelte interpersonale Kommunikation. Grundlagen, organisatorische Medienverwendung, Konstitution "elektronischer Gemeinschaften". Opladen: Westdeutscher Verlag.

Höflich, Joachim R. (2005): Medien und interpersonale Kommunikation. In: Jäckel, Michael (Hg.): Mediensoziologie. Grundfragen und Forschungsfelder. Wiesbaden: VS-Verlag, S. 69-90.

Hölscher, Lucian (1997): Die Öffentlichkeit begegnet sich selbst. Zur Struktur öffentlichen Redens im 18. Jahrhundert zwischen Diskurs- und Sozialgeschichte. In: Jäger, H. W. (Hg.): Öffentlichkeit im 18. Jahrhundert. Göttingen: Wallstein, S. 11-31.

Hölscher, Lucian (2004): Öffentlichkeit. In: Brunner, Otto/Conze, Werner/Koselleck, Reinhart (Hg.): Geschichtliche Grundbegriffe. Historisches Lexikon zur politisch-sozialen Sprache in Deutschland. Stuttgart: Klett-Cotta, S. 413-467.

Holtz-Bacha, Christina (2001): Das Private in der Politik: Ein neuer Medientrend? In: *Aus Politik und Zeitgeschichte,* 41-42, S. 20-26. www.bpb.de/apuz/25988/das-private-in-der-politik-ein-neuer-medientrend (19.03.2016).

Horton, Donald/Wohl, R. Richard (1956): Mass communication and para-social interaction. Observations on intimacy at a distance. In: *Psychiatry,* 19, S. 215-229.

Hughes, Rhidian (1998): Considering the vignette technique and its application to a study of drug injecting and HIV risk and safer behaviour. In: *Sociology of Health & Illness,* 20 (3), S. 381-400.

Imhof, Kurt (2006): Die Diskontinuität der Moderne. Zur Theorie des sozialen Wandels. Frankfurt a. M.: Campus-Verlag.

Imhof, Kurt (2011): Die Krise der Öffentlichkeit. Kommunikation und Medien als Faktoren des sozialen Wandels. Frankfurt a. M.: Campus-Verlag.

Imhof, Kurt/Schulz, Peter (Hg.) (1998): Die Veröffentlichung des Privaten, die Privatisierung des Öffentlichen. Opladen: Westdeutscher Verlag.

Jacomy, Mathieu/Venturini, Tommaso/Heymann, Sebastien/Bastian, Mathieu (2014): ForceAtlas2, a continuous graph layout algorithm for handy network visualization designed for the Gephi software. In: *PLoS ONE,* 9 (6). doi: 10.1371/journal.pone.0098679.

Jansen, Dorothea (2003): Einführung in die Netzwerkanalyse. Grundlagen, Methoden, Forschungsbeispiele. 2., erw. Aufl. Opladen: Leske + Budrich.

Jarren, Otfried/Donges, Patrick (2000): Medienregulierung durch die Gesellschaft? Eine steuerungstheoretische und komparative Studie mit Schwerpunkt Schweiz. Wiesbaden: Westdeutscher Verlag.

Jasso, Guillermina (2006): Factorial survey methods for studying beliefs and judgments. In: *Sociological Methods & Research,* 34 (3), S. 334-423. doi: 10.1177/0049124105283121.

Jiang, Crystal L./Bazarova, Natalya N./Hancock, Jeffrey T. (2011): The disclosure–intimacy link in computer-mediated communication. An attributional extension of the hyperpersonal model. In: *Human Communication Research,* 37, S. 58-77.

Jiang, Crystal L./Bazarova, Natalya N./Hancock, Jeffrey T. (2013): From perception to behavior. Disclosure reciprocity and the intensification of intimacy in computer-mediated communication. In: *Communication Research,* 40 (1), S. 125-143.

Joinson, Adam N. (2001): Self-disclosure in computer-mediated communication: The role of self-awareness and visual anonymity. In: *European Journal of Social Psychology,* 31 (2), S. 177-192.

Jones, Edward E./Pittman, Thane S. (1982): Toward a general theory of strategic self-presentation. In: Suls, Jerry (Hg.): Psychological perspectives on the self. Hillsdale u. a.: Lawrence Erlbaum, S. 232-262.

Jones, Harvey/Soltren, José Hiram (2005): Facebook: Threats to privacy. http://groups.csail.mit.edu/mac/classes/6.805/student-papers/fall05-papers/facebook.pdf (05.08.2014).

Jourard, Sidney Marshall (1971): The transparent self. 2., überarb. Aufl. New York: Van Nostrand Reinhold.

Jünger, Jakob (2012): Hinsehen und Wegschauen. Normative vs. architektonische Regulierung in der Onlinekommunikation. In: Felsmann, Klaus-Dieter (Hg.): Medientechnologien vs. Handlungsstrategien. Der Spielraum des Rezipienten. München: kopaed, S. 73-82.

Jünger, Jakob/Donges, Patrick (2013): Normativität in den Öffentlichkeitstheorien. In: Karmasin, Matthias/Rath, Matthias/Thomaß, Barbara (Hg.): Normativität in der Kommunikationswissenschaft. Wiesbaden: VS-Verlag, S. 151-169.

Jungwirth, Bernhard/Schubert, Maximilian (2014): Mein Ruf im Netz - Auswirkungen auf die berufliche Zukunft. http://www.saferinternet.at/fileadmin/files/Presse/sid_2014/Pr%C3%A4sentation_PK_Safer_Internet_Day_2014.pdf (06.08.2014).

Kant, Immanuel (1992): Beantwortung der Frage: Was ist Aufklärung? In: Bahr, Ehrhard (Hg.): Was ist Aufklärung? Thesen und Definitionen. Stuttgart: Reclam, S. 9-17.

Keane, John (1995): Structural transformations of the public sphere. In: *The Communication Review,* 1 (1), S. 1-22.

Kepplinger, Hans Mathias (1994): Publizistische Konflikte. Begiffe, Ansätze, Ergebnisse. In: Neidhardt, Friedhelm (Hg.): Öffentlichkeit, öffentliche Meinung, soziale Bewegungen. Opladen: Westdeutscher Verlag, S. 214-233.

Keren, Gideon (1993): Between- or within-subjects design. A methodological dilemma. In: Keren, Gideon/Lewis, Charles (Hg.): A handbook for data analysis in the behavioral sciences. Methodological issues. Hillsdale: Erlbaum, S. 257-272.

Khoo, Christopher S. G./Na, Jin-Cheon (2006): Semantic relations in information science. In: *Annual Review of Information Science and Technology,* 40 (1), S. 157-228.

Kiefer, Marie Luise/Steininger, Christian (2014): Medienökonomik. 3., aktual. und erw. Aufl. München: Oldenbourg.

Kim, Eun Joo (2008): Impression management. In: Donsbach, Wolfgang (Hg.): The international encyclopedia of communication. Oxford: Blackwell. http://www.communicationencyclopedia.com/subscriber/tocnode.html?id=g9781405131995_yr2011_chunk_g978140513199514_ss13-1 (02.05.2016).

Kim, Ga-Won/Lim, Ji Hyoun/Yun, Myung Hwan (2016): Analysis of consumer value using semantic network. The comparison of hierarchical and nonhierarchical value structures. In: *Human Factors and Ergonomics in Manufacturing & Service Industries,* 26 (3), S. 393-407.

Klaus, Elisabeth (2001): Das Öffentliche im Privaten – Das Private im Öffentlichen. Ein kommunikationstheoretischer Ansatz. In: Herrmann, Friederike/Lünenborg, Margret (Hg.): Tabubruch als Programm. Privates und Intimes in den Medien. Opladen: Leske + Budrich, S. 15-35.

Klimmt, Christoph/Weber, René (2013): Das Experiment in der Kommunikationswissenschaft. In: Möhring, Wiebke/Schlütz, Daniela (Hg.): Handbuch standardisierte Erhebungsverfahren in der Kommunikationswissenschaft. Wiesbaden: Springer VS, S. 125-144.

Kobourov, Stephen G. (2013): Force-directed drawing algorithms. In: Tamassia, Roberto (Hg.): Handbook of graph drawing and visualization. Hoboken: CRC Press, S. 383-408.

Koch, Peter/Oesterreicher, Wulf (1985): Sprache der Nähe – Sprache der Distanz. Mündlichkeit und Schriftlichkeit im Spannungsfeld von Sprachtheorie und Sprachgeschichte. In: *Romanistisches Jahrbuch,* 36, S. 15-43.

Koch, Peter/Oesterreicher, Wulf (2011): Gesprochene Sprache in der Romania. Französisch, Italienisch, Spanisch. 2., aktual. und erw. Aufl. Berlin: De Gruyter.

Kohler, Georg (1999): Was ist Öffentlichkeit? Zur Bestimmung eines unübersichtlichen Wortfeldes. In: *Studia philosophica,* 58, S. 197-217.

Konert, Bertram (2004): Deutschland und die digitale Welt. Faktoren der Teilung – Faktoren der Integration. In: Gehrke, Gernot (Hg.): Digitale Teilung, digitale Integration. Perspektiven der Internetnutzung. München: kopaed, S. 15-29.

Koreng, Ansgar (2010): Zensur im Internet. Der verfassungsrechtliche Schutz der digitalen Massenkommunikation. Baden-Baden: Nomos.

Koselleck, Reinhart (2006): Begriffsgeschichten. Studien zur Semantik und Pragmatik der politischen und sozialen Sprache. Frankfurt a. M.: Suhrkamp.

Krah, Hans (2012): Das Konzept "Privatheit" in den Medien. In: Grimm, Petra/Zöllner, Oliver (Hg.): Schöne neue Kommunikationswelt oder Ende der Privatheit? Die Veröffentlichung des Privaten in Social Media und populären Medienformaten. Stuttgart: Steiner, S. 127-158.

Krempel, Lothar (2011): Network visualization. In: Scott, John/Carrington, Peter J. (Hg.): The SAGE handbook of social network analysis. London: Sage, S. 558-577.

Krippendorff, Klaus (2013): Content analysis. An introduction to its methodology. 3. Aufl. Los Angeles u. a.: Sage.

Kubicek, Herbert/Welling, Stefan (2000): Vor einer digitalen Spaltung in Deutschland? Annäherung an ein verdecktes Problem von wirtschafts- und gesellschaftspolitischer Brisanz. In: *Medien & Kommunikationswissenschaft,* 48 (4), S. 497-517.

Kuckartz, Udo (2012): Qualitative Inhaltsanalyse. Methoden, Praxis, Computerunterstützung. Weinheim: Beltz-Juventa.

Kuhlen, Rainer (2004): Informationsethik. Umgang mit Wissen und Information in elektronischen Räumen. Konstanz: UVK.

Lamnek, Siegfried (2005): Qualitative Sozialforschung. Lehrbuch. 4., vollst. überarb. Aufl. Weinheim: Beltz PVU.

Lang, Annie (2000): The limited capacity model of mediated message processing. In: *Journal of Communication,* 50 (1), S. 46-70. doi: 10.1111/j.1460-2466.2000.tb02833.x.

Lange, Patricia G. (2007): Publicly private and privately public. Social networking on YouTube. In: *Journal of Computer-Mediated Communication,* 13 (1), S. 361-380. doi: 10.1111/j.1083-6101.2007.00400.x.

Lazarsfeld, Paul F./Berelson, Bernard/Hazel, Gaudet (1969): Wahlen und Wähler. Soziologie des Wahlverhaltens. Neuwied u. a.: Luchterhand.

Leiner, Dominik J. (2014): Convenience samples from online respondent pools. A case study of the SoSci panel. Working paper. https://www.researchgate.net/publication/259669050 (12.05.2016).

Lessig, Lawrence (2001): Code und andere Gesetze des Cyberspace. Berlin: Berlin Verlag.

Levinger, George/Snoek, Diedrich J. (1972): Attraction in relationship. A new look at interpersonal attraction. Morristown u. a.: General Learning Press.

Levy, Mark R./Windahl, Sven (1985): The concept of audience activity. In: Rosengren, Karl Erik/Wenner, Lawrence A./Palmgreen, Philip (Hg.): Media gratifications research. Current perspectives. Beverly Hills: Sage, S. 109-122.

Lewin, Kurt (1969): Grundzüge der topologischen Psychologie. Bern u. a.: Huber.

Lewin, Kurt (1982): Definition des "Feldes zu einer bestimmten Zeit". In: Graumann, Carl-Friedrich (Hg.): Kurt-Lewin-Werkausgabe. Band 4, Feldtheorie. Stuttgart: Klett-Cotta, S. 133-154.

Lewis, Kevin/Kaufman, Jason/Christakis, Nicholas (2008): The taste for privacy. An analysis of college student privacy settings in an online social network. In: *Journal of Computer-Mediated Communication,* 14 (1), S. 79-100.

Lexer, Matthias (1876): Mittelhochdeutsches Handwörterbuch, Band 2. Leipzig: Hirzel.

Litt, Eden/Hargittai, Eszter (2016): The imagined audience on social network sites. In: *Social Media + Society,* 2 (1), S. 1-12. doi: 10.1177/2056305116633482.

Livingstone, Sonia (2005): In defence of privacy. Mediating the public/private boundary at home. In: Livingstone, Sonia (Hg.): Audiences and publics. When cultural engagement matters for the public sphere. Bristol: Intellect Books, S. 163-185.

Luhmann, Niklas (1994a): Die Beobachtung der Beobachter im politischen System: Zur Theorie der Öffentlichen Meinung. In: Wilke, Jürgen/Noelle-Neumann, Elisabeth (Hg.): Öffentliche Meinung. Theorie, Methoden, Befunde. 2. Aufl. Freiburg: Alber, S. 77-86.

Luhmann, Niklas (1994b): Öffentliche Meinung. In: Luhmann, Niklas (Hg.): Politische Planung. Aufsätze zur Soziologie von Politik und Verwaltung. 4. Aufl. Wiesbaden: VS-Verlag, S. 9-34.

Luhmann, Niklas (2003): Soziale Systeme. Grundriss einer allgemeinen Theorie. 11. Aufl. Frankfurt a. M.: Suhrkamp.

Luhmann, Niklas (2005): Soziologische Aufklärung 5. Konstruktivistische Perspektiven. 3. Aufl. Wiesbaden: VS-Verlag.

Lutz, Christoph/Strathoff, Pepe (2013): Privacy concerns and online behavior – Not so paradoxical after all? Viewing the privacy paradox through different theoretical lenses. In: Brändli, Sandra/Schister, Roman/Tamò, Aurelia (Hg.): Multinationale Unternehmen und Institutionen im Wandel – Herausforderungen für Wirtschaft, Recht und Gesellschaft. Bern: Stämpfli, S. 81-99.

Magno, Carlo/Cuason, Sherwin/Figueroa, Christine (o. J.): The development of the self-disclosure scale. https://de.scribd.com/doc/7791609/The-Development-of-the-Self-disclosure-Scale#scribd (14.06.2016).

Maio, Gregory R./Haddock, Geoffrey (2015): The psychology of attitudes and attitude change. 2. Aufl. Los Angeles u. a.: Sage.

Maletzke, Gerhard (1963): Psychologie der Massenkommunikation. Theorie und Systematik. Hamburg: Hans Bredow-Institut.

Manheim, Ernst (1979): Aufklärung und öffentliche Meinung. Studien zur Soziologie der Öffentlichkeit im 18. Jahrhundert. Stuttgart u. a.: Frommann-Holzboog.

Mannheim, Karl (1964): Beiträge zur Theorie der Weltanschaungs-Interpretation. In: Wolff, Kurt H. (Hg.): Wissenssoziologie. Auswahl aus dem Werk. Berlin u. a.: Luchterhand, S. 91-154.

Marcinkowski, Frank (2002): Politische Öffentlichkeit. Systemtheoretische Grundlagen und politikwissenschaftliche Konsequenzen. In: Hellmann, Kai-Uwe/Schmalz-Bruns, Rainer (Hg.): Theorie der Politik. Niklas Luhmanns politische Soziologie. Frankfurt a. M.: Suhrkamp, S. 85-108.

Margulis, Stephen T. (2011): Three theories of privacy: An overview. In: Trepte, Sabine/Reinecke, Leonard (Hg.): Privacy online. Perspectives on privacy and self-disclosure in the social web. Berlin u. a.: Springer, S. 9-18.

Marr, Mirko (2004): Wer hat Angst vor der digitalen Spaltung? Zur Haltbarkeit des Bedrohungsszenarios. In: *Medien & Kommunikationswissenschaft,* 52 (1), S. 76-94.

Marx, Karl (2001): Pressefreiheit und Zensur. Aus: Die Verhandlungen. In: Pöttker, Horst (Hg.): Öffentlichkeit als gesellschaftlicher Auftrag. Klassiker der Sozialwissenschaft über Journalismus und Medien. Konstanz: UVK, S. 35-59.

Mayntz, Renate/Scharpf, Fritz W. (1995): Der Ansatz des akteurzentrierten Institutionalismus. In: Mayntz, Renate/Scharpf, Fritz W. (Hg.): Gesellschaftliche Selbstregelung und politische Steuerung. Frankfurt a. M.: Campus-Verlag, S. 39-72.

Mayring, Philipp (1989): Qualitative Inhaltsanalyse. In: Jüttemann, Gerd (Hg.): Qualitative Forschung in der Psychologie. Grundfragen, Verfahrensweisen, Anwendungsfelder. 2. Aufl. Heidelberg: Asanger, S. 187-211.

Mayring, Philipp (1996): Einführung in die qualitative Sozialforschung. Eine Anleitung zu qualitativem Denken. 3., überarb. Aufl. Weinheim: Beltz.

Mayring, Philipp (2008): Qualitative Inhaltsanalyse. Grundlagen und Techniken. 10., neu ausgestattete Aufl. Weinheim: Beltz.

McCroskey, James C. (1992): Reliability and validity of the willingness to communicate scale. In: *Communication Quarterly,* 40 (1), S. 16-25.

Mead, George Herbert (2008): Geist, Identität und Gesellschaft. Aus der Sicht des Sozialbehaviorismus. 15. Aufl. Frankfurt a. M.: Suhrkamp.

Merten, Klaus (1999): Grundlagen der Kommunikationswissenschaft. 3. Aufl. Berlin: LIT-Verlag.

Merton, Robert K. (1936): The unanticipated consequences of purposive social action. In: *American Sociological Review,* 1 (6), S. 894-904.

Merton, Robert K. (1995): The Thomas theorem and the Matthew effect. In: *Social Forces,* 74 (2), S. 379-422.

Middendorff, Elke/Apolinarski, Beate/Poskowsky, Jonas/Kandulla, Maren/Netz, Nicolai (2013): Die wirtschaftliche und soziale Lage der Studierenden in Deutschland 2012.

20. Sozialerhebung des Deutschen Studentenwerks durchgeführt durch das HIS-Institut für Hochschulforschung. http://www.sozialerhebung.de/download/20/soz20_hauptbericht_gesamt.pdf (21.08.2016).

Miller, Lynn C./Berg, John H. (1984): Selectivity and urgency in interpersonal exchange. In: Derlega, Valerian J. (Hg.): Communication, intimacy, and close relationships. New York: Academic Press, S. 161-205.

Miller, Lynn C./Berg, John H./Archer, Richard L. (1983): Openers. Individuals who elicit intimate self-disclosure. In: *Journal of Personality and Social Psychology,* 44 (6), S. 1234-1244.

Miller, Lynn C./Read, Stephen J. (1987): Why am I telling you this? Self-disclosure in a goal-based model of personality. In: Derlega, Valerian J./Berg, John H. (Hg.): Self-disclosure. Theory, research, and therapy. New York: Plenum Press, S. 35-58.

Millham, M. H./Atkin, D. (2016): Managing the virtual boundaries. Online social networks, disclosure, and privacy behaviors. In: *New Media & Society* (online first), S. 1-18. doi: 10.1177/1461444816654465.

Möll, Thorsten (2007): Messung und Wirkung von Markenemotionen. Wiesbaden: DUV.

Möntmann, Volker/Irle, Eva (2012): Bibliographie der wichtigen seit 1956 erschienenen Arbeiten zur Theorie der kognitiven Dissonanz. In: Möntmann, Volker/Irle, Eva (Hg.): Leon Festinger. Theorie der kognitiven Dissonanz. 2. Aufl. Bern: Huber, S. 366-413.

Moor, James H. (2004): Toward a theory of privacy for the information age. In: Spinello, Richard A./Tavani, Herman T. (Hg.): Readings in cyberethics. 2. Aufl. Sudbury: Jones and Bartlett Publishers, S. 407-417.

Moosbrugger, Helfried (2011): Lineare Modelle. Regressions- und Varianzanalysen. 4., vollst. überarb. und erg. Aufl. Bern: Huber.

Moosbrugger, Helfried/Mildner, Dorothea/Schweizer, Karl (2010): Allgemeines Lineares Modell (ALM). In: Holling, Heinz/Schmitz, Bernhard (Hg.): Handbuch Statistik, Methoden und Evaluation. Göttingen: Hogrefe, S. 472-486.

mpfs (Medienpädagogischer Forschungsverbund Südwest) (2012): JIM 2012. Jugend, Information, (Multi-) Media. Basisstudie zum Medienumgang 12- bis 19-Jähriger in Deutschland. http://www.mpfs.de/fileadmin/JIM-pdf12/JIM2012_Endversion.pdf (13.03.2013).

mpfs (Medienpädagogischer Forschungsverbund Südwest) (2014): JIM 2014. Jugend, Information, (Multi-) Media. Basisstudie zum Medienumgang 12- bis 19-Jähriger in Deutschland. http://www.mpfs.de/index.php?id=631 (06.11.2015).

Mummendey, Hans Dieter (1995): Psychologie der Selbstdarstellung. 2., überarb. und erw. Aufl. Göttingen: Hogrefe.

Munz, Elisabeth (2007): Perceived appropriateness of same sex friends' disclaimer statements. Conference papers, International Communication Association. 2007 annual meeting, San Francisco. http://citation.allacademic.com/meta/p171601_index.html (10.10.2013).

Myers, David G. (2014): Psychologie. 3., vollst. überarb. und erw. Aufl. Berlin u. a.: Springer.

Nagenborg, Michael (2005): Das Private unter den Rahmenbedingungen der IuK-Technologie. Ein Beitrag zur Informationsethik. Wiesbaden: VS-Verlag.

Negt, Oskar/Kluge, Alexander (1972): Öffentlichkeit und Erfahrung. Zur Organisationsanalyse von bürgerlicher und proletarischer Öffentlichkeit. Frankfurt a. M.: Suhrkamp.

Neidhardt, Friedhelm (1994): Öffentlichkeit, öffentliche Meinung, soziale Bewegungen. In: Neidhardt, Friedhelm (Hg.): Öffentlichkeit, öffentliche Meinung, soziale Bewegungen. Opladen: Westdeutscher Verlag, S. 7-41.

Newcomb, Theodore M. (1953): An approach to the study of communicative acts. In: *Psychological Review,* 60 (6), S. 393-404.

Newell, Patricia B. (1995): Perspectives on privacy. In: *Journal of Environmental Psychology,* 15, S. 87-104.

Niemann, Julia/Schenk, Michael (2012a): Privatsphäre und Selbstoffenbarung auf Sozialen Netzwerkplattformen: Eine Einführung. In: Schenk, Michael/Niemann, Julia/Reinmann, Gabi/Roßnagel, Alexander (Hg.): Digitale Privatsphäre. Heranwachsende und Datenschutz auf sozialen Netzwerkplattformen. Berlin: Vistas, S. 13-68.

Niemann, Julia/Schenk, Michael (2012b): Quantitative Befragung von Jugendlichen und jungen Erwachsenen. In: Schenk, Michael/Niemann, Julia/Reinmann, Gabi/Roßnagel, Alexander (Hg.): Digitale Privatsphäre. Heranwachsende und Datenschutz auf sozialen Netzwerkplattformen. Berlin: Vistas, S. 159-270.

Nissenbaum, Helen (2004): Privacy as contextual integrity. In: *Washington Law Review,* 79 (1), S. 119-157.

Noelle, Elisabeth (1966): Öffentliche Meinung und Soziale Kontrolle. Tübingen: Mohr Siebeck.

Noelle-Neumann, Elisabeth (1974): The spiral of silence. A theory of public opinion. In: *Journal of Communication,* 24 (3), S. 43-51.

Noelle-Neumann, Elisabeth (1979): Öffentlichkeit als Bedrohung. Beiträge zur empirischen Kommunikationsforschung. 2., durchges. Aufl. Freiburg u. a.: Karl Alber.

Noelle-Neumann, Elisabeth (1983): Neue Forschungen im Zusammenhang mit der Schweigespiralen-Theorie. In: Saxer, Ulrich (Hg.): Politik und Kommunikation. Neue Forschungsansätze. München: Ölschläger, S. 133-144.

Noelle-Neumann, Elisabeth (1991): Öffentliche Meinung. Die Entdeckung der Schweigespirale. Berlin u. a.: Ullstein.

Ochs, Carsten/Löw, Martina (2012): Un/faire Informationspraktiken: Internet Privacy aus sozialwissenschaftlicher Perspektive. In: Buchmann, Johannes (Hg.): Internet privacy. Eine multidisziplinäre Bestandsaufnahme. Berlin: Springer, S. 15-62.

OpenNet (2005): Internet filtering in China in 2004-2005. A country study. http://opennet.net/sites/opennet.net/files/ONI_China_Country_Study.pdf (29.09.2011).

Osgood, Charles E./Suci, George J./Tannenbaum, Percy H. (1957): The measurement of meaning. Urbana: University of Illinois Press.

Osgood, Charles E./Tannenbaum, Percy H. (1955): The principle of congruity in the prediction of attitude change. In: *Psychological Review,* 62 (1), S. 42-55.

O'Sullivan, Patrick B. (2005a): Masspersonal communication. An integrative model bridging the mass-interpersonal divide. Conference papers, International Communication Association. 2005 annual meeting, New York. https://www.academia.edu/468715/Masspersonal_communication_Rethinking_the_mass_interpersonal_divide (22.11.2011).

O'Sullivan, Patrick B. (2005b): Masspersonal communication. Rethinking the mass-interpersonal divide. Conference papers, International Communication Association. 2005 annual meeting, New York. http://www.allacademic.com/meta/p14277_index.html (16.06.2014).

Papacharissi, Zizi (2009): The virtual sphere 2.0. The internet, the public sphere, and beyond. In: Chadwick, Andrew/Howard, Philip N. (Hg.): Routledge handbook of internet politics. London: Taylor & Francis Ltd, S. 230-245.

Patton, Michael Q. (2002): Qualitative research & evaluation methods. 3. Aufl. Thousand Oaks: Sage.

Peters, Bernhard (1999): Nationale und transnationale Öffentlichkeiten. Eine Problemskizze. In: Honegger, Claudia/Schwengel, Hermann (Hg.): Grenzenlose Gesellschaft? Verhandlungen des 29. Kongresses der Deutschen Gesellschaft für Soziologie, des 16. Kongresses der Österreichischen Gesellschaft für Soziologie, des 11. Kongresses der Schweizerischen Gesellschaft für Soziologie in Freiburg i. Br. 1998. Opladen: Leske + Budrich, S. 661-673.

Peters, Bernhard (2007): Der Sinn von Öffentlichkeit. In: Weßler, Hartmut (Hg.): Der Sinn von Öffentlichkeit. Frankfurt a. M.: Suhrkamp, S. 55-102.

Peters, Bernhard/Weßler, Hartmut (2006): Transnationale Offentlichkeiten. Analytische Dimensionen, normative Standards, sozialkulturelle Produktionsstrukturen. In: Blum, Roger/Bonfadelli, Heinz/Imhof, Kurt (Hg.): Demokratie in der Mediengesellschaft. Wiesbaden: VS-Verlag, S. 125-144.

Petronio, Sandra (1991): Communication boundary management. A theoretical model of managing disclosure of private information between marital couples. In: *Communication Theory*, 1 (4), S. 311-335.

Petronio, Sandra (2002): Boundaries of privacy. Dialectics of disclosure. Albany: State University of New York Press.

Petronio, Sandra/Reierson, Jennifer (2009): Regulating the privacy of confidentiality. Grasping the complexities through communication privacy management theory. In: Afifi, Tamara D./Afifi, Walid A. (Hg.): Uncertainty, information management, and disclosure decisions. Theories and applications. New York: Routledge, S. 365-383.

Petty, Richard E./Cacioppo, John T. (1986): The elaboration likelihood model of persuasion. In: *Advances in experimental social psychology*, 19, S. 123-205.

Pfeifer, Wolfgang (2016): Etymologisches Wörterbuch. Stichwort "privat". http://www.dwds.de/?view=1&qu=privat (05.03.2016).

Plake, Klaus/Jansen, Daniel/Schuhmacher, Birgit (2001): Öffentlichkeit und Gegenöffentlichkeit im Internet. Politische Potenziale der Medienentwicklung. Wiesbaden: Westdeutscher Verlag.

Popitz, Heinrich (1980): Die normative Konstruktion von der Gesellschaft. Tübingen: Mohr Siebeck.

Presserat (2016): Der Pressekodex. http://www.presserat.de/pressekodex/pressekodex (18.07.2016).

Puppis, Manuel (2007): Einführung in die Medienpolitik. Konstanz: UVK.

Reinecke, Leonard/Trepte, Sabine (2008): Privatsphäre 2.0: Konzepte von Privatheit, Intimsphäre und Werten im Umgang mit 'user-generated-content'. In: Zerfaß, Ansgar/Welker, Martin/Schmidt, Jan (Hg.): Kommunikation, Partizipation und Wirkungen im Social Web. Grundlagen und Methoden: Von der Gesellschaft zum Individuum. Band 1. Köln: Herbert von Halem, S. 205-228.

Reinmann, Gabi/Schnurr, Jan-Mathis (2012): Qualitative Befragung von Jugendlichen und jungen Erwachsenen. In: Schenk, Michael/Niemann, Julia/Reinmann, Gabi/Roßnagel, Alexander (Hg.): Digitale Privatsphäre. Heranwachsende und Datenschutz auf sozialen Netzwerkplattformen. Berlin: Vistas, S. 83-130.

Riehm, Ulrich/Krings, Bettina-Johanna (2006): Abschied vom "Internet für alle"? Der "blinde Fleck" in der Diskussion zur digitalen Spaltung. In: *Medien & Kommunikationswissenschaft*, 54 (1), S. 75-94.

Roessing, Thomas (2009): Öffentliche Meinung. Die Erforschung der Schweigespirale. Baden-Baden: Nomos.

Roessing, Thomas (2011): Schweigespirale. Baden-Baden: Nomos.

Rohowski, Tina (2009): Das Private in der Politik. Politiker-Homestories in der deutschen Unterhaltungspresse. Wiesbaden: VS-Verlag.

Rosenfeld, Lawrence B. (1979): Research bibliography. In: Chelune, Gordon J. (Hg.): Self-disclosure. Origins, patterns, and implications of openness in interpersonal relationships. San Francisco u. a.: Jossey-Bass Publishers, S. 261-275.

Rossi, Peter H. (1979): Vignette analysis. Uncovering the normative structure of complex judgments. In: Merton, Robert K./Coleman, James S./Rossi, Peter H. (Hg.): Qualitative and quantitative social research. Papers in honor of Paul F. Lazarsfeld. New York: Free Press, S. 176-186.

Rossi, Peter H./Anderson, Andy B. (1982): The factorial survey approach. An introduction. In: Rossi, Peter H./Nock, Steven L. (Hg.): Measuring social judgments. The factorial survey approach. Beverly Hills: Sage, S. 15-67.

Rössler, Beate (2002): Der Wert des Privaten. 2. Aufl. Frankfurt a. M.: Suhrkamp.

Rössler, Beate (2003): Der Wert des Privaten. In: Grötker, Ralf (Hg.): Privat! Kontrollierte Freiheit in einer vernetzten Welt. Hannover: Heise, S. 15-32.

Ruddigkeit, Alice/Penzel, Jana/Schneider, Jochen (2013): Dinge, die meine Eltern nicht sehen sollten. Strategien der Privacy-Regulierung unter deutschen Facebook-Nutzern. In: *Publizistik,* 58 (online first), S. 305-325. doi: 10.1007/s11616-013-0183-z.

Ruge, Uta (1998): Ihren Fall als den eigenen begreifen. Die Arbeit von Index on Censorship. In: Heinrich Böll Stiftung/die tageszeitung (Hg.): Die Landkarte der Zensur. Erzählungen, Reportagen, und Essays für die Freiheit des Wortes aus "Index on Censorship". Berlin: Links, S. 10-21.

Sacks, Harvey/Schegloff, Emanuel A./Jefferson, Gail (1974): A simplest systematics for the organization of turn-taking for conversation. In: *Language,* 50 (4), S. 696-735.

Sarris, Viktor (1992): Methodologische Grundlagen der Experimentalpsychologie. Band 2: Versuchsplanung und Stadien des psychologischen Experiments. München: Reinhardt.

Saxer, Ulrich (1980): Grenzen der Publizistikwissenschaft. Wissenschaftswissenschaftliche Reflexionen zur Zeitungs-/Publizistik-/Kommunikationswissenschaft seit 1945. In: *Publizistik,* 25 (4), S. 525-543.

Saxer, Ulrich (2012): Mediengesellschaft. Eine kommunikationssoziologische Perspektive. Wiesbaden: VS-Verlag.

Scharpf, Fritz W. (2000): Interaktionsformen. Akteurzentrierter Institutionalismus in der Politikforschung. Opladen: Leske + Budrich.

Schenk, Michael (2007): Medienwirkungsforschung. 3., vollst. überarb. Aufl. Tübingen: Mohr Siebeck.

Scherer, Hemlut (1990): Massenmedien, Meinungsklimata und Einstellung. Eine Untersuchung zur Theorie der Schweigespirale. Opladen: Westdeutscher Verlag.

Schiewe, Jürgen (2004): Öffentlichkeit. Entstehung und Wandel in Deutschland. Paderborn: UTB.

Schimank, Uwe (2000): Handeln und Strukturen. Einführung in die akteurtheoretische Soziologie. Weinheim: Juventa-Verlag.

Schmidt, Jan-Hinrik (2006): Weblogs. Eine kommunikationssoziologische Studie. Konstanz: UVK.

Schmidt, Jan-Hinrik (2011): Das neue Netz. Merkmale, Praktiken und Folgen des Web 2.0. 2., überarb. Aufl. Konstanz: UVK.

Schmidt, Jan-Hinrik (2013a): Social Media. Wiesbaden: Springer VS.

Schmidt, Hans J. (2013b): Mark Zuckerberg und die alten Römer. Oder: Utopie der Offenheit und Historisierung des Privaten im >digitalen Zeitalter<. In: Ackermann, Ulrike (Hg.): Im Sog des Internets. Öffentlichkeit und Privatheit im digitalen Zeitalter. Frankfurt a. M.: Humanities Online, S. 151-158.

Schneider, Irmela (2001): Theorien des Intimen und Privaten. Überlegungen im Anschluss an Richard Sennett und Anthony Giddens. In: Herrmann, Friederike/Lünenborg, Margret (Hg.): Tabubruch als Programm. Privates und Intimes in den Medien. Opladen: Leske + Budrich, S. 37-48.

Schneider, Werner (2002): Von der familiensoziologischen Ordnung der Familie zu einer Soziologie des Privaten. In: *Soziale Welt,* 53 (4), S. 375-396.

Schneider, David J. (2004): The psychology of stereotyping. New York: Guilford Press.

Schönhagen, Philomen (2004): Soziale Kommunikation im Internet. Zur Theorie und Systematik computervermittelter Kommunikation vor dem Hintergrund der Kommunikationsgeschichte. Bern: Lang.

Schütz, Alfred/Luckmann, Thomas (2003): Strukturen der Lebenswelt. Stuttgart: UVK.

Schütz, Astrid/Marcus, Bernd/Machilek, Franz/Renner, Karl-Heinz (2005): Self-presentation on the internet. Analysing the usage of personal websites. In: Schütz, Astrid/Habscheid, Stephan/Holly, Werner (Hg.): Neue Medien im Alltag. Befunde aus den Bereichen Arbeit, Lernen und Freizeit. Lengerich: Pabst, S. 257-274.

Schulz, Winfried (1990): Die Konstruktion von Realität in den Nachrichtenmedien. Analyse der aktuellen Berichterstattung. 2. Aufl. Freiburg: Alber.

Schulz, Wolfgang/Held, Thorsten (2007): Der Index auf dem Index? Selbstzensur und Zensur bei Suchmaschinen. In: Machill, Marcel/Beiler, Markus (Hg.): Die Macht der Suchmaschinen. The power of search engines. Köln: Herbert von Halem, S. 71-86.

Schweiger, Wolfgang (2007): Theorien der Mediennutzung. Eine Einführung. Wiesbaden: VS-Verlag.

Schweizer Presserat (2010): Nr. 2/2010: Identifizierende Berichterstattung (X. c. «Blick»). Stellungnahme des Presserates vom 7. Januar 2010. http://www.presserat.ch/25590.htm (16.11.2011).

Schwitalla, Johannes (2003): Gesprochenes Deutsch. Eine Einführung. 2., überarb. Aufl. Berlin: Schmidt.

Seemann, Michael (2010): Archäologie der Zukunft. Vom unvermeidlichen Kontrollverlust im Web 2.0. In: *c't magazin*, 26.06.2010. http://www.heise.de/ct/artikel/Archaeologie-der-Zukunft-1029002.html (25.04.2016).

Seemann, Michael (2011): Was ist Postprivacy (für mich)? http://www.ctrl-verlust.net/was-ist-postprivacy-fur-mich/ (16.11.2011).

Sennett, Richard (1995): Verfall und Ende des öffentlichen Lebens. Die Tyrannei der Intimität. Frankfurt a. M.: Fischer.

Simmel, Georg (1908): Soziologie. Untersuchungen über die Formen der Vergesellschaftung. Berlin: Duncker & Humblot.

Singel, Ryan (2010a): Apple app store bans Pulitzer-winning satirist for satire. In: *Wired*, 15.04.2010. http://www.wired.com/2010/04/apple-bans-satire/ (02.09.2014).

Singel, Ryan (2010b): Bad PR forces Apple to reconsider banning prize-winning satirist. In: *Wired*, 16.04.2010. http://www.wired.com/2010/04/apple-reconsiders-satire-ban/ (02.09.2014).

Sinner, Carsten (2014): Varietätenlinguistik. Eine Einführung. Tübingen: Narr.

Smith, Sandi W./Yoo, Jina H./Walther, Joseph B. (2008): Self-presentation. In: Donsbach, Wolfgang (Hg.): The international encyclopedia of communication. Oxford: Blackwell. http://www.communicationencyclopedia.com/subscriber/tocnode.html?id=g9781405131995_chunk_g978140513199524_ss29-1 (02.05.2016).

Snell, William E., Jr./Miller, Rowland S./Belk, Sharyn S. (1988): Development of the emotional self-disclosure scale. In: *Sex Roles*, 18 (1/2), S. 59-73.

SoSci (2013): Nutzungsbedingungen für das SoSci Panel. https://www.soscisurvey.de/panel/researchers.php?info=terms (15.06.2016).

SoSci (2015): SoSci Panel für Wissenschaftler. https://www.soscisurvey.de/panel/researchers.php (12.05.2016).

Spiegel Online (2010): Die Botschaftsdepeschen. Alle Artikel und Hintergründe. http://www.spiegel.de/thema/botschaftsberichte_2010/ (11.09.2011).

Staab, Friedrich J. (1990): Nachrichtenwert-Theorie. Formale Struktur und empirischer Gehalt. Freiburg: Alber.

Stamm, Karl-Heinz (1988): Alternative Öffentlichkeit. Die Erfahrungsproduktion neuer sozialer Bewegungen. Frankfurt a. M.: Campus-Verlag.

Stegbauer, Christian (2011): Reziprozität. Einführung in soziale Formen der Gegenseitigkeit. 2. Aufl. Wiesbaden: VS-Verlag.

Steiner, Peter M./Atzmüller, Christiane (2006): Experimentelle Vignettendesigns in faktoriellen Surveys. In: *Kölner Zeitschrift für Soziologie und Sozialpsychologie,* 58 (1), S. 117-146.

StGB (2016): Strafgesetzbuch, vom 15.05.1871, neugefasst 13.11.1998, zuletzt geändert 30.05.2016. http://www.gesetze-im-internet.de/stgb/ (17.09.2016).

Storrer, Angelika (2001): Getippte Gespräche oder dialogische Texte? Zur kommunikationstheoretischen Einordnung der Chat-Kommunikation. In: Lehr, Andrea/Kammerer, Matthias/Konerding, Klaus-Peter/Storrer, Angelika/Thimm, Caja/Wolski, Werner (Hg.): Sprache im Alltag. Beiträge zu neuen Perspektiven in der Linguistik. Herbert Ernst Wiegand zum 65. Geburtstag gewidmet. Berlin: De Gruyter, S. 439-465.

Strathoff, Pepe/Lutz, Christoph (2015): Gemeinschaft schlägt Gesellschaft – Die vermeintliche Paradoxie des Privaten. In: Hahn, Oliver/Hohlfeld, Ralf/Knieper, Thomas (Hg.): Digitale Öffentlichkeit(en). Konstanz u. a.: UVK, S. 203-216.

Süddeutsche Zeitung (2011a): Facebook-Panne. Keine Party für Thessa. In: *Süddeutsche Zeitung,* 03.06.2011. http://www.sueddeutsche.de/panorama/facebook-panne-keine-party-fuer-thessa-1.1104802 (09.09.2011).

Süddeutsche Zeitung (2011b): Facebook-Party in Hamburg. 1600 Gäste, keine Gastgeberin. In: *Süddeutsche Zeitung,* 05.06.2011. http://www.sueddeutsche.de/panorama/facebook-party-in-hamburg-gaeste-elf-festnahmen-drei-anzeigen-1.1105389 (09.09.2011).

Taddicken, Monika (2011): Selbstoffenbarung im Social Web. Ergebnisse einer Internetrepräsentativen Analyse des Nutzerverhaltens in Deutschland. In: *Publizistik,* 56 (3), S. 281-303.

Taddicken, Monika (2014): The 'privacy paradox' in the social web. The impact of privacy concerns, individual characteristics, and the perceived social relevance on different forms of self-disclosure. In: *Journal of Computer-Mediated Communication,* 19 (2), S. 248-273. http://onlinelibrary.wiley.com/doi/10.1111/jcc4.12052/abstract (09.05.2016).

Taddicken, Monika/Schenk, Michael (2011): Selbstoffenbarung und Privatsphäre im Social Web. In: Wolling, Jens/Schumann, Christina/Will, Andreas (Hg.): Medieninnovationen. Wie Medienentwicklungen die Kommunikation in der Gesellschaft verändern. Konstanz: UVK, S. 319-332.

Tavani, Herman T. (1999): KDD, data mining, and the challenge for normative privacy. In: *Ethics and Information Technology,* 1 (4), S. 265-273.

Taylor, Dalmas A. (1968): The development of interpersonal relationships. Social penetration processes. In: *The Journal of Social Psychology,* 75 (1), S. 79-90.

Tedeschi, James T. (1986): Private and public experiences and the self. In: Baumeister, Roy F. (Hg.): Public self and private self. New York: Springer, S. 1-20.

Tedeschi, James T./Norman, Nancy (1985): Social power, self-presentation, and the self. In: Schlenker, Barry R. (Hg.): The self and social life. New York: McGraw-Hill, S. 293-322.

Thomas, William I./Thomas, Dorothy S. (1928): The child in America. Behavior problems and programs. New York: Alfred A. Knopf.

Thomas, William I./Znaniecki, Florian (1927): The Polish peasant in Europe and America. 2. Aufl. New York: Alfred A. Knopf.

Tichenor, Phillip J./Donohue, George A./Olien, Clarice N. (1970): Mass media flow and differential growth in knowledge. In: *Public Opinion Quarterly,* 34 (2), S. 159-170.

Tönnies, Ferdinand (1991): Gemeinschaft und Gesellschaft. Grundbegriffe der reinen Soziologie. 3. Aufl. Darmstadt: Wissenschaftliche Buchgesellschaft.

Tönnies, Ferdinand (2001): Kritik der öffentlichen Meinung. Entstehen und Charakter der Öffentlichen Meinung. In: Pöttker, Horst (Hg.): Öffentlichkeit als gesellschaftlicher Auftrag. Klassiker der Sozialwissenschaft über Journalismus und Medien. Konstanz: UVK, S. 354-409.

Trappmann, Mark/Hummell, Hans J./Sodeur, Wolfgang (2011): Strukturanalyse sozialer Netzwerke. Konzepte, Modelle, Methoden. 2., überarb. Aufl. Wiesbaden: VS-Verlag.

Trepte, Sabine/Reinecke, Leonard (Hg.) (2011a): Privacy online. Perspectives on privacy and self-disclosure in the social web. Berlin u. a.: Springer.

Trepte, Sabine/Reinecke, Leonard (2011b): The social web as a shelter for privaxy and authentic living. In: Trepte, Sabine/Reinecke, Leonard (Hg.): Privacy online. Perspectives on privacy and self-disclosure in the social web. Berlin u. a.: Springer, S. 61-73.

Tufekci, Zeynep (2008): Can you see me now? Audience and disclosure regulation in online social network sites. In: *Bulletin of Science Technology & Society,* 28 (1), S. 20-36.

Uhlemann, Ingrid A. (2012): Der Nachrichtenwert im situativen Kontext. Eine Studie zur Auswahlwahrscheinlichkeit von Nachrichten. Wiesbaden: VS-Verlag.

UrhG (2016): Gesetz über Urheberrecht und verwandte Schutzrechte (Urheberrechtsgesetz), vom 09.09.1965, zuletzt geändert 04.04.2016. http://www.gesetze-im-internet.de/urhg/ (17.09.2016).

Utz, Sonja/Kramer, Nicole C. (2009): The privacy paradox on social network sites revisited. The role of individual characteristics and group norms. In: *Cyberpsychology: Journal of Psychosocial Research on Cyberspace,* 3 (2). http://cyberpsychology.eu/view.php?cisloclanku=2009111001&article=2 (24.03.2014).

Viseu, Ana/Clement, Andrew/Aspinall, Jane/Kennedy, Tracy L. M. (2006): The interplay of public and private spaces in internet access. In: *Information, Communication & Society,* 9 (5), S. 633-656. doi: 10.1080/13691180600965633.

Wagner, Hans (1978): Kommunikation und Gesellschaft. Teil 1: Einführung in die Zeitungswissenschaft. München: Olzog.
Wallander, Lisa (2009): 25 years of factorial surveys in sociology. A review. In: *Social Science Research,* 38 (3), S. 505-520.
Walther, Joseph B. (1996): Computer-mediated communication. Impersonal, interpersonal, and hyperpersonal interaction. In: *Communication Research,* 23 (1), S. 23-43.
Warren, Samuel D./Brandeis, Louis (1890): The right to privacy. In: *Harvard Law Review,* 4 (5), S. 193-220. http://faculty.uml.edu/sgallagher/Brandeisprivacy.htm (30.04.2011).
Wasserman, Stanley/Faust, Katherine (1994): Social network analysis. Methods and applications. Cambridge: Cambridge University Press.
WCAG 2.0 (2008): Web Content Accessibility Guidelines (WCAG) 2.0, vom 11.12.2008. https://www.w3.org/TR/WCAG20/ (17.09.2016).
Weaver, James B., III (2008): Experimental design. In: Donsbach, Wolfgang (Hg.): The international encyclopedia of communication. Oxford: Blackwell. http://www.communicationencyclopedia.com/subscriber/tocnode.html?id=g9781405131995_yr2011_chunk_g978140513199510_ss56-1 (08.06.2016).
Weber, Max (1985a): Die "Objektivität" sozialwissenschaftlicher und sozialpolitischer Erkenntnis. In: Winckelmann, Johannes (Hg.): Gesammelte Aufsätze zur Wissenschaftslehre von Max Weber. 6., erneut durchges. Aufl. Tübingen: Mohr Siebeck, S. 146-214.
Weber, Max (1985b): Soziologische Grundbegriffe. In: Winckelmann, Johannes (Hg.): Gesammelte Aufsätze zur Wissenschaftslehre von Max Weber. 6., erneut durchges. Aufl. Tübingen: Mohr Siebeck, S. 541-581.
Weber, Max (1990): Wirtschaft und Gesellschaft. Grundriss der verstehenden Soziologie. 5., revidierte Aufl. Tübingen: Mohr Siebeck.
Weintraub, Jeff (1997): Public/private. The limitations of a grand dichotomy. In: *The Responsive Community,* 7 (2), S. 13-24.
Weisel, Jessica J./King, Paul E. (2007): Involvement in a conversation and attributions concerning excessive self-disclosure. In: *Southern Communication Journal,* 72 (4), S. 345-354.
Westerman, David (2008): How do people really seek information about others? Information seeking across internet and traditional communication channels. In: *Journal of Computer-Mediated Communication,* 13 (3), S. 751-767.
Westin, Alan F. (1967): Privacy and freedom. New York: Atheneum.
Wewer, Göttrik (2013): Die Verschmelzung von privater und öffentlicher Sphäre im Internet. In: Ackermann, Ulrike (Hg.): Im Sog des Internets. Öffentlichkeit und Privatheit im digitalen Zeitalter. Frankfurt a. M.: Humanities Online, S. 53-70.

Weymann, Ansgar (1973): Bedeutungsfeldanalyse. Versuch eines neuen Verfahrens der Inhaltsanalyse am Beispiel Didaktik der Erwachsenenbildung. In: *Kölner Zeitschrift für Soziologie und Sozialpsychologie,* 25 (4), S. 761-776.

Wheeless, Lawrence R. (1978): A follow-up study of the relationships among trust, disclosure, and interpersonal solidarity. In: *Human Communication Research,* 4 (2), S. 143-157.

Wheeless, Lawrence R./Grotz, Janis (1976): Conceptualization and measurement of reported self-disclosure. In: *Human Communication Research,* 2 (4), S. 338-346.

Wikipedia (2016): Streisand-Effekt. https://de.wikipedia.org/wiki/Streisand-Effekt (18.07.2016).

Willke, Helmut (2001): Systemtheorie 3: Steuerungstheorie. Grundzüge einer Theorie der Steuerung komplexer Sozialsysteme. 3., bearb. Aufl. Stuttgart: Lucius und Lucius.

Wilson, Thomas P. (1973): Theorien der Interaktion und Modelle soziologischer Erklärung. In: Arbeitsgruppe Bielefelder Soziologen (Hg.): Alltagswissen, Interaktion und gesellschaftliche Wirklichkeit, Band 1, Symbolischer Interaktionismus und Ethnomethodologie. Reinbek: Rowohlt, S. 54-79.

Wimmer, Jeffrey (2007): (Gegen-)Öffentlichkeit in der Mediengesellschaft. Analyse eines medialen Spannungsverhältnisses. Wiesbaden: VS-Verlag.

Yao, Mike Z./Rice, Ronald E./Wallis, Kier (2007): Predicting user concerns about online privacy. In: *Journal of the American Society for Information Science and Technology,* 58 (5), S. 710-722.

Yao, Mike Z./Zhang, Jinguang (2008): Predicting user concerns about online privacy in Hong Kong. In: *CyberPsychology & Behavior,* 11 (6), S. 779-781.

Zillien, Nicole (2006): Digitale Ungleichheit. Neue Technologien und alte Ungleichheiten in der Informations- und Wissensgesellschaft. Wiesbaden: VS-Verlag.

Zolotas, Triantafyllos (2010): Privatleben und Öffentlichkeit. Eine vergleichende Untersuchung zur Rechtslage in der Bundesrepublik Deutschland, in den Vereinigten Staaten von Amerika sowie nach der Europäischen Menschenrechtskonvention. Köln: Heymanns.

Anhänge

Die Anhänge sind online auf der Seite des Verlags abrufbar oder können direkt beim Autor per E-Mail angefordert werden.

Anhang A – Durchführung der Gesprächsrunden
- A.1   Kurzfragebogen zur Zusammenstellung der Gesprächsrunden
- A.2   Leitfaden für die Gesprächsrunden
- A.3   Transkription der Gesprächsrunden

Anhang B – Auswertung der Gesprächsrunden
- B.1   Vignetten
- B.2   Kategorisierung der Vignetten
- B.3   Kategorisierung von Verhalten

Anhang C – Durchführung des Fragebogenexperiments
- C.1   Fragebogen
- C.2   Ergebnisse des Pretests
- C.3   Poweranalyse zur Stichprobenplanung
- C.4   Zusammensetzung der Stichprobe

Anhang D – Auswertung des Fragebogenexperiments
- D.1   Kodierung offener Antworten
- D.2   Itemanalyse Vermeidungserwartungen
- D.3   Itemanalyse Kommunikationsvermeidung
- D.4   Itemanalyse Selbstoffenbarung
- D.5   Itemanalyse Unerwünschtheit
- D.6   Itemanalyse Unsicherheit
- D.7   Itemanalyse Trivialität
- D.8   Regression Vermeidungserwartungen
- D.9   Regression Kommunikationsvermeidung

The manufacturer's authorised representative in the EU is Springer Nature Customer Service Centre GmbH, Europaplatz 3, 69115 Heidelberg, Germany. If you have any concerns regarding our products, please contact ProductSafety@springernature.com

Printed and bound by CPI Group (UK) Ltd, Croydon, CR0 4YY

25/03/2026

02078195-0003